刘跃进国家安全文集

刘跃进 著

上册

中国经济出版社
CHINA ECONOMIC PUBLISHING HOUSE
·北京·

图书在版编目（CIP）数据

刘跃进国家安全文集．上册／刘跃进著．

—北京：中国经济出版社，2020.3（2020.7重印）

ISBN 978－7－5136－5959－8

Ⅰ.①刘…Ⅱ.①刘…Ⅲ.①国家安全—中国—文集Ⅳ.①D631－53

中国版本图书馆CIP数据核字（2019）第225512号

责任编辑　赵立颖

责任印制　马小宾

封面设计　任燕飞装帧设计工作室

出版发行　中国经济出版社

印 刷 者　北京柏力行彩印有限公司

经 销 者　各地新华书店

开　　本　787mm×1092mm　1/16

印　　张　23.75

字　　数　460千字

版　　次　2020年3月第1版

印　　次　2020年7月第2次

定　　价　98.00元

广告经营许可证　京西工商广字第8179号

中国经济出版社　**网址**　www.economyph.com　**社址**　北京市东城区安定门外大街58号　**邮编**　100011

本版图书如存在印装质量问题，请与本社销售中心联系调换（联系电话：010－57512564）

目录

第三编　国家安全史研究

第四编　国家安全现实问题研究

第五编　书评、书序与其他

附录

第一编

国家安全学学科建设研究

为国家安全立言

——“国家安全学”构想

（1998年2月）

一

自从有了国家，便出现了国家安全问题。无论是战争年代，还是和平时期，国家安全都是一个国家存在、稳定和发展的必要条件。因此，从古到今，世界各国都十分重视国家安全问题，并通过军队、警察、外交和间谍情报等方面的具体工作来确保和提高国家的基本安全状态。军官与士兵的疆场拼杀，说客与外交官的纵横捭阖，间谍与反间谍人员的暗中较量，在人类历史上演绎出一幕幕雄伟悲壮的史诗。

但是，由于国家安全涉及主权、国土、政治、经济、国民、资源、文化等方方面面，国家安全工作也包括军事、外交、情报等不同国家部门，因而长期以来对国家安全从整体上进行理论研究还比较贫乏，更没有建立起专门的国家安全学和国家安全学科体系。此外，由于国家安全工作中的许多内容具有一定的机密性，特别是情报与反情报工作具有高度的机密性，从而给人一种印象，好像国家安全问题只有专门的职能机构才能过问，理论研究在此成了禁区。这也影响了社会科学理论工作者对国家安全问题进行科学的理论研究，导致国家安全学和国家安全学科在整个社会科学体系中还没有自己的一席之地。这一点，与国家安全在人类社会中的重要地位及国家安全工作在国家生存与发展中的重要作用极不相称。

我们认为，国家安全作为一种普遍的社会现象和状态，作为一种客观的社会存在，是社会科学理论可以研究和必须研究的对象。不研究国家安全，对国家的认识将是片面的，对社会历史的研究也是有缺陷的。从这个意义上说，社会科学工作者，特别是国际关系研究人员，有必要从整体上对国家安全进行系统全面的理论研究。这种研究必然导致国家安全学的产生和国家安全学科体系的出现。

此外，国家安全工作作为一种客观的社会活动，作为一种客观的社会存在，它虽然与国家安全有区别，其具体内容虽然涉及国家的机密，但这些也并不是不可以研究的。这是因为，任何机密都有一定期限，都有解密的一天。春秋战国时期诸侯的国家安全活动机密，拿破仑时代的军事秘密，第二次世界大战期间盟国的间谍与反间谍斗争，抗日战争时期中日之间情报战，虽然在当时都是高度的机密，但时过境迁，这些都已经不再是什么秘密，而成了历史材料，成了人们可以研究的对象。不仅历史学家有责任从这些尘封的历史材料中寻找和揭示历史的真相，而且理论研究人员也可以从中找到人类社会发展某些方面的规律，得到一些理论。人们完全可以由此入手，揭示国家安全工作的本质、规律和一般方法等。由此，国家安全工作也便成了国家安全学可以研究的对象。

把国家安全和国家安全工作作为研究的客观对象，揭示国家安全和国家安全工作的本质、规律，从而建立起一门新的社会科学（国家安全学），甚至建立起一个学科体系（国家安全学科体系），这不仅可以去做，而且应该去做，必须去做。从整体上进行这方面的理论研究，建立起国家安全学和国家安全学科体系，不仅有重要的理论意义，而且也有重要的现实意义。从理论上讲，这种研究是社会科学研究的进一步发展与完善，它为人们更全面地认识社会历史、认识社会活动提供了一个新的视角，从而弥补了社会科学体系的不足。从现实生活和实际工作来看，国家安全学研究和国家安全学科体系的建立，将有助于人们加深对国家安全和国家安全工作的认识，提高公民的国家安全意识，从而更广泛有效地保障我国国家安全，为经济建设和提高综合国力创造一个和平稳定的国际国内环境。

二

建立国家安全学和国家安全学科体系，首先必须弄清一些基本概念，而其中最基本的是“国家安全”和“国家安全工作”这两个概念。这不仅是因为这两个概念代表了国家安全学研究的基本对象，而且因为在许多情况下人们把这两个概念混为一谈，从而使得概念不清。不弄清这两个概念及其区别，就谈不上国家安全学的建立。

国家安全有着广泛的内容，涉及主权、领土、政治、军事、外交、外事、经济、资源、文化、种族、首脑、国民等各个方面。这些不同方面的安全利益，都是“国家安全”的内容。除此之外，没有也不应该有什么“狭义国家安全”。有些人认为“国家安全”这一概念有广义与狭义之分，这其实是没有把“国家安全”与“国家安全工作”这两个概念加以严格区别的结果。事实上，如果认为“国家安全”有广义和狭义之分，就必然认为包括如上所有内容的是“广义国家安全”，而只包括如上内容中某些部分的则是“狭义国家安全”。这也就是说，“狭义国家安全”是把如上

“国家安全”所包含的某些方面的内容排除在外，而把另一些内容单划出来，并称之为“狭义国家安全”。然而事实上，对“国家安全”本身而言，是无法进行这样划分的。我们无法说明如上各方面内容中的哪些内容属于“狭义的国家安全”，哪些内容不属于“狭义国家安全”。

“国家安全”本身没有广义与狭义之分，但“国家安全工作”却有广义与狭义之分。事实上，人们通常所说的“广义国家安全”与“狭义国家安全”，并不是“国家安全”的广义和狭义之分，而是“国家安全工作”的广义和狭义之分。

“国家安全工作”与“国家安全”不是同一个概念。国家安全是国家在主权、领土、政治、军事、外交、外事、经济、资源、文化、种族、国民、首脑等各个方面存在、权利和利益的不受威胁和侵害。与此不同，国家安全工作则是维护国家安全的各种活动。按照社会分工，国家安全工作涉及不同的国家和政府机构，其中既包括军事国防部门、外交外事部门，又包括情报部门、保密部门。这些不同部门在维护国家安全中各自起着不同的作用，有的通过武装力量或军事行动维护国家安全，有的通过和平手段维护国家安全；有的通过公开活动维护国家安全，也有的是通过秘密手段维护国家安全的。军事国防部门通过武装力量的公开活动维护国家安全，外交外事部门通过正常的国际交往维护国家安全，情报部门通过秘密情报工作或反间谍侦察工作维护国家安全，保密部门通过内部保密工作维护国家安全。这些不同的工作，从广义上说都是“国家安全工作”。这就是“广义国家安全工作”。但是，通观国际国内的实际情况，除这种包括军事国防、外交外事等部门工作在内的“广义国家安全工作”之外，还有一种范围较小的“狭义国家安全工作”，这就是各国专门的国家安全部门所从事的、在隐蔽战线维护国家安全的秘密工作。

三

在弄清“国家安全”与“国家安全工作”的联系与区别，弄清“广义国家安全工作”与“狭义国家安全工作”的不同之后，对于国家安全学所研究的对象和内容就容易弄清了。

我们认为，“国家安全学”作为一门综合性的社会科学，其研究对象是国家安全和狭义国家安全工作。这也就是说，国家领域安全学包括两个层次上的研究对象，一是国家安全本身，二是在隐蔽战线维护国家安全的狭义国家安全工作。

对于国家安全本身，国家安全学是从整体上进行全面研究的，是把其整体而不是把其某一部分作为研究对象的。这是因为，无论是领土、主权、政治、军事方面的国家安全，还是经济、国民、资源、文化方面的国家安全，不仅都是国家安全的内容，而且更重要的是都与隐蔽战线的国家安全工作相关，是专职国家安全部门的工作所要涉及的。但是，对于这些不同方面的国家安全，国家安全学进行研究时却必须有所侧重，即每一方面都必须重视其与狭义国家安全工作联系密切的内容，而对于其中与狭义国家安全工作联系不密切的内容，则可以不讲或少讲。这是与国家安全学在研究“国家安全工作”时只研究“狭义国家安全工作”相关的。

国家安全学研究的第二个层次上的对象之所以是“狭义国家安全工作”，而不是“广义国家安全工作”，这是由国家安全学这一学科设立的特定意义决定的。国家安全学，是为了满足国家安全部门专业教育的需要而建立的。由于国家安全专业教育所涉及的是国家安全和狭义国家安全工作，而不涉及军事国防部门和外交外事部门公开进行的国家安全工作（但应涉及这些部门进行的秘密国家安全工作），因而为此设立的学科也就不必要也不可能涉及那些公开的国家安全工作。同时，由于人们在说到国家安全工作时，通常指的也是狭义国家安全工作，而不是广义国家安全工作，因而国家安全学所研究的国家安全工作也只能是狭义的而不应是广义的。

由于国家安全学研究的对象是国家安全和狭义国家安全工作，因而其任务便是揭示国家安全的内容和本质，揭示国家安全工作的方式方法和一般规律，并在此基础上探讨我国国家安全的内容和维护我国国家安全的工作方针等，从而为我国的国家安全工作服务。但是，我们这里所说“揭示国家安全的内容和本质”及“揭示国家安全工作的方式方法和一般规律”，并不仅仅是指研究当代我国的国家安全并揭示其内容和本质，也不仅仅是指研究现在我国的国家安全工作并揭示其工作方式方法和一般规律，而是指研究古今中外普遍存在的国家安全并揭示其共同的内容和普遍的本质，研究古今中外普遍存在的国家安全工作并揭示其有效的工作方式方法和一般的工作规律。但是，这些任务还只是国家安全学的“理论任务”，而我们研究国家安全学更重要的任务则是“实践任务”，即如何通过理论上的研究来为我国国家安全工作服务。这就需要在国家安全学中进一步探讨我国国家安全和我国国家安全工作的具体内容，从而保证最终达到为我国当代的国家安全工作服务的目的。

根据研究的对象和任务，国家安全学研究便需要利用各种有效的科学研究方法。由于这门学科还处于初创阶段，要研究国家安全和国家安全工作的本质和规律，便需要大量搜集资料，钻研资料。只有搜集并研究了古今中外有关国家安全和国家安全工作的大量资料之后，我们才可能总结和归纳出一些普遍的结论，形成具有一定高度和深度的理论观点，获得对研究对象的普遍本质和规律的认识。因此，在这个阶段非常有用的一种研究方法便是“古今中外抽象概括法”。所谓“古今中外”，就是指要搜集古今中外的各种历史和现实资料，并进一步利用这些材料进行研究。但是，在利用这些材料时，又必须对其进行归纳总结、分析综合、抽象概括。所谓“抽象概括”，也就是通过对古今中外资料的归纳总结、分析综合，最后抽象概括出国家安全和国家安全工作的本质和规律，形成具有一定高度和深度的国家安全理论。这些理论，就是国家安全学的最重要的内容。当然，在进行具体研究时，可能还要用到其他许多逻辑方法和社会科学研究方法，甚至要用到自然科学的一些研究方法。这可以根据研究对象的不同而灵活运用。

四

根据对国家安全学的如上一些认识，我们认为国家安全学需要研究如下一些内容。

第一大部分是导论，是有关国家安全学、国家安全和国家安全工作的一般概述，包括三章；第一章是绪论，包括国家安全学的对象、任务、方法和基本内容及国家安全学在整个国家安全学科体系中的位置等。第二章是历史，论述国家安全及国家安全工作的产生和发展，以及当代世界国家安全及国家安全工作基本状况。第三章是基本理论，论述国家安全及国家安全工作的本质与内容，其中包括对国家的起源与本质的研究。

第二大部分是国家安全理论，其中包括国家主权安全、领土安全、政治安全、军事安全、外交安全、经济安全、资源安全、文化安全、社会安全、民族安全、国民安全、首脑安全等内容，每方面的内容可以单独成为一章，每一章除论述有关的国家安全理论外，还要从情报和反情报两方面论述有关的国家安全工作。

第三大部分是国家安全工作理论，包括军事工作、保密工作、反间谍工作、反恐怖工作、情报工作、国家安全法制、国家安全教育、国家安全行政管理、国家安全队伍等。这些不同方面的国家安全工作，也是要独立成章加以研究和论述的。但是，这里的国家安全工作并不是专门讲我国的国家安全工作，而是讲古今中外的国家安全工作及其规律和方法等。

试论国家安全学的对象、任务和学科性质

（2003 年 5 月）

摘要：国家安全学是一门新兴的综合性实用型政治科学。它的研究对象包括国家安全本身、影响国家安全的因素、危害国家安全的因素、国家安全保障体系及活动四个方面。它的基本任务是全方位、系统性地研究和探讨国家安全及其相关对象的客观状态、本质、规律，探寻合理的国家安全观和国家安全战略，服务和指导国家安全活动。

关键词：国家安全；国家安全学；研究对象；研究任务

一、国家安全学的研究对象

从总体上讲，国家安全学的研究对象包括国家安全、影响国家安全的因素（也可称其为“国家安全环境”）、危害国家安全的因素及国家安全保障四个方面的内容。国家安全是国家安全学研究的首要对象，也可以说是核心对象。国家安全是随着国家产生而出现的一种社会存在和社会现象。从古到今，国家安全一直处在发展变化之中，而且到了当代其发展变化的速度进一步加快，其内容和形式越来越丰富，问题越来越复杂。时至今日，国家安全的基本内容包括了国民安全、领土安全、经济安全、主权安全、政治安全、军事安全、文化安全、科技安全、生态安全、信息安全十个方面。国家安全包含的十个方面并不是机械地被“综合”在一起，而是互相联系、互相作用、不断变化的，并且在动态联系中占据着各自不同的位置，发挥着各自不同的作用，通过相互作用影响着整个国家安全系统。不过应该承认，国家安全在当代所包括的内容完全可能不止这十个方面，同时人们也可以从不同的角度对国家安全进行不同的分析和分类，从不同的方面对它们之间的关系作出不同的研究和解释，但无论再添加一些什么内容，无论从哪个角度进行分类，无论怎样解释它们之间的关系，都只能进一步说明国家安全本身内容的丰富性、复杂性和多面性，说明其本身已经是一个需要运用复杂思维而进行复杂性研究的复杂社会系统。国家安全学研究的这一对象，

既包括传统安全观或传统安全理论所重视的军事安全、政治安全等，也包括新安全观或新安全理论所强调的经济安全、文化安全、信息安全等。但需要注意的是，国家安全本身并不包括人们在谈国家安全时常常讲到的国家安全工作、国家安全活动等。国家安全与国家安全工作、国家安全活动等在客观上属于不同的社会现象，在主观上是不同的概念。国家安全学虽然也需要研究国家安全活动、国家安全工作，但它们并不是国家安全这个概念所包含的内容，而是国家安全保障体系的有机构成部分，因而不能在论述国家安全这类研究对象时加以讨论，而只能在国家安全保障体系这类研究对象中讨论。

国家安全学研究的第二类对象是影响国家安全的因素，也可以说是由各种影响国家安全的因素所组成的国家安全环境。所谓国家安全环境，就是指由各种影响国家安全状态的外在因素构成的有机体系。国家安全不仅是一个包括多方面内容的复杂的社会大系统，而且还是一个开放的社会大系统。在内含各种构成要素或子系统并受制于各种构成要素及其相互关系和作用的同时，国家安全还外涉其他更大的社会系统和更多的社会要素及其自然因素，并受到外部因素的影响。这些因素的总和，便构成了国家安全环境。从大的方面说，影响国家安全的外在因素包括自然因素和人为因素两个方面。也可以说，国家安全环境包括了自然环境和社会环境两方面。在自然因素或自然环境方面，国土面积、地理位置、自然资源、气候条件、人口数量等，都会以不同的形式、不同的方式在不同方向和不同程度上影响到国家安全及其各个构成要素。在社会因素或社会环境方面，国家安全既会受到全球形势及安全状态、地区形势及安全状态、邻国形势及安全状态等变化不定的外部因素影响，也会受到国家内部其政治制度、大政方针、国民素质、民族宗教、传统文化等外在因素的影响。这些因素的影响，甚至是同一因素的影响，都会在影响的方向、方式、程度等方面形成复杂多变的局面，有时是积极、有利的影响；有时是消极、不利的影响；有时是直接的影响，有时是间接的影响；有时影响较大，有时影响较小。

如果从国内与国外两个方面看，国家安全环境也可以分为内部环境与外部环境两大类。内部环境是指一国内部影响国家安全的因素，其中既包括国家制度、传统文化、国民素质、民族宗教等社会因素，也包括人口数量、地理条件、矿产资源等自然因素。外部环境是指一国之外影响该国安全的因素，既包括国际形势、地区安全、周边关系等社会因素，也包括他国自然环境、全球生态环境、外层空间环境及地缘关系等自然因素。从社会与自然两个方面看，国家安全环境又可以分为社会环境与自然环境两大类。社会环境包括国内外的各种社会因素，自然环境包括国内外的各种自然因素。

国家安全学的第三类研究对象是危害国家安全的因素。那些影响国家安全的因素和环境多具有正反两方面作用，即积极的作用和消极的作用。从消极方面来看，如果它发展到一定程度，就会直接危害到国家安全，成为危害国家安全的因素。该因素不仅包括某些影响国家安全因素消极方面的极端表现，如雨水过广多灾而成为全国范围或大部分地区的洪涝灾害，而且更包括某些具有明确目的的社会威胁和危害，如军事侵略、政治颠覆、间谍破坏等。这些因素对国家安全来说不仅仅是消极因素，并且已经成为破坏因素，即危害国家安全的因素。危害国家安全的因素也可以分为自然和人为两个方面，自然方面名曰“天灾”，人为方面则称“人祸”。洪、涝、旱、震、虫、疫等自然灾害是危害国家安全的“天灾”；而就“人祸”来说，则包括“内忧”与“外患”两个方面：内战、内乱、分裂、破坏，以及在当代特别突出的宗教极端主义、民族分裂主义、国内恐怖活动等，都是威胁或危害国家安全的“内忧”，而军事入侵、政治颠覆、文化渗透、隐蔽行动、国际恐怖主义、国际武器走私等，则是威胁或危害国家安全的“外患”。当然，在不同的历史发展阶段及不同的国家和地区，威胁或危害国家安全的因素及其关系和表现形式是不一样的，不同因素的地位和作用也是随时随地变化、不尽相同的。因此，如果要准确认识和判断这些因素对国家安全的危害范围、危害程度、危害方式等，就要根据具体的历史背景、国际国内形势等方面的具体状况作出具体分析研究。

国家安全学研究的第四类对象是国家安全保障体系。国家安全保障体系是由那些以保障和强化国家安全、提高国家安全度为客观目的的各种思想、观念、制度、规章、法律、组织、机构、措施、活动等构成的社会体系。面对影响和危害国家安全的各种因素，为了有效保障国家安全，在客观上最大限度达到安全状态，国家便采取了包括政治和军事、经济和文化、内政和外交等各种手段和行动，这就产生了既不同于国家安全又以实现国家安全为目的的国家安全活动，其中既包括公开的政治、军事、治安、外交等方面的活动，也包括隐蔽的间谍情报活动；既包括战争、镇压、监禁、流放、驱逐、谍战等在内的各种“硬手段”，也包括发展经济、宣传教育、开展公关、变革创新、外交往来等在内的各种“软手段”。为了使这些不同的国家安全活动和手段更有效，各国都陆续建立了各种专门化的国家安全机构，其中主要有军队、警察、法庭、监狱、情报、反谍、保密、保卫、外交等机关。同时，国家和政府的其他如经济、贸易、文化、教育、科技、体育等机构或部门，在维护或保障国家安全方面也都负有一定不同形式的责任。这些有形的专门机构和非专门机构，可以说是保障国家安全的“硬件”。此外，各个国家还都在历史发展的不同阶段上形成或制定了各种各样的以维护或保障国家安全为目的的制度、法律、法规、政策、理论、战略等，这又可以说是保障国家安全的“软件”。这些便构成了国家安全保障体系。

从大的方面看，国家安全保障体系可以分为保障机制与保障活动两个主要方面，其中保障机制包括国家安全观、国家安全战略、国家安全制度、国家安全组织机构等，保障活动则包括政治军事活动、外交外事活动、间谍情报活动、宣传教育活动、经贸金融活动等。国家安全保障活动也简称国家安全活动，是以保障国家安全为目的的各种社会行为的统称。对于如上所述国家安全本身的基本内容、影响国家安全的因素、危害国家安全的因素、国家安全保障体系及活动等，如图 1 所示。

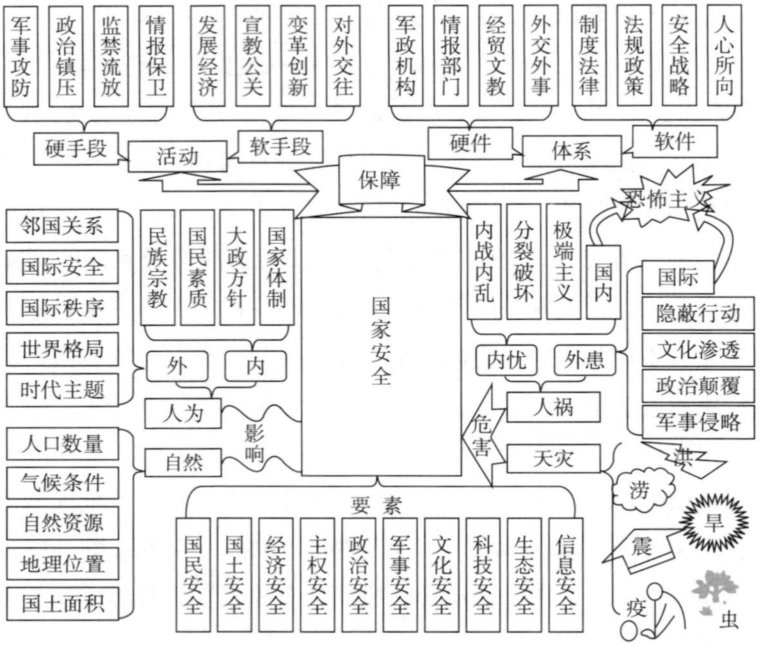

图 1　国家安全保障体系

二、国家安全学的任务

国家安全独特的基本任务是：全方位、系统性地研究和探讨国家安全及其相关对象的客观状态、本质、规律，解释各种国家安全现象、服务和指导国家安全活动。具体来说，这表现在如下四个方面。

第一，在经验层面上归纳分析国家安全及其相关对象的客观状态及其关系，对之做出宏观上全面、微观上精细的客观描述。国家安全学是一门新兴科学，因而从学科建设上缺乏可以直接借鉴的理论资料，对许多问题的研究需要从搜集材料、整理材料开始，进而透过这些材料观察认识古今中外的国家安全现象，从中分析归纳国家安全事实及其关系，最后在经验的层面上对国家安全事实和现象做出一种宏观上尽可能全面、微观上尽可能精细的客观描述。这是国家安全学在其兴起阶段的一项最基本的研究任务。这一任务的最终结果包括两个方面：一是对国家安全的历史发展作出客观描述；二是对国家安全的现实状态作出客观描述。国家安全学基础教材不可能全面反映这一研究过程，但却必然是这种研究的结果，必然要对国家安全及其相关的国家安全环境、国家安全保障体系等方面的历史变化发展、现实状态、相互关系做出尽管简单但却尽可能客观的描述。

第二，在理性层面上探索和揭示国家安全及其相关对象的本质和规律。新兴的国家安全学虽然不可避免地承担着搜集整理材料、在经验层面上对国家安全事实及其关系做出客观描述的任务，但却不能停留在这一层面上，不能因此而放弃从理性层次上探索国家安全现象及事实的本质和规律这一更根本的研究任务。探索和揭示国家安全及其相关现象的本质和规律是国家安全学的一项基本任务。国家安全学首先需要探索和揭示的是国家安全、国家安全环境、国家安全保障体系三方面存在变化及其相互联系的本质和规律，但为了全面准确地认识国家安全及其相关现象，它还需要进一步探索和揭示国家安全、国家安全环境、国家安全保障体系三个方面所包含的具体内容和三个方面的相互关系及其本质和规律，例如探索和揭示国家安全目前所包含的国家生态安全的本质和规律，探索和揭示作为国家安全环境构成要素之一的国际恐怖主义的本质和规律，探索和揭示作为国家安全保障体系中具体内容之一的谍报活动的本质和规律。

第三，在价值层面上对国家安全现实作出尽可能科学与合理的判断，探寻合理的国家安全观和国家安全战略。科学研究的直接目的是揭示客观对象的真实，追求真理，但这并不是科学研究的最终目的。科学研究的最终目的是借助对客观事物的真理性认识，根据人类社会的需要和利益对现实存在作出价值判断，并由此探寻合理的价值目标，以实现趋利避害，达到善的目的。在科学发展史上，特别是在自然科学研究中，真和善经常是分离的，理论科学以真为最终目的，求善的任务则留给了技术科学。但是对于社会科学来说，特别是对于当代大多数社会科学来说，求真的目的就在于求善，真是为善服务的。对于国家安全学这样一门应用型社会科学来说，尽管它必然把求真作为其基本任务，但它却不以求真为最终目的，而是把求真作为求善的前提与基础，在描述国家安全对象客观现实并揭示其本质和规律的基础上，进一步把求善定为自己更重要也是最终目标，努力根据人类社会的最大需要和价值对国家安全现实作出尽可能合理的价值判断，并提出能够影响或指导国家安全现实最大价值方向发展的思想、理论、战略、措施等。

第四，在实践层面上服务于国家安全现实，指导国家安全活动，以提高国家安全度。

三、国家安全学的学科性质

从总体上讲，国家安全学是一门新兴的综合性应用型政治科学。

首先，国家安全学是一门新兴学科。

国家安全是一个老问题，国家安全学则是一门新学科。虽说国家安全是一种与国家同时存在的社会现象，国家安全思想和观点也可以说与国家一样古老，国家安全理论也早已存在于许多政治特别是国际政治理论中，但是把国家安全及其相关对象作为独立研究对象的国家安全学却是以前没有的新兴学科。

其次，国家安全学是一门综合学科。

当代的新兴学科有三个基本生长点，一是在两门学科的边缘地带生成并由该两门学科理论交叉渗透而形成的边缘学科，如生物化学、地缘政治学、军事社会学等；二是研究对象横布众多领域且具有广泛普遍性的横断学科，如系统科学、信息科学等；三是利用多门学科成果解决某一或某些复杂问题而形成的综合学科，如环境科学、领导科学等。国家安全学就是一门需要利用众多学科研究成果和方法解决国家安全及其相关问题的综合性学科。这是由国家安全学的研究对象所决定的。虽然研究的主要对象是国家安全、国家安全环境及国家安全保障，但它们却涉及社会生活的各个领域，与各种各样的社会存在甚至自然存在相关，因而需要利用研究这些不同现象的学科已有成果和研究方法来解决国家安全问题。

第三，国家安全学是一门应用学科。

从学科层次上看，无论是自然科学还是社会科学，它都有基础科学与应用科学两个层次。按照这种层次划分，国家安全学虽然涉及许多基本理论，但从本质上看它还是一门以应用为主或者说是以应用为直接目的的应用型学科。因此，国家安全学是一门应用型学科。

第四，国家安全学属政治性学科。

从大的方面看，国家安全学当然属于社会科学。但在社会科学领域中，它是与政治学、经济学、社会学、历史学等并列的呢，还是属于某个学科下的二级学科呢？虽然国家安全既涉及政治军事领域，又涉及经济文化领域；既需要用政治学的研究成果，也需要用到经济学的研究成果，但从本质上看，国家安全问题是一个政治问题，因而虽说国家安全学是社会科学，但它更属于政治学科，是政治学科中的一个门类，是一门政治科学，是政治学下的二级学科。但是，国家安全学不能划到国际政治学下面，而是与国际政治学具有某些交叉且又并列的独立的政治学科。

最后，我们可以根据以上的分析得出这个定义：国家安全学是从总体上研究国家安全、国家安全环境、危害国家安全的因素和国家安全保障体系等方面的基本内容，最终揭示国家安全及其相关方面的本质和规律的综合性实用型政治科学。

参考文献

[1]牛力,倪齐生.邓小平国家安全指导艺术[M].北京:解放军出版社,1995.

[2]梅孜.美国国家安全战略报告汇编[M].北京:时事出版社,1996.

[3]倪建民.国家安全:中国的安全空间与21世纪的国略选择(上下册)[M].北京:中国国际广播出版社,1996.

[4]李少军.国际安全警示录[M].北京:金城出版社,1997.

[5]刘跃进.建立“国家安全学”初探[J].国家安全通讯,1999(1).

[6]桑松森.国家安全与国家安全学[J].国家安全通讯,1999(2).

[7]陈文波.领土完整:国家安全的空间[J].国家安全通讯,1999(4).

[8]张平.试论经济安全在国家安全中的战略地位[J].国家安全通讯,1999(5).

[9]李忠杰.新世纪中国全球战略构想[J].中共中央党校学报,2000(1).

[10]刘跃进.国家安全观的分类问题[J].江南社会学院学报,2001(4).

国家安全学科建设中的“非传统安全思维”

（2009 年 3 月）

摘要：在国家安全学科建设和理论研究中，需要一种包容而不是排斥传统安全问题的非传统安全思维。非传统安全思维不仅体现在国家安全学科 10 多年来的建设进程及编写出版的《国家安全学》教材中，还体现在一系列的创新性观点中。系统安全观的提出及其在国家安全学科建设和理论研究中的运用，是非传统安全思维的重要体现。把文化安全、科技安全、信息安全、生态安全等纳入国家安全学体系，把国民安全作为国家安全的核心和国家安全活动的根本目的，把文化的先进性看作国家文化安全的关键，均反映了非传统安全思维的重要作用。

关键词：国家安全学；国家安全学科建设；非传统安全思维

在各种非传统安全问题日益突出的今天，思考和处理国家安全事务时就不会不受非传统安全观和非传统安全思维的影响，问题的关键不在于人们是否会在不自觉的状态下受非传统安全思维的某种影响，而在于人们能否自觉地把非传统安全思维作为认识、理解、研究和处理安全问题的思维方式，能否使非传统安全思维成为研究国家安全问题并形成科学理论时自觉遵从的科学思维方式和方法。通过笔者对非传统安全思维在 10 多年来国家安全学科建设中发挥的作用进行初步总结，将利于国家安全学科建设和国家安全问题研究在今后得到更好的发展。

一、提出建立“国家安全学”时的非传统安全思维

在 20 世纪最后 10 年之前，“国家安全”在中国是一个敏感语词，即便是学术研究也不涉足，好像“国家安全”只能是“肉食者谋”，只有代表国家的职能机构才能过问。通过对国家图书馆所藏的中文普通图书进行检索，我们发现书名含有“国家安全”且排除“安全生产”等主题词后的中文图书最早出现于 1962 年，此前根本没有此类图书，此后一直到 1989 年，此类图书总共有 5 本，而且 1962 年、1965 年、1985 年各出版的一本都是外国图书的中译本，1987 年出版一本署名为“《国家安全有

关法规选编》编辑组”的《国家安全有关法规选编》，虽然不是外国人原创作品，但也不是学术研究著作，好像此类著作只能由有关权威部门集体来编，个人甚至学者都无权涉足。只有到了1988年，解放军出版社才出版了国内第一本“国家安全”类图书，1989年，“国家安全”类图书在国家图书馆藏书中又消失了，1990年，国内出版了4本书名含“国家安全”的图书。从这些图书的编者和出版者来看，此时的“国家安全”类图书仍然控制在权威的军事国防与情报保卫机构手中，普通百姓和专家学者依然没有涉足。

从国家图书馆中文藏书中做进一步检索可以看出，真正的“国家安全研究”图书，只有到1995年才陆续出现，1999年形成一个高峰。造成这种状态的一个重要原因，就是人们还被束缚于传统安全观和传统安全思维之中，在潜意识中认为，国家安全就是军事国防、间谍情报、保密保卫等，而这些领域又都是“国家机密”，所以不能对其进行学术探讨。但是，伴随着新世纪的到来，非传统安全观和非传统安全思维在国内渐成气候，这不仅表现在专家学者开始广泛而深入地研究国家安全问题，而且表现在国家安全研究的领域不断扩展，新思维新观点不断涌现。

正是在这一过程中，我们不仅提出而且初步实现了国家安全学科建设任务，而且在一开始就对国家安全采取了一种不同于以往的新的思维，提出了一些新的观念，不自觉地体现了非传统安全思维。

> 由于国家安全工作中的许多内容具有一定的机密性，特别是情报与反情报工作具有高度的机密性，从而给人一种印象，好像国家安全问题只有专门的职能机构才能过问，理论研究在此成了禁区。……从整体上进行这方面的理论研究，建立起国家安全学和国家安全学科体系，不仅有重要的理论意义，而且也有重要的现实意义。……有助于人们加深对国家安全和国家安全工作的认识，提高公民的国家安全意识，从而更广泛有效地保障我国国家安全，为经济建设和提高综合国力创造一个和平稳定的国际国内环境。[1]

同时，我们当时已经认识到，国家安全涉及主权、国土、政治、经济、国民、资源、文化等方方面面。这其实已经在某种程度上有了非传统的安全观和非传统安全思维的萌芽。

在研究国家安全学科建设的过程中，我们对国际政治、军事科学、社会治安等领域的安全问题给予了高度关注，并从全球化时代国家安全现实出发，很快意识到国民安全、文化安全、科技安全、信息安全、生态安全等非传统安全要素在当代国家安全体系中的重要意义，意识到恐怖主义、民族问题、宗教问题等对国家安全的影响，因而必然把这些方面纳入国家安全学和国家安全学科体系之中。与此同时，我们发表了系列文章①，在研究传统安全问题的同时，也研究了各种各样的非传统安全问题，主要包括国民安全、经济安全、文化安全、科技安全、信息安全、生态安全，以及恐怖主义、民族问题与国家安全、宗教问题与国家安全等。

二、“系统安全观”体现的非传统安全思维

我们认识到，国民安全、文化安全、科技安全、信息安全、生态安全等非传统安全要素在当代国家安全体系中的重要意义，开始自觉地把非传统安全观和非传统安全思维贯彻到国家安全研究和国家安全学科教材编写中，提出了要确立“系统安全观”的想法，并且根据这种想法写成了相关论文并完整地移植到2004年由中国政法大学出版社出版的《国家安全学》教材中。

我们这时提出的系统安全观，就是运用具有普适性的系统方法对国家安全问题进行系统思考，从而能够在安全问题上得出符合时代发展和现实要求的科学理论，提出具有充分可行性的对策。这种系统安全观和系统安全思维，也就是我们所要确立并在此后自觉运用的“非传统安全思维”。[2]当时已经阐明的系统安全观的“普遍点”主要是：

> 第一，国家安全是一个社会系统，国家安全活动和国家安全工作是一项社会系统工程，因而必须运用系统的观点、原则和方法认识和分析国家安全、国家安全活动，以及各种安全要素之间的关系。第二，在国家安全和国家安全活动系统中，各要素所处地位和所起作用是不同的，同时又是可以转化的，因而既需要对国家安全系统中的各要素进行系统化的战略性定位，又要根据系统的运行情况对各要素的地位和作用进行具体分析。第三，国家安全不是一个封闭系统，而是一个开放系统，国家安全既具有内包性，也具有外涉性，在内包国民安全、经济安全、政治安全、军事安全、文化安全、科技安全等内容的同时，又外涉他国安全、地区安全、国际安全、全球安全，甚至社会之外的自然环境。第四，高水准的国家安全状态，不仅在于通过强力来“维护”，更在于通过合理的系统化的社会制度和安全机制来“保障”。[3]

在系统安全观这种非传统安全思维的指导下，《国家安全学》将整个国家安全问题分为国家安全的构成要素、影响国家安全的因素、危害（或威胁）国家安全的因

① 发表在1999年和2000年《国家安全通讯》开辟的“国家安全学理论探讨”专题中。

素、国家安全保障体系四个方面，且在其中的每个方面，都同时关注到了传统安全问题和非传统安全问题两个方面，努力把传统安全问题和非传统安全问题统一起来进行系统思考，以对当代国家安全问题有一个全方位的系统性描述。现在需要强调的是，提出的“系统安全观”这样一种非传统安全观和非传统安全思维，并不是排斥传统安全问题的思维方式，而是在强调各种非传统安全问题的同时又容纳各种传统安全问题的思维方式。

在上述文章和教材中，我们不仅明确提出了系统安全观的“普遍点”，而且还提出了系统安全的“时代点”和“中国点”。系统安全观“时代点”的主要内容是：

> 在经济全球化时代，国家安全与国际安全的联系进一步加强，人们不仅需要把国际安全作为国家安全这一开放大系统的外部环境来看待，而且需要把国家安全作为全球安全和国际安全这一更大的社会系统中的子系统来看待，必须从国际安全的广阔视野中审视国家安全。……由于各国的安全和利益的系统性联系，各国在追求自己的安全和利益时，必须考虑到其他国家的安全和利益，以“共赢”的思维方式处理与其他国家的安全及利益关系。

系统安全观“中国点”的主要内容是：

> 在社会主义中国的国家安全系统中，需要把国民安全是国家安全之核心和国家安全活动之根本目的的一般观点，具体化为以人民群众的利益和安全为根本出发点，用马克思主义的群众路线和群众观点指导国家安全活动，既把人民群众的安全和利益作为国家安全的核心和国家安全工作的根本目的放在头等重要位置，又把人民群众作为国家安全活动的依靠力量，坚持群众路线，使全国人民都关心国家安全，以不同的方式参与和支持国家安全活动。

这些观点与传统安全观和传统安全思维完全不同，是对国家安全问题的一种非传统思维，是非传统安全观和非传统思维的具体体现。

三、非传统安全思维在国家安全学科中的其他体现

10 多年来国家安全学科建设中的非传统安全思维，不仅集中体现在系统安全观中，而且如果把文化安全、科技安全、信息安全、生态安全、恐怖主义对国家安全的危害、民族问题和宗教问题对国家安全的影响等纳入“国家安全学”，把国民安全作为国家安全的核心和国家安全活动的根本目的，把文化的先进性看作国家文化安全的关键，以及在探索国家安全学研究方法时，这种思路都有所反映。

早在 1998 年，我们就提出了“文化安全”和“国家文化安全”的概念。1999

年,《国家安全学》参编者林宏宇先生对文化安全问题作了国内最早的理论探讨:

> 国家安全的内涵包括诸多方面的内容,如主权、领土、政治、经济、军事、外交、科技、生态等,它们都对国家安全有很大影响。但人们常常容易忽略了一个重要方面,那就是文化安全。文化对国家安全的影响是深层次的、全方位的、潜移默化的,也是最深刻的。因为受文化影响的是人,而人是保卫国家安全的决定性因素。因此,从这个意义上说,文化是影响国家安全的一个关键因素,文化安全是国家安全的深层主题。[4]

后来在《国家安全学》中,把文化安全单列一章进行专门讨论,并且在提出“文化就是社会化”的前提下,把文化安全的内容分为语言文字安全、风俗习惯安全、价值观念安全、生活方式安全四个方面,认为文化安全的本质是民族文化特质的保持与延续,而文化安全的关键是文化的先进性。从表层来看,国家文化安全确实与民族文化传统的继承、现存文化的不受侵害具有各种不同形式的必然联系,与“文化渗透”“文化霸权”直接对立,包括抵抗“文化渗透”“文化霸权”,保障现有文化,包括民族传统、价值观念、社会意识等免受外来文化的冲击与破坏。但是,维护国家文化安全并不是维护传统文化和现存文化的纯洁性,也不是拒绝外来文化的影响和渗透,而是保障和促进传统和现存的民族文化沿着先进性的方向发展,一个国家只有在与其他民族,特别是发达国家的文化交流中,在不断吸收世界先进文化并改造民族文化以保持自身文化具有一定程度的先进性的基础上,才可能真正获得自身的文化安全。保持文化一定程度的先进性,是保障国家文化安全的关键。文化的先进性程度越高,文化的安全度也就越高。

此外,国家安全学科建设从一开始就涉及研究方法问题,而对研究方法的探索同样体现了非传统安全思维。《国家安全学》就此写道:

> 自觉地把历史唯物主义强调的社会存在决定意识的原理、群众观点等,作为普遍研究方法用于国家安全学研究,对于认清国家安全现实中的众多要素之间的关系,特别是其中的国民安全、经济安全、政治安全、军事安全、文化安全等之间的关系,以及影响和保障国家安全的物质因素与文化因素的不同关系等,具有重要的方法论意义。[3]

在当代,系统科学提供的系统方法,就是一种具有普遍适用性的思维方法和研究方法,对于国家安全学具有重要的方法论意义。同时,我们还根据国家安全学科建设的现状,提出了“古今中外归纳概括法”这一特殊的研究方法。这种方法就是要搜集古今中外有关国家安全的各种事实材料和各种理论观点,对复杂的国家安全事实进行归纳概括,在理论形态上形成比较完整的国家安全全景图,进而从中探索具有普遍性、本质性和规律性的东西，形成一些具有普遍性的理论原则和观点。这种方法对于整个哲学社会科学来说不能说是非传统的，甚至可以说是传统的，但对于国家安全学科建设和国家安全理论研究来说，却具有某种非传统的意义。

四、非传统安全思维的未来发展

《国家安全学》教材2002年被列为“北京市高等教育精品教材立项项目”，2004年由中国政法大学出版社出版发行，2006年被正式评为“北京高等教育精品教材”，2008年获“北京市第十届哲学社会科学优秀成果”二等奖，并且被高校选用，被众多研究论著广泛引用，这就使书中论述和体现的非传统安全观和非传统安全思维，在我国的国家安全学科建设、理论研究、教育教学、现实工作等方面都发挥了重要作用，而且还将继续产生更为广泛和深刻的影响。当然，非传统安全思维的创新和运用是没有止境的，今后还需要进一步发展。

如前所述，国家安全学科建设过程中，运用了一系列具有非传统思维的研究方法，但这并不意味研究方法探索的结束，相反，我们还需要继续在非传统安全思维指导下，探索和运用新的研究方法。事实上，在10多年来国家安全学研究和教学中，我们已经越来越意识到数学和实证方法运用的必要性。

运用数学及实证方法解释和解决社会问题，如果说在经济学领域已经不是什么新鲜事，因而也说不上是什么非传统思维，但在国家安全学科领域，应该说还是比较新颖的，是一种非传统安全思维。由于难度太大，目前在国家安全领域还少有成功运用的案例，但确实也已经有人在做这方面的尝试，我们也在不同场合向数学基础好的同仁提出过这样的建议。例如，汪育俊先生就提出了一个“国家安全公式”：$N_s = (C + E + M) \times (S + G + N) \times (L_s + D)$，其中，$N_s$表示国家安全，C表示人口和领土构成的基本实体，E表示经济力量，M表示国防和军事力量，S表示国家战略目标，G表示国家政权力量，N表示国家文化力量，L_s表示国家的国际安全战略，D表示国家的外交能力，由它们分别构成的$(C + E + M)$表示硬国力，$(S + G + N)$表示软国力，$(L_s + D)$表示国际安全[5]。汪先生这里所做的，可以说是运用非传统安全思维解决安全度量问题的一个有益尝试。虽然国家安全学科研究中数学方法的成功运用还非常鲜见，但对这种科学研究方法的向往，却无疑包含着一种非传统安全思维，或许还是未来的一种发展方向。

在强调科学方法上“系统思维”的同时，今后的国家安全学科建设和理论研究还需要确立另一个更为重要的非传统安全思维，即立足于人文关怀的“民主观念”

“民主思维”。2008 年，本人对此做了这样的论述[5]：

> 由于国家安全不仅事关国家的生死存亡，而且事关每个国民的身家性命，因而在这一领域就更需要强调科学与人性的结合，强调民主思想和民主建设的极端重要性。时代需要的是人性的国家安全，不是反人性的国家安全，而能够有效保障人性原则得到贯彻执行的，只有民主制度。……国家安全研究的根本目的，就是要为我们的时代和我们的国家提供一种民主与科学高度统一的安全理论，并最终为我们的国家安全和国民安康服务。由于这样的安全理论在人文性上强调民主理念，在科学性上强调系统方法，因而可以称作“民主的系统安全观”。[5]

事实上，在当代国家安全论域中，“民主”既是一个重要的非传统安全观念，也是一种重要的非传统安全思维方式和方法。

参考文献

[1]刘跃进. 建立“国家安全学”初探[J]. 国家安全通讯,1999(1).

[2]刘跃进. 系统安全观及其三层次[J]. 国际关系学院学报,2001(2).

[3]刘跃进. 国家安全学[M]. 北京:中国政法大学出版社,2004.

[4]林宏宇. 文化安全:国家安全的深层主题[J]. 国家安全通讯,1999(8).

[5]刘跃进. 国家安全研究要论从史出[A]. 韦祖松. 帝国生存环境的诠释——北宋国家安全问题研究[M]. 北京:中国社会科学出版社,2008.

国家安全学科建设中的创新

（2009 年 11 月）

摘要：“国家安全学”在学科建设方面既包括“从无到有”的开拓性创新，也包括学科体系完善过程中的“从有到精”的创新。在“国家安全学”学科建设过程中，还提出了一些创新性的理论和观点，特别是提出了一种具有学科方法论高度的新安全观，即系统安全观。在研究方法上，运用了“古今中外归纳概括法”，同时还注意运用系统方法、实证方法等。任何创新都没有止境，在“国家安全学”及国家安全学科的未来发展中，在国家安全学教学和研究中，引进“民主观点”，重视“实证方法”，甚至运用“数学方法”，都可能成为将来国家安全学科建设中的创新亮点。

关键词：国家安全学；学科建设；高等教育

经过十多年的建设，由国际关系学院率先开设的“国家安全学”在学科建设方面取得了一系列成就：1999 年，《国家安全学基础》被列为部级点教材予以立项资助；2002 年，《国家安全学基础》内部印行使用；同年，公开版《国家安全学》教材编写被立为“北京高等教育精品教材建设立项项目”；2004 年，《国家安全学》由中国政法大学出版社公开出版；2005 年，“国家安全学”被列为国际关系学院 A 级精品课程；2006 年，《国家安全学》被评为北京高等教育精品教材；同年，“国家安全学的学科地位及教学内容与方法”被批准为北京市教育教学改革立项项目；2008 年，《国家安全学》获北京市第十届哲学社会科学优秀成果二等奖；同年，“精品通识课‘国家安全学’体系建设”获北京市教育教学成果（高等教育）二等奖；2009 年，“国家安全学”被评为北京高等学校精品课程；同年，北京市教改项目“国家安全学的学科地位及教学内容与方法”结题上报。“国家安全学”课程和学科建设之所以能够取得这样一些成就，根本原因在于“创新”二字，其中既包括了学科本身“从无到有”的创新，也包括了学科体系“从有到精”的创新，还包括了学术观点的创新和研究方法的创新。

一、“国家安全学”的学科体系创新

国际关系学院从20世纪90年代初就开始的国家安全学科建设推出了一门新兴学科，在学科建设方面具有“从无到有”的创新意义。而后来公开出版的《国家安全学》教材和院内开设的“国家安全学”课程，在学科体系方面更是具有开拓性的创新。

国家安全问题虽然可以说是随着国家的出现就出现了，对国家安全的认识也可以说有了几千年的历史，但这些认识长期以来只是零碎地分布于政治学、军事学、警察学、外交学、国际政治学等学科之中，而没能构成一个独立、完整的学科体系，甚至没有一个概念可以把丰富的国家安全历史发展和现实需要以及分布于不同领域的国家安全观念、观点、思想、理论等统一起来。即使在“国家安全”一词于20世纪初在英文文献中第一次出现、“国家安全法”于1947年在美国第一次出现于人类历史上之后，独立的国家安全学科也没有建立起来。“冷战”结束前后，人们对国家安全的认识迅速在广度和深度两个方向发展，传统安全观开始向非传统的新安全观转变，新的安全政策和安全行为也开始代替旧的安全模式，这就在客观上对建立国家安全学科提出了要求。但是在学科建设方面能够及时把握住这一客观需要，及时建设起国家安全学科，却不是一件轻而易举的事情，更不是任何研究机构和人员都能抓住这个机会的。国际关系学院只是由于其特殊性，而与这一大局势碰了个正面，走了个同步。

20世纪90年代初，在“冷战”结束、国际安全形势大变、新的安全思维和安全观深入人心的时候，国际关系学院政治理论教研部为全院开设“国家安全概论”课程，甚至还编写油印了《国家安全概论》供教学使用。后来，随着国际关系学院教育教学改革的发展，开设更多的国家安全类课程这一任务被提了出来。这样一来，就形成了编写国家安全类系列教材的需要，同时人们也逐渐认识到“国家安全概论”可以被称作“国家安全学”。

一系列国家安全类课程在学院内部陆续开设出来，其中“国家安全概论”课更是被作为整个国家安全类课程的基础理论来建设。为了开好这些国家安全类课程，学院成立了若干教研室，专门设置了国家安全资料室。到20世纪90年代中期，在主管部重点科研立项支持下，国际关系学院陆续编写了系列国家安全类教材，其中被称为“龙头”教材的《国家安全学基础》到2002年最后印出并用于教学，相应的课程名称同时被改为“国家安全学基础”。就在此时，由于种种原因，国际关系学院的“定向招生、定向培养”培养模式停止，多数国家安全类课程也由于涉密或其他原因而退出了课堂。然而，作为整个国家安全学科体系之基础的“国家安全学”不仅被保留了下来，而且在北京市教委的支持下，《国家安全学》教材编写于2002年还被列为北京高等教育精品教材建设立项项目。2004年5月，《国家安全学》教材由中国政法大学出版社公开出版发行，国际关系学院当即选用这部教材，并把原来的“国家安全学基础”课改为“国家安全学”，作为全校本科生必修的“通识课”开设。

国家安全学学科建设虽源于国际关系学院20世纪90年代初开始的教育教学改革和专业调整，但最终构造的“国家安全学”体系既没有局限于以间谍情报活动为主要内容的隐蔽战线，也没有局限于以武装活动为主要内容的军事国防领域，更没有把国际政治学和国际关系学所涉及的国家对外安全问题作为国家安全的全部内容，而是尽可能完整地把历史发展到今天所涉及的国家安全的方方面面都统合起来，按照历史与逻辑相一致的原则，在学术史上第一次对国家安全问题进行了全面的梳理和概括，对相关内容做出了结构合理、逻辑严谨、层次分明的编排。无论是在《国家安全学》教材中，还是在“国家安全学”课堂上，都从“国家安全基本理论”“国家安全的构成要素”“影响国家安全的因素”“危害国家安全的因素”“国家安全保障体系”五个方面来展开国家安全学体系。这样就编成了一部具有开拓性的全新教材，构造了一门前所未有的新兴学科，形成一个科学合理的学科体系。

鉴于学科体系方面的创新，《国家安全学》教材2006年被正式评为“北京高等教育精品教材”，2008年又被评为“北京市第十届哲学社会科学优秀成果”二等奖；“国家安全学”课程2006年被学校列为“A级精品课”来建设，2008年11月又上报北京市教育教学优秀成果二等奖。

二、“国家安全学”的学术观点创新

除了在整体上为社会科学贡献了一门新兴学科和一部体系结构全新的教材之外，我们创建的“国家安全学”还包含了一系列具有创新性的理论和观点，特别是根据安全形势的发展、科学方法的运用、学科体系的需要，提出了一种具有学科方法论高度的新安全观，即“系统安全观”。

在研究国家安全问题、编写国家安全教材的过程中，我们意识到要对整个国家安全问题做全面系统的研究，需要一种能够全面系统把握安全问题的科学方法，而系统科学提供的系统思维和系统方法正是构建国家安全学科体系、认识纷繁复杂的安全现实的理想工具。为此，我们认为应该确立一种系统的国家安全观，并在发表于《国际关系学院学报》2001年第2期上的《系统安全观及其三层次》一文，及2002年内部版《国家安全学基础》和2004年公开版《国家安全学》中，比较详细地论述了这一观点。这种系统安全观其实就是运用具有普适性的系统方法对国家安全问题进行系统思考，从而能够在安全问题上得出符合时代发展和现实要求的科学理论，提出具有充分可行性的对策。由此，我们指出："国家安全是一个社会系统，国家安全活动和国家安全工作是一项社会系统工程，因而必须运用系统的观点、原则和方法认识和分析国家安全、国家安全活动，以及各种安全要素之间的关系。""在国家安全和国家安全活动系统中，各要素所处地位和所起作用是不同的，同时又是可以转化的，因而既需要对国家安全系统中的各要素进行系统化的战略性定位，又要根据系统的运行情况对各要素的地位和作用进行具体分析。"国家安全不是一个封闭系统，而是一个开放系统，国家安全既具有内包性，也具有外涉性，在内包国民安全、经济安全、政治安全、军事安全、文化安全、科技安全等内容的同时，又外涉他国安全、地区安全、国际安全、全球安全，甚至社会之外的自然环境。在全球化浪潮已经使地球成为一个"地球村"，各个国家正在密切联系为一荣俱荣一损俱损的整体的今天，任何国家及其安全都不是封闭系统，也不可能人为地封闭起来，而必然是程度不同且不断扩大开放程度的开放系统。一国安全总会在不同程度上受到他国安全、地区安全、国际安全、全球安全的影响，同时必然不同程度地影响到他国安全、地区安全、国际安全、全球安全，甚至在涉及各种社会要素的同时，还会涉及各种非社会性的自然条件，比如生态环境及其安全，涉及地球之外的球外环境及空间安全。这就更需要人们运用开放性的系统思维和方法，解释和保障开放性的国家安全。

在"系统安全观"之外，"国家安全学"中具有创新性的学术观点还有：(1) 无论是国际关系学，还是其他的政治学科，都容纳不下完整意义上的国家安全，都没有也不可能把完整的国家安全作为自己的对象，因而建立从整体上研究国家安全"国家安全学"非常必要。(2) 国家安全学是从总体上研究国家安全、影响国家安全的因素、危害国家安全的因素以及国家安全保障问题等方面的基本现象，揭示国家安全及其相关方面的本质和规律，探寻合理的国家安全观和国家安全战略，最终服务于国家安全现实的新兴综合性实用型政治科学。(3) 国家问题可以分为国家安全本身及其构成要素、影响国家安全的因素、危害国家安全的因素、国家安全保障体系四个方面来认识，《国家安全学》教材正是依此构造体系、展开论述的。(4) 国家利益和国家安全本身都是客观的，是一种客观存在或客观状态；安全感、安全观、安全判断、安全理论、安全战略、安全法等，是对客观存在的安全状态的不同形式和不同程度的反映和认识，是精神活动和主观思维的产物。(5) 在国家安全的所有构成要素中，国民安全处于核心地位，是整个国家安全的核心；当代任何国家安全活动的最终目的，都应服务于国民的安全和利益。（6）民族问题、宗教问题是当代影响国家安全的重要因素，恐怖主义（无论是国际恐怖主义还是国内恐怖主义）是对当代国家安全的最大威胁。（7）国家安全保障体系可分为保障活动和保障机制两个方面来认识，国家安全保障活动既有硬手段的运用，也有软手段的运用；国家安全保障体系既包括硬件，也包括软件。此外，像“文化的先进性是保障国家文化安全的关键”“科技安全是当代国家安全的关键”等观点，也具有创新性。

三、“国家安全学”的科研方法创新

学科体系和学术观点的创新，在很大程度上依赖于科研方法的创新。“国家安全学”之所以能够形成一个创新性的学科体系，提出一些创新性的学术观点，一个重要的原因就是在于研究方法上的创新。

在《国家安全学》教材和“国家安全学”教学的第一部分，我们总要专门讲到国家安全学的研究方法问题，其中既提到了哲学方法，也提到了逻辑方法，还提到了科学方法，然而更重要的是提出了一种对于处在草创阶段的国家安全学来说非常重要的研究方法，即“古今中外归纳概括法”。所谓“古今中外归纳概括法”，就是要搜集古今中外有关国家安全的各种事实材料和各种理论观点，对复杂的国家安全事实进行归纳概括，在理论形态上形成比较完整的国家安全全景图，进而从中探索具有普遍性、本质性和规律性的东西，形成一些具有普遍性的理论原则和观点。虽然我们不能说国家安全学目前还处于搜集和整理材料的阶段，但搜集和整理材料的任务却是建立国家安全学的时间起点和逻辑起点。在搜集和整理材料中，运用“古今中外归纳概括法”是非常重要的。这种方法对于整个哲学社会科学虽然不能说是非传统的，甚至可以说是传统的，但对于国家安全学科建设和国家安全理论研究来说，却具有某种非传统的意义。后来，有人在撰写国家安全史方面的博士论文时，还专门提到了这一方法，认为这一方法对其博士论文的完成具有重要意义。

此外，把系统科学提供的“系统方法”运用到国家安全研究上，提出“系统安全观”，这在研究方法上也具有一定的创新性。这虽然只是方法应用上的创新，不是方法本身的创新，但对于我们创新性地建设国家安全学科体系，提出一系列具有创新性的观点，却具有重要意义。至于马克思主义哲学提供的唯物史观和唯物辩证法，在国家安全研究和教学中更是被作为重要的哲学方法来运用，为我们提出“国民安全是国家安全的核心和整个国家安全活动的根本目的”，提出“文化的先进性是国家文化安全的关键”等，都发挥了重要的方法论指导作用。

如今，我们在继续强调和运用“系统方法”的同时，也开始思考作为一种非传统安全观和非传统安全思维的“民主观点”对国家安全研究和实践的重要作用。由于国家安全不仅事关国家的生死存亡，而且事关每个国民的身家性命，因而在这一领域更需要强调科学与人性的结合，强调民主思想和民主建设的极端重要性。时代需要的是人性的国家安全，不是反人性的国家安全，而能够有效保障人性原则得到贯彻执行的，只有民主制度。这正是中国共产党和中国政府提出建设社会主义民主政治的重要意义之一。没有民主理想的科学技术，带给国家和国民的可能是灾难和不幸，而非安全和幸福；相反，没有先进科技支撑的民主理念，必然软弱无力，也不可能给国家和国民带来稳定而持久的安全和幸福。国家安全研究的根本目的，就是要为我们的时代和我们的国家提供一种民主与科学高度统一的安全理论，并最终为我们的国家安全和国民安康服务。由于这样的安全理论在人文性上强调民主理念，在科学性上强调系统方法，因而可以称作“民主的系统安全观”。在当代国家安全论域中，“民主”既可能成为一个重要的非传统安全观点，也可能成为一种重要的非传统安全思维方式和方法。

四、“国家安全学”还要进一步创新

在国家安全学研究和教学中，我们越来越意识到创新是无止境的。例如，虽然在2002年内部版《国家安全学基础》中有专门的“国家安全法制建设”一章，但在2004年公开版《国家安全学》中，没有了这一章。这种情况的出现，虽然我们认为与现行《中华人民共和国国家安全法》存在严重缺陷有关，也受制于时间而无法在当时就对国家安全法治体系作出全面科学论述，但无论如何都确实影响到了学科体系的完整性。为此，笔者经过长期思考，在《苏州教育学院学报》2006年第3期发表了《国家安全法的名与实——关于修订我国〈国家安全法〉的一点建议》，同时也与其他一些教学研究人员探讨了当前中国国家安全法治体系建设的问题，争取再版时，把“国家安全法治”作为“国家安全保障体系”的一个重要部分单列一章讨论。

与此同时，我们还在思考把数学方法和实证方法运用到国家安全学研究和教学中的可能性。运用数学及实证方法解释和解决社会问题，如果说在经济学领域已经不是什么新鲜事，因而也说不上是什么非传统思维，那么在国家安全学科领域应该说还是比较新颖的，是一种非传统安全思维。如果不是这种方法运用起来难度太大，在国家安全学科创建的早期也许就会受到重视甚至被具体运用。正是由于难度太大，目前在国家安全领域还少有成功运用的案例，但确实也已经有人在做这方面的尝试，我们也在不同场合向数学基础好的同仁提出过这样的建议。例如，在《江南社会学院学报》2000 年第 1 期发表的《全面理解“国家安全”概念》一文中，作者汪育俊先生就提出了一个“国家安全公式”：$N_s = (C+E+M) \times (S+G+N) \times (L_s+D)$，其中 N_s 表示国家安全，C 表示人口和领土构成的基本实体，E 表示经济力量，M 表示国防和军事力量，S 表示国家战略目标，G 表示国家政权力量，N 表示国家文化力量，L_s 表示国家的国际安全战略，D 表示国家的外交能力，由它们分别构成的（C + E + M）表示硬国力，（S + G + N）表示软国力，（L_s + D）表示国际安全。虽然汪先生在这里并没有给出具体的数值计算单位和方法，但这已经是运用非传统安全思维方式解决安全度量问题的一种非常有益的尝试了。在为子杉（即任卫东）所著《国家的选择与安全——全球化进程中国家安全观的演变与重构》一书所写的书评中，笔者曾写道：“就科学性而言，本书也仅仅是在基本概念定义的逻辑性上有所表现，在科学理论所要求的实证性上并没有太大突破，而这一点恰恰是包括国家安全学在内的所有社会科学都需要进一步努力去做的。这样的要求对作者是过于苛刻了，因为我知道这是本人一生都不可能达到的目标，也是吾辈中多数人终其一生也难以达到的目标。所谓‘己所不欲，勿施于人’，连自己都做不到的事情，为什么还要苛求于人呢？这实在是因为太希望我们从事的社会科学研究，特别是国家安全研究，能够早日步入科学轨道。知其不可为而为之，这样一种费力不讨好的事情谁人会做呢？我也许没有能力去做这样的尝试，但比我年轻的任先生，比任先生更年轻的下一代甚至下几代的中国人，一定会有人来成就这番事业的。愿就此与任先生共勉，也愿就此与其他有志于国家安全理论研究及其科学化的同仁及后起共勉。”虽然我们知道数学和实证方法在国家安全学科领域的运用非常困难，但还是非常向往在不久的将来能够使目前的情况有所改变。事实上，在《2008 年中国国家安全概览》中，我们就已经尝试运用实证方法，从统计的角度对 10 年来国内“安全研究”的政策导向问题进行了考察。

国家安全学科建设的探索历程

（2010 年 2 月）

摘要： 20 世纪 90 年代初，国家安全学科建设在中国还是空白，涉及这一领域的专家学者和研究成果少之又少，把国家安全作为自己专门研究对象的专业人员几乎没有。经过 10 多年的探索，国家安全学学科在我国已经初露端倪，显示出良好的发展势头。

关键词： 国家安全学；学科建设；新兴学科；探索历程；高等教育

20 世纪 90 年代初，国家安全学科建设在中国还是空白，涉及这一领域的专家学者和研究成果少之又少，把国家安全作为自己专门研究对象的专业人员几乎没有。10 多年来，国家安全学从无到有，经历了一个不断探索和发展的过程。对这一过程进行总结，将有助于国家安全学科和专业在今后的继续发展。

一、“国家安全学”概念的提出及对学科体系的最初探讨

就目前所见，“国家安全学”一词在中文文献中的第一次出现是 1994 年。在发表于当年《中国科技信息》第 12 期上的《安全科学与预防事故》一文中，作者朱奕宝在谈到安全学科时，提到了“国家安全学”，认为“安全科学的学科可以很广，如国家安全学、社会安全学、生态环境安全学、劳动安全学等”[1]。显然，这篇文章并不是从国家安全学科建设的角度提出“国家安全学”的，而是在讨论“生产安全”或“安全生产”的“安全学科”建设中涉及这一术语的。

两年后，在中文文献中第二次提到“国家安全学”的还是朱奕宝。他在发表于《中国科技信息》1996 第 12 期上的《城市减灾重在防——一个不容回避的重大课题》一文中，从同样的角度重复了两年前的同一个观点：“安全科学由许多学科组成，如国家安全学、社会安全学、生态环境安全学、劳动安全学等。”[2]

“国家安全学”在中文文献中的第三次出现，是蔡培元先生发表在《中国高教研究》1998 年第 1 期上的《人类的安全需要与保卫学的理论研究》一文。这篇文章是

从保卫学的角度，把国家安全学作为保卫学的分支学科，并以举例的方式给“国家安全学”下了一个定义。他说：“所谓保卫学，从广义上说就是研究人类安全需要发展变化规律以及如何实现这种需要的科学。从这个定义出发，我们就不难推断其所属各分支学科的概念，如国家安全学就是研究国家安全需要发展变化规律以及如何以隐蔽工作为主来实现国家安全目标的科学。”[3]与前面两篇文章相比，这篇文章虽然已经在学科建设的角度上把国家安全学放在了比较重要的地位上，但是它依然不是一篇真正讨论国家安全学和国家安全学科建设的文章。

最早从国家安全学及国家安全学科建设的角度公开提到“国家安全学”一词的文献，是本人发表在《国家安全通讯》1999 年第 1 期上的《建立“国家安全学”初探》[4]一文。事实上，这篇文章是对本人发表于内部刊物《首都国家安全》1998 年第 2 期上的《为国家安全立言——“国家安全学”构想》[5]的摘转，而这篇内部短文的形成，则源于 1997 年夏天桑松森研究员召集的一次教材建设讨论会。当时作为国际关系学院院长的桑松森研究员，根据主管部的要求和国际关系学院教学改革和专业调整的需要，提出了编写“国家安全学”教材的想法，并为此召集部分教学科研人员进行讨论。会上，大家围绕桑松森研究员拿出的国家安全学教材编写提纲，提出了各种意见，本人也发表了看法，主要是认为国家安全学教材编写要符合高等教育的基本规律，因而应有别于相关机构的业务培训教材。会后，本人对这些想法进行了梳理深化，写成短文《为国家安全立言——“国家安全学”构想》，寄给了内部刊物《首都国家安全》，并在该刊 1998 年第 2 期刊出。

需要一提的是，《国家安全通讯》在压缩修改后公开转载上文的同时，还在该刊上开辟了“国家安全学理论探讨”专题，两年内陆续发表了以国际关系学院教学科研人员为主要作者的一系列关于国家安全学科建设和理论研究的文章，其中主要有：《国家安全与国家安全学》（桑松森）[6]、《主权独立：国家安全的基础》（陈东）[7]、《领土完整：国家安全的空间》（陈文波）[8]、《试论经济安全在国家安全中的战略地位》（张平）[9]、《信息安全：国家安全学研究的新课题》（陈东）[10]、《保守国家秘密与国家安全》（曹扬）[11]、《浅议建立国家安全行政管理学》（阎宇红）[12]、《文化安全：国家安全的深层主题》（林宏宇）[13]、《政治制度安全是国家安全的核心》（杨建英）[14]、《极端民族主义与恐怖主义》（朱素梅）[15]、《制定国家安全战略势在必行》（刘跃进）[16]、《金融安全：国家经济安全的重中之重》（胡新智）[17]、《国家科学技术安全浅议》（刘跃进）[18]、《生态环境安全初探》（赵晓春）[19]、《外交：维护国家安全的重要手段》（陈文波）[20]、《有组织犯罪与国家安全》（林宏宇）[21]、《打击有组织犯罪，维护社会政治稳定》（林宏宇）[22]、《国民安全与国家安全》（刘跃进)[23]、《当代民族问题与国家安全刍议》(胡祥云)[24]、《国家首脑与国家安全》(刘跃进)[25]、《国家主权和安全要始终放在第一位》(桑松森)[26]。与此同时,本人还在《首都国家安全》1999 年第 2 期上发表了《超越过去,认清现状,开创未来——谈谈为什么要建立国家安全学及国家安全学科体系》[27]一文,对国家安全学科建设的必要性做了进一步阐述。

在此还应注意的是,《国家安全通讯》在 1999 年第 1 期发表《建立"国家安全学"初探》一文时所加的"编者按"。在这一按语中,编辑部写道:"当今世界,和平与发展是时代的主题。但国家安全并不因此而变得可有可无,相反,国家安全的范畴变得比以往更加宽泛。世纪之交的世界安全形势,给我们理论工作者提出了新的课题,即用国家安全的科学理论指导跨世纪的国家安全工作,为我国的经济建设服务。因此,建立国家安全学便成为一项具有重要实践意义的理论课题。刘跃进的文章,把这样一个重要的问题提了出来,并阐明了国家安全学的具体构想,应该说是一个良好的开端。从今年起,本栏目开辟'国家安全学理论探讨'专题,旨在繁荣学术研究,推进理论研究进程。特邀请原国际关系学院院长、研究员桑松森同志为专题顾问。欢迎广大读者关注和参与国家安全学的理论探讨。"[28]

2001 年以后,《国家安全通讯》虽然不再开设"国家安全学理论探讨"专题,但国际关系学院的教学科研人员还继续在此刊物上发表探讨国家安全学及其具体理论的文章,例如《积极应对"入世"对中国产业安全的冲击》(胡新智)[29]、《威胁国家信息安全的几个客观因素》(陈东)[30]、《新冷战思维对国家安全的影响》(林宏宇)[31]、《略论加入 WTO 与我国的市场安全》(张澜涛)[32]、《试论当代国家安全的 10 个方面》(刘跃进)[33]等文。

虽然不能说这些文章在理论深度和科学性方面具备了多高的水平,但这在我国毕竟是第一次在公开刊物上集中地探讨国家安全学学科建设问题,因而在国家安全学科建设方面具有重要的标志性意义,甚至可以说是国家安全学科建设正式开始的里程碑,为以后国家安全学教材的正式编写印行奠定了基础。

二、国家安全专业建设和内部教材《国家安全学基础》的编写

其实,在 20 世纪 90 年代中期国内公开提出"国家安全学"一词的同时,国际关系学院已在内部开始探讨"国家安全学"学科和专业建设问题,并在不同阶段开设过名称虽然不同但都属"国家安全学科"范围内的课程,甚至可以认定,国际关系学院是国内最早开设国家安全类课程和"国家安全学"课程的高校,"国家安全学"

作为一门综合性新兴学科在国内正是由国际关系学院首创的。

20 世纪 80 年代末，国际关系学院政治理论教研部就根据学院的特殊性质和主管部的需要，以各种形式为全院本科学生开设了不同类型的“国家安全”课，其中包括名为“国家安全概论”的课程。

20 世纪 90 年代中期，国际关系学院不仅设立了一些国家安全专业，而为了专业教学的需要，还在主管部重点科研立项的强有力支持下，开始编写专业教学需要的各类国家安全教材，主要包括《国家安全情报学基础》（桑松森、吴汝华主编，1999 年 6 月内部印行）[34]、《国家安全院校学生修养》（戴守英主编，1999 年 6 月内部印行）[35]、《国家安全侦察学基础》（桑松森主编，2000 年 10 月内部印行）[36]、《国际问题研究与编写》（林宏宇编著，2001 年 7 月内部印行）[37]、《国家安全学基础》（徐国光、刘跃进主编，2002 年 10 月内部印行）[38]等。《国家安全学基础》2002 年编印使用后，原来的“国家安全概论”课也更名为“国家安全学基础”课，列入全院本科生必修课，并为此组建了专门的国家安全教研室和资料室。正是在学院国家安全专业建设和专业教材的编写过程中，我们开始自觉地探讨建立国家安全学和国家安全学科体系问题。以上由《国家安全通讯》公开发表系列文章，就是这种探讨的产物。

三、国家安全专门研究机构的成立与演变

根据教育教学改革发展的需要，特别是为了支撑专业建设和教材编写，经过多年酝酿，并报请主管部核准，国际关系学院还于 2001 年 3 月 15 日成立了以研究国家安全理论与实践为主要任务的“国家安全战略研究所”（对外名称为“国际战略发展研究所”）。按照学院要求和向主管部报送的请示报告，研究所的任务当时被具体确定为：在广阔的国际关系背景下研究国家安全问题，其中最基本的任务是对国家安全基本理论的研究，同时包括对政治安全、经济安全、文化安全以及国家安全法制、国家安全情报、国家安全侦察等方面的普遍性理论问题和现实问题的研究。

2004 年 12 月 10 日，在“国际关系学院国家安全战略研究中心揭牌仪式暨第 6 次国家安全论坛”上，“国家安全战略研究所”正式更名为“国家安全战略研究中心”[39][40]。参加这次更名挂牌仪式暨第 6 次国家安全论坛的除高等院校、科研机构和政府部委等单位的专家学者外，还有主管部负责人以及时任教育部社政司科研处处长张东刚、北京市教委科研处处长叶茂林等职能部门领导。兼任国家安全战略研究中心主任的国际关系学院院长刘慧在所致欢迎词中说：“为了进一步加大国家安全研究的力度，现在学院决定组建‘国家安全战略研究中心’，以便集中校内外力量，重点

研究国家安全基本理论和实际问题。”[39]

张东刚在讲话中指出，国际关系学院成立国家安全战略研究中心，在我国的高等教育中，是一个重要举措，为今后在国家安全领域创造新知识和培养人才奠定了基础。在全国高校中，国际关系学院较早地开始了国家安全专门研究，特别是较早地甚至是独一无二地对隐蔽战线的国家安全问题进行了研究，取得了一些初步的研究成果，其中既有公开发表和出版的论文和专著，也有对国家安全工作发挥了积极作用的内部教材和参考资料。这些研究成果，对其他高校开展国家安全研究，是具有积极的借鉴和参考作用的。国际关系学院抓住国家安全这一课题，符合学院办学的目的和办学特色，找到了一个有不少空白需要填补的新领域。希望研究中心能够按照人才培养、资料建设、学术交流、体制创新等进行建设，加强与兄弟院校交流与合作，把该中心建设成一个在国内、国际上有知名度的科研基地[39]。

叶茂林在讲话中特别提了几点希望：一是希望继续保持和发挥国家安全理论研究和教学力量强、水平高的优势，认真贯彻《中共中央关于进一步繁荣发展哲学社会科学的意见》，在国家安全理论研究领域中，按照传统学科与新兴学科、交叉学科相协调，基础研究与应用对策研究相结合，普及与提高相统一的要求，重点建设一批一流学科，培养一批拔尖人才，培育系列精品成果，在此基础上，努力建设国家安全理论研究基地。二是希望继续坚持特色办学方向，致力于服务国家安全事业，紧紧围绕党和国家事业发展的战略性、前瞻性问题，围绕国际国内新形势下出现的根本性、全局性、动态性问题，组织各学科力量进行联合攻关。三是希望在富有特色的教学和科研工作中，发现新人，造就名家。通过深厚的人文精神、宽广的社会视野和历史责任感、使命感的教育，全面提高师生的综合素质和创新能力[39]。

在 2008 年 1 月 15 日国际关系学院举办的“当前国际局势与安全问题研讨会暨国家安全战略研究中心更名和中国国情调查研究所挂牌仪式”上，“国家安全战略研究中心”更名为“国际战略与安全研究中心”[41]。

国际关系学院的国家安全研究机构虽然几经更名，但其对国家安全专业建设和国家安全学科发展一直发挥着积极的支持作用。

四、“国家安全论坛”与国家安全学科建设

2001 年 12 月 24 日上午，刚成立不久的国家安全战略研究所和《国家安全学刊》编辑部召集举办了以“全方位研究国家安全”为主题的第一次“国家安全论坛”。参加这次论坛的有研究所各研究室负责人和学刊编辑部成员以及院内部分教学科研人

员，时任副院长的刘慧主持，院党委书记周红军、院长戴守英及副院长郭惠民与会[42]。

此后，国际关系学院举办了不同主题的“国家安全论坛”10次，而2002年一年内就举办了4次。当年3月26日举办的第二次“国家安全论坛”，主题是“全球化、WTO与国家文化安全”，出席人员有院党委书记周红军，院长戴守英，副院长惠文玉、刘慧、郭惠民，主管部有关部门的领导和研究人员及《国家安全通讯》有关编辑以及学院相关的教学科研人员[43]。7月1日举办的第三次国家安全论坛，主题是“国家安全文化建设”，主要研讨国家安全机关内部文化建设问题[44]。9月17日举办的第四次国家安全论坛，主题是“国家文化安全研究中的几个问题”[45]。

这里特别需要提及的是，2002年11月14日举办的第五次“国家安全论坛”。这次论坛的主题是“国家安全学科建设与国家安全学若干问题”，由副院长兼研究所所长刘慧主持，院党委书记周红军出席并讲话，研究所各研究室成员、国家安全教研组成员以及《国家安全学基础》教材编者和作者等共16人参加研讨。这次论坛围绕刚刚内部印行的《国家安全学基础》教材以及已经被北京市列为精品教材建设立项项目的公开版“国家安全学”新教材的编写，比较深入地探讨了国家安全学科的建设问题[46]。

后来，国际关系学院还分别于2004年12月、2005年12月、2006年5月、2009年1月、2009年6月举办了第六次[39]、第七次[47]、第八次[48]、第九次[49]、第十次国家安全论坛。

2009年1月16日举办的第九次国家安全论坛，以“危机、挑战与应对——2008年中国国家安全形势回顾”为主题，结合《2009年中国国家安全概览》的编写工作，对2008年我国国家安全形势进行了回顾总结。这种将《中国国家安全概览》编写工作与国家安全论坛结合起来进行讨论的做法还是第一次。这种做法有利于推动国家安全研究领域实现跨学科的联合科研，凝聚科研队伍。此次论坛发言大体分为两个部分：一是从2008年国际关系发展变化的角度探讨其对中国国家安全的影响，主要涉及2008年国际关系总体特征、中美关系、中日关系、东南亚地区形势；二是从传统安全与非传统安全角度探讨中国国家安全在2008年经受的挑战，主要涉及全球化背景下的非传统安全、台湾问题与两岸关系、金融安全、社会公共安全、环境安全、能源安全、国际恐怖主义、文化安全、有组织犯罪、公共卫生安全、奥运与国家安全、国家安全研究概况等广泛内容[49]。

2009年6月17日举办的第十次国家安全论坛，以“国家安全学科的现状与未来研讨会暨北京市国家安全学教改项目鉴定会”为主题，邀请了中共中央党校、中国人民大学、中国人民公安大学、北京联合大学、国际关系学院等在京相关高校的教学科研人员参加，同时还邀请外地及有相关实际工作部门的研究人员与会。会上，北京市2006年教改项目“国家安全学的学科地位及教学内容与方法”负责人介绍了项目组的研究成果，指出国家安全学科建设近年来取得了突出进展：2004年出版的《国家安全学》2006年被评为北京市高等教育精品教材，2008年获北京市第十届哲学社会科学优秀成果二等奖；“精品通识课国家安全学体系建设”被评为北京市教育教学优秀成果二等奖；“国家安全学”在2005年被列为学院精品课后，又被列为北京市参评市级精品课。围绕主题，与会人员展开了多方面讨论，并就这一成果的推广应用提出了一些很好的建议，同时还就一些国家安全现实问题和理论问题进行了深入的交流和探讨[50]。

五、《国家安全学刊》与国家安全学科建设

2002年2月，在学院领导的支持下，国际关系学院内部资料性刊物《国家安全学刊》问世。时任院党委书记的周红军在贺词中写道：“希望《国家安全学刊》能够真正办成一份全方位研究国家安全的学术刊物，对我国国家安全学科建设和我国国家安全工作起到积极的推动作用。”[51]这就非常恰当地说明了《国家安全学刊》首先要为新兴的国家安全学科建设服务。

此外，刘跃进在《全方位研究国家安全——〈国家安全学刊〉发刊词》中，对国家安全学科建设做了更具体的阐述。《发刊词》指出：“由于当代国家安全和国家安全活动都是包括多方面内容、涉及多方面问题、具有多方面关联的复杂系统，因而仅仅研究其中的某一方面，如仅仅研究军事安全，或者仅仅研究政治安全，或者仅仅研究军事斗争在维护国家安全中的作用，或者仅仅研究间谍情报斗争在维护国家安全中的作用，抑或仅仅研究外交外事活动在维护国家安全中的作用，都不可能全面认识国家安全和国家安全活动。同样，我们如果仅仅是从政治学的角度，或者仅仅是从军事学的角度，或者仅仅是从外交学的角度，或者仅仅是从间谍情报学的角度，来研究国家安全和国家安全活动，那么对国家安全和国家安全活动的认识也是不够的，也必然是片面的。”“国家安全、国家安全活动、国家安全机构、国家安全保障体系以及与国家安全相关的社会问题和自然因素等在客观上的多方面性、多层次性、多关联性，决定了我们必须从各个角度全方位地研究国家安全和国家安全活动，研究国家安全和国家安全活动涉及的各个方面、各个层次、各种关系。”[52]这就需要建立一个专门的学科，即国家安全学。《发刊词》还说明了国家安全研究和国家安全学的综合性质，指出需要不同学科背景的专家学

者合作研究。这些想法，后来都反映在刘跃进在《中共中央党校学报》2002年第3期发表的《全方位研究国家安全》一文中。

《国家安全学刊》虽然是一份非正式的内部资料性刊物，但在推动国家安全学科建设方面却发挥了重要作用。从创刊到2008年，刊物发表了大量与国家安全学科和专业建设有关的学术文章。例如，在2002年第2期上，刘跃进借《国家安全学基础》印行的机会，发表了《关于国家安全学若干问题的思考——写在〈国家安全学基础〉问世之际》，对当时的国家安全学科建设进行了回顾，并针对刚刚印出的《国家安全学基础》存在的问题，对国家安全学的研究对象、任务、性质、学科地位和专业地位等进行初步的探讨[53][54]，这就为以后的精品教材《国家安全学》的编写和出版奠定了基础，同时也为探讨国家安全学学科地位和专业地位拉开了序幕。

六、“国家安全学”精品教材建设

在世纪之交编印《国家安全学基础》的同时，我们又以“国家安全学基础”为题申请了“北京市高等教育精品教材立项项目”，并于2001年12月获得批准。虽然《北京市教育委员会关于公布2001—2002年度北京市高等教育精品教材建设立项评审结果的通知》（北京市教育委员会文件，京教高〔2001〕27号）发布于2001年12月17日，《国家安全学基础》立项编号为2001－02－03－006，但真正得到通知并开始研究和编写工作，已经是2002年的事了，所以我们把2002年认定为国家安全学建设走向社会的开始年。以此为标志，国家安全学科建设突破了“内部探索”，公开走向社会，在保持国际关系学院特色的前提下，融入了普通高等教育的主流之中。

精品教材建设立项被批准后，我们首先想到是这部新的国家安全学教材必须是能够公开出版发行的教材，因而不能有任何涉密内容，同时还需要进一步强化教材的专业性，对国家安全理论要进行更深入的研究和拓展。后来，我们经过反复讨论与思考，把项目申请拟用的书名“国家安全学基础”改成了“国家安全学”。经过几年努力，作为北京市高等教育精品教材立项项目的《国家安全学》终于在2004年初定稿，2004年5月由中国政法大学出版社出版发行。

作为国内第一部公开出版的国家安全学专业教材，政法版《国家安全学》受到各方好评，《光明日报》《学习时报》《江南社会学院学报》《中国人民公安大学学报》《华北电力大学学报》等大众传媒和学术刊物曾以书评等形式予以广泛介绍，同时还在2006年被评为“北京高等教育精品教材”，2008年被评为“北京市第十届哲学社会科学优秀成果二等奖”。

该教材出版后不久，由群众出版社于2008年8月出版的国内第二部《国家安全学》教材，广泛采用了该教材内容，特别是该教材的独创性内容。近年来，众多研究国家安全的学术论著以及硕博士论文，更是广泛参考和引用该教材的观点和内容，使该教材在国家安全研究领域产生了广泛、深刻的影响。

此外，政法版《国家安全学》还被国际关系学院、华东政法大学、中国人民公安大学等高校相关专业选为本科或研究生的基本教材，被国防科技大学、中国人民公安大学选为相关专业研究生入学考试或复试的指定参考书，被国家安全机关选为相关考试出题的基本材料和参考书。

七、“国家安全学”精品课程建设

如前所述，在20世纪90年代初期的教学改革和专业调整中，国际关系学院开设了多种国家安全类课程，其中与后来的“国家安全学”课程一脉相承的是“国家安全学基础”课。然而细究起来，最早开设此种课程的时间还可以追溯到20世纪80年代后期。当时，国际关系学院马列教研部革命史教研室的老师，就不仅在革命史教学中开设了“中共情报史”专题，而且还设计了“国家安全概论”教学大纲，开展了“国家安全概论”教学，并在90年代初期开始专业调整后强化了“国家安全概论”的教学工作。2002年《国家安全学基础》内部印行后，课程名称也相应地改为“国家安全学基础”。2004年5月政法版《国家安全学》公开出版后，课程名称改定为“国家安全学”，并把其定为全院本科生必修的“通识课”。为进一步推进学院教学改革，根据本科教学评估工作进程安排，2006年7月26日国际关系学院召开院学术委员会会议，经过到会的全体委员讨论，审议通过了双语教学课程的5项立项，精品课程的A级4项、B级5项立项，“国家安全学”由此被正式列为学院A级精品课建设项目予以立项支持。由此，正式开始了“精品通识课‘国家安全学’体系建设”工作。

在学院领导和教务科研部门的支持下，在“精品通识课‘国家安全学’体系建设”过程中，我们还在原来的“国家安全教研组”的基础上，重新组建了专门的“国家安全学教研中心”，这就为本课程体系的建设和实际教学工作的开展提供了组织保障。与此同时，我们还编制了比较完善的教学大纲，形成了包括文字和多媒体在内的多种形式的教案，设计并不断丰富着“试题库”和“论题库”，部分教学环节还在学院教育技术中心协助下拍成了教学视频，有些老师的PPT课件在校级课件比赛中获奖。2009年初，“精品通识课‘国家安全学’体系建设”被北京市教委评为“2008年北京市教育教学成果二等奖（高等教育）”，2010年3月份公示结束，即将由北京市人民政府授奖。

“精品通识课‘国家安全学’体系建设”不仅取得了预期效果，而且超出了校级立项水平，无论在教材建设方面，还是在大纲、教案、课件、题库等的设计方面以及具体的教学活动方面，都达到了省部级甚至国家级水平，因而“国家安全学”课程在2009年6月又被评为“2009年度北京市高等学校精品课程”。

参考文献

[1]朱奕宝.安全科学与预防事故[J].中国科技信息,1994(12).
[2]朱奕宝.城市减灾重在防——一个不容回避的重大课题[J].中国科技信息,1996(12).
[3]蔡培元.人类的安全需要与保卫学的理论研究[J].中国高教研究,1998(1).
[4]刘跃进.建立“国家安全学”初探[J].国家安全通讯,1999(1).
[5]刘跃进.为国家安全立言——“国家安全学”构想[J].首都国家安全,1998(2).
[6]桑松森.国家安全与国家安全学[J].国家安全通讯,1999(2).
[7]陈东.主权独立:国家安全的基础[J].国家安全通讯,1999(3).
[8]陈文波.领土完整:国家安全的空间[J].国家安全通讯,1999(4).
[9]张平.试论经济安全在国家安全中的战略地位[J].国家安全通讯,1999(5).
[10]陈东.信息安全:国家安全学研究的新课题[J].国家安全通讯,1999(6).
[11]曹扬.保守国家秘密与国家安全[J].国家安全通讯,1999(7).
[12]阎宇红.浅议建立国家安全行政管理学[J].国家安全通讯,1999(7).
[13]林宏宇.文化安全:国家安全的深层主题[J].国家安全通讯,1999(8).
[14]杨建英.政治制度安全是国家安全的核心[J].国家安全通讯,1999(12).
[15]朱素梅.极端民族主义与恐怖主义[J].国家安全通讯,1999(12).
[16]刘跃进.制定国家安全战略势在必行[J].国家安全通讯,2000(1).
[17]胡新智.金融安全:国家经济安全的重中之重[J].国家安全通讯,2000(2).
[18]刘跃进.国家科学技术安全浅议[J].国家安全通讯,2000(3).
[19]赵晓春.生态环境安全初探[J].国家安全通讯,2000(5).
[20]陈文波.外交:维护国家安全的重要手段[J].国家安全通讯,2000(6).
[21]林宏宇.有组织犯罪与国家安全[J].国家安全通讯,2000(7).
[22]林宏宇.打击有组织犯罪,维护社会政治稳定[J].国家安全通讯,2000(8).
[23]刘跃进.国民安全与国家安全[J].国家安全通讯,2000(9).
[24]胡祥云.当代民族问题与国家安全刍议[J].国家安全通讯,2000(10).
[25]刘跃进.国家首脑与国家安全[J].国家安全通讯,2000(11).
[26]桑松森.国家主权和安全要始终放在第一位[J].国家安全通讯,2000(12).
[27]刘跃进.超越过去,认清现状,开创未来——谈谈为什么要建立国家安全学及国家安全学科

体系[J].首都国家安全,1999(2).

[28]《国家安全通讯》编辑部.建立“国家安全学”初探[J].国家安全通讯,1999(1).

[29]胡新智.积极应对“入世”对中国产业安全的冲击[J].国家安全通讯,2001(2).

[30]陈东.威胁国家信息安全的几个客观因素[J].国家安全通讯,2001(3).

[31]林宏宇.新冷战思维对国家安全的影响[J].国家安全通讯,2001(7).

[32]张澜涛.略论加入 WTO 与我国的市场安全[J].国家安全通讯,2001(8).

[33]刘跃进.试论当代国家安全的 10 个方面[J].国家安全通讯,2001(11).

[34]桑松森,吴汝华.国家安全情报学基础[Z].内部印行,1999.

[35]戴守英.国家安全院校学生修养[Z].内部印行,1999.

[36]桑松森.国家安全侦察学基础[Z].内部印行,2000.

[37]林宏宇.国际问题研究与编写[Z].内部印行,2001.

[38]徐国光,刘跃进.国家安全学基础[Z].内部印行,2002,

[39]国际关系学院举行第六次国家安全论坛暨国家安全战略研究中心揭牌仪式[EB/OL].http://www.uir.edu.cn/news.

[40]重视国家安全战略的研究——国家安全战略研究中心揭牌仪式暨国家安全论坛召开[EB/OL].http://www.china.com.cn/chinese/zhuanti/xxsb/767673.htm.

[41]国际关系学院召开当前国际局势与安全问题研讨会[EB/OL].http://www.irchina.org/news/view.

[42]“国家安全论坛”第一次研讨会纪要[EB/OL].http://www.uir.edu.cn/news.

[43]“国家安全论坛”第二次研讨会纪要[EB/OL].http://www.uir.edu.cn/news.

[44]第三次国家安全论坛简报[EB/OL].http://www.uir.edu.cn/news.

[45]第四次国家安全论坛简报[EB/OL].http://www.uir.edu.cn/news.

[46]“国家安全论坛”第五次研讨会纪要[EB/OL].http://www.uir.edu.cn/news.

[47]国际关系学院召开第七次国家安全论坛[EB/OL].http://www.uir.edu.cn/news.

[48]第八次国家安全论坛简报[EB/OL].http://www.uir.edu.cn/news.

[49]国际关系学院举办第九次国家安全论坛[EB/OL].http://duiraP.uir.cn/html/SaiTao-AI358-Com.HTML.

[50]第十次国家安全论坛简报[EB/OL].http://www.uir.cn/news.

[51]周红军.祝贺《国家安全学刊》创刊[J].国家安全学刊,2002(1).

[52]全方位研究国家安全——《国家安全学刊》发刊词[J].国家安全学刊,2002(1).

[53]刘跃进.关于国家安全学若干问题的思考——写在《国家安全学基础》问世之际[J].国家安全学刊,2002(2).

[54]刘跃进.关于国家安全学若干问题的思考——写在《国家安全学基础》问世之际[A].为国家安全立言:国际关系学院国家安全研究文集(1995—2004)[C].北京:中共中央党校出版社,2005.

国家安全学是国家安全科学与国家安全哲学的统一

（2010 年 9 月）

摘要：“国家安全学”既是一门学科的名称，也是一类学科的总称。作为一门学科，“国家安全学”是国家安全科学与国家安全哲学的统一；作为一类学科，“国家安全学”既包括多门国家安全科学，也至少包括一门国家安全哲学，其实也是国家安全科学与国家安全哲学的统一。就像系统思维应当成为当代国家安全科学的重要方法一样，民主理念应当成为当代国家安全哲学的最高原则。只有把科学与人性、系统思维与民主理念有机统一到国家安全学基本原理之中，确立一种系统的民主安全观，才能使国家安全理论对国家安全实务起到积极的服务和指导作用。

关键词：国家安全；国家安全科学；国家安全哲学；学科；科学；民主

国家安全学科建设已经 10 多年时间了，我们对“国家安全学”的学科内容和学科性质的认识也有了进一步的深化。就学科内容来说，国家安全学不仅是一门学科的名称，而且是一类学科的总称。从学科性质看，国家安全学在总体上不仅需要讲究科学性，而且还需要讲究人文性，要做到科学与人文的统一，因而既具有科学属性，也具有哲学属性，是国家安全科学与国家安全哲学的统一体。这就是说，我们不仅需要从科学的角度研究国家安全问题，还需要从哲学的高度研究国家安全问题。这样一来，国家安全学就不仅是一门或一类科学，而且是一门甚至是一类哲学。

一

作为一门学科的名称，“国家安全学”是“国家安全学科”中的一门基础性、总论性学科，因而可以更准确地命名为“国家安全学原理”或“国家安全学基本原理”。作为一类学科的名称，“国家安全学”包括众多具体的国家安全科学，如国内安全学、国际安全学、国家政治安全学、国家军事安全学、国家经济安全学、国家安全情报学、国家安全反间谍学、国家安全战略学、国家安全法学等，因而可以更准确地称之为“国家安全学科”或“国家安全学门类”。

无论是作为一门学科，还是作为一类学科，“国家安全学”都应该包括不同的层次，其中最基本的是科学与哲学两个层次。但是对于这一点，我们过去的认识并不到位。

基于我们也无法摆脱的当代中国人“科学崇拜”或“科学主义”情结，20 年前刚刚想到“国家安全学”这门学科时，我们事实上就认定了“国家安全学是一门科学”。1998 年，在内部发表《为国家安全立言——“国家安全学”构想》一文时，我们虽然已经区分了“国家安全学”与“国家安全学科”两个概念，甚至提出了“国家安全学科体系”概念，然而无论是一门学科还是一类学科，我们都只认定了国家安全学是科学，而没有认识到国家安全学也应该是哲学。再后来，2002 年内部印刷的《国家安全学基础》，以及 2004 年中国政法大学出版社公开出版的《国家安全学》，虽然依然没有明确说“国家安全学是一门科学”，更没有提出“国家安全科学”这一概念，但事实上却一直把“国家安全学是科学”作为不言自明的前提来运用，甚至在事实上把“国家安全学”等同于“国家安全科学”，即在事实上认为“国家安全学就是国家安全科学”。

远的不说，仅以 2004 年政法版《国家安全学》为例，就可以从多处发现当时对“国家安全学”学科性质的如上认识。

首先，在讨论国家安全学的学科性质时，《国家安全学》虽然没有指出更没有论证“国家安全学是一门科学”，但却指出了国家安全学是新兴学科、综合学科、应用学科、政治学科。对此，如果不是停留在“字面”上，而去看“实质”，那么可以完全肯定，这在事实上已经认定了“国家安全学是一门科学”，甚至认定了“国家安全学就是国家安全科学”。这是因为，当我们指出国家安全学是一门“新兴学科”时，其实是从科学发展史的角度，给国家安全学做了“科学史定位”，即“历史定位”“时间定位”；当我们指出国家安全学是一门“综合学科”时，其实是从当代新兴科学的生长点上，给国家安全学做了“科学生长点定位”，即“综合生成定位”；当我们指出国家安全学是一门“应用学科”时，其实是从当代科学体系的层次结构上，给国家安全学做了科学“层次定位”；当我们指出国家安全学是一门“政治学科”时，其实是从当代科学的门类结构或学科结构上，给国家安全学做了“科学门类定位”。

其次，无论是对国家安全学研究任务的讨论，还是对国家安全学研究方法的讨论，以及关于“系统安全观”的论述，政法版《国家安全学》也都把国家安全学作为一门科学来认识和对待，而且事实上是认定“国家安全学就是国家安全科学”。

但是，我们现在越来越认识到，“国家安全学”并不等于“国家安全科学”，它不仅仅是一门或一类科学，而且还是一门哲学或一类哲学。作为一门学科，“国家安全学”既是国家安全科学，也是国家安全哲学，是国家安全科学与国家安全哲学的统一。作为一类学科，“国家安全学”则不仅包括多门国家安全科学，而且至少要包括一门国家安全哲学，因而是由国家安全科学和国家安全哲学构成的学科群。

二

之所以说国家安全学是国家安全科学与国家安全哲学的统一，根本原因在于国家安全学是一门要直接服务和指导国家安全现实的理论，而要对国家安全现实起到服务特别是指导作用，就必须在科学地指出国家安全历史和现实“是什么”和“为什么”，以及国家安全现实发展方向“必然是什么”“可能是什么”和“为什么必然是什么”“为什么可能是什么”的同时，还要进一步探讨并指出国家安全历史和现实“应该是什么”“不应该是什么”和“为什么应该是什么”“为什么不应该是什么”，以及国家安全现实发展方向“可以是什么”“必须是什么”和“为什么可以是什么”“为什么必须是什么”。后一方面的问题，都是基于人性需要的哲学问题，而不是基于客观必然性和可能性的科学问题。

作为科学，国家安全学首先要在现象层次上研究国家安全历史和现实“是什么”的问题。这就要运用“古今中外归纳概括法”，对古今中外的国家安全历史和现实进行归纳概括，对国家安全历史和现实做出宏观上全面系统、微观上精细准确的描述。其次，作为科学，国家安全学还要透过现象看本质，从古今中外大量的国家安全事实中，探索和发现国家安全的本质及国家安全历史和现实的发展规律，得出一些具有普遍解释力的理论结论。第三，作为科学的国家安全学，还必须具有预测功能，能够在总结历史和现实的基础上，在掌握本质和规律的前提下，结合具体环境和事件，对国家安全总体趋势以及个别事件的未来发展或演变的“可能性”甚至“必然性”，作出推断，并为这种推断提出“为什么可能”或“为什么必然”的根据。

总之，国家安全学作为科学，无论一门科学还是一类科学，都既要在现象层次上研究国家安全历史和现实“是什么”，也要在本质层次上研究国家安全历史和现实之所以如此的“为什么”，还要在预测层次上研究国家安全发展和未来“可能是什么”“必然是什么”，以及“为什么可能是什么”“为什么必然是什么”，这可以说就是“国家安全科学”的任务。当然，作为综合性导论性的“国家安全学（基本原理）”，其科学任务也是综合性、概括性的，而作为分支学科，“国家安全学（门类）”下的不同学科，则需要根据不同学科的具体对象，来完成如上不同层次的科学任务。

正如我们在一开始提出建立“国家安全学”的任务时就已经指出的那样，对于国家安全这一重大的、关系到每个人身家性命的大事，过去却没有一门可以为其服务的科学理论。现在我们需要进一步指出的是，国家安全学理论不仅要服务国家安全现实，而且更要指导国家安全实务。为此，就必须使国家安全学理论进一步科学化。作为将来可能逐渐完善的国家安全学科体系中的一门基础性学科，国家安全学（原理）必须首先科学化。这种科学化，一方面是指国家安全学本身要在概念、命题、推论、理论等环节上更充分地运用包括逻辑方法在内的广泛的科学方法，甚至创立自己特有的科学研究方法，从而在方法论上达到科学的要求；另一方面是指国家安全学要对其他的国家安全学科提出科学的要求，制定科学的原则，创建科学的方法，以使国家安全学科中的其他分支学科，如国内安全学、国际安全学、政治安全学、军事安全学等，都能够成为真正的科学理论，而不仅仅是经验总结。

如果说科学主要是关于“是什么”和“为什么”的理论，那么哲学特别是当代哲学，则主要是关于“应该是什么”和“为什么应该是什么”的理论。然而，哲学层次上的“应该是什么”和“为什么应该是什么”，不像科学层次上的“是什么”和“为什么是什么”那样可以分为“现象描述”和“本质探讨”两个层次。科学对事实“是什么”的描述，无论就时间关系还是就逻辑关系来说，一般都处于从原因的角度探讨“为什么”之前。这就是说，“是什么”相对于“为什么”既具有时间先在性，也具有逻辑先在性。与此不同，对事实做出价值判断要回答的“应该是什么”，相应于这种价值判断找根据的“为什么应该是什么”，不仅不具有任何意义上的先在性，相反倒具有逻辑上的后在性，因为只有在一定程度上知道了“为什么应该是什么”，人们才能在哲学理论上得出“应该是什么”的结论。也许在日常生活中，有些人可能在根本不知道“为什么应该是什么”时，就直言“应该是什么”，以致在别人反问“为什么应该是什么”时，他根本就无言以对，但在哲学层次上，任何人提出“应该是什么”时，都需要先弄清楚“为什么应该是什么”。

因此，在哲学层次上，国家安全学首先要研究国家安全历史和现实“应该是什么”和“为什么应该是什么”的问题，这也就是要对国家安全历史和现实做出有根有据的价值判断。其次，国家安全学在哲学层次上还需要探究国家安全未来发展中的“应该是什么不应该是什么”“可以是什么不可以是什么”“必须是什么必须不是什么”等，这其实已经过渡到对国家安全实务的价值指导层次上了。因为这些问题涉及国家和国民的不同层次、不同方向、不同内容的利益需求，因而研究起来更为复杂，提出方案也会极端困难，这就使哲学层次上的国家安全哲学，比起科学层次上的国家安全科学，更为重要也更为迫切。只有在成为科学的同时也成为哲学，国家安全学和国家安全学科才能对国家安全实务起到规划性、变革性、纠错性的指导作用，而不只是起到论证性、解释性的服务作用，才不至于被国家安全行为体和决策者玩弄于股掌之间，不至于成为国家安全决策者的装饰、门客以及所谓的“智囊”。

因此，国家安全学不仅应该成为一种科学，而且也必须成为一种哲学，甚至应该在“国家安全学”之外专门建立起“国家安全哲学”这门学科。事实上，这些年并非没有人谈“国家安全哲学”问题，张文木先生就出版过一本《中国国家安全哲学》的重要著作。这样的国家安全哲学，在国家安全研究和国家安全学科建设中应该引起人们的高度重视。

三

在中外国家安全实务中，“少见多怪”的成功总是历史长河中的偶然，屡见不鲜的失败则成为历史长河中的常态、必然、宿命。这一点既表现在国家安全事务参与方“全体”性的空间结构上，也表现在国家安全事务参与方“个体”性的时间进程中。对于国家安全事务参与方的“全体”来说，空间上的“双赢”以及“共赢”在历史上根本不可能存在，两败俱伤及多败俱伤的“零和”则成为双方以及多方博弈的必然结果，所不同的只是败多败少、伤多伤少的问题。作为传统安全手段的军事斗争，战场上的“伤人一万自损八千”，就是这一社会历史现象的真实写照。从“个体”来说，历史上没有任何政权和国家能够在时间维度上做到“长胜不败”和“长盛不衰”。作为战争主体的将士，能够战到最后胜利的永远是少数，对于多数将士来说，如果不是仅仅经历了一两次战争，而是长期处于战争之中，那么就难免死于战争之中。“将军难免战场亡”，说的就是这种情况。

但是历史发展到了今天，如上情况有了极大的改观。人们已经开始通过各种办法来避免国家安全事务中的“零和”，特别是在尽力避免陷入后果难料的大规模战争。这一状况的出现，虽然得益于对国家安全的科学“计算”，使国家安全行为体特别是决策者变得越来越谨小慎微，不敢冒险，例如“冷战”时期对核力量的科学评估，对苏美双方发动战争就起到了极大的遏制作用；但是我们更应该看到，当代哲学思维的进步，特别政治哲学思维的进步，使国家安全行为体和决策者越来越重视国民生命和幸福的价值，也使他们的决策越来越受到国民的制约，因而不敢也难以在国家安全决策中冒险行事，即便发生失误也会被当代的政治机制比较及时地纠正过来。

正如我们 10 多年来不断指出的那样，国家安全这样一个重要社会现象，这样一个关系到每个人身家性命的重大政治事务，过去却没有科学理论作为支撑和指导，只能靠相关决策者的社会经验和个人智慧来处理，这一点已经不能适应当前的国家安全现实。现在，我们更要指出的是，如果只有科学运算而缺乏哲学智慧，特别是如果缺乏当代政治哲学智慧，那么任何一个国家安全行为体都只可能取得一时的成功，而难以获得持久的成功。

毫无疑问，当代国家安全实务所需要的科学和哲学，已经不是传统的科学和哲学，而是现代的科学与哲学。经验决策在总体上要弱于科学决策，而基于传统科学的决策在整体上也要弱于运用最新科学成就和方法做出的决策。因此，对国家安全决策仅仅提出“科学化”的要求还是不够的，而必须提出“充分科学化”的要求，即要在国家安全决策中充分利用一切最新的科学理论、方法和技术。同样，国家安全哲学对国家安全的积极作用，也必须建立在国家安全哲学的充分现代化的基础之上。落后的哲学，特别是建立在专制集权社会条件上的哲学，对当代国家安全决策不仅不可能起到积极作用，相反倒可能产生消极的甚至是破坏性的作用。

无论在当代国家安全实务和决策中需要运用到多少科学理论、方法和技术，系统科学提供的理论、方法和技术都不能被忽略；无论在当代国家安全实务和决策中要依赖什么样的先进哲学理念和方法，倡导民主的当代政治哲学都必须被给予充分的关注和重视。

早在延安时期，中国共产党人就已经明确认识到了民主对政权巩固、国家安全的极端重要性。1945 年 7 月，在延安与毛泽东会谈时，黄炎培说道：“我生六十余年，耳闻的不说，所亲眼见到的，真所谓‘其兴也勃焉，其亡也忽焉’。……总之没有能跳出这周期律。”对此，毛泽东当即回答：“我们已经找到新路，我们能跳出这周期律。这条新路，就是民主。”

2010 年“两会”前夕，在召开民主党派和无党派民主人士座谈会，听取对《政府工作报告（征求意见稿）》的意见时，温家宝说：“我们回忆起毛主席当年回答黄炎培‘周期律’的那一段有名的话，就是能不能跳出‘其兴也勃，其亡也忽’的周期律？那就是发扬民主。”

近年来，无论是学界还是政界，在破解“兴亡周期律”问题已经达成了思想上的共识，这就是必须依靠“民主”。民主是个好办法，民主是走出“兴亡周期律”的唯一办法，民主是保障国家安全以及相关的国际安全和国内安全的根本办法。

当代的国家安全决策，需要的不仅是科学的运算，而还必须包括哲学的筹谋，这也可以说是统一了科学与哲学的“运筹”。如果说在历史上，国家安全行为体“运筹”中的“运算”主要依赖的还是“经验”，“筹谋”主要依赖的还是“集权哲学”或“专制哲学”，那么到了现在，国家安全行为体的“运筹”，则既需要依靠高精尖的社会科学和自然科学来帮助“运算”，更需要依靠充分人性化的哲学特别是民主化的哲学来帮助“筹谋”。

就像系统思维应当成为当代国家安全科学的重要方法一样，民主理念也应成为当代国家安全哲学的最高原则。只有把科学与人性、系统思维与民主理念有机统一到国家安全学之中，确立一种系统的民主安全观，才能使国家安全理论对国家安全实务起到积极的服务和指导作用。

参考文献

[1]朱奕宝.安全科学与预防事故[J].中国科技信息,1994(12).

[2]朱奕宝.城市减灾重在防——一个不容回避的重大课题[J].中国科技信息,1996(12).

[3]蔡培元.人类的安全需要与保卫学的理论研究[J].中国高教研究,1998(1).

[4]刘跃进.为国家安全立言——“国家安全学”构想[J].首都国家安全,1998(2).

[5]刘跃进.建立“国家安全学”初探[J].国家安全通讯,1999(1).

[6]桑松森.国家安全与国家安全学[J].国家安全通讯,1999(2).

[7]张文木.中国国家安全哲学[J].战略与管理,2000(1).

[8]刘跃进.国家安全学[M].北京:中国政法大学出版社,2004.

[9]刘跃进.关于国家安全学若干问题的思考——写在《国家安全学基础》问世之际[A].为国家安全立言:国际关系学院国家安全研究文集(1995—2004)[C].北京:中共中央党校出版社,2005.

[10]王西华.全球化和建设性后现代主义的国家安全范式[J].世界经济与政治论坛,2003(5).

[11]马振超.关于设置国家安全专业的几点思考[J].江苏警官学院学报,2007(2).

[12]刘跃进.2009年中国国家安全概览[M].北京:时事出版社,2010.

第二编

国家安全学理论研究

从哲学层次上研究安全

（2000 年 9 月）

摘要： 安全是人类生产生活众多领域和科学技术众多学科广泛涉及和研究的概念，是贯穿于自然和社会两大领域具有广泛普遍性的客观存在，是在当今世界受到普遍关注和重视的现实问题，因而需要我们从哲学层次上对其进行概括和研究。根据“安全”概念在日常生活及不同学科中的不同用法，我们认为：安全就是没有危险或免于危险的状态。从哲学上看，主观与客观是有严格区别的，“安全”与“安全感”因而也是有严格区别的。安全与利益、价值、安全度等指向客观对象的概念，以及安全与安全观、安全判断、安全理论等指向主观意识的概念，其间的关系及存在的问题都需要从哲学的高度进行深入研究。安全哲学的研究，既具有深化安全科学研究和丰富哲学理论的理论意义，又具有服务现实社会中人的各种安全需求的实践意义。

关键词： 哲学；安全；价值；利益；安全科学；安全哲学

一

在科学与哲学的关系中，一方面是哲学对科学研究具有不同程度不同形式的指导作用，另一方面则是科学为哲学研究提供这样或那样的素材并推动哲学的发展。在人类思想发展史上，当具体科学中的某些概念被多学科普遍运用和研究时，当有关问题涉及的领域越来越广泛时，这一概念及其相关问题必然受到哲学的关注，并且在一定的条件下会演变成一个超越具体科学并具有广泛普遍性的哲学概念和哲学问题。“安全”概念目前就是这样一个被自然科学和社会科学的许多学科都正研究着的概念，安全问题也已经成为一个广泛存在于社会生活和众多科学研究领域的问题。对于这样一个概念和这样一个问题，从哲学层次上进行概括和研究是非常必要的。

通过中国期刊网所设“中国期刊题录数据库”检索，我们发现，在 1994—1996 年题录的全部文献中，篇名包含“安全”一词的文献总数为 4593 篇，其中“文史哲”类中篇名包含“安全”的文献数为 9 篇，“经济政治与法律”类中篇名包含“安全”的文献数为294篇；在1997—1999年题录的文献中，篇名包含“安全”一词的文献总数为6235篇，其中“文史哲”类中篇名包含“安全”的文献为33篇，“经济政治与法律”类中篇名包含“安全”的文献为774篇。这说明，研究“安全”问题的文献已经比较多。

此外，对检索到的篇名包含“安全”的文献进行初步分析我们又看到，安全涉及的领域非常广泛，从生活、生产、教育、文化到政治、军事、外交、贸易，都与安全密切相关；研究安全的学科也十分广泛，在自然科学、社会科学、心理科学、军事科学等专业领域，都涉及安全问题。这一点，从1994—1996年和1997—1999年两个阶段的题录总目及“文史哲”和“经济政治与法律”两类中篇名有“安全”一词部分文献中，我们可以得见一斑。1994—1996年题录总目中篇名有“安全”的前15篇文献是：《Nd—YAG激光照射犬消化道的安全剂量》《电光性眼炎相对安全因素的实验研究》《腹腔镜子宫切除手术能安全取代腹式子宫切除术吗?》《使用辐射源和激光源时劳动安全条件的保证》《美国防部制订的环境安全规划》《日本制定的水产食品中抗菌性物质的安全基准》《核桃幼树的安全越冬和防寒》《鸡传染性法氏囊病BK912变异株疫苗安全及效力试验》《如何确保安全冰雪路上》（网上如此）《植保作业安全注意事项》《农机安全谚语》《新型汽车安全警示灯》《关于农机安全影片受欢迎的一点思考》《安全状元——张桃真》《农机安全谚语》（重复出现）。1994—1996年题录“文史哲”类中篇名包含“安全”的9篇文献是：《波黑内战——欧洲安全的一大挑战》《事故驾驶员与安全驾驶员人格特征的比较研究》《试论三十年代苏联的“集体安全”政策——兼评〈苏德互不侵犯条约〉的签订》《为了你和他人的安全》《做好计算机数据的安全备份工作》《论文物安全防范工作的重要地位和发展趋势》《博物馆安全保卫工作应注意的几个关系》《美国国家安全委员会152号文件的形成》《论中国国家安全利益区》。1994—1996年题录“经济政治与法律”类中篇名包含“安全”的前15篇文献是：《谈银行债权安全度的评价方法》《认真搞好全行业的质量与安全整顿工作——张俊九总经理6月3日在兵器工业质量安全整顿工作电话会议上的讲话》《兵工企业走向市场经济后安全工作不容忽视》《吉林汽车制动器厂抓生产不忘安全》《兵器工业上半年生产和安全情况》《公民和组织维护国家安全的义务有哪些?》《“六查六整顿”促进了安全生产》《必须坚决贯彻安全第一的思想》《认清形势严格管理扎扎实实抓好安全生产基础工作》《市场经济中企业安全生产思路与对策》《常怀忧患保安全——六安石油分公司安全管理拾零》《油库安全管理的“四到位”》《苏波关系（1933—1939）——集体安全政策与“中立”政策的冲突（摘要)》《怎样做好羊的安全越冬工作》《〈国家安全法〉对〈刑法〉的修改补充》。

1997—1999 年题录总目中篇名有“安全”的前 15 篇文献是：《某乙炔气工程安全综合评价》《晴明穴、承泣穴的解剖结构与安全针刺法》《神秘的斯大林地下安全宫》《英法海底隧道结构设计和安全设施》《地下垃圾堆场安全掩埋新技术》《苹果幼树安全越冬的技术措施和形态指标》《一种用于铁路施工安全防护的无线报警系统》《单输出爆炸逻辑网络系统安全可靠性研究》《鸡传染性囊病活疫苗安全和效力试验》《提高警惕充分准备确保安全渡汛》《三家店闸金属结构安全检测与评估》《管好永定河，为确保首都防洪安全作出新贡献》《老年急性心肌梗塞静脉溶栓治疗的疗效与安全探讨》《玻璃原料在线测水仪的应用及安全防护》《输血前检查 RhD 血型对保证输血安全的临床价值》。1997—1999 年题录“文史哲”类中篇名包含“安全”的前 15 篇文献是：《冬泳锻炼的安全阈值探讨》《一种安全、速成的旱冰教学法》《全力以赴抓好文物安全保卫工作——河南省博物馆创七年文物安全年的做法和体会》《国家安全顾问在美国外交事务中的作用》《冷战后的美国经济安全》《影响亚太地区安全保障体制形成的因素》《国际经济与国家安全概念的重新界定》《工厂安全条例的双语翻译》《老年游泳的安全与卫生》《安全度过变声期研究》《“天防”：太空时代的国家安全战略》《后冷战时期东盟国家地区安全战略》《〈孙子兵法〉的安全观及当代价值》《一座安全岛》《东北亚安全态势及走向》。1997—1999 年题录“经济政治与法律”类中篇名包含“安全”的前 15 篇文献是：《电子技术在汽车安全方面的应用》《外资对我国产业安全的影响及对策》《电算化会计信息系统的安全控制》《筑起场所安全的坚固防线》《经济安全问题的由来及其战略地位》《哈萨克斯坦：经商与安全》《完善民法对交易安全之立法刍议》《论新刑法典对危害公共安全罪的修订》《利用法律手段维护国家经济安全》《防范金融风险，保障经济安全——由东南亚金融危机引发的几点法律思考》《警察的安全防范》《学生防火安全必读》《试论工伤保险在安全生产中的作用》《关于利用外资与我国产业安全大论战若干问题的深入思考》《省防火安全委员会发出通知，要求各地：迅速行动扎实落实全国安全生产会议精神》。

无论中国期刊网对有关文献的学科分类合理与否，如上的数据和材料都反映了这样一个事实：安全问题涉及广泛领域，已为自然科学和社会科学众多学科所关注和研究。

对于这样一个涉及众多领域、为众多学科关注和研究的问题，对于这样一个具有广泛普遍性的概念，哲学如何能够避而不谈呢？哲学如何能够不研究呢？要深化各具体科学中的安全研究，也需要我们从哲学层次研究安全问题，甚至建立一种具有高度普遍性的安全哲学理论。

“安全”之所以成为一个具有广泛普遍性的概念，根本原因在于安全是一个具有广泛普遍性的客观存在。对于人来说，有人身安全、财产安全、首脑安全、群众安全、人类安全等；对于社会来说，有公共安全、国家安全、地区安全、全球安全等；对于生产生活来说，有生产安全、交通安全、居住安全等；对于自然界来说，有生态安全、环境安全、物种安全等；对于新到来的信息时代，还出现了网络安全、信息安全等。这些都说明，从自然界到人类社会，安全是一个具有广泛普遍性的客观存在。对于这样一种普遍的客观存在，哲学如何能够不关注、不研究呢？

早已存在的安全问题之所以在现代社会中被人们广泛注意，被许多学科涉及和研究，这原因又在于安全问题在当代社会中已经成了一个重要的现实问题。对于个人来说，要实现人的权力，要提高生活质量，要为社会做出更大贡献，其根本的前提便是生命的安全。没有安全，个人的生活质量必然下降；没有安全，个人的社会价值就难以实现。对于人类来说，没有安全，就没有人类的延续，更谈不到发展。对于国家来说，没有安全就要亡国。正因为安全如此重要，所以人们不仅从各个学科的不同角度研究安全问题，而且通过各种具体措施和实践活动来实现不同的安全需求。生产安全有专门的理论，并且已经形成了专门研究生产过程中安全问题的安全科学，出版了研究安全科学的专著，国家经贸委甚至成立了安全科学技术研究中心，同时人们还通过各种措施千方百计来保障生产安全。研究公共安全问题在我们国家也已形成了专门的“公安学”，政府各个部门特别是专门的公安机关，努力通过各种措施和工作来保障公共安全。国家安全问题在冷战结束后的全球化过程中越来越受到各国的重视，研究和谈论国家安全问题的论著和文章呈现上升趋势，同时在我国也已提出了建立国家安全学的设想，提出了制定国家安全战略的任务，世界各国也都越来越重视国家安全问题，并通过军队、警察、外交及专门的国家安全机构来维护其国家安全。这样一个重要的现实问题，作为时代精神精华的哲学如何能够不关注、不研究呢？

二

研究安全，首先需要明确“安全”这一概念，并给出一个比较合理的定义，而要给“安全”下定义，就必须清楚安全作为客观对象的特有属性是什么。但是，由于“安全”是一个人们在许多领域、学科及日常生活中都经常使用的一个语词和概念，而且我们对“安全”的定义又不能违背人们的语言习惯，因此要弄清安全的特有属性，给“安全”下一个比较准确且能够普遍接受的哲学层次上的定义，就必须了解“安全”一词和“安全”概念在以往是如何被使用的，然后从“安全”的各种用法和定义中，找出“安全”概念所指的客观对象是什么，进一步找出作为客观对象的安全所具有的最普遍的特有属性，并以这种特有属性为根据来定义“安全”概念。这是一个研究的方法论问题。无论我们给“安全”下什么样的定义，遵循这个方法来探讨“安全”及其相关概念的定义应该是合理、有益的。

虽然中外日常语言和不同学科中“安全”的用法有不同程度的差别，我们在给“安全”下定义时也必须考虑这种情况，但在定义“安全”概念时，我们却不能把多种含义都包容进去。科学和哲学理论中的许多专业术语，虽然其用词与日常语言的某些词是相同的，但是它们却有更为确切的科学定义，而这种定义既不能与日常语言含义相去太远，又要消除日常语言中的歧义性和模糊性，取得科学要求的准确性和唯一性。这也是形式逻辑同一律的基本要求。因此，尽管“安全”一词在中外不同语言中会有不同的含义，但在专门研究“安全”概念时，却不能因此把各种不同含义都包容在“安全”概念的定义中。我们在此不准备对古往今来“安全”一词的不同用法及人们对“安全”下的不同定义做深入探讨，只是根据我们此前的研究指出，“安全”及相应的英文“security”一词，具有大致相同的含义，即表示“免于危险”或“没有危险”的状态。这种大致相同的含义，就是“安全”一词的基本含义。同时，这种含义所指向的，正是安全的特有属性。据此我们可以下这样的定义：安全就是没有危险或免于危险的状态。至于危险来自内部还是外部抑或内外皆有，以及如何消除危险而达到安全，则是需要进一步从哲学高度来深入研究的。

哲学不仅需要揭示“安全”的内涵外延并合理地给出定义，而且还需要进一步研究与安全相关的其他一些基本概念，揭示安全的本质和安全活动的规律等，建立起安全理论甚至安全哲学。

从哲学上看，主观与客观是有严格区别的，因此我们认为，当有人把“安全感”作为“安全”的内容包容到安全概念中时，便混淆了“安全”与“安全感”这两个分别指向客观和主观的不同概念。事实上，安全是没有危险的客观状态，“安全”概念指向的正是这样一种客观状态；安全感则是对主体自身安全状态的感性认识，“安全感”概念指向的也是这样一种主观状态。不从哲学中主观与客观关系理论的高度认识“安全”与“安全感”，我们就容易把这两个不同的概念混为一谈。

我们认为安全是一种客观状态，同时也认为安全是一种利益，一种价值。在传统哲学理论中，“利益”，特别是“价值”，是早已受到关注的重要概念，哲学家们甚至已经建立起价值哲学，我们完全可以利用价值哲学已有的理论来研究安全问题。研究并认清“安全”与“利益”“价值”等概念的关系，特别是它们所指对象之间的客观关系，既是安全哲学研究必须解决的问题，也是对深化不同安全学科理论研究具有重要的指导意义。初步来说，我们认为，在“安全”“利益”“价值”三个概念之间，

“价值”是一个包容了“利益”“安全”两个概念（不限于这两个概念）的外延最广泛的属概念，“利益”是一个表达正面价值的概念，它的外延比“价值”小，但比“安全”大，是“价值”的种概念，“安全”的属概念。“安全”也是一个表达正面价值的概念，但它的外延比“利益”小，是“利益”的种概念。这就是说，安全是一种利益，属于利益，但不是利益的全部；利益包括了安全，然而却不局限于安全，除了安全利益之外，还有其他更广泛的利益。很明显，我们在这里把安全、利益、价值都看成了一种客观存在，更准确地说是一种客观关系，而不是一种主观关系，也不是主观与客观的关系。笔者在早些年发表的《价值·人相关的价值·人的价值》一文中，对价值是客观存在已经做过论述，这种论述同样适用于利益和安全。

安全作为一种客观的价值存在，从理论上讲应该是可以度量的，而度量安全的概念可以称为“安全度”。安全度就是免于危险的客观程度。虽然目前我们还无法制定一个统一的量化标准从数量的精确性上来刻画安全度，但我们却可以在不太严格的意义上对安全度作一定的质的描述。如果把完全不受威胁的安全度界定为1，把受到现实侵害的安全度界定为0，那么从理论上说还是可以通过找到具体的安全参数，并把这些安全参数量化，以达到对安全度的量的刻画。这是需要进一步探讨、研究和摸索的问题。这个问题既需要从哲学上给出质的一般规定，更需要从数学上给出量的精确描述。对此，我们可以借鉴具体针对不同主体的安全研究中所提出的量化标准，例如生产安全中的量化标准，人身安全中的量化标准，交通安全中的量化标准等，来寻求一个普遍的安全度的测量标准。在这里，“安全”与“不安全”是安全度的两种状态。理论上和定义中所描述的安全，可以说是安全度为1的安全，也就是不受任何威胁与侵害的完全安全状态，即安全的理想状态。这可以说是绝对安全。这就像自由落体公式描述的是没有任何阻力的理想状态下的自由落体一样。这种理想化是抽象的结果，是科学研究的必然要求。但是，在现实中，安全度为1的理想的安全状态基本上是不存在的，也就是说百分之百的安全在客观上是难以实现的，实际存在的都只能是一定程度上的安全。这便是相对安全。当安全不是百分之百，而是一定程度的时候，这种安全中便包含着不安全。现实中的安全都是相对的，不安全则是绝对的。

三

从哲学的高度研究安全，既需要对客观存在的安全及其相关问题做深入探讨，也需要研究不同学科对安全的研究及其在这些研究中形成的一些普遍性概念、理论、原理和问题。哲学不仅要概括科学研究中揭示出来的普遍性概念和规律，而且还需要对科学研究进行研究，为科学研究提供方法。同样，对安全研究来说，哲学需要对不同学科的安全研究进行研究，为不同学科的安全研究提供哲学基础和方法，以便从哲学的高度指导具体科学中的安全研究。本文不对这个问题进行全面概括和总结，而只想从与安全相关的一些属主观认识方面的概念入手，说明安全认识和安全研究形成了一些什么基本概念和理论形态。就目前笔者所见，这里需要涉及的概念包括：安全感、安全判断、安全观、安全理论、安全科学、安全哲学等。

安全感是主体对自身安全状态的体验及经验性判断。安全感是主体对自己的“自我感觉”，而不是对外部的“对象感觉”，因为人们对他人或他物安全的感觉，不能称为安全感。所以，把“安全感”说成“人们的心态”是不准确的，确切说应该是人们对自己安全状态的心态。首先，安全感不同于安全，安全是客观状态，安全感是主观体验。安全与安全感是两个不同的概念，并且安全的构成也不包括安全感。其次，安全感是针对安全主体自身而存在的，而不是针对其他主体而存在的。第三，安全感是以非理性为主导的体验。一般情况下，非理性的自我体验是安全感的主要内容，在安全感中占主导地位，而经验理性的自我判断是安全感的次要内容，在安全感中居于次要地位。第四，安全感与安全的关系比较复杂，两者之间不存在固定的正比或反比关系。

安全判断与安全感一样也是客观安全状态的一种主观反映，但它不同于安全感之处起码有三点：第一，安全判断的对象不仅是判断者自身的安全状态，而且还包括了对其他对象安全状态的判断。第二，安全判断在层次上高于安全感，理性思维在安全判断中占据主导地位。第三，安全判断的主要内容是对不同主体安全状态的具体认知和评价，属于价值判断。安全判断通常针对特定主体，并且局限于对其安全与否及安全程度的认知和断定。

安全观是对现实安全问题的综合性的理性化的认识。第一，它以理性思维为主导，但没有完全排除非理性思维和感知，包括一般的安全感和安全体验，是对安全问题的广泛经验、认识和研究。第二，它不局限于具体的安全对象，而是现实安全问题的普遍认识。第三，它不局限于对安全状态与安全价值的认知，而广泛地涉及现实安全如何形成、如何获得安全等一系列现实安全问题，是对现实安全问题的综合性思考及其结果。第四，它的认识重点在安全的现实问题上，而对与现实联系不太密切的一般普遍性的安全理论问题，特别是安全的本质、安全的属性等，并不给予特别关注，或者不是其关注的重心。

安全理论是对安全基本问题（包括基本理论问题和现实问题）的理论性系统性的认识与表达。就像世界观被系统化理论化就形成哲学一样，安全观如果上升到系统化理论化的高度，也便成了安全理论。

安全理论有两种表现形式，一种是对安全问题的实证性思考与研究，这便是安全科学，另一种是对安全的普遍性问题的思辨性研究，这便是安全哲学。对于安全科学来说，它又分两个层次，一个是用实证方法研究安全的普遍性问题，这便是普通安全学；二是用实证方法研究某些特殊领域的安全问题，这便是具体安全学科，如公共安全学、国家安全学等，在这些具体安全学科下，还可以有更具体的安全学科，如治安学、材料安全学等。

至于安全哲学，这正是本文提出从哲学层次上研究安全问题后需要解决的安全理论问题。当然，本文也只是提出了这样的任务，而不可能完成该任务。在哲学体系中引入“安全”概念，研究安全问题，建立安全哲学，需要哲学界和其他具体安全学科研究者共同努力来实现。实现这一目标可能需要较长的时间，但追求这一目标则需要从现在开始。这既是深化具体安全科学研究的需要，也是丰富哲学理论的需要；既具有深化安全科学研究和丰富哲学理论的深远理论意义，又具有服务现实社会中人的各种安全需求的直接实践意义。

参考文献

[1]中国期刊网.

[2]中国学术期刊(光盘版)[J].中国学术期刊(光盘版)电子杂志社.

[3]刘跃进.价值·与人相关的价值·人的价值[J].社会科学战线,1991(2).

国民安全与国家安全

（2000 年 9 月）

一、国民安全是国家安全的核心内容

在目前关于国家安全的讨论中，人们常把政治安全、经济安全、军事安全、科技安全、生态安全等作为国家安全的基本内容，而忽略了一个比这些内容更为基本的内容，这就是国民安全。

从国家的产生和存在来看，任何一个国家要作为国家存在，都必须具备一定的人口，即一定数量的国民。没有国民也就没有国家。因此，无论什么时代，什么情况下，也无论一个国家的国体政体如何，国家安全都必然包括国民安全。没有国民就没有国家，没有国民安全也就没有国家安全。国民安全不仅与领土安全、主权安全等一样是国家安全的“源生内容”，而且还是比国家安全其他方面的内容更为根本的“核心内容”。

所谓国家安全的“源生内容”，是指任何时代任何条件下，任何形式的国家都必须包括的基本安全内容。因此，构成国家的基本要素，即领土、人口、主权，便成了国家安全最基本的源生内容，这就是领土安全、国民安全、主权安全。因此，国民安全是国家安全的“源生内容”。同时，由于国民不仅是国家产生时就成为国家的构成要素，而且在国家的生存与发展过程中，它始终都是国家不可或缺的要素，因而国民安全又是国家安全不可或缺的“基本内容”。此外，在领土安全、主权安全、政治安全、经济安全、军事安全、科技安全、资源安全、生态安全、信息安全等的比较中，国民安全还处于国家安全的核心地位，是国家安全的其他内容所围绕的中心。如果把国家安全看作是国家生存、发展和利益的屏障，那么国民便是这种屏障所屏护的核心。王朝更替、元首遭难、经济危机、政治崩溃、领土被占、主权旁落，都会威胁甚至严重威胁国家安全，但是只要一国的国民能够生存下去，发展壮大，那么就还不能说这个国家即将或已经彻底消失了，因为这些国民还可能通过自己的努力恢复国家，振兴国家。但是，如果一个国家的国民被彻底消灭了、被彻底同化了，或者彻底消失了，那么这个国家就彻底消失了，永远不会再出现在世界民族之林（准确地说是“世界国家之林”）了。历史上，以色列曾被征服，国土不保，人民流离，但是顽强的犹太人却能够复国重建，在曾经被征服的土地上建立起新的国家。第二次世界大战中，日本、德国都曾因战败而被占领，国家主权不复存在，但是日本天皇明确意识到，只要能够保住日本国民，向敌人投降都是可以忍受的，因为只要还有日本人，他们就能够重新使日本强大起来，重新恢复自己的主权和尊严。与此不同，历史上曾经一度辉煌的西夏国，由于被蒙古所灭，国民基本被屠杀殆尽，因而也就永远成为历史上的一个古国了。

因此，无论领土安全、主权安全、政治安全、经济安全、军事安全等方面如何重要，国民安全在与它们的比较中必然成为国家安全的核心内容，处于核心的位置。人是世界的核心，国民是国家的核心，国民安全是国家安全的核心。

二、国民的安全和利益是国家安全的根本目的

如果把国家安全所包括的内容组成一个圆形，国民安全无疑处于核心位置；而如果把国家安全的所有内容放在目的和手段的区分中来考虑，那么相对于国民的安全和利益来说，国家安全及其包括的其他方面都只是手段，而只有国民的安全和利益才是最终和最根本的目的。

国民与国家的关系其实是人与社会组织的关系的一种体现。在人与社会组织的关系上，历来就有一种观点，把人看作是社会历史发展的道具，看作是被利用来实现社会目的的手段和工具。例如，黑格尔的客观唯心主义，把“客观精神”看作是包括自然、社会和人在内的一切客观事物和现象的最终归宿和目的，自然、社会和人成了最终实现客观精神的这一根本目的的手段和工具。在中国思想史上，虽然早期儒家对人与社会的关系处理得比较好，把人放在重要的位置上，但在后来的发展中，儒家却逐渐形成了一种把社会放在高于人的位置上的倾向，甚至把社会看成是人生的根本目的。事实上，如果在人与社会的关系上把社会放在高于人的位置上，把人看作是实现社会目的的手段，那么这便具有宗教的倾向。世界上的宗教虽然有各种各样，但它们有一点却是共同的，这就是贬抑人，抬高神，把人看作是实现神的目的的手段，人生的目的就是“为神服务”。

然而，从历史发展的客观规律来看，社会及各种社会组织的形成和发展，无论在客观上还是在主观上，都是为了人及人类的生存、发展和利益。人类选择社会及其不同的组织形式作为自己的生存方式，对社会组织的选择既是主观能动性伸张的过程，

也是一个客观的“自然历史”过程。人之所以组成社会，就是因为只有在社会中人才能够更好地生存与发展。人之所以组成国家，就是因为国家能够保障国民的安全、利益和发展。社会及包括国家在内的其他各种社会组织，从本质上讲都不过是人类各种不同的生存方式。人组成社会是为了自身的安全、发展和利益。相对于历史上的社会制度更替来说，20 世纪里社会主义制度在世界一些国家的建立，具有更大的人为的主观能动性在起作用。如果仔细考察这种主观能动性的发挥，那人们便会发现对社会主义这种社会制度或社会组织形式的两种不同理解。按照社会主义的本义，它是强调社会利益高于个人利益，但是这里的社会利益不是脱离人的抽象的社会利益，而是为了大多数人的社会利益，也就是大多数人的利益。社会主义强调社会高于个人，但并不是说社会高于人，相反倒是强调社会主义是为人服务的。邓小平在讲到社会主义时曾多次指出，社会主义的根本任务就是解放和发展生产力，并在此基础上不断改善人民的物质文化生活。在这时，邓小平虽然讲社会主义的根本任务是解放和发展生产力，但他更强调了比解放和发展生产力更为根本的目的，那就是不断改善人民的物质文化生活。这也就是说，社会主义的根本目的，包括发展生产力，其根本目的都是为了满足人的需要。到 1992 年初邓小平南行时讲得更明确：“社会主义的本质，是解放生产力，发展生产力，消灭剥削，消除两极分化，最终实现共同富裕。”毫无疑问，“共同富裕”只能是人的共同富裕，社会主义的根本目的再次体现在人的身上。

国家与国民的关系，是社会与人的关系的一种具体表现，因而在理解国家与国民的关系时，必须以对社会与人的关系的正确把握为前提。国家作为一种社会组织形式，从客观必然性上讲，其存在的根本目的是为了在其中生存的人服务，也就是为国民服务。国民是国家产生、存在的根本目的。当然，在不同历史阶段上，人们在主观上对国家与国民的关系的理解并不一样，有的人把国民放在重于国家的位置上，把国民看作是国家的目的，把国家看作是实现国民利益的手段；也有人把国家放在高于国民的位置上，把国民看作是被利用来实现国家目的的手段。后一种观点不仅在理论上是错误的，而且在实践中也给人类带来过不同程度的损害甚至灾难。历史上许多剥削阶级的统治者，就常以国家的名义来侵害广大国民的利益和安全。

在人与社会、国民与国家的关系上，历史上的思想家也曾提出过一些有益的观点。例如，孟子曾说：“民为贵，社稷次之，君为轻。”这种以民为本的思想对剥削阶级来说虽然根本不能实现，但作为一种理想却是合理的、积极的。如果说过去的剥削阶级对“以民为本”已经有所认识，但由于其阶级局限性还没有把人民群众的利益作为根本的目的，而只是把其作为重要的手段，那么马克思主义者和共产党人则应自觉来做到这一点。马克思主义的群众观点，把人民群众的利益放在高于一切的位置。我们把群众观点引申到国家与国民的关系中，引申到国家安全领域，便可以得出这样的结论：国民的安全和利益是国家一切活动的根本目的，也是一切国家安全工作的根本目的。

三、国家安全是国民安全的根本保障

国民安全是国家安全的核心和目的，这并不是说国家安全及其包括的政治安全、军事安全、经济安全、科技安全等不重要。国家安全虽然以国民安全为根本目的，但由于国民安全只有通过国家安全才能实现，国家安全是国民安全的根本保障，因而在一般情况下，代表国民集合体利益的国家安全比国民个体的安全更为重要。

国家安全的重要性既体现在它是国家生存和发展的基本条件，更体现在它是国民的安全与利益的根本保障。国民的安全和利益，从根本上来说也只有通过国家的安全和利益才能得到根本的保证，这是国家与国民、国家安全与国民安全之间的另一层关系。无论从历史事实中，还是从现实国际关系中，人们都会找到许多国家安全而使国民安全和利益得到保障，以及国家危亡而国民安全和利益失去保障的例子。从第一次世界大战到第二次世界大战，从“热战”到“冷战”再到“后冷战”，我们都会看到许多国家在濒临灭亡的状态下，其国民利益和安全所受到的损害和摧残。“二战”期间，中国在日本帝国主义的侵略下，国家安全遭到重大破坏，沦陷区中国国民的利益和安全失去了基本保障，许多人被日本侵略者逼得家破人亡。历史上，每当一个国家受到其他国家的侵略或威胁时，国内的被统治者之所以能够与统治者联合起来一致对外，就是因为多数国民认识到，如果国家不存在了，那么自己就会成为“亡国奴”，其安全就会更没有保障，其本身就会处于一种更悲惨的境地。当一个国家的安全不复存在时，大多数国民的安全状态便必然恶化。这可以说是一条客观的历史规律。

国家安全是国民安全的基本条件。这既体现了国家安全的重要性，又体现了国民安全的根本目的性。国家安全最直接的目的虽然是维护国家的生存与发展，但就其最根本意义而言，则是为生活于国家中的国民服务的。国家安全直接保护的虽然不是某一个具体的国民，但根本的目的则在于保护所有国民。国家安全对国民来说具有更直接的重要性。国家安全及其包括的政治安全、经济安全等方面之所以重要，恰恰表现在只有国家安全才能从根本上保障国民的安全和利益。

国家安全的根本目的是保障国民的利益和安全，这当然不意味着任何条件下任何一个国民的具体利益和安全都高于国家的利益和安全。就群体来说，国民安全比国家安全更为根本；但就个体而言，国家安全却比国民安全更为重要。这是因为，国家安全在整体上体现着全体国民的利益和安全，而某一个具体国民的利益和安全却不一定能体现全体国民的利益和安全。正是由于国家安全是群体意义上的国民安全的基本条件和保障，因而在一定条件下，为了国家的安全和利益，也就是为了作为群体的国民的安全和利益，就需要牺牲某些作为个体的国民的安全和利益。人类社会要生存和发展，就必然遵循这一法则；国家要生存和发展，也必然遵循这一法则。因此，现代文明国家一方面重视国民的安全和利益，把国民的安全和利益作为国家安全的根本目的来看待，切实维护国民的安全和利益；另一方面又强调国家的安全和利益高于国民个体的安全和利益，要求国民树立为国家安全和利益献身的精神。

“安全”及其相关概念

（2000 年 9 月）

摘要：安全是没有危险的客观状态，其中既包括外在威胁的消解，也包括内在无序的消解。“安全”概念既与“安全工作”“安全活动”“安全度”等表达客观存在的概念有严格的区别，更不同于“安全感”“安全判断”等表达主观意识的概念。科学认识“安全”概念是研究国家安全的理论前提和基础。

关键词：安全；安全度；安全感；国家安全

在研究“国家安全”时，我们不仅需要严格区别“国家安全”与“国家安全工作”，而且还需要深入研究“国家”和“安全”这两个概念。只有在科学准确地理解“国家”与“安全”这两个概念的基础上，才可能进一步科学准确地理解“国家安全”这样一个复合概念。本文将要讨论的是“国家安全”这一复合概念中的“安全”概念及与“安全”相关的其他几个概念。

一、“安全”的多种解释和基本含义

“安全”作为一个汉语语词，在各种辞书中有着基本相同的解释。《现代汉语词典》对“安”字的第四个释义是：“平安；安全（跟“危”相对）”，并举出“公安”“治安”“转危为安”作为例词。对“安全”的解释是：“没有危险；不受威胁；不出事故”。《辞海》对“安”字的第一个释义就是“安全”，并在与国家安全相关的含义上举了《国策·齐策六》中的一句话作为例证：“今国已定，而社稷已安矣。”

英文的 safety 和 security 两个单词可以与汉语的“安全”一词相对应。在这里，与国家安全联系的“安全”一词，是 security。security 也有多种含义，其中经常被研究国家安全的专家学者提到的含义有两方面，一方面是指安全的状态，即免于危险，没有恐惧；另一方面是指对安全的维护，即安全措施和安全机构。

从以上中西文对“安全”一词的解释看，“安全”的基本含义就是不受威胁和避免危险。概念必须借助语词才能存在，但同一个概念可以用不同的语词来表达。虽然古代汉语中并没有“安全”一词，但“安”字却在许多场合下表达着现代汉语中“安全”的含义。例如，“是故君子安而不忘危，存而不忘亡，治而不忘乱，是以身安而国家可保也。”（《易·系辞下》）这里的“安”是与“危”相对的，“安”所表达的就是“安全”这一概念。

但是，在20世纪之前，对于“安全”概念的理解、界定和研究，多散见于各种历史学、哲学、法学和政治学著作中，并没有比较系统的论述。20世纪以来，“安全”概念在与不同类型的安全主体联系中被赋予各种不同的含义。例如，在生产安全、交通安全、公共安全、人身安全、社会安全（社会保障，不同于讲到国家安全时所说的“国家社会安全”）等不同领域，安全的含义是不同的。在根据不同的主体坐标研究“安全”概念时，有一个重要的方面就是在与国家的联系，特别是在国际政治关系中讲安全，这就是国家安全。

二、“安全”的科学定义

我们在给“安全”概念以科学定义的时候，既不能脱离“安全”一词的基本用法，同时又不必局限于“安全”一词的习惯用法，而应该从科学研究的需要做出科学的定义。

那么如何来定义安全呢？

我们认为，给“安全”下定义，不仅需要了解“安全”一词各种含义和已有的“安全”概念的各种定义，而且更需要剔除“安全”一词解释中不符合科学研究需要的成分，需要清理“安全”概念定义中不恰当的内容。在这方面，有如下一些问题需要澄清：

第一，安全包不包括对安全的维护，以及安全措施和安全机构；

第二，安全包不包括以“没有恐惧”为内容的“安全感”；

第三，安全的特有属性究竟是什么；

第四，如何理解与“安全”相关的而又不同的一些概念。

（一）安全是一种状态

如前所述，英文“security”一词在表示免于危险、没有恐惧的状态的同时，还有维护安全的含义，指安全措施、安全机构。正因如此，有的学者在讲到“安全”概念时，便认为安全不仅是一种状态，而且还是一种活动，甚至认为安全包括安全措施和安全机构；也有的学者在讲到某方面安全问题时，如在讲到军事安全、科技安全等概念时，自觉不自觉地把安全工作、安全活动、安全措施、安全机构等包括在了相应的“安全”概念之中。这些对“安全”概念的解释，我们认为是不准确不恰当的。

“安全”一词在日常语言的多义性，不是我们在科学研究中定义“安全”概念时把多种含义都包容进去的根据。科学理论中的许多专业术语，虽然其用词与日常语言的某些词是相同的，但是它们却有其更为确切的科学定义，而这种定义虽然不能与日常语言含义相去太远，但它却消除了日常语言中的歧义性和模糊性，取得了科学要求的准确性和唯一性。因此，尽管“安全”一词在中外不同语言中有不同的含义，但在研究国家安全问题时，在专门研究“安全”概念时，却不能因此把各种不同含义都包容在相关科学关于“安全”概念的定义中。

面对“安全”一词的不同含义，我们应该考虑两点：第一，中外不同语言中的“安全”一词，在多种含义中，具有什么共同含义。第二，这种共同含义是否就是科学理论中“安全”概念的应有含义。

虽然“安全”一词在中英文中有各种不同含义，尤其是在英文中有着更为广泛的含义，但人们之所以把英文中的“security”译成中文的“安全”，就是因为“安全”和“security”具有共同的含义，具体来说就是它们都具有表示一种存在状态的共同含义，即表示“免于危险”或“没有危险”的状态。

进一步从科学理论特别是国家安全理论的研究需要来认识“安全”一词，其如上的含义正是“安全”概念的基本内涵，即免于危险或没有危险、不受威胁的状态。在“国家安全”这一概念中，“安全”最基本的含义就是国家免于危险或没有危险的状态。在任何时候、任何情况下，都不可能把这样一种状态排除在“安全”概念之外。这说明，“安全”一词用来表达“免于危险或没有危险的状态”的含义，正是定义“安全”概念时需要纳入的内容。

“安全”概念既然已经表达了“免于危险”或“没有危险”这样一种状态，那么它是否同时也表达了“维护活动”“安全工作”“安全措施”“安全机构”等含义呢？我们知道，对于科学理论中的概念来说，它只能有唯一一种含义，只能有唯一一种解释，当“安全”概念指向事物的一种存在状态时，它便不能同时用来指向事物的活动及维护事物安全状态的活动，特别是不能用来指向为了维护安全而采取的措施和为了安全而建立的机构。

现在我们需要进一步指出的是，“安全”概念与“维护安全”“安全措施”“安全机构”都是有严格区别的，我们在定义“安全”概念时，绝不能把维护安全、安全措施、安全机构等都统统放进去。安全不包括安全活动、安全措施、安全机构等。当然，安全与安全活动、安全措施、安全机构等是密切相关的。

在把“安全”严格理解为一种状态的前提下，“国家安全”也便只能严格地理解为一种状态。因此，在定义“国家安全”概念时，切忌把国家安全工作、国家安全活动、国家安全措施、国家安全机构等作为“国家安全”概念的内容。同样，在定义“国家军事安全”“国家经济安全”“国家科技安全”等概念时，我们也不应该扩大到军事工作和维护军事安全的工作、措施、机构等，不应该扩大到经济工作和维护经济安全的工作、措施、机构等，不应该扩大到科技工作和维护科技安全的工作、措施、机构等。我们之所以在此要强调这个问题，是因为这种情况在许多文章、书刊、专著中大量存在。对此，我们在进行国家安全理论研究时，在建立国家安全学的过程中，必须给予高度重视。

（二）安全是客观的

安全不仅是一种状态，而且是一种客观的状态；它不仅不包括安全活动、安全措施、安全机构等，而且也不包括对安全的感觉，即不包括“安全感”。

无论是在国外，还是在国内，都有学者明确把安全感作为安全的一个方面，把安全感作为安全构成要素。在国外，阿诺德·沃尔弗斯（Arnold Wolfers）在其于1962年出版的《冲突与合作》（Discord and Collaboration）中指出：“安全，在客观的意义上，表明对所获得价值不存在威胁，在主观意义上，表明不存在这样的价值会受到攻击的恐惧。”[1]对此，有学者指出：“这个说法也许可以概括成这样：‘所谓安全，就是客观上不存在威胁，主观上不存在恐惧。’”[2]他还进一步把“主观上不存在恐惧”解释为“安全感”，认为“安全不单涉及客观状态，而且还涉及一种心态，即所谓的‘安全感’（a sense of security）”，并说：“安全状态包括两个方面，即主观方面和客观方面。客观方面是指外界的现状，而主观的方面则是指人们的心态。”[1]

对于如上观点，一些研究国家安全问题的学者也表示赞同和接受，并用此来解释“国家安全”，认为“‘国家安全’是一种‘状态’。这种状态有两层含义：一是从客观上看，国家不存在受威胁的‘现状’，这里的威胁既包括现实存在的威胁，也包括潜在的威胁；从主观上看，国家不存在恐惧、担心的‘心态’，这种‘心态’，换句话说，就是‘安全感’。因此，从表象上看，‘国家安全’是指国家在客观上不存在威胁、主观上不存在恐惧的一种‘状态’。”[3]

如上观点，非常明确地把安全感看作是安全的内容，认为安全既是一种客观状态，又是一种主观状态（心态）。与此不同，我们认为安全作为一种状态是客观的，它不是也不包括主观感觉，甚至可以说它没有任何主观成分，是不以人的主观愿望为转移的客观存在。

认为“安全”包括“安全感”，把“安全感”看成“安全”的组成部分的观点，从根本上来说是没有分清主观与客观，没有把客观存在与主观感觉严格区分的结果。事实上，“安全”是一种不以人的主观感觉为转移的客观状态，它不包括对安全的感觉（无论是自我感觉还是他人的感觉）。从逻辑上说，“安全”与“安全感”是两个外延完全不同的全异概念，安全是主体的一种客观属性，是客观存在；而安全感则是对主体客观属性的一种浅层次的意识，是一种主观感觉。因此，无论如何，都不能把“安全感”归在“安全”的名下。

安全感虽然不能归结为安全的一方面内容，但它同样也是一种客观存在的主观状态，是在研究安全问题包括国家安全问题时需要研究的。与安全是一种客观状态不同，安全感可以说是安全主体对自身安全状态的一种自我意识、自我评价。这种自我意识和自我评价与客观的安全状态有时比较一致，有时可能相差甚远。例如，有的人在比较安全的状态下感觉非常不安全，终日觉得处于危险中；也有的人虽然处于比较危险的境地，但却认为自己很安全，对危险视而不见。这种现象除了说明安全感与安全的实际状态并不完全一致外，也进一步说明了“安全感”与“安全”是两个不同的概念。

（三）“没有危险”是安全的特有属性

安全是一种客观状态，而对这种客观状态的认识还需要注意两点，一是这种客观状态作为一种实体的属性，总是相对一定主体的，因为安全总是与一定的主体联系在一起的，总是一定主体的安全；二是这种只能作为属性存在的客观状态的最普遍的特有属性是“免于危险”或“没有危险”。这后一点是定义“安全”概念时需要反映出来的。

安全是一种状态，因而它是一种属性。任何属性都不能独立存在，而必须依附一定的实体。安全作为一种属性，也必须依附一定的实体。当安全依附于人时，那么便是“人的安全”；当安全依附于国家时，那么便是“国家安全”；而当安全依附于世界时，便是“世界安全”。因此，我们在定义“安全”概念时，必须把安全是一种属性而不是一种实体这一特点反映出来，说明“安全是主体的一种客观属性”。

安全是主体的一种客观属性，同时安全自身也有其属性，有其共有属性、特有属性、本质属性。在“安全”及“国家安全”等概念的不同定义中，人们实际上都在努力揭示安全或国家安全这种属性的特有属性或本质属性。例如，当人们说安全是“免于危险，没有恐惧”时，就是把“免于危险”和“没有恐惧”看成是安全的特有属性；当人们说安全是“不存在威胁和危险”时，又是把“不存在威胁”和“不存在危险”作为安全的特有属性；当笔者在过去把“国家安全”定义为“国家的生存与发展不受威胁和侵害”时，也是把“不受威胁”和“不受侵害”作为安全的特有属性了。然而，如上所说各个方面所包括的“没有恐惧”“不存在威胁”或“不受威胁”“不受侵害”等，并不是安全的特有属性。“没有恐惧”不仅不是安全的特有属性，而且根本就不是安全的属性，因为它描述的是一种主观状态，而安全则是一种不包含主观意识的客观状态。事实上，“没有恐惧”是一种安全感。

“不存在威胁”或“不受威胁”虽然是安全的属性，但却不是安全的特有属性，因为某些不安全也可能有“不存在威胁”或“不受威胁”的属性。例如，一个人病入膏肓，这时即使没有任何外在威胁，他也是不安全的，这种不安全就具有不受威胁的属性。由于“威胁”的确切含义是指外在力量用威力逼迫恫吓使之屈服，而当这种外在威胁不存在时，即“不存在威胁”或“不受威胁”这种属性存在时，主体还可能因为内在的原因而不安全，此时“不受威胁”便成为不安全的一种属性，虽然这不像它对安全那样是一种固有属性，而只是一种偶有属性，但这却使“不受威胁”不为安全所特有，而有时也为不安全所偶有。当某一主体没有受到威胁但却因内在因素而不安全时，不受威胁便成了这种特殊情况下不安全的属性。这是一种具有不受威胁或没有威胁的不安全。“不存在威胁”或“不受威胁”因此不是安全的特有属性，我们因而也不能用“不存在威胁”或“不受威胁”来给“安全”下定义。“不受威胁”是安全的必要条件，但不是安全的充分条件。安全肯定是不受威胁的，但不受威胁却并不一定安全，因为还存在仅仅由于内在因素造成的不安全。同样，我们也不能用“不受侵害”来给“安全”下定义。由此来看，笔者过去对“国家安全”下的定义也是不准确的。

要给“安全”下一个准确而科学的定义，就必须找到安全的特有属性。根据所研究的材料和目前的认识，我们认为“没有危险”或“免于危险”是“安全”的特有属性。

威胁具有外在性，而安全所要排除的不仅包括外在的威胁，而且还包括内在的“无序”，如肌体生病、组织内乱等。内在“无序”虽然不是威胁，但对主体来说却是危险。同时，外在的“威胁”对于主体来说也是一种“危险”。外在的威胁和内在的无序，都可以归为危险，对两个方面的全部排除便是没有危险，没有危险即是安全。“免于危险”一词与“没有危险”意思相近，但“免于危险”强调的是达到安全的过程，“没有危险”重点所指则是已经达到的安全状态。因此，“没有危险”比“免于危险”更准确地体现了安全作为一种客观状态的特有属性。这样，我们便可以更准确地用“没有危险”这一特有属性来定义“安全”：安全就是没有危险的客观状态，其中既包括外在威胁的消解，也包括内在无序的消解。

三、与“安全”相关的几个概念

人们在研究安全、国家安全、政治安全、军事安全、经济安全、科技安全等问题时，总是把一些不是“安全”概念所包括的内容归到了“安全”的名下，把一些与“安全”相关但又不是“安全”的概念与“安全”混为一谈，从而既导致不能准确地界定“安全”及相关的“国家安全”“政治安全”“军事安全”等概念，又导致不能准确地理解和界定相关的“安全工作”“安全活动”“安全价值”“安全度”“安全感”“安全判断”等概念。因此，我们虽然不能把安全工作、安全活动、安全感、安全判断等定义为“安全”的内涵，但这些方面的问题却是研究安全理论时必须涉及和讨论的。同时，要准确科学地理解“安全”概念，除了给“安全”本身下一个准确的定义之外，也需要对与“安全”相关的一些问题放在相应的概念下作出必要的解释。本文虽不可能对这些概念都作出全面解释，但却要把几个最主要的相关概念提出来，并做简要的讨论，以便在不同概念的区别中加深对“安全”及相关概念的理解。

（一）国家安全工作与国家安全活动

本人曾对“国家安全”与“国家安全工作”做过严格区分。虽然当时对“国家安全”的定义并不完善，但把“国家安全”和“国家安全工作”区别为两个外延全异的概念却是正确的。与此一样，从普遍性上讲，“安全工作”“安全活动”等都不同于“安全”，它们与“安全”是具有全异关系的不同概念。同时，“安全工作”与“安全活动”也是两个不同的概念，但却不是全异关系的两个不同概念，而是具有种属关系的两个不同概念，“安全工作”是“安全活动”的种概念，“安全活动”是“安全工作”的属概念。从更普遍的意义上讲，“工作”与“活动”就是具有种属关系的两个不同概念，其中“工作”是外延较小的种概念，“活动”是外延较大的属概念。这是因为，工作是活动的一种具体类型，即自觉的活动；而活动则既包括了具有自觉性的活动（工作），又包括了其他没有自觉目的和意识的活动，例如动物的本能活动，人及社会组织无意识的盲目活动。如果用逻辑图示来表示“工作”与“活动”、“安全工作”与“安全活动”、“国家安全工作”与“国家安全活动”的关系，那么它们分别可以表示如下图：

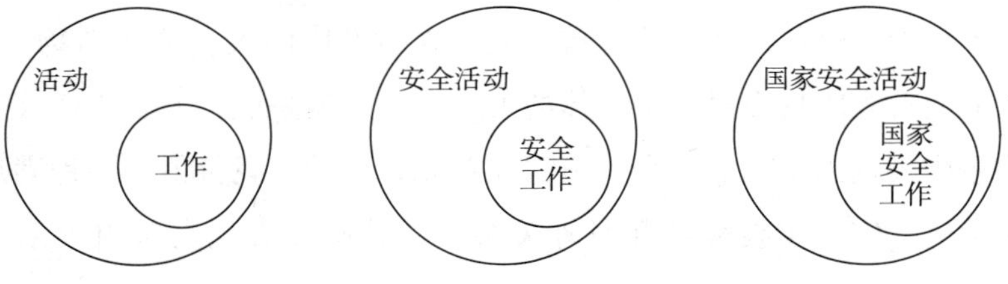

如果把如上6个概念放在一个逻辑欧拉圈中，那么便可得到下图：

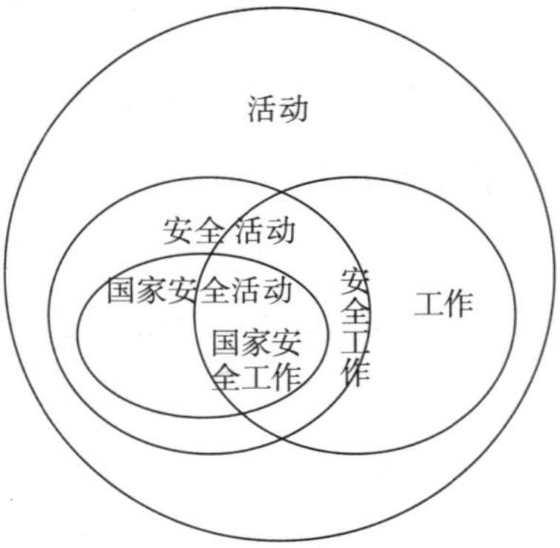

（二）安全价值、安全度

与“安全”相关的另一个概念是“安全价值”。有的人之所以在界定“安全”概念时自觉不自觉地把“安全的作用”包括进去了，就是因为没有把“安全”与“安全价值”两个概念区别开。不可否认，安全本身就是一种价值，因为它使主体免于危险，因而便有利于主体的生存发展。但是，“安全价值”却不同于我们一般所说的某物的价值，因为某物的价值是实体价值，而安全的价值是属性价值。

安全是一种客观状态，而这种状态对主体的生存和发展具有直接的重要作用。安全能够保障生存，促进发展，安全因此又表现为一种价值。安全价值与安全一样，也是客观存在的，而不以人或其他安全主体的主观意志为转移。安全是一种价值，但它不同于一般价值之处在于，它是一种属性价值，而非实体价值。安全是描述主体属性的属性概念，而非实体概念。安全不是一个具体的实体，而是实体的一种属性。对于实体和属性来说，其价值表现是不同的。实体价值主要表现在对其他的实体关系中，其价值也就是对其他实体的价值。例如，某种食品的价值，表现在它对其他需要食品的实体（如某人或某动物）的关系中，而不表现在它对自己的关系中。平常说的“自我价值”，其实并非“自己对自己”的价值，不是严格意义上的“自我价值”，而是某种实体的一部分对另一部分的价值，或某种实体的一部分对整体的价值，或实体的某种属性对其他属性或对实体自身的价值。在这里，实体的某种属性对其他属性或对实体来说所表现出来的价值，就是属性价值。安全不是一种实体，而是一种属性。因此，安全价值是一种不同于实体价值的属性价值。由于属性价值首先表现在对其所依附的实体关系上，例如健康的价值首先表现在对健康的人（或动植物）的关系上，因而安全价值便首先表现在对安全主体的关系上。这就是说，安全价值首先是在对安全主体的关系中表现出来的。安全价值因此首先是一种自我价值，一种满足自我生存需要的自我价值。安全主要表现在对外关系中，其次才表现在对内关系中。与此不同，安全价值则主要表现在对安全主体的这种对内关系中，是对主体生存与发展的保障，其次才表现在对外关系中，表现在对外冒险的减弱，对外威胁的减弱。因为一个安全的主体通常较少对其他主体构成威胁或者构成太大的威胁。

与安全及安全价值一样客观存在的还有安全度。“安全度”是一个表示安全程度的概念，表达的是主体免于危险的程度。虽然目前我们还无法制定一个统一的量化标准从数量上来刻画安全度，但我们却可以在不太严格的意义上对安全度作一定的质的描述。例如主体是完全免于威胁，还是在一定程度上免于威胁，还是处于危险之中，甚至处于极度危险的境地，或者是已经受到具体的内外侵害，这其实就表现了安全的不同程度，即不同的安全度。如果把完全没有危险的安全度界定为1，把受到内外因素现实侵害的安全度界定为0，同时进一步从理论上找到安全度的其他方面的参数，并把这些安全参数量化，那么我们便可以定量地测定安全度了。这当然需要进一步探讨、研究和摸索才能解决。对此，我们可以借鉴具体针对不同主体的安全研究中所提出的量化标准，例如生产安全中的量化标准、人身安全中的量化标准、交通安全中的量化标准等，来寻求一个普遍的安全度的测量标准。“安全”与“不安全”是安全度的两种状态。理论上和定义中所描述的安全，可以说是安全度为1的安全，也就是不受任何威胁且没有任何内患的完全安全状态，即安全的理想态。这可以说是绝对安全。这就像自由落体公式描述的是没有任何阻力的理想状态下的自由落体一样。这种理解是抽象化的结果，但也是科学研究的必然要求。在现实中，安全度为1的理想安全状态基本上是不存在的，也就是说百分之百的安全在客观上是难以实现的，实际存在的都只能是一定程度上的安全，这便是相对安全。当安全不是百分之百，而是一定程度的时候，这种安全中便包含着不安全。现实中的安全都是相对的，不安全则是绝对的。“安全”概念在理论上指向绝对安全，在现实中可以用来描述相对安全。

（三）安全感、安全判断、安全观、安全理论

“安全”“安全活动”“安全工作”“安全价值”“安全度”等概念表达的都是一种客观情况，其指向的对象或过程都是客观存在的。与此不同，与“安全”概念相关的“安全感”“安全判断”“安全理论”等却是对安全的不同形式、不同程度的主观反映。

安全感是主体对自身安全状态的体验及经验性判断。安全感是主体自己的“感觉”，而不是“人们的感觉”，因为人们对他人或他物安全的感觉，不能称为安全感。安全感是有特定含义的，它是一种自我感觉，而不是一种认识中的对外感觉。所以，把“安全感”说成“人们的心态”是不准确的，确切说应该是人们对自己安全状态

的心态。首先，安全感不同于安全，安全与安全感是两个不同的概念，并且在安全的构成上也不包括安全感。其次，安全感是针对主体自身而存在的，而不是针对其他主体而存在的。第三，安全感是以非理性为主导的体验。在一般情况下，非理性的自我体验是安全感的主要内容，在安全感中占主导地位，而经验理性的自我判断是安全感的次要内容，在安全感中居于次要地位。第四，安全感与安全的关系比较复杂，两者之间不存在固定的正比或反比关系。一般情况下，安全度的增加导致安全感的增加，一定程度的安全感产生于一定程度的安全度。但是，在有些情况下，安全度高并不意味着安全感高。

安全判断是价值判断的一种形式，是对一定主体的安全程度的认知。安全判断与安全感一样也是客观安全状态的一种主观反映，但它不同于安全感之处有：第一，安全判断的对象不仅是判断者自身的安全状态，而且还包括了其他对象的安全状态。安全判断是对各种主体安全状态的认知。第二，安全判断在层次上高于安全感，理性思维在安全判断中占据主导地位。第三，安全判断的主要内容是对不同主体安全状态的具体认知和评价，属于价值判断。安全判断通常针对特定主体，并且局限于对其安全与否及安全程度的认知和断定。

安全观是对现实安全问题的综合性的理性化认识。第一，它以理性思维为主导，但没有完全排除非理性思维和感知，包括一般的安全感和安全经验，是对安全问题的广泛认识和思考。第二，它不局限于具体的安全对象，而是现实安全对象和安全问题的普遍认识。第三，它不局限于对安全状态与安全价值的认知，而广泛地涉及现实安全如何形成、如何获得安全等一系列现实安全问题，是对现实安全问题的综合性思考及其结果。第四，它的认识重点在安全的现实问题上，而对与现实联系不太密切的一般普遍性的安全理论问题，特别是安全的本质、安全的属性等，并不给予特别关注，或者不是其关注的重心。其重心在于现实。

安全理论是对安全基本问题（包括基本理论问题和现实问题）的理论性系统性的认识与表达。安全观如果上升到系统化理论化的高度，也便成了安全理论。安全理论有两种表现形式，一种是对安全的普遍性问题的思辩性研究，这便是安全哲学，另一种是对安全问题的实证性思考与研究，这便是安全科学。对于安全科学来说，它又分两个层次，一是用实证方法研究安全的普遍性问题，这便是普通安全学；二是用实证方法研究某些特殊领域的安全问题，这便是具体安全学科，如国家安全学、公共安全学等，在这些具体安全学科下，还可以有更具体的安全科学，如治安学、材料安全学等。当人们研究关于国家安全问题时，便构成国家安全学及其他更具体的国家安全学科。国家安全学和具体的国家安全学科，直接来说都是国家安全理论，再往上便是一般的安全理论。当安全与国家联系起来时，便是国家安全，而当安全理论与国家理论联系起来时，便是国家安全理论。国家安全学就是科学层次上的国家安全理论。

参考文献

[1]李少军. 国际安全警示录[M]. 北京:金城出版社,1997.

[2]李少军. 论安全理论的基本概念[J]. 欧洲,1997(1).

[3]汪育俊. 全面理解"国家安全"概念[J]. 江南社会学院学报,2000(1).

系统安全观及其三层次

（2001 年 6 月）

摘要：现时代安全形势的复杂化，需要人们运用系统思维方法认识国家安全问题，确立一种系统安全观。系统安全观包括三个层次，一是以普遍性安全问题为对象的“普遍点”层次，二是以现时代安全问题为对象的“时代点”层次，三是以特定国家（例如中国）安全问题为对象的“国别点”（例如“中国点”）层次。

关键词：国家安全；系统方法；国家安全观；系统安全观

一、安全研究与系统方法

在提到安全观时，人们常把它们划分为“传统安全观”和“新安全观”两大类，并把国际关系理论中的现实主义、理想主义所包含的安全思想看作是传统安全观的主要代表。但是，从“传统”一词的严格意义也是广义上讲，传统安全观包括了“冷战”结束之前中外的所有安全观，甚至包括中国古代儒家的安全观，法家的安全观，特别是以《孙子兵法》为典型的兵家的安全观。这说明，安全观不是在近代西方才出现的，不只是存在于国际问题专家的理论著作中，安全观的范围要比这些大得多。

安全观范围的扩展虽然对研究传统安全观提出了更多的任务和更高的要求，但粗略来看，中外占主导地位的传统安全观的一个基本特征却是明显的，这就是：把消除外部军事威胁作为安全的首要目标，把强化自身军事实力作为保障国家安全的第一的，也是最后的手段。

然而，人类的进步，形势的变化，时代主题的转换，使传统国家安全观很难对国家安全领域的新问题作出合理有效的解释，更难被用来解决各种各样新的国家安全问题，这便使人们不得不考虑确立新的国家安全观的问题。无论是国际问题研究人员，还是国家首脑和政府官员；也无论是世界上唯一的超级大国，还是其他发达国家和众多的发展中国家，都在思考并试图采用或提出各种各样新的安全观，以便能够对国际国内各种新的安全问题作出更加合理的解释，为各种各样的国家安全问题提供一套行之有效的解决方案，这就形成或者强化了各种新安全观，其中最引人注目的有：（1）70年代末由日本政府提出，80年代被东盟国家认同和倡导，90年代后在全球范围内得到广泛关注的“综合安全”思想；（2）80年代初由瑞典首相主持的非政府组织“裁军与安全问题独立委员会”提出，并很快被联合国接受和倡导，“冷战”后继续兴盛的“共同安全”学说；（3）80年代末90年代初由美国布鲁金斯学会提出并系统阐发，同时被加拿大、澳大利亚等国接受的“合作安全”观点。

“新安全观”虽然不是一个统一的思想体系，而是对在新时代兴盛的各种安全观的统称，但这些能够被称作新安全观的各种安全思想，与传统安全观相比，特别是与建立在“冷战思维”基础上的安全观相比，或多或少地都反映了时代的变化和需要，并在特定时期和特定范围内，对于解决特定国家在特定情况下面临的国家安全问题，起到了一定的积极作用，同时对国际安全也具有不同程度的积极意义。这是各种新安全观最大的优点和强项。但是，新安全观自身也有不及传统安全观的弱点，其中最突出的是缺乏深厚的理论性和广泛的解释力。这是因为，人们经常讲到的几种传统安全观，都是国际关系研究者从理论研究中推导出来的，从属于某种具有深厚哲学基础和特定研究方法的国际关系理论体系，而新安全观基本上是直接为应对特定国家或地区在某些方面的现实安全问题而提出的，因而在具有较强现实针对性的同时也在一定程度上缺失了理论性和普遍性。

然而，新时代不仅需要安全的“急就章”，而且更需要安全的“理论篇”。从整体上认识安全问题，制定全局性的安全战略，建立与时代及国情相一致的安全机制，开展有效的安全活动，都需要人们确立一种反映时代发展和安全形势变化，能够对日益复杂化的安全问题作出更加合理的解释，能够更有效地指导安全活动，具有深厚理论性和广泛普适性的安全观。

从人类历史发展和当代国际形势的客观状态来看，制约国家安全的因素越来越广泛和复杂。一些在“热战”和“冷战”的历史时期被掩盖起来的问题，在和平与发展成为时代主题的今天已经非常明显地成为制约国家安全的因素。一些在科学技术相对落后的时代还没有出现的情况，在科学技术迅速发展的今天也已经成为现实。如果说国家安全在国家产生的时候就是一个社会系统，国家安全活动在国家产生的时候就是一项社会系统工程，那么到了今天，国家安全已经成为一个比其他任何时代都更加复杂的社会系统，国家安全活动也已经成为一项比其他任何时代都更加复杂的社会系统工程。这就需要我们掌握和运用对处理复杂问题具有重要方法论功能的科学方法。系统科学为我们提供了这种方法。

系统科学的方法是具有普遍适用性的方法，已经被广泛地运用到包括自然、社会、思维三大领域的不同部门之中并取得了非常有效的成果。系统科学方法在各个领域广泛而有效的运用，以及由此产生的积极效果，使我们确信，系统科学方法对于研究国家安全问题，对于确立科学的国家安全观，对于制定有效的国家安全战略，能够发挥效果显著的方法论作用，并产生积极的成效。没有系统的思维方式，不运用系统科学的具体方法，对于国家安全和国家安全活动的认识就容易陷于片面性、机械性、孤立性、静止性，就难以应对日益复杂的国家安全问题，难以形成科学的安全观。

由于科学方法对于探讨和确立新安全观具有的特殊重要性，而且系统科学在世界范围内已经被广泛接受，系统方法在众多研究领域得到了广泛运用，因而从方法论的角度，在科学方法这个层次上，我们把建立在或力图建立在系统科学方法基础上的新国家安全观，命名为“系统国家安全观”。在把国家安全与地区安全、国际安全以至整个人类安全联系起来考虑时，也可以把系统国家安全观简称为“系统安全观”。

二、系统安全观的普遍点

由于国家安全在客观上具有普遍性层次，即具有一些在任何时代、任何国家都存在的普遍性安全问题，因而系统安全观也需要这样一个普遍性层次，需要在科学认识任何时代、任何国家都普遍存在的安全问题的基础上，得出一些对任何时代、任何国家都具有普遍适用性的观点。我们把系统安全观这一层次上的观点，称作系统安全观的“普遍点”，即系统安全观针对普遍性国家安全问题确立的普遍性观点。这是系统安全观的第一个层次。这个层次上具有普遍性的观点包括如下几点。

第一，国家安全是一个社会系统，国家安全活动和国家安全工作是一项社会系统工程，因而必须运用系统的观点、原则和方法认识和分析国家安全、国家安全活动，以及各种安全要素之间的关系。

国家安全的系统性不仅表现在国家安全涉及国际国内两个方面，涉及国民、经济、政治、军事、外交、文化、科技、信息、民族、宗教等各种要素，而且更表现在这些不同的方面和要素不是机械地“综合”起来的，而是互相联系、互相作用、互相渗透，并有机地统一在国家安全大系统之中的。国家产生初期的国家安全较之当代虽然比较简单，但也是一个统一的社会系统。随着人类历史的发展，社会的进步，国家安全系统内外要素都在不断增加，各要素之间的联系互动而更加复杂。这就更需要人们运用辩证的系统思维来观察国家安全问题，用辩证的系统思维来制定安全活动的计划、方针、政策、措施，用辩证的系统思维来从事国家安全工作，开展国家安全活动。因此，我们一方面需要用系统的观点观察和认识客观存在的古今中外的国家安全和国家安全活动，另一方面需要用系统的观点和方法来指导国家安全战略的制定和国家安全工作的开展。

第二，在国家安全和国家安全活动系统中，各要素所处地位和所起作用是不同的，同时又是可以转化的，因而既需要对国家安全系统中的各要素进行系统化的战略性定位，又要根据系统的运行情况对各要素的地位和作用进行具体分析。

从人类进步和发展的历史长河中看，从本质和规律性的高度来认识，在国家安全大系统中，国民的安全和利益是国家安全的核心和国家安全活动的最终目的，经济安全是国家安全的基础，政治安全和军事安全是国家安全最重要的保障，文化安全是国家安全的精神载体，科技安全是知识经济时代国家安全的最强大的能源和动力。这是系统安全观对国家安全系统中的一些主要方面的战略性定位。但是，系统安全观还认为，从社会运动的波动性、曲折性和复杂性来看，在不同的时代和不同的历史发展时期，在不同的国际国内形势下，国家安全诸要素在国家安全和国家安全活动中的地位和作用是可以互相转化的。因此，系统国家安全观既从宏观战略角度和整体长远视野上，认定国家安全诸要素之间本质的必然性关系，又承认在微观战术角度和不同时代不同范围内，国家安全诸要素的地位和作用是可以转化的，它们之间是互相联系、动态制约的，因而在制定国家安全战略和开展国家安全活动时，要根据具体情况进行具体分析。

第三，国家安全不是一个封闭系统，而是一个开放系统，国家安全既具有内包性，也具有外涉性，在内包国民安全、经济安全、政治安全、军事安全、文化安全、科技安全等内容的同时，又外涉他国安全、地区安全、国际安全、全球安全，甚至社会之外的自然环境。

在全球化浪潮已经使地球成为一个“地球村”，各个国家正在密切联系为一荣俱荣一损俱损的整体的今天，任何国家及其安全都不是封闭系统，也不可能人为地封闭起来，而必然是程度不同且不断扩大开放程度的开放系统。一国安全总会在不同程度上受到他国安全、地区安全、国际安全、全球安全的影响，同时必然不同程度地影响到他国安全、地区安全、国际安全、全球安全，甚至在涉及各种社会要素的同时，还会涉及各种非社会性的自然条件，比如生态环境及其安全，涉及地球之外的球外环境及空间安全。这就更需要人们运用开放性的系统思维和方法，解释和保障开放性的国家安全。

第四，高水准的国家安全状态，不仅在于通过强力来“维护”，更在于通过合理的系统化的社会制度和安全机制来“保障”。

从历史上看，强力可以维护国家安全于一时，但无法保障国家安全于长远，而只有适应时代发展要求，特别是适应生产力发展和经济发展要求，符合人民群众意愿的合理的社会制度和安全机制，才能从根本上保证国家的长治久安。制度和体制的合理性，是从根本上保障国家安全的关键。那些能够顺应时代要求不断地适时改革、改良和完善其社会结构和体制的国家，就能够安全地立于世界；相反，那些守旧不变，抱残守缺，不思根据时代发展进行制度和体制方面的改革调整的国家，极可能从安全走向不安全，甚至走向动乱和灭亡。中国之所以能够有今天较好的安全形势，就是因为20年来在社会制度、体制和结构等方面进行了多方面的改革和调整，而中国之所以还存在着一些内部安全隐患，除了国际因素之外，更主要的还在于对内部的旧体制、旧结构、旧机制的改革和调整还没有完全到位，还有一些方面不能适应生产力发展要求和人民群众日益增长的物质精神需要。

系统安全观在从整体上和宏观上强调机制的“软作用”的同时，也强调系统内外各种不同的“硬要素”的独特地位和作用，强调“软机制”与“硬要素”的互相作用、互相制约。合理的社会制度和体制对国家安全具有系统性决定作用，但国防建设、军事力量、警察队伍等强制性国家机关，在不时发生的某些特殊情况中，对国家安全来说具有重要的屏护作用。

三、系统安全观的时代点

系统安全观的“时代点”，就是把系统安全观的一般方法和观点运用到对现时代安全问题的分析中，对现时代的安全问题作出系统的分析和解释，并提出保障现时代安全的思路和措施。这样的时代点具有国际普适性，能够用于解释现时代全球不同国家的安全问题及国际安全问题，但它不具有历史普适性，不能用来解释以往历史中的安全问题，因而具有历史的特殊性。在当代世界，系统安全观的时代点包括如下基本内容。

第一，在经济全球化时代，国家安全与国际安全的联系进一步加强，人们不仅需要把国际安全作为国家安全这一开放大系统的外部环境来看待，而且需要把国家安全作为全球安全和国际安全这一更大的社会系统中的子系统来看待，必须从国际安全的广阔视野中审视国家安全。

系统国家安全观强调安全根据的内在性，同时强调外部安全条件的重要性，强调在经济全球化、政治多极化、信息国际化、文化多样化的现时代，在世界各国已经被密切联系在一起，已经成为不可分割的社会大系统，已经变成了“地球村”这样一个大村庄的时代，人类之间的联系和人们的日常生活都已经无法用国界线隔离，世界上任何一个地方的动乱和不安定，都不仅仅会波及邻国，而且会波及远在万里之外的其他国家。因此，国家安全已经不仅仅是一个国家自己的事情，也不仅仅是地缘相邻的几个国家之间的事情，而成了国际性的事情，成了全人类的事情。国家安全由此与全球安全、国际安全、地区安全密切相关，人们需要从国际安全的大视野中审视国家安全，从国际安全环境中思考自己国家的安全。

第二，由于各国的安全和利益的系统性联系，各国在追求自己的安全和利益时，必须考虑到其他国家的安全和利益，以“共赢”的思维方式处理与其他国家的安全及利益关系。

在传统国家安全观中，一个国家的安全度的提高，常常会导致其他国家安全度的降低，国家之间的安全关系是所谓的“零和”，一个国家要追求自身的安全，就要一方面不断强化自己的军事力量，另一方面设法阻止、干扰甚至破坏其他国家的发展。这种安全思维方式导致“冷战”期间军备竞赛不断升级，使对立的各国都深感不安，最终陷入一种恶性循环的“安全困境”之中。

“冷战”结束后，随着苏联这个超级大国的解体，美国在世界本来已经没有了真正的对手，但一方面由于“冷战思维”的惯性，另一方面由于美国把自身的安全线无限度地扩大到世界各地（特别是有各种利益关系的地区和国家），企图获得一种经常会损害他国利益和安全的而且根本不可能最终实现的“绝对安全”，结果人为地增加了各国之间的不信任和摩擦，使世界面临陷入新的“安全困境”的危险。

在当代世界一体化的国际安全大系统中，要保障国家安全，就必须保障国际安全，而要保障国际安全，各国特别是超级大国必须放弃只想获得而不想作出相应的付出这一追求绝对安全的奢望，必须彻底抛弃“冷战思维”，坚持系统思维方式，以互信、互利、互谅、互让、平等、合作的态度处理国与国之间的关系，营造全球范围内的共同安全，以防止各种威胁国家安全的国际冲突和战争，最终在不同国家之间实现“双赢”，甚至在全球范围内实现“共赢”。

第三，维护和平与发展的时代主题，是当今世界保障全球安全、国际安全、地区安全和国家安全的重要任务。

“冷战”结束后，和平与发展逐渐成为时代主题，但世界的一些地区和国家还在不断发生暴力冲突甚至局部战争，和平无法实现，同时世界上还有一些地区和国家面临严重的经济问题，发展速度缓慢甚至发生经济倒退，从而影响了一些国家和地区的安全。概括起来，这就是人们所说的“东西南北”问题。

就东西方来说，问题的关键是如何在新的历史条件下真正实现不同社会制度、不同文化背景、不同价值观念、不同意识形态的和平共处。在当代，只有不同社会制度和文化背景的国家和平共处，才能保证世界的和平，也才能有广泛的国际安全和相关国家的安全。为此，必须摒弃以对抗为主要内容的冷战思维，把全人类的安全作为一个社会大系统来思考，本着求同存异、互谅互让的精神，通过合作求得全人类的共同安全。

南北之间在发展上存在的巨大差距是更严重的安全隐患，它需要通过促进发展中国家经济发展和社会进步得以解决。一方面，发展中国家需要通过改革和强化自身的造血功能培植自己国家内部的发展动力，需要依靠自己的力量，并充分利用全球化带来的机遇，加速发展民族经济；另一方面发达国家也需要作出一定的努力，帮助发展中国家发展经济，提升素质。发展中国家的发展和由此带来的稳定，不仅有利于发展中国家的安全，而且有利于国际安全和世界安全，有利于发达国家的安全，甚至给发达国家带来长远的、更大的利益。发达国家有必要转变害怕发展中国家发展起来后威胁其安全的片面性思维方式，认识到只有发展中国家的发展才会使世界更加稳定、人类更加安全，从而减少发达国家外部的安全隐患。

第四，在维护国际安全、地区安全和国家安全方面，必须充分发挥以联合国为龙头的各种不同层次、不同范围的国际组织的积极作用，同时避免由于大国强国操纵利用国际组织强制推行自己的价值观念、政治制度、文化传统、生活方式等而引起的国际性和地区性动乱，使已经发生的冲突扩大化、复杂化、持久化。

在当今世界上，联合国是唯一真正具有普遍性的全球性国际组织，会员国已从最初的 51 个增加到 20 世纪末的 189 个，活动范围涵盖了人类生活的众多领域。在人类历史上，从未有过任何一个机构具有像联合国这样广泛的代表性，也没有任何一个组织能够通过国际合作对世界产生如此重大和深远的影响。根据《联合国宪章》，安理会在维护国际和平与安全方面负有首要责任，因而应该进一步加强在和平与安全方面的领导作用，特别是在维护国际和平与安全方面的领导作用。根据联合维和行动的实际情况和遇到的问题，各会员国应该共同维护安理会的权威，维护安理会在国际集体安全体制中的核心地位和作用，在涉及国际和平与安全的重大问题上，防止任何国家绕开安理会采取单边主义行动的危险做法。

四、系统安全观的中国点

根据从抽象到具体的研究方法，系统安全观的最后落脚点是系统安全观的“国别点”。这是系统安全观的第三个层次。系统安全观的国别点就是把系统安全观用于分析现时代不同国家具体的特殊安全问题上，并对具有国别特殊的安全问题作出解释，制定具体的国家安全战略，开展具体的国家安全活动。当运用系统国家安全观来分析当代中国国家安全问题，制定中国国家安全战略，开展中国国家安全活动时，所形成的就是系统安全观的“中国点”。我们需要在系统安全观的普遍点的基础上，根据当代世界安全形势的特点，根据中国国情，特别是中国的社会主义制度和历史文化传统，把一般系统安全观具体化为系统安全观的“中国点”。我们认为，系统安全观的中国点在当前应该包括如下一些方面。

第一，在社会主义中国的国家安全系统中，需要把国民安全是国家安全之核心和国家安全活动之根本目的的一般观点，具体化为以人民群众的利益和安全为根本出发点，用马克思主义的群众路线和群众观点指导国家安全活动，既把人民群众的安全和利益作为国家安全的核心和国家安全工作的根本目的放在头等重要位置，又把人民群众作为国家安全活动的依靠力量，坚持群众路线，使全国人民都关心国家安全，以不同的方式参与和支持国家安全活动。

中国几千年封建国家虽然从根本上来说并没有摆正民与君、国民与国家的关系，但中国传统文化中具有的民本思想，例如“民为重，社稷次之，君为轻”的思想，却是在今天仍然具有积极意义的精华。马克思主义历史唯物主义在强调物质生产对社会发展的决定性作用的同时，强调人民群众是历史发展的真正动力。毛泽东根据马克思主义历史观，确立了中国共产党的群众观点和群众路线。邓小平在讲到社会主义本质时，一方面从社会结构上把解放和发展生产力作为社会主义的本质，另一方面从社会主义最根本的目的上，把满足群众日益丰富的物质文化需要，实现人民群众的共同富裕作为社会主义的根本目的。江泽民“三个代表”的思想，将代表人民群众的根本利益放在了重要地位。在社会主义民主政治中，人民群众的安全和利益是至高无上的，因而具有中国特色的社会主义安全观，就是要把人民群众（国民）的安全和利益作为整个国家安全的核心，作为一切国家安全活动的最终和最根本的目的。

中共十一届三中全会后，邓小平从战略高度对国内国际形势进行了冷静科学的分析，及时停止了“以阶级斗争为纲”基本路线，作出了世界大战短期内不会爆发的判断，从而在国家安全观上来了一个大转变，使中国能够在这种判断的基础上，及时调整国家安全战略，把经济建设放在了一切工作的中心地位上，形成了“以经济建设为中心”富民强国的战略性安全思路。后来，邓小平又根据形势的新发展和可能出现的问题，在 1992 年南方谈话中强调要抓住经济建设这个中心不放松，要坚持以经济建设为中心的基本路线一百年不动摇，并强调发展是个硬道理，一切问题都只有在发展的基础上才能最终得到解决。没有发展就没有安全，不发展是最大的不安全。

第二，国家安全的各要素在整个国家安全系统中既具有地位、作用及重要性的不同，同时又都是紧密联系、相互制约、相互作用的，因而对于当代中国国家安全来说，我们既要看到经济建设的基础地位和发展这个硬道理，坚持把经济建设作为中心任务，同时要看到整个社会系统各要素的密切联系，根据系统观点和要求，通过进一步的改革建立起具有系统合理性的社会运行体制，使中国社会成为一个具有高度自组织能力，能够防范抵御各种内外安全风险，自行平稳消解各种安全隐患的社会大系统。

中共十一届三中全会确立对经济体制、政治体制和一切不合理的社会体制进行改革的大政方针后，通过20余年艰难改革，经济体制逐步焕发了活力，推动了经济发展，强化了国家安全的经济基础。但是经济体制改革还有许多重大问题没有解决，经济运行还没有从根本上走上良性循环的道路，同时政治体制改革又大大滞后于经济体制改革，包括社会保障在内的其他各方面的改革与完善也还不能满足从根本上稳定社会、安定国家的需要，国家安全在系统性方面还存在着许多深层次的机制性问题。因此，合理地加快改革步伐，积极推进社会机制向系统性合理化方向前进，是我国当前从内部机制方面保障国家安全的一个关键性问题。这就需要继续推进政治体制改革，积极推动社会主义民主法制建设，发展社会主义民主政治，依法治国，建设社会主义法治国家。

第三，把系统的开放性与中国对外开放的政策联系起来，在人类安全、国际安全、地区安全的广泛背景下思考和处理中国的国家安全问题，为中国改革开放争取有利的国际环境。

虽然系统内部机制的重要性，要求我们在与国际事务比较中，应该把建立一个最佳的社会系统和国家安全系统放在第一位，但系统的开放性同时要求具有中国特色的系统安全观必须注意中国国家安全的国际环境，并在工作中根据国家发展的大战略制定恰当的国际战略，通过各种措施优化中国国家安全的国际环境。我们要继续实行全方位的对外开放，认清和平与发展是时代的主题，奉行独立自主的和平外交政策，按照和平共处五项原则推动国际新秩序的建立，并根据中国的工作重点和实力，采取“冷静观察，沉着应付，韬光养晦，有所作为”的策略，在国际舞台上不锋芒毕露，不扛旗，不称霸，不事张扬，少说多干，努力营造对中国发展有利的国际环境。当然，“韬光养晦”并不是无所作为，更不是无原则退让，在重大的国际问题上，中国作为一个大国要有所作为，必须承担起自己必要的国际责任，特别在涉及国家主权和安全的重大问题上，又必须“把国家的主权和安全始终放在第一位”，有决心和能力通过各种手段维护国家的主权和安全。

第四，系统的自我保障和维护，要求中国拓展、改善、强化国家安全活动，其中包括国防建设、外交活动、隐蔽战线等方面的国家安全工作，以应付和处理可能的突发性安全事件，同时要从战略高度认识国家安全问题，制定国家安全战略，发挥包括经济、科技、文化、教育、民族、家教等在内的各有关部门的作用，使其在国家安全活动中相互配合，协调行动。

中国直接的安全环境虽然较冷战期间大大改善，但也还存在着许多或明或暗的隐患。虽然冷战结束以后中国的安全形势与国际大势一样，向好的方面大大地发展了，但这并不说明世界上已经不存在对中国安全的直接威胁了。事实上，不仅对中国国家安全的潜在威胁没有彻底消除，而且对中国安全的现实侵害也还时有发生。“冷战”结束后，世界从两极对峙变成一超多强或一超多极，并且呈现出向多极化方向发展的趋势。

近代以来饱受帝国主义侵略之害的中国，没有任何理由在自身的安全问题上掉以轻心。中国需要认真思考和研究自身的安全问题，特别是从战略的高度上思考和研究自身的安全问题。由于长期遭受帝国主义的侵略，中国人民历来都十分重视自己的国家安全，新中国领导人也特别强调国家安全的极端重要性，特别是强调主权安全的极端重要性。当前，为了维护国家安全，中国政府既需要继续坚持改革开放，同时也需要重新审视国际形势和我国国家安全形势，制定直面世界且符合国情的国家安全战略，全方位维护我国的国家安全。

参考文献

[1]李少军.国际安全警示录[M].北京:金城出版社,1997.

[2]沈伟烈,陆俊元,孙建军.国家安全地理[M].北京:时事出版社,1995.

[3]夏保成.国家安全论[M].长春:长春出版社,1999.

[4]苏长和.从国家安全到世界安全——现实主义及其后[J].欧洲,1997(1).

[5]刘跃进.建立“国家安全学”初探[J].国家安全通讯,1999(1).

[6]刘跃进.国际关系学院学术讨论会优秀论文选集(1993—1999)[M].北京:中国科学技术出版社,2000.

[7]刘跃进.从哲学层次上研究安全[J].国际关系学院学报,2000(3).

[8]刘跃进.“安全”及其相关概念[J].江南社会学院学报,2000(3).

[9]刘跃进.科学技术与国家安全[J].华北电力大学学报,2000(4).

[10]朱镕基.关于国民经济和社会发展第十个五年计划纲要的报告——2001 年 3 月 5 日在第九届全国人民代表大会第四次会议上[M].北京:人民出版社,2001.

国家安全观的分类问题

（2001 年 12 月）

摘要： 为了准确、清晰、科学地认识国家安全观，必须研究国家安全观的分类问题。我们可以从认识主体、认识客体、历史阶段、基本观点四个角度对国家安全观进行分类，并在这种分类中认识不同的国家安全观在安全观体系中的位置。这种分类研究，不仅对于加深安全观研究具有理论意义，而且对确立科学合理的新国家安全观具有实践意义。

关键词： 国家安全；国家安全观；分类

学者们经常谈到不同的国家安全观，如“传统国家安全观”与“新国家安全观”，甚至笔者还不揣浅陋地提出了“系统的国家安全观”。这说明，国家安全观是一个复杂的理论问题，需要我们进行深入研究。同时，由于各种各样国家安全观存在，使我们在深入研究国家安全观之前，必须对已有的国家安全观做一梳理，而从逻辑上对不同的国家安全观进行划分，则是这种研究的前提。

从逻辑上看，对任何一个概念都可以根据不同的标准，从不同的角度，进行不同的分类。在此，我们将从国家安全观的认识主体、认识客体、历史阶段、基本观点四个不同角度进行分类研究。这些不同的分类，对于深入研究国家安全观，有其特殊的作用和意义。

一、不同认识主体的国家安全观

国家安全观是主体对国家安全现实的反映，而反映国家安全现实的主体是各种各样的，其中既有不同的国家，也有不同的社会组织，还有不同的个人，这大致上就形成了三个层次的主体及三个层次的国家安全观：（1）国家作为主体的国家安全观，即国家的国家安全观；（2）社会组织作为主体的国家安全观，即社会组织的国家安全观；（3）个人作为主体的国家安全观，即个人的国家安全观。

（一）国家的国家安全观

国家的国家安全观是国家作为认识主体，对国家安全现实进行认识活动而形成的，代表官方观点的国家安全观。不同的国家具有不同的国家安全观。

国家的国家安全观反映在政府官方思想及文件中，是国家各阶级、阶层、政治集团、军事集团等互相斗争、冲突、矛盾、协调、妥协的结果。在古代，这种国家安全观可以是一种由个体有意识而达成的集体无意识的“合力”。这一点如同社会发展一样，是不以社会中个体、阶级、阶层、集团意识为转移的。但是，如同阶级社会中占统治地位的意识必然是统治阶级的意识一样，在作为集体无意识的国家的国家安全观中，统治阶级的国家安全观必然占据统治地位，非统治阶级的国家安全观必然处于从属地位；帝王将相的国家安全观对国家的国家安全观所起的作用，必然大于一般民众个人的国家安全观对整个国家的国家安全观的作用。

在现代，国家通过政府管理，而且政府对国家的管理也已经从以不成文法和习惯为主，转变为以成文法和官方决议、协议等文件为主，其中就反映了国家的国家安全观。例如，美国最新《国家安全战略报告》提出的关于国家安全的看法、观点及其制定的方针政策等，就是当前美国的国家安全观。

（二）社会组织的国家安全观

社会组织的国家安全观是指不同的阶级阶层、政党团体、经济组织、军事集团、研究机构等对国家安全问题的综合性全面认识。这其中既包括阶级和政党的国家安全观，如在政党宣言中体现的国家安全观（中国共产党在抗日战争前后发表的一系列声明中，就体现了中国共产党当时的国家安全观），也包括研究咨询机构的国家安全观，如在一些研究咨询机构的报告中体现的国家安全观、各种智囊团提出的各种报告中的国家安全观。某个国家安全研究机构关于现实国家安全问题的基本看法，也属于社会组织的国家安全观。

（三）个人的国家安全观

个人的国家安全观是作为个体的人对现实国家安全问题的综合反映、认识和研究，既包括政治家个人的国家安全观，如毛泽东的国家安全观，邓小平的国家安全观等，也包括思想家的国家安全观，如《孙子兵法》中的国家安全观，还包括一般民众个人的国家安全观，如人民群众在街谈巷议中阐发个人观点时所涉及的国家安全观。在此应该注意的是，国家安全在以往主要是国际问题研究的一个内容，许多国际问题研究者在其学术著作和思想观念中便表达出不同的国家安全观，这是我们在研究国家安全观时必须给予特别关注的一个重要方面。

二、不同的认识客体形成的不同的国家安全观

国家安全观不仅可以根据主体不同而分为不同主体的国家安全观，而且也可以根据客体或对象的不同而分为不同客体的国家安全观。

（一）对象国不同而形成的不同的国家安全观

在研究关于不同对象国的不同的国家安全观时，我们首先要严格将其与不同主体国的不同的国家安全观相区别，认识到“美国的国家安全观”与“关于美国的国家安全观”是两个不同的概念，前一个是根据主体国不同而划分的，后一个是根据对象国不同而划分的。如前所述，美国有美国的国家安全观，中国有中国的国家安全观，这两种国家安全观的区别在于认识主体的不同，即美国和中国在此是两个不同的主体国。不同主体国的国家安全观针对的直接对象和主要内容虽然是各自国家的安全问题，但其认识对象和基本内容却可以包括也必然包括超出主体国国家安全的其他一些方面，这些方面与主体国的安全和利益通常具有不同程度的联系。与此不同，因对象国不同所形成的不同的国家安全观，其不同的根本点在于认识对象的不同。不同的主体针对不同的国家可以形成因对象不同而不同的国家安全观，如 20 世纪 60 年代中国政府针对中国安全形势形成的国家安全观，与 20 世纪 60 年代苏联政府针对苏联安全形势形成的国家安全观的不同，既可以从不同的主体国来划分，也可以从不同的对象国来划分。相同主体针对不同国家也可以形成不同的国家安全观，而且这种不同的国家安全观只能根据对象国的不同来划分，如某个国际问题研究咨询机构针对美国形成的国家安全观，与其针对俄罗斯形成的国家安全观，就只能从这个角度划分为“关于美国的国家安全观”和“关于俄罗斯的国家安全观”。

针对不同对象而形成的不同的国家安全观，既包括不同主体针对不同对象形成的不同的国家安全观，如美国政府针对美国的国家安全状态形成的国家安全观，与中国政府针对中国的国家安全状态形成的国家安全观，就是不同的国家安全观，也包括同一主体针对不同国家形成的不同的国家安全观，如某个研究机构或研究者针对美国形成的国家安全观，与其针对俄罗斯形成的国家安全观，内容就不同，属于对象国不同的国家安全观。

（二）对象域不同而形成的不同的国家安全观

在针对不同国家而形成的内容不同的国家安全观之外，我们还应该注意针对国家安全的不同领域而形成的内容不同的国家安全观。所谓国家安全的不同领域，是指国家安全所涉及的政治、军事、经济、科技、文化等不同领域。针对这些不同领域，便

有不同的国家安全观，即国家政治安全观、国家军事安全观、国家经济安全观、国家科技安全观、国家文化安全观等。从这一分类角度研究国家安全观，不仅对国家安全学来说具有重要的理论意义，而且对于在当前如何分析国家安全问题，如何有效的开展国家安全工作，具有重要的实践意义。

（三）对象层不同而形成的不同的国家安全观

所谓国家安全的对象层，是指根据国家安全涉及问题的普遍性程度而作出的层次划分。在国家安全对象中，有些对象具有广泛的普遍性，如国家这一概念反映的就是普遍性对象，“安全”也是最为普遍的概念。同时，也还有更多更复杂的特殊的国家安全问题，如中美飞机相撞事件中的国家安全问题，就是一个非常特殊而具体的国家安全问题，这样就形成了国家安全问题的普遍性与特殊性这两个层次。

普遍的国家安全观，是指以普遍性的国家安全问题为内容的国家安全观。这种国家安全观所反映的对象不是某个时代、某个国家或某个方面具体的国家安全问题，而是所有国家共有的国家安全问题，或者说是古今中外普遍存在的国家安全问题。由普遍存在的国家安全问题形成的国家安全观，就是最普遍的国家安全观。一般来说，普遍性的国家安全理论和国家安全学中的基础理论部分，都是这种最普遍的国家安全观。

与普遍的国家安全观不同，特殊的国家安全观是指针对某些特殊的具体客体、对象和问题所形成的国家安全观。例如，就美国的国家安全问题，美国官方有自己的观点、美国某些专家有自己的观点、美国之外的研究者有自己的观点、其他国家的政府也有自己的看法。这些观点反映的客体都是美国及其国家安全，思考的问题都是美国面临的国家安全问题，因而从客体角度分类便属于同一种特殊层次的国家安全观。不仅时代的不同、国家的不同可以形成不同的特殊的国家安全观，而且国家安全内容的具体化也会形成不同的特殊的国家安全观。例如，如果仅仅就科学技术与国家安全的关系进行研究，形成某些有关国家安全的观点，那么由此形成的“国家科技安全观”便是另一种特殊的国家安全观。

三、不同历史阶段形成的不同的国家安全观

国家安全观不仅会因主体和客体的不同而不同，而且也因历史发展阶段的不同而不同。在研究国家安全问题时，人们对因历史阶段的不同而形成的不同的国家安全观给予了一定关注，形成了“传统国家安全观”与“新国家安全观”这样两个在一定程度上表达国家安全观不同阶段发展的概念。

但是，目前所谓的“传统国家安全观”，也只是指在近代资本主义之后，特别是20世纪开始至“冷战”结束前形成的两种对立的国际关系理论中的国家安全观，即“理想主义理论中的国家安全观”和“现实主义理论中的国家安全观”；所谓的“新国家安全观”则是指“冷战”后期特别是“冷战”后形成或取得明显影响的各种国家安全观。事实上，在奴隶社会和封建社会，虽然还没有人提出“国家安全”和“国家安全观”这样的概念，但当时不仅客观上存在着国家安全，而且在人们的思想意识中也已经产生了各种各样的国家安全观。据此，在更广泛的含义上也可以用“传统国家安全观”来指称国家产生以来至“冷战”结束这一相当长时期内的国家安全观。在这一大类下，又可以把“传统国家安全观”分为“古代的国家安全观”“近代的国家安全观”“冷战时期的国家安全观”和“冷战后的国家安全观”。

（一）古代的国家安全观

国家产生以后，不仅形成了国家安全问题，而且也在人们头脑中，在国家意识形态中，形成了对国家安全的认知、评价与预测，也就是形成了一定的国家安全观。在古代哲学家、政治家、军事家等的著述中，甚至在黎民百姓的思想观念中，都已经出现了国家安全的观念。例如，在中国先秦时期的诸子百家中，在帝王将相的策对论争中，就经常通过国与家、君与臣、战与和等论题涉及国家安全，反映出他们各自相同或不同的国家安全观念。

但是，从奴隶社会到封建社会，占主导地位的国家安全观在存在差别的同时，也有一个最重要的共同特点，即是以军事为国家安全利益的根基、手段甚至目的。军事之所以成为当时国家安全的目的，是因为军事在解决国家安全问题时起最终的决定作用。在这种情况下形成的国家安全观，自然而然地把军事安全放在了国家安全最为核心的地位，把军事实力看成是扩展和维护国家安全及利益的基础，把进行战争看成是扩展和维护国家安全及利益的最重要手段（有时是首选手段，有时是最后手段）。军事安全既被看作是国家安全的核心内容，又被认为是国家安全的唯一保障。孙武所说的“兵者，国之大事，死生之地，存亡之道，不可不察也”，以及“天下虽安，忘战必危”的名言，就是中国古代国家安全观的集中体现。以“战”为核心的国家安全观不仅在中国古代占据着统治地位，而且在西方也是如此。处于西方由古代社会进入近代社会转折时期的意大利政治家马基雅维利指出：“君主除了战争、军事制度和训练之外，不应该有其他的目标，其他的思想，也不应该把其他事情作为自己的专业，”战争和军事应该是君主的唯一专业，“亡国的头一个原因就是忽视这种专业，而使你赢得一个国家的原因，就是因为你精通这门专业”。[1]

（二）近代的国家安全观

近代在资本主义国家发生的工业革命，使人类从农业社会进入工业社会，科学技术在经济、军事、社会生活各个方面的作用日益显示出来，科技安全逐渐成为国家安全的一方面内容。由于资本主义国家的经济基础和上层建筑已经不同于封建国家，所以资本主义国家所要保障的经济安全和政治安全的具体内容便成了资本主义的经济基础和上层建筑，它要防范的对象在最初主要是封建制国家的威胁和侵犯，以及内部封建势力的复辟，后来也包括其他资本主义国家的外部威胁和侵犯，以及以本国无产阶级为基础的社会主义力量。

当社会主义还仅仅是一种思潮和运动存在于资本主义国家内部时，就开始受到资产阶级国家机器的压制甚至镇压，而当社会主义国家作为一种现实的社会形态出现时，立即引起了资本主义国家的恐慌和联合进攻。社会主义国家一开始就面临着资本主义国家的外部威胁和侵犯，以及社会主义国家内部封建的、资本主义的因素和势力的威胁与进攻。这就是苏联作为第一个社会主义国家出现时的国家安全形势。第二次世界大战后，当大批社会主义国家在世界上出现后，世界开始进入“冷战”时期。

“冷战”初期，“两大阵营”的国家利益与安全的冲突非常明显，国家安全在世界范围内进入有史以来最为明显的以政治制度及意识形态划界的时代。“冷战”中后期，随着社会主义阵营的解体及国家利益对社会性质的超越，国家利益及国家安全的复杂化，民族利益开始超越意识形态成为各国考虑国家安全的根本依据，但这种民族利益的重点依然在政治和军事方面，国家安全的核心依然是政治安全，维护国家安全的根本手段依然是军事力量。

（三）后“冷战”时期的国家安全观

“冷战”结束后，世界范围内的国家安全形势又出现了一系列新特点和新问题，和平与发展成为时代主题，世界范围内的国家安全形势一度大大缓和。这些新特点是如今人们谈论的“集体安全”“合作安全”“经济安全”等“新国家安全观”得以彰显或形成的重要条件。对此，我们将在根据思想内容对国家安全观进行分类时论述。

四、思想内容不同的国家安全观

无论是根据主客体的不同，还是根据历史发展阶段的不同划分出来的不同的国家安全观，它们的区别都不只是主体、客体的不同，或者是历史阶段的不同，而是包括了内容的不同。当人们以“冷战”结束为历史分水岭把国家安全观分为“传统国家安全观”和“新国家安全观”时，其直接表达的虽然是国家安全观历史发展阶段的不同，但在更深的层次上表达的则是国家安全观在思想内容上的不同。因此，与其说“传统国家安全观”和“新国家安全观”表达的是国家安全观发展的两个阶段，倒不如说它们更深刻地表达了国家安全观的两种思想类型。在此，我们先将“传统国家安全观”和“新国家安全观”作为思想内容不同的两大类国家安全观，然后进一步探讨在两大类中的不同层次上的小类。

（一）传统国家安全观

从逻辑严密性的要求上讲，传统的国家安全观是指自国家产生以来到“冷战”结束这一漫长历史时期所产生和起了重要作用的各种国家安全观，它不仅包括近代以来特别是现代以来各种国家和国际关系理论中的国家安全观，如理想主义理论中的国家安全观、现实主义理论中的国家安全观等，而且也包括古代的各种国家安全观，如中国古代儒家、道家、法家、兵家等不同思想体系中存在的有关国家安全的思想，在古希腊柏拉图、亚里士多德等思想家的国家理论中存在的有关国家安全的思想。这些都是需要深入研究与探讨的。

理想主义和现实主义虽然原本并不是两种不同的国家安全理论，而是两种不同的国际关系理论，但其中却包含了两种不同的国家安全观，即“理想主义的国家安全观”和“现实主义的国家安全观”。

（二）新国家安全观

与“传统国家安全观”一样，“新国家安全观”也不是一个具有统一思想体系甚至不是一个具有相同观点的国家安全观，而是对新近时期出现的各种国家安全观的指称——“他称”或者“自称”。“他称”是指有人把他人新近提出的或者在近期被广泛关注的关于国家安全的观点称作“新国家安全观”，例如研究者把有关“共同安全”的思想称作“共同安全观”，把有关“综合安全”的观点称作“综合安全观”，把有关“合作安全”的观点称作“合作安全观”。[1]“自称”则是指有人把自己新近提出的关于国家安全的观点称作“新国家安全观”，例如，赵英早于1992年就在其所著《新的国家安全观》中把自己所表达的国家安全思想，称作“新的国家安全观”。[2]再如，笔者从方法论角度和理论层次上认为，国家安全是一个复杂的社会系统，国家安全活动是一项复杂的系统工程，因而需要运用系统方法认识和研究从普遍理论到具体事务等不同层次上的国家安全问题，树立一种“系统安全观”。[3]“系统安全观”因而也可以算作是一种“自称”的“新国家安全观”。

研究国家安全观的分类问题，不仅对于加深安全观研究具有理论意义，而且对确立科学合理的新国家安全观具有实践意义。本文仅仅就此提出了一些粗浅的看法，其中还有许多问题需要深入研究。

参考文献

[1]朱阳明. 亚太安全战略论[M]. 北京:军事科学出版社,2000.

[2]赵英. 新的国家安全观——战争之外的对抗与抉择[M]. 昆明:云南人民出版,1992.

[3]刘跃进. 系统安全观及其三层次[J]. 国际关系学院学报,2001(2).

试析危害国家安全的因素

（2002 年 1 月）

摘要：危害国家安全的因素可分为自然和社会两个方面，自然因素即通常所说的“天灾”，社会因素则是通常所说的“人祸”。从整个人类历史以及国家安全的历史看，危害人类安全以及国家安全的“天灾”主要包括洪、涝、旱、震、虫、疫等等自然灾害；危害国家安全的“人祸”又包括“内忧”与“外患”两个方面，其中“内忧”主要有内战、内乱、分裂、破坏等活动，以及各种形式的极端主义和国内恐怖主义，“外患”主要有军事入侵、政治颠覆、文化侵略、间谍情报活动以及在当代国际社会蔓延的各种形式的国际恐怖主义等。这就需要我们以系统安全观为指导，运用系统的原则和方法，具体分析和及时化解各种威胁和危害国家安全的因素，有效地保障国家安全。

关键词：国家安全；安全观；危害；天灾；人祸；内忧；外患

危害国家安全的因素可以分为自然和社会两个方面，其中自然因素主要指通常所说的“天灾”，社会因素则主要指通常所说的“人祸”。“天灾”和“人祸”有时虽然会交叉连带发挥作用，但在学术研究中，为了探寻各自的特点与规律，有必要将其分别加以论述。

一、危害国家安全的自然因素

从整个人类历史以及自有国家安全的历史看，危害人类安全以及国家安全的自然因素主要包括洪、涝、旱、震、虫、疫等自然灾害，亦即中国百姓平常所说的“天灾”。载于基督教《圣经》且流传于西方传说中的“大洪水”，以及在中国家喻户晓的“大禹治水”传说中呈现给人们的洪涝灾害，都曾给人类社会或一个国家造成过重大的威胁和危害。1976 年在中国发生的唐山大地震，1998 在中国发生的特大洪水，2003 年在中国发生的非典型性肺炎，如此等等，对当代中国的国家安全都造成了一定程度的威胁和危害，因而是一种超出了以往人们特别重视的各种传统安全威胁因素。

根据近年来国际国内形势特别是安全形势的变化，中国共产党第十六次全国代表大会明确做出了“传统安全威胁和非传统安全威胁的因素相互交织”[1]的判断。但是，这一论断主要是针对“恐怖主义危害上升”[1]而提出的。“非典”的暴发使我们看到，对国家安全的“非传统安全威胁因素”不仅包括恐怖主义、武器扩散、跨国犯罪、走私贩毒、非法移民、海盗、洗钱等“人祸”，而且还应包括洪、涝、旱、震、虫、疫等“天灾”因素。“非典”的暴发不仅直接危害和威胁着广大国民的健康和生命，从而危害了国家安全的核心——国民安全，而且还在不同程度上危害了我们国家的经济安全，影响了我国经济发展的速度；考验着我们的政治安全机制，对政治安全建设提出了新的任务，冲击着我们的民族文化和民族心理，需要我们认真考虑如何尽快改变包括随地吐痰等在内的各种民族陋习，认真考虑先进文化对文化安全和民族新文化建设的重大意义；对我们的国家安全机制甚至信息情报机制也提出了挑战，使我们不能不考虑如何把对自然灾害情报信息的搜集处理以及预警和防范列入国家安全政策和战略之中。如此等等，使我们在确立新安全观时，必须把各种自然灾害考虑进去。

“非典”对国家安全的现实影响、威胁和危害，使我们不仅不能局限于“传统安全观”所关注的军事安全问题和政治安全问题，而且也不能局限于“非传统安全观”或“新安全观”已经注意到的恐怖主义、武器扩散、跨国犯罪、走私贩毒、非法移民、海盗、洗钱等方面的“非传统安全威胁”，而需要进一步把对国家安全的威胁因素的认识，从“传统安全观”与“非传统安全观”所关注的各种“人祸”因素，扩展到包括洪、涝、旱、震、虫、疫等方面的“天灾”因素，从而全方位地认识威胁危害国家安全的各种因素及其综合作用，确立一种超越“传统安全观”和“非传统安全观”的第三种安全观——系统安全观。

因为，国家安全问题是一个社会系统问题，无论是国家安全本身，还是影响国家安全的因素、危害国家安全的因素，抑或国家安全保障问题，都是一个系统性问题。其中国家安全本身包括国民安全、国土安全、经济安全、主权安全、政治安全、军事安全、文化安全、科技安全、生态安全、信息安全十大要素，影响国家安全的因素包括自然因素和社会因素两个方面，危害国家安全的因素包括“天灾”和“人祸”两个方面，国家安全保障问题则需要研究国家安全保障体系和国家安全保障活动两个方面。对国家安全学研究对象的这种揭示，恰恰说明了国家安全是一个社会系统。系统安全观就是要运用系统科学的原则和方法，全面考虑和研究各种不同要素和因素在整个国家安全系统中的地位和作用。在此基础上，我们还需要把这些方面进一步具体化和细化，例如把危害国家安全因素中的“天灾”具体化或细化为洪、涝、旱、震、虫、疫这样六类，从而把“疫”放在了国家安全学的视野之中，作为国家安全学理应研究的对象，作为系统安全观必须考虑的威胁和危害国家安全的因素之一。[2]

危害国家安全的自然因素可能由于纯粹的自然原因而形成，也会因无意或有意的人为社会活动而产生。在科学技术不甚发达，生产力相对落后的古代，各种天灾对人类安全和国家安全的威胁和危害，通常都是由于人力不济的纯自然原因而发生的。但是，在科学技术高度发达的今天，自然环境和某些自然事件或现象，不仅可能在人们的无意之中被改变甚至因为这种改变而威胁或危害到人类生存和国家安全，而且可能由于某些国家或集团的有意破坏行为而改变或极大的改变，从而达到威胁甚至危害某国安全的目的。这就是说，除了那些纯自然的天灾，还有一些由于人类不适当的活动所造成的天灾也威胁和危害着国家安全，所谓的“生态灾害”基本上就是这种因素。“生态灾害”既可能是人们无意中造成的，也可能是人们在一定条件下有意制造出来的。当一个国家与另一个国家处于敌对关系特别是战争状态下时，有的国家就可能人为地制造自然灾害，以达到威胁和加害对方的目的。

自然因素危害国家安全的主要形式有：（1）通过破坏社会生产力和经济生活而危害国家安全。一个国家范围内大面积的自然灾害，必然破坏其社会经济生活，特别是破坏其粮食安全，从而危害到社会稳定和国家安全。在古代，一个国家如果发生大面积的自然灾害，必然会造成粮食短缺，从而导致饥民造反，从而使社会稳定和国家安全遭到破坏。（2）通过危害个体生命的生存状态而危害国家安全。各种自然灾害都会在不同程度上威胁和危害到国民的生命安全，但能够对国民生命安全造成普遍威胁和危害的，莫过于各种人力无法控制的疾病和瘟疫。在医学技术相对不发达的古代社会，各种疫情可能直接导致国家人口极度萎缩甚至灭绝，从而直接危害到国家安全，甚至使国家灭亡。此外，历史上的特大洪灾、震灾和其他一些自然灾害，也都曾经对一些国家的安全造成重大威胁和危害。（3）通过造成心理恐怖而危害国家安全。自然灾害不仅直接造成物质和生命损失，而且还给国民心理带来极度的恐惧，从而造成人心不稳，甚至社会动乱，最终危害到国家安全。

二、危害国家安全的社会因素

危害国家安全的社会因素概括起来就是中国人常说的“内忧外患”。

内忧，即危害国家安全的内部因素，主要有内战、内乱、分裂、破坏等活动，以及各种形式的极端主义和国内恐怖主义。

内战、内乱是对国家安全危害最大的内部因素。一个国家如果陷入内战或内乱，其安全度必然会降低，必然给外敌入侵提供可乘之机，国家安全也必然因此而受到间接或直接的威胁和危害。近代中国曾经遭受了各种各样的苦难，内忧外患不断，但所有“外患”基本都是因为有“内忧”之隙才最终成患的。内战内乱是造成中国近代无力抵抗西方列强压迫侵略而丧权辱国的根本原因。内战内乱的原因虽然很多，其中既包括外部敌人的教唆、挑拨、操纵等，也包括内部不同政治派别无节制的争斗以及反政府敌对势力的破坏，但从根本上看，内战内乱发生的根本原因在一个国家的内部而不在外部，最主要的责任在执政者而不在反对派。因此，一个国家能否避免内战内乱，首要在于统治者能否制定和执行正确的大政方针，保障和不断改善基本的国计民生。

分裂国家是一种严重危害国家安全的行为，轻者，会破坏一个国家的领土完整，削弱一个国家的实力，重者，则可能使一个国家分崩离析，走向灭亡。在当代世界，分裂国家主要有两种势力，一种是民族分裂主义，另一种是地方分裂主义。对于当今中国来说，这两股势力都对国家安全造成了严重的威胁和危害。

破坏活动，包括政治性破坏活动和各种纯刑事犯罪行为，对于国家安全都具有不同程度的威胁和危害。一个国家内部敌对势力的政治性破坏活动，既直接威胁和危害国家的政治安全，也间接地威胁和危害到经济安全及整个社会安全。一个国家内部发生的刑事破坏活动和其他一些刑事犯罪行为，虽然在一般情况下还不能说是对国家安全的直接威胁和危害，但是那些以爆炸、纵火、投毒、劫杀为手段的重大刑事犯罪行为，发展到一定程度时，就必然会对国家安全造成或大或小的威胁和危害，从而成为国家安全内部环境中危害国家安全的因素。

恐怖主义不仅具有国际表现形式，也具有国内表现形式。对于有些国家来说，国际恐怖主义是对其安全的主要威胁和危害，但对于另一些国家来说，国内恐怖主义则是对其安全的主要威胁和危害。

外患，即危害国家安全的外部因素，主要有军事入侵、政治颠覆、文化侵略、间谍情报活动以及在当代国际社会蔓延的各种形式的国际恐怖主义。

军事侵略是历史上发生过无数次的对国家安全危害最大的因素。从古到今，这一危害因素始终存在。近代以来的中国，从鸦片战争、英法联军入侵、八国联军入侵，一直到日本对中国发动全面战争，就一直遭受着列强的不断侵略，国家安全因此受到严重损害。“冷战”结束后，世界本来已经进入和平与发展的新时期，不断完善的联合国机制和国际法体系对侵略战争起到极大的制约作用。但是，一些奉行强权政治的国家为了自身的特殊利益，打着“国家安全”的旗号，甚至借用联合国的名义，对他国发动军事侵略，直接危害他国安全。因此，从普遍性上讲，无论是在古代还是在现代，外敌的军事入侵都是危害国家安全的最重要因素。

政治颠覆本来是敌对分子采取阴谋手段从内部推翻合法政府的活动，但却常常被外部敌对国家及敌对势力操纵和利用，甚至直接由敌对国家所发动，从而成为威胁和危害国家安全的重要的外部因素。政治颠覆有时是公开的，有时是秘密的，而具有世界性影响的政治颠覆活动，则发生在“冷战”时期，其主角是当代的两个霸权国家美国和苏联。在20世纪50年代初，亚、非、拉民族解放运动迅猛发展，许多殖民地纷纷宣布独立，美国对此采取了以中央情报局为主的各种隐蔽行动进行破坏，其中就包括通过颠覆手段来推翻有些国家不合自己意图的政府。

国家安全不仅受到来自外部的军事入侵和政治颠覆的威胁和危害，而且也受到外来文化的威胁和危害，这就使外部的文化侵略、文化渗透等也成为国家安全环境中危害国家安全的重要因素之一。在近代西方列强对东方国家特别是中国的侵略过程中，就不仅包括了军事侵略和政治侵略，而且包括了文化侵略。这种侵略一方面给落后的国家带来了某些先进文化，但同时也威胁和危害着被侵略国家的文化安全及整个国家的安全。在经济全球化的今天，赤裸裸的文化侵略已经难以存在，但西方国家借助其建立在经济霸权、政治霸权、军事霸权基础上的文化霸权地位，通过各种形式的文化渗透对其他相对落后国家的文化安全及整个国家安全造成不同程度的威胁和损害。文化渗透从本质上讲则是一种对国家安全的危害因素。[3]

来自国家外部的各种形式的隐蔽行动，是一种对国家安全特殊的严重威胁和危害。危害一国安全的隐蔽行动在历史上主要是由敌对国家的间谍情报机构策动的，但有时也会来自非敌对的国家甚至友好国家，现在还包括国际上广泛存在的某些非国家或超国家的行为体。自从有了国家，就有了国家之间的在隐蔽战线开展的间谍情报斗争。外部隐蔽行动对国家安全的危害手段主要包括窃密、破坏、策反、暗杀、绑架等等。一个国家的秘密被他国窃取，必然使本国的安全保卫体系形成某种漏洞，从而降低本国的安全度。敌国通过隐蔽行动进行的破坏活动，是对本国直接而严重的危害。他国秘密策反行动，不仅会直接在本国军事、政治、科技、文化等体系中打开某种缺口，埋下严重的安全隐患，而且在事情明朗化后还可能动摇人心，降低相关人员的安全感及其对国家安全的信赖度，从而间接地损害国家安全。

对当代世界的某些国家来说，特别是以美国为首的西方大国强国来说，国际恐怖主义则是其外部安全环境中最为突出的威胁和危害因素。“9·11”事件之后，美国及某些西方国家反应过度，国际恐怖行动不仅没有因为世界性的反恐行动而偃旗息鼓，反而活动得更为频繁和猖獗，继续对以美国为首的西方国家甚至全世界各个国家的安全构成重大威胁。这是当今许多国家在安全环境上所存在的一个突出问题。

当然，在不同时期，对于不同国家来说，如上所提到的这些威胁和危害国家安全的因素发生作用的方式、程度、久暂、深浅等都是各不相同的，甚至可能还有其他一些我们没有论及的因素也会威胁和危害国家安全，这就需要我们在处理当前的国家安全问题时，以系统安全观为指导，运用系统的原则和方法，具体分析和及时化解各种威胁和危害国家安全的因素，有效地保障国家安全。

参考文献

[1]江泽民．全面建设小康社会，开创中国特色社会主义事业新局面——在中国共产党第十六次全国代表大会上的报告[EB/OL]．http：news. xinhuanet. comnewscenter2002 - 11 - 17contert_632296. htm.

[2]刘跃进．试论国家安全学的对象、任务和学科性质[J]．山西师大学报(社会科学版)，2003(2).

[3]刘跃进．文化的先进性是国家文化安全的关键[J]．铁道警官高等专科学校学报，2002(2).

文化的先进性是国家文化安全的关键

（2002 年 3 月）

摘要：文化安全是国家安全的深层次问题，“三个代表”所阐述的“代表先进文化的前进方向”对我国当前文化安全研究和文化安全工作具有重要和具体的指导意义。一个国家只有在与其他民族，特别是发达国家的文化交流中，在不断吸收世界先进文化并改造民族文化以保持自身文化具有一定程度的先进性的基础上，才可能真正获得自身的文化安全。保持文化一定程度的先进性，是保障国家文化安全的关键。文化的先进性程度越高，文化的安全度也就越高。在文化安全研究和文化安全工作中，需要处理好文化的先进性与文化的民族性、文化的多样性之间的关系，通过促进文化建设不断沿着先进性方向发展来确保我国文化安全。

关键词：国家安全；文化安全；“三个代表”；文化的先进性；西方文化

江泽民同志提出的“三个代表”思想，对我党我国的各项工作都具有重要的指导意义，对于国家安全工作也同样具有重要的指导意义。从战略的高度看，要把“三个代表”的思想贯彻到具体的各项国家安全工作中去，需要我们确立一种以经济安全为基础、以文化安全为命脉、以国民安全（或曰人民安全）为核心和目的的系统国家安全观。在此，我们不对与“三个代表”具有直接关系的国家经济安全、科技安全、国民安全作全面论述，而只就“代表先进文化的前进方向”这一要求对国家文化安全的指导作用提些粗浅的看法。

一

在当代国家安全系统中，文化安全是一个重要方面，是国家安全的深层次问题。对于相对落后的国家和民族来说，文化安全具有比发达国家更为重要也更为现实的意义。近代以来，一些发达的资本主义国家凭借其先进的生产力和强大的经济基础、政治军事优势，不仅对相对落后的国家进行军事侵略和政治压迫，而且同时也进行文化渗透，搞文化霸权。这就迫使落后的国家不得不考虑自己国家的文化安全问题。虽然我们不知道在近代史上人们是否已经使用了“文化安全”这样的语词，也不知道是否已经提出了“保障国家文化安全”的问题，但是我们完全可以肯定的是，文化安全近代确实已经非常明显地摆在了人们的面前，特别是摆在遭受列强侵略欺凌的落后国家的人民面前，人们也确实对此作出了理论上和实际上的不同回答。中国清朝末年“帝党”与“后党”之争，“洋务派”与“守旧派”的对立，以及“五四”前后发生的“新文化运动”中的各种观点的争论，各种人物和党派的政治活动，都不仅直接涉及当时中国的政治安全、军事安全、经济安全等，而且同时也涉及了文化安全问题，人们已经开始从不同的角度回答着如何保障民族文化安全的问题。

在中国近代发生的文化争论中，有些人站在“国粹”的立场上，认为老祖宗留下的东西都是好的，不仅排斥以西方为代表的任何外来文化，而且不容许任何文化变革，不仅孔孟之道不能变，传统体制不能变，儒家伦理不能变，民俗礼节不能变，而且还把男人留长辫、女人缠小脚也当成不可变革的国粹。持这种思维方式和行为模式的人，有意无意都是认为，只有坚定地维护老祖宗留下的东西才能保障中国的文化安全。其实，这种既排斥外来先进文化，又不容许变革民族的传统文化以求创新的思想和做法，不仅不能保障国家的文化安全，而且必然把中国传统文化甚至整个中华民族推向危险的境地，甚至可能由于自身的落后而国破家亡，中国传统的民族文化由此失去生存的可能性，变成后人考古挖掘的历史遗存或探索研究的素材和对象。事实上，这种守旧拒变的“国粹主义”，在近代中国反对外族文化侵略时，根本无力维护国家的文化安全。就像长矛大刀敌不过坚船利炮一样，孔孟之道最终也败给了科学民主。

与此不同，在中国不断遭受列强侵略欺凌的现实中，一些觉醒较早的先进分子开始思考中国落后挨打的原因所在，逐渐认识到变革中国现实及老祖宗留下的传统文化的重要性，认识到要战胜侵略欺凌自己的列强，就必须向列强学习，学习其先进的科学技术，学习其先进的社会制度，学习其先进的文化文明。也就是说，要想不受先进发达国家的欺负，就必须向先进发达的国家学习，学习其先进的科学文化、制度文化、思想文化、语言文化。向敌人学习是一件非常痛苦的事情，但不向敌人学习就只能走向灭亡。落后的民族和国家要想生存下去，要想摆脱侵略欺凌，必须向侵略欺负自己的先进国家学习。在这个过程中，由于对中国的落后极端悲愤，出于一种恨铁不成钢的主观愿望，一些人走向了“全盘西化”歧途。但无论如何，这种倾向的主流代表着向先进文化学习的方向，也只有在这种变革图强的探索中，才可能找到古老中国的现代出路，找到古老中华民族文化的安全出口和新的生长点。

事实上，中国共产党在文化建设上的基本经验却是正确的，那就是既批判地继承中国传统的民族文化，又批判地汲取西方新生的先进文化。“三个代表”所阐述的

“代表先进文化的前进方向”，对我国当前的文化安全工作的重要指导意义就在于，我们不能把文化安全仅仅定位于维护中国传统文化的安全，而应该更加重视在全球的范围吸纳当代先进文化成果，通过用先进文化改造传统文化来保障我们的文化安全。就像只有建立在先进生产力基础上的经济才可能获得真正的安全一样，也只有体现时代精神的先进文化才具有强大的生命力，才能获得最持久的安全。近代以来的历史说明，无论是面对赤裸裸的文化侵略和文化霸权，还是面对掩藏在文化交流中的文化渗透，落后国家的文化安全只有一条出路，就是吸纳先进，摈弃落后，变革传统，塑造体现和代表先进性的新文化。

二

在讲到文化安全时，人们常把国家文化安全等同于传统文化的安全，或者等同于现存文化的不受侵害。从表层来看，国家文化安全确实与民族文化传统的继承、现存文化的不受侵害具有各种不同形式的必然联系，与“文化渗透”“文化霸权”直接对立，包括抵抗“文化渗透”“文化霸权”，保障现有文化，包括民族传统、价值观念、社会意识等免受外来文化的冲击与破坏。但是，从本质上讲，民族传统、价值观念、社会意识等一切文化形式，在历史上都不是一成不变的，而是不断发展变化的，这种发展变化虽然脱离不了前人留下的各种各样的遗产，并且根植于本民族的社会经济基础之中，但同时也受到其他国家和民族文化的深刻影响。从历史上看，产生于古印度的佛教曾深刻地影响了中国文化，而且现在早已经成为中国传统文化重要的组成部分；中国文化也曾深刻地影响了日本文化，而且也已经成为当代日本文化的重要组成部分。更重要的是，当代在中国占主导地位的文化，早已经不是纯而又纯的中国传统文化，它不仅蕴含着中国土生土长的儒家传统，而且更体现着当今中国的经济基础，并且已经越来越多地包含了各种各样的西方近现代文化，特别是产生于西方的近现代科学技术和社会意识形态，其中占主导地位的当然是马克思主义。

在中国告别封建帝制，迈向现代民主社会的过程中，马克思主义和近代西方的许多优秀文化成果，早已“渗透”到了当代中国文化之中，而且在这种“文化渗透”的过程中，时常还伴随着“文化霸权”的推波助澜的作用。虽然帝国主义和殖民主义者搞“文化霸权”和“文化渗透”时在主观上追求的是自身的利益，有时甚至通过非常野蛮的形式追求自身的特殊利益，表现出来的经常是一种对落后民族的歧视、掠夺、侵略、压迫，但是在客观上，这一过程确实又起到了传播“优秀文化”和“先进文化”的作用，使其文化中的某些先进内容“渗透”到了落后国家之中，成了落后国家改变自身落后状态的精神养料。这就是近代以来发达国家对落后国家进行“文化侵略”，搞“文化霸权”和“文化渗透”的双重性。这就如同近代以来帝国主义对中国的侵略在客观上具有双重作用一样。“帝国主义侵入中国的目的，绝不是要把封建的中国变成资本主义中国”，但是在客观上，“外国资本主义对于中国的社会经济起了很大的分解作用，一方面，破坏了中国自给自足的自然经济基础，破坏了城市的手工业和农民的家庭手工业；另一方面，则促进了中国城乡商品经济的发展”。对此，毛泽东还进一步概括指出：“帝国主义列强对中国的侵略，在一方面促使中国封建社会解体，促使中国发生了资本主义因素，把一个封建社会变成了一个半封建的社会；但是在另一方面，它们又残酷地统治了中国，把一个独立的中国变成了半殖民地和殖民地的中国。”

因此，在分析帝国主义和西方国家的文化侵略、文化霸权、文化渗透等问题时，也需要辩证地看，看其中的两面性，既看到其中“侵略”“霸权”“渗透”的残酷与阴险，也要看到其中所包含的“文化”特别是“文化”中优秀的和先进的方面，以及这些优秀的特别是先进的文化对于落后国家文化建设和文化安全的重要意义。正如毛泽东指出的，近代以来，列强在对中国进行军事的、政治的、经济的侵略的同时，也没有放松文化侵略，它们“传教，办医院，办学校，办报纸和吸引留学生等，就是这个侵略政策的实施。其目的，在于造就服从它们的知识干部和愚弄广大的中国人”。对此，我们在任何时候都要保持清醒的头脑。但是对于国家文化安全来说，更为重要的不是帝国主义国家、发达国家搞不搞“文化渗透”“文化霸权”“文化侵略”，而是我们如何科学地认识和理性地面对“文化渗透”“文化霸权”“文化侵略”。我们反对残酷野蛮的“侵略”，反对恃强凌弱的“霸权”，反对包藏祸心的“渗透”，但是我们却不应反对“文化”，特别是不应因此拒绝在帝国主义国家产生的“优秀文化”和“先进文化”。这些优秀的特别是先进的文化，在现实中常常是与帝国主义的侵略行径、霸权态度混杂在一起的，是与某些人的“西方中心”文化观纠缠在一起的，因而是非难辨、好坏不清。如果对此缺乏辩证唯物主义的分析精神，就可能顾此失彼，导致决策的失误。

事实上，在近代帝国主义对中国进行侵略时，不仅同时给中国带来了比封建生产方式先进的资本主义生产方式，促进了中国商品经济和民族资本主义的发展，同时也给中国带来了比封建文化更先进和优越的资本主义文明和文化，带来了科学技术与民主自由的思想理念。这些在帝国主义列强侵略中国的过程中逐渐渗透到中国的先进文化，已经成为当代中国文化不可分割的有机组成部分。一种外来文化之所以能够在本民族开花结果，无论如何都说明它相对本民族的相应文化来说具有一定的优越性，具有不同程度的先进性。正是由于马克思主义集中体现了资本主义时代无产阶级革命和共产主义理想这一时代精神，所以它不仅比中国传统的儒家文化先进、优越，而且在现代中国的文化之争中击败了中国传统文化，成为中国革命和建设的主导文化。如果把文化安全定位于民族文化免于外来文化的影响、渗透，那么马克思主义在中国的传播与开花结果，岂不是破坏了中华民族的文化安全吗?

因此，维护国家文化安全并不是维护传统文化和现存文化的纯洁性，也不是拒绝外来文化的影响和渗透，而是保障和促进传统和现存的民族文化沿着先进性的方向发展。拒绝接受外来文化，拒绝原有文化的更新改造，不仅在过去没有成为维护文化安全的有效手段，而且在今天更不可能真正维护国家文化安全。在全球化浪潮汹涌澎湃的当今世界，无论是要维护经济科技的安全，还是要维护政治军事的安全，抑或要维护文化安全，都不可能拒绝接受外来的东西，都不可能拒绝对现有的东西进行更新改造。我们加入世界贸易组织，不仅仅是发展经济的需要，而且也是一种传统文化的更新改造过程。无论我们承认与否，也无论我们愿意与否，“入世”以后我们将面临更多更复杂的“文化渗透”，而且也必然更多更快地接受世界上任何国家和民族的优秀的、先进的文化成果。当然，这一过程中，我们也需要注意外部腐朽落后文化的负面影响。但是从整体上讲，一个国家只有在与其他民族，特别是发达国家的文化交流中，在不断吸收世界先进文化并改造民族文化以保持自身文化具有一定程度的先进性的基础上，才可能真正获得自身的文化安全。保持文化一定程度的先进性，是保障国家文化安全的关键。文化的先进性程度越高，文化安全度也就越高。

三

当然，在具体的国家文化安全工作中，还有许多具体问题需要深入研究和探讨。我们需要探讨什么方面的文化具有先进与落后的区别，什么方面的文化没有先进与落后的区别，探讨在具有先进与落后之别的文化领域如何从本质上和实际操作中区别先进文化与落后文化，如何科学认识并谨慎处理文化先进性与文化民族性及文化多样性的关系。这就是说，我们在强调文化先进性是国家文化安全的关键的同时，还需要注意和处理好文化的先进性与文化的民族性、文化的多样性的关系，把文化的先进性与文化的民族性、多样性很好地结合起来。如此等等，都是在国家安全工作中落实“代表中国先进文化的前进方向”所必须解决的。

事实上，从近代以来我们就展开了文化先进性与民族性的争论，无论是“中体西用”之争，还是“全盘西化”之论，抑或“儒学兴国”之建议，问题的关键都是如何处理好文化的民族性与先进性问题。对于国家安全工作来说，这也是摆在我们面前的一个具体的但具有战略性的重大问题。我们认为，国家文化安全的本质是保障文化民族性的延续，而国家文化安全的关键是如何把文化的先进性融入文化的民族性中，使国家的文化建设始终走在时代的前列。民族文化只有具备了先进性，才能生存，才能发展；先进文化只有融进民族性才能在一个国家生根结果。

先进文化来源于两个方面，一是土生土长，二是舶来引进。对于土生土长的先进文化，由于其是在原土著文化基础上发展起来的，因而只要其原有文化没有完全丧失自我更新的要求与能力，那么还是比较容易存活生长的。例如，中国的先秦文化，可以说是在不断自我更新的过程中发展起来的，其中先进的文化在不断替代落后文化。但是对于外来的先进文化来说，情况就不一样了。外来先进文化，是要嫁接到土著文化之上，所以必然受到土著文化的不同程度的抵抗。如果这时的土著文化依然具有发展的要求，那么它就可能比较容易吸收外来的先进文化，而如果土著文化已经成为一个缺乏发展要求的封闭系统，那么它就难以吸收外来的先进文化。近代日本与中国两种不同民族文化对外来文化的不同态度，可以说就是这两种情况的反映。由于特殊的地理位置、历史进程、文化传统，日本土著文化在近代还在寻求新的发展途径，从而就比较容易地接受了西方的近代文化，促进了日本在近代的社会变革和发展。这就像其在古代为了发展自身文化而广泛吸收大量中国的先进文化一样。但是对于近代的中国来说，情况便不一样了。也是与特殊的地位条件，历史背景，文化传统，与中国封建王朝已经养成一种狂妄自大、唯我独尊的心态一样，中国文化在近代也是目中无人，唯我独尊，不求发展，从而对外来的先进文化采取了一种极端的抵抗态度。无论是西方近代的科学技术，还是哲学艺术，抑或政治理念，一概被中国多数文人所拒绝。中国的先进知识分子经过长期艰苦的探索，才逐渐对西方近代文化有了越来越多的认同，最终接受了各种西方文化，并试图以此来改造中国。当然，西方各种文化在中国这古老土地上激烈竞争的结果，是马克思主义占据了最终的主导地位。

那么，当代的先进文化是什么？它可能包括许多方面的内容，但最基本的还是五四时期提出来的科学与民主。马克思主义就是体现了科学民主精神西方先进文化的集中代表。科学是最先进的改造自然的文化，民主是最先进的人文精神，这两种先进文化的典型代表，还没有在中国真正扎下根来，还常受到各种反科学、反民主的冲击。因此，我们在讨论中国文化安全时，重要的并不是维护传统文化，而是进一步吸纳西方的先进文化成果，经过改造，用以发展我们自己的新文化。

总之，维护国家的文化安全，要认清文化的先进性是保障国家文化安全的关键，在实际工作中处理好文化的先进性与文化的民族性、文化的多样性的关系，通过促进文化建设不断沿着先进性方向发展来保障我国文化安全。

参考文献

[1]毛泽东．中国革命与中国共产党[A]//毛泽东选集(第2卷)[C]．北京:人民出版社,1991.

[2]江泽民．在庆祝中国共产党成立八十周年大会上的讲话[N]．人民日报,2001－07－02.

[3]刘跃进．"安全"及其相关概念[J]．江南社会学院学报,2000(3).

[4]刘跃进．系统安全观及其三层次[J]．国际关系学院学报,2001(2).

全方位研究国家安全

（2002 年 8 月）

摘要：面对复杂多变的安全形势，我们需要全面认识国家安全，在系统安全观的指导下全方位研究国家安全，进而建立起科学的国家安全学。国家安全本身的多方位性，是全方位研究国家安全的客观根据。它要求通过不同学科研究国家安全，要求通过不同选题研究国家安全的各个方面和各种问题，要求通过不同角度研究与国家安全相关的任何问题，要求形成一支全方位研究国家安全的队伍。

关键词：国家安全；国家安全活动；全方位；系统安全观

一

无论过去还是现在，国家安全从来都不局限于间谍情报战，并非只同反恐怖主义行动有关。从问题本身的历史变化及其在世界各国的不同表现来看国家安全涉及相当广泛的范围，具有极其丰富的内容。

实际上，当人们使用“国家安全”的名称命名某些间谍情报机构之前，国家安全现象就已经同军事、战争、国防紧密地联系在一起了。后来，人们之所以把间谍情报部门和间谍情报活动冠以“国家安全”的字眼，除了因为它们是国家安全的重要保障、是国家安全活动的基本组成之外，想必也是由于“间谍”“特务”“情报”等语词过于敏感，对民众的心理刺激太大，所以需要用一个带有宏观积极意义的、能够被民众顺利接受的语词作“掩护”。然而无论如何，间谍情报部门被冠以“国家安全”，并不表明“国家安全”一词只能用来专指间谍情报部门和间谍情报活动，更不能说明间谍情报就是国家安全的全部，人们不可以在其他意义上讨论和研究国家安全。就在恐怖主义成为威胁国家安全的重要形式之前，军事入侵、政治颠覆、自然灾害、文化渗透、民族分裂主义、宗教极端势力等，早已经是危及国家安全的重要形式。同样，在美国把反恐当作当前保障其国家安全的重要任务之前，多数国家在历史发展的多数时间内则一直把防御外敌入侵当作维护其国家安全的主要任务。当然，如果把军事当作国家安全的唯一问题，那也是片面的。国家安全所涉及的方面不仅远远超出了间谍情报和反恐怖的范畴，而且也不是军事和战争这样一些在国家安全中占据头等重要地位的问题所能够完全覆盖的。

确切地讲，国家安全是指国家处于没有危险，既没有外部的威胁和侵害又没有内部的混乱和失序的客观状态。虽然这种客观状态的形成与国家的情报部门及其工作密切相关，但“国家安全”与“间谍情报”不同。“间谍情报工作”只是“国家安全工作”中非常重要的组成部分，并不等于、更不能代替国家安全工作的全部。“国家安全工作”还包括“国防军事”“外交外事”“治安管理”等多方面的工作。“9·11”恐怖袭击事件使人们认识到当代恐怖主义危害国家安全的严重性。因此，维护国家安全需要采取反恐措施、开展反恐行动。但恐怖主义无论多么猖獗，都只在某一特定历史时期甚至只在某一特定历史时刻，才变得十分尖锐和突出。它不会在任何时候都处于威胁国家安全的首位。所以，在研究和处理国家安全问题的时候，不能因为一时一事而忽略了安全问题在时间上和空间上的整体性、全局性，忽略了国家安全问题中的其他方面、其他领域、其他层次、其他角度。这就要求我们系统地认识国家安全，全方位地研究国家安全。

二

从古至今，国家安全和国家安全活动一直在发展变化，其速度越来越快，内容越来越丰富，形式越来越多样，问题越来越复杂。就国家安全本身来说，人口、土地、经济、主权、政府、军事是国家存在的必要条件，其中的人口、土地、经济是与人类社会共生的，主权、政府、军事是随着国家的出现而出现的。相应地，国民安全、领土安全、经济安全、主权安全、政治安全、军事安全是国家安全的“源生内容”。后来，社会历史的进步又使国家安全继续深化，逐渐形成了文化安全、科技安全、生态安全、信息安全等一些“派生内容”。因此，当代的国家安全，主要包括国民安全、领土安全、经济安全、主权安全、政治安全、军事安全、文化安全、科技安全、生态安全、信息安全十个方面的内容。

国家安全的十个基本方面不是机械地“综合”在一起，而是互相联系、互相作用、不断发展变化的。它们在动态联系中占据着各自不同的位置，发挥着各自不同的作用，共同组成整个国家安全体系。国家安全的当代内容也许不止十个方面，人们可以从不同的角度对国家安全进行不同的分析和分类，从不同的方面对它们之间的关系作出不同的研究和解释。但是，无论再添加什么内容，无论从哪个角度进行分类，无论怎样解释它们之间的关系，都只能说明国家安全本身是一个复杂的社会系统，需要进行深入研究。

国家安全还是一个开放的社会系统，外涉其他的社会系统与更多的社会因素和自然因素。从大的方面说，影响国家安全的外在因素包括自然因素和社会因素两个方面。在自然因素方面，国土面积、地理位置、自然资源、气候条件、人口数量等，都会以不同形式、从不同方向、在不同程度上影响到国家安全体系及其各个构成要素。在社会因素方面，国家安全既受到全球的、地区的、邻国的形势及安全状态的影响，也受到国家内部的政治制度、大政方针、国民素质、民族宗教、传统文化的影响。这些因素的影响，甚至是同一因素的影响，都会在影响的方向、方式、程度上形成复杂多变的局面。有时是积极的、有利的影响，有时是消极的、不利的影响；有时是直接的影响，有时是间接的影响；有时影响较大，有时影响较小。

更进一步来说，影响国家安全的某些消极因素突出地表现为危害国家安全。自然方面曰“天灾”，社会方面称“人祸”。洪、涝、旱、震等自然灾害危害国家安全。内战、内乱、分裂、破坏，及在当代特别突出的宗教极端主义、民族分裂主义、国内恐怖活动等都是危害国家安全的“内忧”，而军事入侵、政治颠覆、文化渗透、隐蔽行动、国际恐怖主义、国际武器走私等都是危害国家安全的“外患”。当然，不同的国家在不同的历史条件下和不同的社会环境中受到危害的因素、关系、作用和表现形式不尽相同。所以，要准确地认识和判断这些因素对国家安全的危害范围、危害程度、危害方式，就要根据具体的历史背景、社会状况、国际国内形势作出具体的分析研究。

面对影响和危害国家安全的各种因素，为了最大限度地保障国家安全，各国采取了包括政治和军事、经济和文化、内政和外交等各种手段和行动，从而产生了既不同于国家安全又以实现国家安全为目的的国家安全活动。这其中包括公开的政治、军事、治安、外交活动，也包括隐蔽的间谍情报活动；包括战争、镇压、监禁、流放、驱逐、谍战等在内的各种“硬手段”，也包括发展经济、宣传教育、变革创新、外事往来等在内的各种“软手段”。为了有效地策划、组织和实施国家的这些安全活动，各国普遍建立了各种专门化的安全部门，主要有军队、警察、法庭、监狱、情报、反谍、保密、保卫、外交等机关。同时，国家的经济、贸易、文化、教育、科技、体育等部门，在维护或保障国家安全方面也都负有一定的责任。这些有形的专门机构和非专门机构，是国家安全保障体系中的“硬件”。此外，各国在历史发展的不同时期还制定了各种各样的，维护或保障国家安全为目的的制度、法律、法规、政策、理论、战略等，这些都是国家安全保障体系中的“软件”。

三

国家安全是一个内容丰富、关系复杂的社会系统。对于这样一个社会大系统，我们的认识不能再停留于经验性的认识阶段，而是要树立系统的、科学的国家安全观，并且在其指导下对国家安全进行全方位、多视角的立体交叉研究，最终建立起科学系统的国家安全学。

当代国家安全的复杂性和深刻性，要求我们研究国家安全问题、进行国家安全活动，必须把国家安全当成一个宏大的社会系统工程。仅仅从某一方面看问题，是不能从整体上全面把握国家安全的。当然，这并不是说人们不能把国家安全的构成因素、影响因素，甚至危害因素，把国家安全的手段及活动、机构和体制等，当作相对独立的对象进行单独研究。相反，这种单独研究不仅是可以的，而且是必须的。任何一个方面、任何一个角度的研究，都有其不可替代的地位和作用。人们要完整准确地认识一个事物，就必须把这一事物分解成功能和关系各不相同的部分，从不同的角度进行研究。只有经过“分解”和“分析”，人们才会在思维中做出恰当的“综合”，形成清楚的、完整的映象。在这里，当我们以国家安全为认识目标和研究对象的时候，不能只局限于国家安全的某些方面、因素、手段或机构，而有意无意地忽略了国家安全的一些方面、因素、手段或机构。只有根据国家安全的历史发展和现实状况，运用与国家安全相关的研究成果，对国家安全做出全面、系统的分析综合，才可能对国家安全有一个整体认识，才可能从理论上解释历史的和现实的、本国的和他国的国家安全问题，才可能建立起关于国家安全的科学理论，并且用来实际指导或有效影响国家安全活动。我们强调的“全方位研究国家安全”，其首要含义就在这一层次上。这是研究对象或研究客体的全方位性所决定的国家安全研究的全方位性，是全方位研究国家安全的必然要求。

要“全方位研究国家安全”，就不能把国家安全仅仅作为国际政治或政治学的问题来研究，也不能把国家安全仅仅作为间谍情报或军事学的问题来研究。在现代科技飞速发展的今天，无论从哪个单一学科出发进行研究，对国家安全的认识都必然是片面的、畸形的。国家安全问题的多方面性、多层次性、多关联性，决定了我们必须从多学科的角度进行全方位的研究。因此，从学科相似性上看，我们可以把对国家安全的研究称为“国家安全学”。这是一门需要利用各方面传统学科与新兴学科、基础学科与交叉学科、社会学科与自然学科、思辨学科与技术学科、政治学科与非政治学科已有的研究成果，并且根据自身的特点创造新的成果，最终解决特定的现实问题的综合性科学。这种跨学科的综合研究，能够使我们全面地、科学地、准确地认识和把握各种复杂的国家安全问题。这就是我们所说“全方位研究国家安全”的第二层含义，也可以说是国家安全研究在学科方面的全方位性。

全方位研究国家安全，不仅涉及上述学科的问题，而且要触及其他许多历史的、现实的和未来的问题。例如，国家安全和国家安全活动是随着国家的产生而产生的，其悠久的历史是研究国家安全不可回避的客观对象。当代国家安全和国家安全活动具有非常丰富的内容，其客观运动过程必然蕴藏着自己的特质与规律，从而构成国家安全研究中的更深层问题。国家安全和国家安全活动作为社会生活的重要方面，早已引起古今中外各色人物的重视，被政坛首脑、军事统帅、学者专家从不同的立场和角度反复研究过。其中的是非得失，对于我们在今天研究国家安全，仍然具有重要的借鉴意义，需要认真发掘、介绍和评说。当今世界和中国的安全问题，是一个离我们最近、与我们关系最密切的课题，必须成为国家安全研究中的重点问题。如此等等，可以称作国家安全研究在问题方面或课题方面的全方位性。这是“全方位研究国家安全”的第三层含义。

国家安全所包括的任何一个问题都与国家安全中的其他问题乃至国家安全的整体问题存在着十分复杂的多重关系，要求我们对国家安全所涉及的任何一个问题都尽可能地作出全方位研究。即使研究国家安全的某一方面、某一因素，例如军事问题、间谍情报问题、文化问题、宗教问题、恐怖主义问题等，如果没有一个整体安全观，不能够在国家安全的相互关系中进行系统全面的分析，很可能顾此失彼，陷于片面。国家安全的任何一个问题，在客观上都与整个国家安全及其问题处于不断发展变化的联系之中。如果不是在这种关系中认识国家安全中的方面、因素、问题，那么不仅不可能准确地认识所研究的问题在整个国家安全中的地位和作用，而且也势必影响到对国家安全整体的科学认识和正确判断。例如，文化问题作为国家安全的基本内容，影响整个国家安全及其中的因素、问题和方面，同时又会因其形态不同、先进程度不同而在保障国家安全中起到程度不同，甚至方向不同的作用。具体来说，文化首先是国家安全的内容，即“国家文化安全”。其次，文化影响国家安全。不同的文化及同一种文化在不同的时间和地点，对某个国家安全的影响可能是积极的，也可能是消极的，影响的程度很可能存在较大差别。第三，把文化当作威胁或危害他国安全的手段，就会有“文化侵略”“文化霸权”“文化渗透”“文化帝国主义”等表现形式。第四，把文化当作维护国家安全的手段，利用各种文化机构、文化活动巩固国家政权，这时的文化便成为国家安全体系的有机构成。由于文化在客观上与国家安全有着各种变动不居的关系，因而在主观上就必须从这些关系出发，对国家安全中的文化问题做全方位研究。这是“全方位研究国家安全”的伸展，对于深化人们从整体上认识国家安全是必不可少的。这可以说是“全方位研究国家安全”的第四层含义。

从不同学科的角度全方位研究客观存在的、多方面的国家安全问题，需要从事不同方面研究的、不同学科的研究人员共同努力。研究队伍的全方位，是研究工作全方位的保证。只有研究工作的全方位，才能使研究成果达到全方位。国家安全研究需要国际关系学、法学、政治学、经济学、文化学、哲学、宗教学、民族学等人文社会科学众多学科的研究人员，甚至需要自然科学某些学科如信息科学、计算机科学等方面的研究人员，共同关注和研究国家安全问题。事实上，目前公之于世的研究国家安全的各种理论著述，大多出自政治学、法学、公安学、外交学、情报学、军事学、文化学、经济学、哲学、计算机科学、信息科学等学科的研究人员之手，并没有多少是由专门从事国家安全工作的人员撰写的。这不仅进一步证明了国家安全问题的全方位性，而且从事实上说明了国家安全研究队伍的全方位性。这是“全方位研究国家安全”的第五层含义。

从建设社会主义现代化强大国家的实际需要来看，我国还应该有更多学科领域的研究人员从更深的层次、更广的角度专门研究国家安全。无论从什么角度入手，研究什么方面的问题，只要有利于科学、全面、准确地认识国家安全，这样的研究都会促进我国的国家安全工作。总之，我们既需要不同学科和专业的专家学者从自己的学科专业角度研究国家安全，更需要把这些研究统合到从整体上全方位研究国家安全的科学事业中去。这或许就是进一步深化我国国家安全研究应该解决的一个重要问题。

参考文献

[1]刘跃进. 系统安全观及其三层次[J]. 国际关系学院学报,2001(2).

[2]刘跃进. 论国家安全的基本含义及其产生和发展[J]. 华北电力大学学报(社会科学版),2001(4).

[3]刘跃进. 文化的先进性是国家文化安全的关键[J]. 铁道警官高等专科学校学报,2002(1).

[4]夏保成. 国家安全论[M]. 长春:长春出版社,1999.

[5]倪建中. 国家安全:中国的安全空间与21世纪的国策选择[M]. 北京:中国国际广播出版社,1997.

解析国家文化安全的基本内容

（2004 年 5 月）

摘要：国家文化安全的主要内容包括语言文字安全、风俗习惯安全、价值观念安全和生活方式安全四个方面。发达国家的世界性话语霸权，直接或间接地侵蚀着欠发达国家的语言文字，影响甚至威胁和危害着发展中国家的语言文字安全。风俗习惯的变化和改革应该是符合时代要求的、自主的、自觉的、渐进的、温和的，而不能是迫于外力特别是他国外力而被动的、强制的，否则就会威胁和危害国家文化安全。国家价值观念的安全问题所强调的是保持国家基本价值观念的连续性，同时又不否认价值观念与时俱进的必然性和必要性。生活方式的变革应该是进步的、合理的、渐进的，一方面符合时代要求，另一方面不至于引起社会的过度动荡。

关键词：国家安全；文化安全；语言文字；价值观念；生活方式

作为当代国家安全的基本构成要素之一，特别是作为在“后冷战时期”被人们强调的“软实力”和非传统安全因素，文化在国家安全中的地位和作用的确是越来越重要了，文化安全问题的研究更是受到了前所未有的普遍关注。但是，任何科学研究都不能停留在强调其重要性上，也不能总是笼统地谈一些大问题，而需要细化研究对象，从不同层次和不同方面来认识问题。因此，要深入研究国家文化安全，就需要从不角度、不同层次上对国家文化安全进行解析，需要对文化安全包括的基本内容进行分解。我们认为，在国家安全的视角中，文化安全虽然包括了多方面的内容，但其中最主要的是语言文字安全、风俗习惯安全、价值观念安全和生活方式安全四个基本方面。

一、语言文字的安全

在文化安全中，人们很少说到语言文字的安全，但这却是文化安全最基本的内容。这是因为，自从人类有了语言，创造了文字之后，语言安全和文字安全对于一个民族和国家来说就有了十分重要的意义。

语言文字是在一个民族、一个国家历史演进过程中逐渐形成的符号系统，它既是一切文化和文明的载体，也是全部文化和文明中最基本、最稳定、最持久的构成部分。改变一个民族的语言文字，对一个民族和国家的人民来说是一个比掠夺他们一些土地和粮食更为痛苦的事情，必然触及其心灵深处。在整个文化体系中，相对于风俗习惯、价值观念、生活方式等来说，甚至相对于经济、政治、主权、领土等来说，语言文字始终都是一个国家更为持久和稳定的标志和符号。在历史发展过程中，一个国家及其文化的许多方面都可能被不断更新和改变，甚至被完全抛弃和重新选择，但是语言文字却是难以完全更新和改变的，是难以完全抛弃和重新选择的。

当然，这并不是说语言文字在历史发展中不可能发生任何变化，也不是说不可能发生语言文字消亡或被毁灭的事情，而是说这样的事情如果发生，那么这个国家的文化也就被彻底改变了，这个国家可能也就名存实亡了。有些文明古国的文明后来之所以中断甚至消亡了，其重要原因和标志也是它们各自的语言文字中断和消亡了。古埃及的语言文字与现代埃及的语言文字已经完全不同了。因此，现代埃及虽然都还用着“埃及”的名称，但与古埃及已经不是同一个国家了。相反，现代中国之所以可以被看作是古代中国的延续，中华文明之所以能够延续五千年而没有中断和消亡，其中一个重要原因和标志就是汉语言文字从来没有中断和消亡。我们中国人至今可以读懂古代汉语，能够从大量古代文献中了解并承继中华文化，就是因为现代汉语言文字是在古代汉语言文字的基础上发展起来的。而有些文明古国的后继者却无法读懂前人留下的文字，更不用说使用前人使用的语言了。

作为国家文化安全之基本内容的语言文字安全，最基本含义就是指一个国家使用自己固有语言与文字的权利不受外部因素特别是外部强权的威胁和侵害；其次是指一个国家的语言文字本身不因他国语言文字的影响或侵入而失去在国家政治、经济、社会、科技等领域的主导地位；第三是指语言文字在内外各种文化和非文化因素的影响下保持合理的纯洁性；第四是指语言文字的改革与发展能够安全稳步进行，而不至于给国家和人民带来多于便利的不便、多于益处的害处。

从历史上看，一个国家兴衰存亡，常常伴随着其语言文字的兴衰存亡。由于中国在唐代的兴盛，汉语言特别是文字便对许多周边地区和国家产生了广泛深刻的影响，也使得汉语言、汉文字、汉文学兴旺发达起来。由于英国在近代的兴盛，由于美国在当代的强大，英语这一本来只在西方部分民族中使用的语言文字，现在几乎成了世界语言和文字，无情地迫使许多国家的知识分子甚至普通民众不得不花费很多时间和精力来学习这一第二语言，否则就可能被时代所淘汰。英语在当代世界的霸权地位既与美国在当代世界的政治军事霸权地位相适应，同时又在互相推动，形成了一种良性互动。相反，一个国家衰落和灭亡，也常常伴随着其语言文字的衰落和灭亡。从历史上看，没有哪个国家灭亡了，其语言文字还能够继续兴盛，还能够长期存在下去。同时，一个国家对外侵略与扩张，常常包括了语言文字的侵略和扩张；一个国家被他国侵略和威胁，也常常包括了语言文字的被侵略和威胁。当年日本侵略中国时，就曾强行在中国推行日语教学和日本文化教育，企图从语言文字的使用方面彻底征服中国人。在这种情况下，被强迫学习日语和使用日语的中国人，遭受着难以想象的内心痛苦和精神折磨。西方列强在近代对外侵略和扩张的过程中，也常常强行把他们的语言文字变成了遭受侵略的国家和地区的主导语言文字，其后遗症至今还在世界一些国家和地区存留着。在西方国家之间，这种语言文字的侵略和被侵略、安全与不安全，也有突出的表现。法国作家都德的《最后一课》，不仅反映了一个爱国主义的主题，而且从中可以明显地看到语言文字安全与国家安全的密切联系。法文老师在最后一课上对他的学生说："我的孩子们，这是最后一次我给你们上课了。柏林来了命令，在亚尔萨斯和洛林的学校里，只准教德文了……"

其实不仅战争期间存在着他种语言文字对本国语言文字安全的威胁和侵害问题，而且在和平时期及国际交往和交流中，也存在着语言文字的安全问题。当代世界，西方发达国家不仅在经济、军事、政治等方面凭借着其明显优势占据着世界霸主地位，有意无意间对发展中国家采取霸权立场和态度，而且在文化领域甚至语言文字领域也对发展中国家采取霸权立场和态度，从而形成了人们常说的文化霸权和文化帝国主义现象，以及包括生活话语霸权、学术话语霸权在内的话语霸权现象，直接或间接地侵蚀着欠发达国家的语言文字，影响甚至威胁和危害着发展中国家的语言文字安全。对此，必须引起我们的高度重视。

二、风俗习惯的安全

除了语言文字安全之外，风俗习惯安全是国家文化安全的另一方面重要内容。

所谓的风俗习惯，就是一个民族或一个国家在长期历史发展中所形成的独特而稳定的风尚、礼节、信仰、做法等，表现在衣食住行、婚丧嫁娶、宗教活动、巫术禁忌等内容广泛、形式多样的行为模式中。在这些方面，任何一个国家与其他国家相比，都有自己的特异之处，而这些特异之处不仅是历史形成的，为本国本地本民族人民的生产生活提供了物质便利和精神寄托，增加了亲和力和向心力，而且对维系一个国家、一个民族的团结和稳定发挥着独特的积极作用。

风俗习惯的相对稳定和继承发展，以及在稳定基础上的变易更新，是一个国家和平时期安全稳定的重要社会基础，更是一个国家战败投降之后以期复国振兴的最后资本。当作为社会基础的风俗习惯受到外力的威胁和破坏时，特别是当他国他族作为入侵者和殖民者强迫一个国家和民族改变自己的风俗习惯时，必然要遭到本国家和本民族广大人民的强烈抵抗。一个国家的军队比较容易被打垮，政权也比较容易被颠覆，但其在长期历史发展中形成的风俗习惯则是难以改变的。无论是征服者，还是被征服者，都十分清楚的是：彻底征服一个国家，不仅仅是要征服他的军队和政府，更重要的是要征服它的文化。正因如此，历史上许多征服者在打垮一个国家的军队，推翻一个国家的政权之后，总是千方百计地要改变其文化，包括改革其日常所用的语言文字和所执的风俗习惯；而一个被打败亡国的民族，也总千方百计地保持自己的语言文字和风俗习惯，以图东山再起。犹太民族就是这样一个被征服过但没有被消灭掉的民族，当今的以色列国就是由这样一个历尽千难万苦而不丢弃自身风俗习惯和宗教信仰的民族重新建立起来的。

在强调风俗习惯是国家文化安全的主要内容之一，强调风俗习惯的保持与延续对国家文化安全及整个国家安全的重要性的同时，必须注意的另一个问题是：风俗习惯并不都是优秀的、积极的、先进的，也并非永远不可更改的。事实上，任何一个国家的风俗习惯都在随着历史发展和社会进步的要求而不断变革着。所谓的移风易俗，就是要改变那些不合时宜的风俗习惯。但是，这种变化和改革应该是符合时代要求的、自主的、自觉的、渐进的、温和的，而不能背离时代精神，不能是迫于外力特别是他国外力而被动的、强制的，更不能在他国侵略势力暴力强制下进行。否则，就是对国家文化安全的威胁和危害。

三、价值观念的安全

如果说风俗习惯表现出来的是各种各样的社会现象和人们的言行模式，是文化中较为外在也较为浅层的方面，那么价值观念则是这种言行模式背后发挥支撑作用的精神支柱，是文化中更内在也更为深刻的本质方面。

在哲学理论层次上，价值观念亦即价值观，是指不同的哲学家和思想家对价值的本质、价值的结构、价值的类型、价值的表现以及社会应有的价值取向等有关价值问题的认识和观点的总和。这一方面虽然也是一个国家价值观念安全必然涉及的，但它更趋理论性，对社会实际生活不发生直接影响，因而并不是国家价值观念安全的最重要的内容。

国家价值观念安全的重要方面在于广大国民对传统和现存价值观念采取什么态

度，他们在日常生活中奉行什么样的价值观念，有什么样的价值取向。因此，从社会生活的实际来看，价值观念则是广大国民对各种各样的社会现象甚至自然现象的是非判断和基本态度，以及他们对自己将欲采用的行为目标、方式、手段等方面该与不该的价值定向。国家价值观念的安全问题，也正是广大国民对一个国家传统的和现在的价值观念采取什么态度的问题。由于这种态度不仅与家庭、社会、国家对国民的教育相关，而且与其他国家各方面的文化影响、渗透，甚至文化侵略、意识形态煽动等相关，因而国家就不能不对国民价值观念的变化给予高度关注。国家价值观念的安全，也就是一个国家传统的和现存的价值观念在当代社会和广大国民中合理而有效地得以保持与延续，而不至中断与消失。

价值观念的安全是相对的，它并不是说一个国家传统的和现存的价值观念完全不变就是安全，更没有要求任何国家都必须保持传统的价值观念不变，而是强调保持一个国家基本价值观念的连续性，同时又不否认价值观念与时俱进地发展变化的必然性和必要性。

四、生活方式的安全

虽然学者们对生活方式的定义差别很大，但十分明显的一点是，与国家安全相联系的生活方式，并不是我们传统上所理解的与生产活动、经济活动、政治活动等相对的狭义的生活方式，而是指人们在一定社会条件和环境下形成的涉及物质和精神、经济与政治、个人与社会等领域的言行模式，它既包括物质生活在内，也包括精神生活在内；既包括经济生活在内，也包括政治生活在内；既包括私人范围内定的生活，也包括公共领域中的生活。因此，一个人对时间、金钱的消费态度和模式属于他的生活方式，一个人对于国家政治生活的态度和参与模式也是他的生活方式。在这个意义上，生活方式已经超越狭义的文化领域，而属于广义的文化范畴。

这种广义的生活方式，是文化最集中的体现，是个人内在之价值观念的社会性外化，也是社会外在之风俗习惯的个体性活化。一个国家与另一个国家在文化上的不同，集中表现出来的就是生活方式的不同。同样，不同国家间的文化差异也集中体现为生活方式的差异；不同国家间的文化冲突更集中体现为生活方式的冲突。虽然一个国家内部的不同个体、不同群体、不同社会集团，在生活方式上必然存在差别，但在与另一个国家的比较中，这些人的生活方式又必然具有某些共同的同时又区别于他国的特征。这种具有国别特色的生活方式，为国民方方面面的生活提供了稳定的条件和便利，因而也就成为一个国家在世界范围内保持其文化特质和民族特质的重要内容。

因此，生活方式安全成了国家文化安全最集中的体现。

当然，生活方式安全的出发点和根本目的，是为了国民生活得更舒适、更方便、更自由、更有尊严，因而当传统的和现存的生活方式中存在影响这些目标实现的要素时，当有更好的生活方式要素可以选择时，那么无论它们是在本国生长出来的还是由他国传来的，国民都是可以考虑对原有生活方式进行或多或少的改变，以获得一种更好的生活方式。这是历史进步的要求，并不是对国家文化安全的破坏。但是，生活方式的变革应该是进步的、合理的、渐进的，一方面符合时代要求，另一方面不至于引起社会的过度动荡而危及国家安全。这正是处理生活方式变革与保障生活方式安全时最需要把握的关键问题。

认识“国家利益”需要理清的几个关系

（2005 年 1 月）

摘要：以“民族国家”出现于近代西方为据而认定“国家利益”形成于近代西方的观点，混淆了“国家”与“民族国家”、“国家利益”与“民族国家利益”的关系。如同民族国家本身只是国家的一种具体形式，“民族国家”是“国家”的种概念一样，民族国家利益也只是国家利益的一种具体形式，“民族国家利益”是“国家利益”的种概念，而不是国家利益的全部外延。准确把握“国家利益”概念还需要理清国家利益意识与国家利益本身、国家利益与国人利益、国家利益与不同利益集团的利益、国家利益与公共利益、现实的国家利益与理想的国家利益、实际的国家利益与声称的国家利益等之间的关系。弄清这些关系，对于准确把握“国家利益”概念，深入研究国家安全理论，具有重要的理论意义。

关键词：国家；民族国家；国家利益；国人利益；统治者利益

“国家利益”是国际政治研究特别是国家安全研究中的一个基本概念。正如马克思所说，思想一旦离开了利益，就一定会使自己出丑。没有“国家利益”概念就无法解释国际政治现实，也难以确立科学的国际政治理论。不在更大的范围内讨论国家利益问题，也不可能准确定位和深入研究国家安全，难以建立科学的国家安全学和国家安全学科体系。但是，就是在这样一个基本概念上，无论是在一般的国际政治研究中，还是具体的国家安全研究中，都存在着一些混淆不清的地方。为此，本文就如下一些基本方面，提出自己的一些看法，求教于国际政治和国家安全研究领域的前辈和同仁。

一、国家与民族国家

在我国国际政治及国家安全研究中，普遍存在着一种倾向，即把“国家利益”等同于“民族国家利益”，并根据民族国家出现于近代西方这一事实，推论国家利益也只能形成于近代西方，甚至明确否定国家利益随着国家的产生而产生。

这种观点虽然没有在整个国际政治和国家安全研究中明确而直接否定不同于“民族国家”的一般“国家”概念的存在，但却或明或暗有意无意地把“民族国家”与“国家”画等号，用“民族国家”取代“国家”，认为国际关系、国家利益等都是在近代民族国家出现之后才产生的，是仅仅与民族国家这种近代西方出现的国家形式相联系的社会现象。这就向我们提出了一个问题：在讨论国家利益、国家安全以及更广泛的国际政治、国际关系时，特别是在具有古老文化传统的汉语文化体系中讨论这些问题时，其中的“国家”概念是否等于或应该等于产生于近代西方的“民族国家”概念。

我们认为，在研究国家利益、国家安全乃至更广泛的国际政治、国际关系等问题时，特别是在汉语文化系统中研究这方面问题时，不应混淆“国家”与“民族国家”两个概念，更不应用“民族国家”概念取代“国家”概念，而应该根据整个人类文明史（而不仅仅是西方文明史）的客观实际，认清“国家”和“民族国家”是两个在逻辑上具有属种关系的不同概念，把国家利益和国家安全研究，甚至把国际政治和国际关系研究，定位在超越西方近现代历史而涵盖整个人类世界不同文明史的更广阔更长久的范围上。

在世界各个民族的历史上，国家有着各种不同的历史形式，甚至在当代也还具有不同的形式。在中国，就有远古夏、商、周家天下式的国家形式，春秋战国时期诸侯国的国家形式，先秦以后的大一统封建专制的国家形式；在古埃及、波斯等地，也都有自己独特的国家形式；在欧洲则有古希腊的城邦国家，古罗马的国家，中世纪后期的割据王国，近代以后形成的民族国家等。这些不同形式的国家，并不是英语中一个nation（一般称其为“民族国家”，有时等同于nation-state）能够完全概括的，当然也不是一个state（可称其为“政治国家”）能够概括的，倒是汉语中的“国家”一词，能够把这些不同形式的国家统一在一个概念之中。

在汉语表达体系中，“国家”一词所表达的是统一了国家的不同历史形式和民族形式的具有高度概括性的概念。虽然汉语“国家”在译成英语时要根据不同的具体情况分别选用nation、state、country，但它却不等同于其中任何一个语词，又能够同时概括这三个英语语词表达的内容。这样的“国家”概念，既包括了中国古代的天子国家、诸侯国家、帝王国家，也包括了西方世界曾经出现过的城邦国、共和国、帝国、王国、公国等，以及在近代西方开始出现的民族国家。

由于在英语中找不到一个具有概括古今不同文明中各种国家形式的普遍性名词，当然也是由于形成于近代西方的民族国家的进步意义以及研究这种国家形式具有更强的现实针对性，兼或还由于相关研究只有到近代民族国家出现之后才真正出现于西方，于是，人们运用英语作为研究语言的时候，便选用了 nation（民族国家）作为相关问题的修饰词，从而形成了 international relation、international politics 以及 national interests、national security 等术语。如果从准确性上讲，这些语词译成汉语时，应当严格地表述为“民族国际关系”“民族国际政治”以及“民族国家利益”“民族国家安全”。然而，翻译不仅要求准确性，而且要求简洁性，这就使人们不得不在一定程度上舍弃准确性而迁就简洁性，从而把这些英文术语在汉语中均译成如今的“国际关系”“国际政治”以及“国家利益”“国家安全”等。正是由于在翻译英文 nation 以及由其组成的相应术语时，用了汉语的“国家”一词，把本应严格译为“民族国家”的语词，简洁地译成了“国家”，从而也就在汉语文化体系中，无意或有意地把本是国家之一种具体形式的民族国家，当成了能够概括不同国家形式的普遍性国家。这样一来，当学者们在运用汉语作为工作语言研究“国家利益”以及相关的“国家安全”“国际关系”“国际政治”等时，在具有学术话语霸权（当然不仅仅是学术话语霸权）地位但却没有提供一个可以概括不同类型国家的名词的英语的影响下，又不得不根据具体情况在 nation、state 和 country 三个名词中勉强做出“最好的”“最恰当的”选择，而难以根据所研究问题的需要，特别是根据研究超越民族国家范围而概括了古今不同文明的国家利益、国家安全问题以及国际关系、国际政治问题的需要，创造性地使用汉语中具有高度概括性和普遍性的“国家”概念，结果在语言不对等的情况下造成了理论上的困惑。

但是，如果大胆地超越西方话语霸权对汉语文化体系学术研究的束缚，我们不仅可以轻而易举地在汉语中找到具有如上所要求的准确性和普遍性的名词——“国家”，而且可以从实质上突破英语语言缺陷在这方面对汉语学术研究的束缚，对汉语文化表达的“国家利益”“国家安全”“国际政治”“国家关系”等概念中的“国家”做出与汉语文化相一致的、符合现代科学精神的定义和解释，即不把其仅仅解释为“民族国家”，而把其解释为涵盖了包括民族国家在内的古今中外各种国家形式的普遍性“国家”。当然，进一步来说，我们甚至可以由此在英语中造出一个与汉语中普遍性“国家”相应的新词——“guojia”，并相应地把 nation、state、country 分别专译为“民族国家”“政治国家”“领土国家”——当然也可以进一步考虑其他更准确的译法。尽管在目前具有世界文化霸权和学术霸权地位的英语文化体系中，“国际政治”“国际关系”甚至“国家安全”中的“国家”是“nation”，而不是“guojia”，但我们的观点至少可以作为一种有益的建议让大家来讨论。如果这种观点成立，那么随着国家出现而出现并体现在不同国家形式中的“国家利益”“国家安全”以及“国际关系”“国际政治”等，就可以在英语中做出不同以往的表述和解释，而英语中的原有的相应语词所表达的，也就成为这种普遍性的国家利益、国家安全、国际关系、国际政治的一种近现代形式。

因此可以说，“国家”一词——无论是汉字中所写的“国家”，还是根据汉语拼音为英语造出的“guojia”——其所指的都是统一了国家的不同历史形式和民族形式的具有高度概括性和普遍性的“国家”概念。在这样的概念体系中，“国家”是一个在外延上包括“民族国家”与“政治国家”“领土国家”以及历史上和现实中各种各样形式的国家在内的属概念，而“民族国家”与“政治国家”“领土国家”以及历史上和现实中出现过的其他表达不同形式国家的概念，都是“国家”的种概念。这正是“国家”与“民族国家”的真正关系。在增加了 guojia 一词的英语中，这也是 guojia 与 nation 的真正关系。

二、国家利益与民族国家利益

英语缺乏通指古今中外不同形式国家的同一语词，而汉语则缺乏特指古今中外各种具体国家的不同语词，特别是缺乏特指 nation 的特定语词，这就把英语中由特指意义的 nation 构成的 national interests、national security 以及 international relation、international politics 等，译成了汉语中由通指或泛指意义的“国家”“国”构成的“国家利益”“国家安全”以及“国际关系”“国际政治”等；反过来，又把虽由英语导入但在汉语文化体系中有意无意地已经获得通指古今中外不同形式“国家”的“国家利益”“国家安全”以及“国际关系”“国际政治”等，译成英语中特指 nation 的 national interest、national security 以及 international relation、international politics 等。这就使得人们在汉语文化体系中理解和解释汉语语词“国家利益”（当然也包括“国家安全”“国际关系”“国际政治”）时，一方面摆脱不了无处不在且具有几千年文明史的汉语汉字文化传统惯性的影响，从而无意中（其实也应该）把其中的“国家”按照其汉字原有含义理解为通指的国家，把国家利益以及国家安全、国际关系、国际政治等都理解为与国家同时出现而不是与民族国家同时出现的社会现象，另一方面在把其译成英语时又不得不使用 nation 这一专指民族国家的语词，从而难以回避如上存在的汉语解释与我们由之“引进”的英语文化体系中 national interests 以及 national security、international relation、international politics 原意的不协调甚至矛盾和冲突。面对汉语“国家利益”的语词含义与英语 national interests 理论原意的这种矛盾，中国一些学者不得不背叛汉语语词原意而迁就具有世界性话语霸权的英文原意，认定“国家利益”是在近代西方民族国家出现之后才出现的。这种解释虽然有其理论的合理性，但却缺乏科学理论所要求的概念的严谨性。

我们认为，解决这一矛盾的最佳出路，不是放弃汉语“国家”一词的原有含义，把汉语体系中的“国家利益”人为硬性地解释为特指的“民族国家利益”，也不是全然不顾英语 nation 一词特别是相关理论的原意，把源于西方的 national interests 牵强地说成是在古代就已经存在的一种社会现象，而应该是遵循历史的客观事实和逻辑的严密要求，在严格区分汉语中的“国家”与“民族国家”以及英语中的 guojia 与 nation 并明确两个概念的逻辑关系的前提下，相应地严格区分汉语中的“国家利益”与“民族国家利益”以及英语中的 guojia interests 与 national interests，并严格明确这两个概念的逻辑关系。

过去在国家利益、国家安全以及国际关系、国际政治等领域的研究中，英语 nation 多被译为汉语“国家”而不是与之对等的“民族国家”，汉语“国家”也多被译为英语 nation，而不是如我们为英语所造 guojia 一词相似的普遍性语词。这正是人们在汉语体系中把“国家利益”等同于“民族国家利益”的一个原因。虽然我们认为在汉语体系中表达“国家利益”时可以用超越西方语言纠缠的汉语“国家”一词，甚至可以给英语造一个新词 guojia，但如果英语文化一时还不接受根据汉语词义造出的这个新词（其实汉语中的许多新词都是根据英语词义造出来的），那么在原有英语词汇内，我们依然宁可选择 national interests 而不选择 state interests 来译指汉语的“国家利益”。这里的原因在于：第一，原来的英语中没有一个完全与汉语“国家”相应的语词，因而只好从其具有“国家”意义的多个语词中挑选一个；第二，nation 是世界文明发展中国家的最新形态，而且能够表现当代世界文明中具有高度国民意识和民主意识的国家观念。

但是，如果按照前面的做法，大胆突破英语在学术研究中的话语霸权，根据汉语词汇为英语创造一个新词“guojia”，那么便可以将具有汉语特色的“国家利益”一词英译作“guojia interests”。这样，不仅在汉语文化体系，而且在英语文化体系中，当代意义上的“国家利益”就成为以 national interests 为主体和主导的但同时容纳了 state interests 的“国家利益”（guojia interests）。这样的“国家利益”与“民族国家利益”，在逻辑上就具有同“国家”与“民族国家”一样的关系。

如前所述，“国家”与“民族国家”是两个具有属种关系的不同概念，其中“国家”作为属概念包含着“民族国家”，“民族国家”作为种概念只是“国家”的一个种类。与此相应，“国家利益”与“民族国家利益”也是具有属种关系的不同概念，其中“国家利益”包括了“民族国家利益”，“民族国家利益”只是“国家利益”的一种，而不是“国家利益”的全部外延。因此，如果今天还难以要求人们不再根据英语语词含义将汉语中的“国际政治”“国际关系”解释为民族国家之间的政治及关系的话，那么至少也不应再把“国家利益”和“国家安全”解释为“民族国家利益”“民族国家安全”，而应该肯定其在汉语文化体系中应有的广泛含义。在这种理解中，“国家利益”与“民族国家利益”是两个具有属种关系的不同概念。我们不能把民族国家和民族国家利益的形成混同于国家和国家利益的形成，不应以概括力较弱的“民族国家利益”取代具有更广泛概括性的“国家利益”。

当然，最彻底的观点应该是这样的：不仅“国家利益”中的“国家”应该是不同于“民族国家”的通指性“国家”，而且汉语表达的“国家安全”“国际政治”“国际关系”等复合概念中的“国家”“国”，也都可以甚至应该必须解释为包括了民族国家但又比民族国家外延广泛得多的通指性“国家”概念。

三、“国家利益”意识与国家利益本身

认为国家利益形成于15世纪民族国家形成之时的观点，还有一个更站不住脚的论据，即在认定“15世纪民族国家形成之后，人们才出现了国家利益的意识”的基础上，推论出国家利益也是在这个时候才形成的。

在此，我们且不说认定“民族国家出现之后人们才形成国家利益意识”所表现出来的“西方中心主义”倾向，以及中国历史早已证明，国家意识、国家利益意识、国家安全意识等在15世纪民族国家于西方形成以前很早就已经出现在中国人的思想观念中了，仅就其通过一种观念、意识、概念的出现时间来推论相应的客观对象的出现时间这一点来说，就没有严格分清主观与客观、概念与对象的界限。因此，这种把对客观事物的意识、思想、概念的出现时间等同于客观事物出现的时间的观点，更是不能成立的。

国家利益概念的提出及国家利益问题研究的开始与国家利益本身的出现时间是不同的，因而不能以国家利益意识或国家利益概念形成的时间和国家利益问题研究开始的时间，作为国家利益出现的时间，从而认定国家利益并不是同国家的产生而一同出现的。事实上，国家一经产生，就有国家的需要，而国家的需要便派生了国家的利益，虽然当时无论是作为国家中的个人（包括首脑、统治者、平民、被统治者），还是国家中的社会集团（如家庭、家族、阶级、政府），甚至国家本身，都还没有形成国家利益的概念，对国家利益还没有一个明确的认识。虽然当时的国家利益在很大程度上体现的是统治者的利益，有时甚至基本上等于统治者的利益，但其中毕竟也在一定程度上体现了被统治者的利益。

国家利益在客观上虽然是与国家的产生同时出现的，但在主观认识上却是非常晚的事情。有人因为在这个问题上没有分清主观与客观，因而把国家利益意识、“国家利益”概念的出现及人们对国家利益认识和研究的出现，作为国家利益晚于国家而出现的论据。这一点首先是不合逻辑的，其次是不合历史事实的。

四、国家利益与统治者利益及被统治者利益

由于政治国家（state）具有阶级性，因而长期存在着一种情况，即把国家利益说成是统治者或统治阶级的利益，也就是把国家利益等同于统治者的利益。这种做法包括了两个方面，一方面是历史上的某些统治者，特别是帝王们，在“朕即国家”思想的支配下，从“应然性”和“肯定性”上，把国家利益看成等同于其个人的利益，在思想上和行为上或多或少地以自己的个人利益（有时是一部分统治者的利益）代替国家利益——这种思维方式对把国家利益等同于统治者个人利益当然是持肯定态度的，认为理应如此；另一方面是历史上的被统治者，特别是马克思主义理论的赞成者和实行者，从“必然性”和“批判性”的角度上，指出在阶级社会中，国家利益就是帝王的个人利益，或者说在本质上就是统治者的利益，国家因此剥夺了被统治者的利益——这种观点对国家特别是剥削阶级的国家，是持批判和否定态度的，认为不应如此。

然而事实是，国家——无论是政治国家（state）还是民族国家（nation），虽然其都具有阶级性（当然它们具有阶级性的程度是不一样的），国家利益在更多更大的程度上反映着或体现着统治者的利益，但是它并非完全等同于统治者的利益。无论是历史上的剥削阶级的国家，还是现实的社会主义国家，甚至是曾经出现过的暴君专制国家，国家利益与统治者利益之间都存在着一定的差距，这种差距有时较小，有时较大，在某种形式的国家中较小，在另外形式的国家中较大，但无论如何都不可能完全等同。对于历史上剥削阶级统治的国家来说，所谓国家“本质上”是统治者的国家，国家利益“本质上”是统治者的利益，这也只能说明国家被掌握在剥削阶级的统治者手中，被其当作了实现其个人或其统治集团一己私利的工具，因而在很大甚至极大的程度上反映着和体现着统治者的利益，在很大甚至极大的程度上忽略甚至侵害了被统治者的利益，但并不说明掌握在剥削阶级手中的国家除了反映统治者的利益之外，丝毫也不反映被统治者的利益。一些国际政治研究专家关于国家利益与帝王利益、朝廷利益、政府利益等的区别的论述，深刻地说明了统治者利益与国家利益的区别。但此外还有两点却被忽略了，一是统治者利益与国家利益不仅有区别，而且还有联系，

国家利益在不等于统治者的利益的同时，另外又总在不同程度上体现着统治者的利益；二是国家利益与统治者利益的这种关系，并非专指民族国家利益与统治者利益之间的关系，而是包括了一切形式的国家利益与统治者利益之间的关系。

当然，还有一点也要注意，即在强调国家利益不等于统治者利益的同时，还必须明确，国家利益也不等于被统治者利益。由于国家对被统治者的统治，国家利益对被统治者利益的反映和体现要远远小于对统治者利益的反映，从而造成了国家利益与被统治者利益的巨大差别，这也就使人们很容易看到国家利益与被统治者利益的不同。但是对此需要注意的另一个方面是，虽然被统治者利益在国家利益中的体现程度远远小于统治者利益在国家利益中的体现程度，但国家利益在任何时候都或多或少地在一定程度上体现着被统治者的利益，而不可能完全不体现被统治者的利益。如果国家利益只体现统治者利益而对被统治者利益没有任何体现，那么这样的国家就不可能存在下去。历史上被推翻和被消灭的国家，其“亡国之道”各不相同，但也有一些是由于统治者在国家利益中对被统治者的剥夺达到了被统治者能够忍受的极限，从而在被统治者忍无可忍的情况下冒着生命危险把其推翻了，甚至是帮助异国把本国消灭了。

如果从理论上看国家利益与统治者利益及被统治者利益的不同，那么这是因为国家利益的主体是国家，而统治者利益的主体是统治者，被统治者利益的主体是被统治者，这些主体之间的差别，必然造成利益的差别。无论对于肯定者和赞扬者来说，还是对于否定者和批判者来说，在客观上，就像国家中的统治者在任何时候都不可能完全等同于国家一样，统治者的利益在任何时候都不可能与国家利益完全相同；也如同国家中的被统治者在任何时候都不可能完全脱离国家一样，被统治者的利益在任何时候都不可能与国家利益完全相异。

五、国家利益与国民个体利益及国民整体利益

国家利益是以国家为完整主体的利益，因而它既不同于国家内部以国民个体为主体的国民个体利益（包括从帝王到平民的不同层次上的个体），也不同于由国家内部以不同的国民群体为主体的国民群体利益，甚至不同于全体国民为主体的国民整体利益。更概括地讲，国家利益与国家内部的任何个人利益以及任何形式的利益群体的利益都是有区别的。

但国家利益总是以不同形式在不同程度上体现着国民的个体利益和国民的公共利益，并最终服从于国民利益。由于国家是由国家内部的国民个体及其他各种不同形式的社会群体组成的，国民整体是构成国家必不可少的四大要素之一，因而国家利益也

就与这些不同利益主体的利益存在着不同形式和不同程度的不可分割的联系，它们之间相互包含并相互体现着对方。此外更应该强调的是，国家利益虽然不同于国民利益，但由于国家在本质上是为了实现国民利益而出现的社会共同体，因而国人利益便必然也应该成为国家利益的主要内容。在国家利益与国民利益发生严重矛盾和冲突时，改变和应该改变的以至解体和应该解体的，都只能是国家利益，而不是国民利益。国民组成国家的根本目的是为国民自己，而不是为了无端组成和供奉这样一个社会组织。

在现实中，国家利益无论是与帝王利益、朝廷利益，还是与统治者的利益，既有一致性，也有不一致性。如果只有不一致性，那么统治者就无法统治下去；而如果完全一致，那么便不符合先天人性，因为先天人性就是要为自己谋利，公共利益也只是实现个人利益的手段和形式。包括法律和道德在内的各种社会规范，就是既承认两者一定程度上的不一致性，又要把这种不一致性限定在一定的范围之内，使两者具有一定程度的一致性。从中国古代的道德规范中，就可以看到这种矛盾及对这种矛盾所可能造成的冲突的限制。例如，儒家伦理既讲“忠君”，又讲“保民”；既讲“三纲五常”，又承认推翻暴君的合理性。

六、国家利益与公共利益

国家利益虽然不同于国民整体利益，但是在与朝廷利益、政府利益等利益群体的利益相对时，我们则可以在“体现”的意义上说，国家利益在一定意义上应该是全体国民共同的公共利益，是任何一个国民作为国家平等的一员在概率上能够平等分享的公共利益。所谓“在概率上平等分享”，就是指每个人对国家所尽义务、所获利益等，在国家通过各种形式提供的可能性上，与其他人是完全相同的，而不依其先天的出身、地位、财富为转移，并且能够将后天形成的社会地位、财富、声望等方面差别对利益分享造成的机会不均保持在合理的范围之内。

虽然这种共同的公共利益在历史上极少以为每个国民共同分享的形式出现，从而使国家首脑的利益、统治者的利益、政府的利益、统治阶级的利益，以及平民的利益、被统治者的利益等，与真正的国家利益即能够为每个国民平等分享的公共利益发生程度不同的分离、矛盾、冲突，但这种共同的公共利益却是存在的，而且就存在于这种分离、矛盾、冲突所形成的合力之中。这种作为合力存在的公共利益，一般来说总是在不同程度上表达着不同阶级、阶层、集团、个人的利益，所不同的只是它表达不同阶级、阶层、集团和个人的利益的程度是不同的。这也就是说，在不同程度上体现着公共利益的国家利益中，不同阶级、阶层、集团、个人所占的利益份额是不同的。

人类历史上曾经出现过许多不同类型的国家。对于不同形式的国家来说，国家利益与国民利益的关系也不尽相同，有的体现国民利益较少，有的体现国民利益较多。如果把这些不同类型的国家概括为帝王国家与国民国家两大类，那么可以说，帝王国家的国家利益体现国民利益较少，而国民国家（民族国家）的国家利益体现国民利益较多。如果把不同类型的国家分为专制国家与民主国家两大类，那么又可以说，专制国家的国家利益体现国民利益较少，而民主国家的国家利益体现国民利益较多。

帝王国家的国家利益主要是帝王的利益，同时兼顾了处于不同地位国民的不同利益；国民国家的国家利益更多地体现着全体国民的利益，但处于不同社会地位和政治地位的人群和个人，其利益在国家利益中所占比重之大小并不完全相同。专制国家的国家利益容易更多地体现统治者的利益，因而统治者的利益明显在国家利益中占据主导地位，而民主国家的国家利益则可能更多地体现全体国民的利益，但统治者的利益与被统治者的利益在国家利益中所占比重依然不同，统治者的利益虽然难以主导整个国家利益，但却因为其统治地位而必然在国家利益中占据比一般国民利益更多的份额。

但是我们还必须强调，国家利益虽然在不同形式和不同程度上表达或代表着一国之内全体国民的公共利益，但国家利益既不等于全体国民的个人利益，也不等于全体国民的公共利益，最多只能说在一定意义上（即“体现”或“代表”的意义上）国家利益就是全体国民的公共利益，而不能在等同的意义上直接说国家利益就是全体国民的公共利益。

七、原本的国家利益、理想的国家利益与现实的国家利益

国家利益有原本形式、理想形式、现实形式三种。原本的国家利益是国家利益本身，是以国家为主体和衡量标准的利益。原本的国家利益以国家的生存发展为唯一目标和坐标，而不追问国家是为什么存在的，不追问国家的目的及其价值目标。理想的国家利益是站在国民立场上并以国民为衡量标准而确立的国家利益，它是在对国家以及国家利益之目的做价值上的深度追问而确立的国家利益。进一步来说，这种理想的国家利益，就是前面所述的全体国民的共同利益，是任何一个国民作为国家平等的一员在概率上能够平等分享的公共利益。现实的国家利益则是在历史和现实中表现出来和实现了的国家利益，是在各种现实条件限制中和各种利益冲突中现实地实现出来的

国家利益，具体来说也就是在不同阶级、集团、个人利益冲突中形成的国家利益。

在阶级社会中，个人利益开始与公共利益发生冲突，现实的公共利益（包括现实的国家利益）开始与理想的公共利益（包括理想的国家利益）相冲突，甚至发生严重背离。尽管在社会进步的过程中，现实公共利益与理想公共利益，包括现实国家利益与理想国家利益，开始不断接近靠近，但它们永远不可能完全重叠。现实的国家利益与理想的国家利益总存在着不同程度的差别，人们的任务是不断缩小这种差别，而不可能彻底消灭这种差别。

八、实际存在的国家利益与口头声称的国家利益

任何口头声称的国家利益，都不同于实际存在的国家利益，都既与原本的国家利益有差别，也与理想的国家利益以及现实的国家利益有差别。

在现实生活中，有的人，特别是处于统治地位的个人、阶级、利益集团，为了一己私利，不惜有意把个人利益、阶级利益、利益集团的利益，说成是国家利益，这就使他们声称的国家利益与实际的国家利益发生背离和矛盾。这是声称的国家利益与实际的国家利益不同的一种表现。

更应该注意的是，即使没有主观故意，而是尽量客观地认识和表现客观的国家利益，但由于认识者所在阶级、集团、家庭所造成的立场、地位、视角等的不同，使他们认识到的国家利益和表达出来的国家利益，也不同于在民主国家中客观上存在的真正体现国民利益的国家利益，不同于在专制国家中客观上存在的更多地体现统治者利益的国家利益，甚至有别于声称者自身的客观利益。这是因为利益（包括国家利益）是客观的，而声称的利益（包括声称的国家利益）是主观的，主观与客观必然存在差别。

国家利益是对国家具有好处的事物，而在现实中，究竟什么事物对国家有好处，什么事物对国家没有好处，什么事物对国家的好处大，什么事物对国家的好处少，却不仅仁智各见，难以界定，而且在历史发展不同阶段的现实中所表达出来的国家利益，也未必就像定义描述的那样是对国家有好处的事物，未必就是真实的或真正的国家利益。就像商品的价格总在价值的周围波动但很少与价值完全重合一样，现实表现出来的国家利益也总是在真正的国家利益周围波动，但很少完全等于真正的国家利益。这主要是因为现实中表现出来的国家利益总是在不同利益集团的内部冲突以及不同国家利益之间的冲突中，由不同人及不同人群对国家利益的不同认识协调冲突中达成的，而人们的主观认识与国家利益的客观存在很难完全一致，其中的原因既有个人

或集团利益的影响，也有主观认识的局限性，更有国家利益客观存在的复杂性等因素。

认识到这种区别，就能够明确各种各样以“国家”名义（包括以“政府”的名义、以“党”的名义、以“集体”的名义）来实现自身个人利益或某些利益集团的特定利益的花样，而不至于把任何统治者所称的“国家利益”都完全认定为是真正的国家利益。例如，在国民党统治时期，就常常把其一党的利益，甚至把其最高统治者的利益，说成是国家利益、民族利益，因而把共产党推翻国民党反动统治的革命活动称为“危害国家”。在此，只有划清如上的界限，才能真正认识到共产党推翻国民党反动统治的合理性，以及这种革命并非危害国家安全和国家利益，而是保障国家安全和国家利益的道理。否则，就无法解释近代以来旧民主主义革命及新民主主义革命的历史合理性。

参考文献

[1]马克思,恩格斯. 马克思恩格斯全集(第2卷)[M]. 北京:人民出版社,1957.

[2]刘跃进. 价值·与人相关的价值·人的价值[J]. 社会科学战线,1992(4).

[3]阎学通. 中国国家利益分析[M]. 天津:天津人民出版社,1997.

[4]张成兴. 试论利益概念[J]. 青海社会科学,2000(4).

[5]戴超武. 国家利益概念的变化及其对国家安全和外交决策的影响[J]. 世界经济与政治,2000(12).

[6]焦健. 论国家利益概念及其判定标准[J]. 欧洲,1999(2).

[7]王宏强. 论国家利益及其实现途径[J]. 国际关系学院学报,2003(5).

关注自然因素对国家安全的影响

—— 在传统安全观与非传统安全观之外

（2005 年 1 月）

摘要：影响国家安全的除了各种人为社会因素外，还有国土面积、地理位置、自然资源、气候条件、人口数量等自然因素。威胁和危害国家安全的除了各种人祸之外，还有洪、涝、旱、震、虫、疫等天灾。这些都是传统安全因素，而不是非传统安全因素，但它们既没有受到传统安全观的重视，也常常被非传统安全观所忽略。但是，在研究国家安全时，必须注意这些自然因素，如此才能全方位地认识国家安全，最终确立一种超越传统安全观和非传统安全观的系统安全观。

关键词：国家安全；传统安全观；非传统安全观；自然因素

“传统安全”与“非传统安全”、“传统安全观”与“非传统安全观”、“传统安全威胁”与“非传统安全威胁”、“传统安全威胁因素”与“非传统安全威胁因素”，是近年来安全问题理论研究和实际工作领域被广泛用到的几个相似而又不同的概念。在讨论正题之前，我们首先要明确指出，在这些构成逻辑上矛盾关系的成对概念中，“传统安全观”和“非传统安全观”、“传统安全威胁”与“非传统安全威胁”、“传统安全威胁因素”与“非传统安全威胁因素”等概念和提法都是可以成立的，但所谓的“传统安全”与“非传统安全”的提法则是不能成立的，起码在汉语体系中是不能成立的。这就是说，“安全观”有传统与非传统之分，“安全威胁”及与之在外延上全同的“安全威胁因素”也有传统与非传统之分，但“安全”本身（包括国家安全）却没有传统与非传统之分。对这些概念进行理论和逻辑分析是一件复杂的事情，也不是本文所要讨论的。我们只是希望如果有人关注到了本文，能够严格地坚守“传统安全威胁”和“非传统安全威胁”、“传统安全威胁因素”与“非传统安全威胁因素”、“传统安全观”与“非传统安全观”，或“传统安全因素”与“非传统安全因素”、“传统因素”与“非传统因素”这样一些概念，而不用我们持有异议的“传统安全”和“非传统安全”这一提法。

一

根据人们对传统安全观与非传统安全观的研究，传统安全观认识到的都是传统因素，但我们需要进一步指出的是：传统安全观并非对所有传统因素都有清醒的认识，起码没有对所有传统因素都给予足够的重视，例如没有对经济、文化这样的传统因素给予高度重视，虽然导致如此结果的原因在于这些因素在过去的作用不像如今这样突出。同时，也正如时下人们经常指出的那样，非传统安全观强调了各种非传统因素对国家安全的影响、威胁和危害，强调了运用非传统手段保障国家安全的重要性，但人们应该清楚，非传统安全观强调的并非都是非传统因素。事实上，各种非传统安全观既强调了一些在人类历史上新近出现的非传统因素，例如信息、科技等因素，但也强调了一些在人类历史上早已出现但被传统安全观忽略或没有受到传统安全观足够重视的传统因素，如经济、文化等因素。经济、文化等虽是非传统安全观（亦即“新安全观”）突出强调的因素，但它们却不是新近才进入人类历史并对安全发生作用的非传统因素，而是早已经进入人类历史并早已对安全发生作用的传统因素，只不过它们的作用在过去没有像如今这样突出而已。

然而，无论是传统安全观在强调军事、政治等传统安全因素时，还是非传统安全观在强调经济、文化等被传统安全观忽略的传统安全因素以及信息、科技等根本不可能进入传统安全观视野的非传统安全因素时，都忽略了一个因素，即自然因素。但是，被传统安全观和非传统安全观忽略的自然因素，主要并不体现在这些安全观对国家安全本身构成要素的认识方面，而主要体现在它们对影响和危害国家安全的因素的认识方面。

从历史发展来看，国民安全、国土安全、经济安全、主权安全、政治安全、军事安全这六个方面在有了国家的时候就是国家安全的构成要素，因而可以说是国家安全的“源生要素”，并且还由于其中的国民安全、国土安全、经济安全的实体在国家产生之前就已经存在于人类社会中了，因而可以称作国家安全的“史前要素”，其他的主权安全、政治安全和军事安全则由于是与国家及国家安全同时出现的，因而可以称作国家安全的“伴生要素”。这些因素都可以说是国家安全构成要素方面的传统因素。但是，它们并非都是传统安全观关注和重视的因素，例如其中国民安全和经济安全，在传统安全观中就没有给予足够关注和高度重视。此外，在国家安全进一步发展中陆续出现的文化安全、科技安全、生态安全、信息安全等，则可以说是国家安全的“派生要素”，其中的生态安全、信息安全则由于其出现于最近几十年，因而也可以进一步称其为国家安全的“新生要素”。这四个要素虽然都是传统安全观所忽略而非传统安全观所强调的，但它们并非都是非传统安全要素。生态安全和信息安全虽然是国家安全构成要素中的非传统安全要素，但文化安全和科技安全（特别是文化安全）则不宜被称作非传统安全要素，因为它们是在古代和近代就已经成为国家安全的构成要素。从这种划分与分析中可以看到，国家安全构成要素中包括了自然要素，并且传统安全观和非传统安全观都强调了其中某些自然要素。例如，传统安全观已经关注到的国土安全或国家领土安全，就是人类生存和国家生存的基本自然条件。再如，非传统安全观已经明确指出过的生态安全，也是社会历史发展到新阶段后人类和国家生存对自然条件的新的要求。这说明，在国家安全构成要素中，传统安全观和非传统安全观都注意到了自然要素。当然，传统安全观对国家安全构成要素中自然要素关注的广度和深度都是远远不够的，各种非传统安全观也还没有完全揭示国家安全构成要素中自然要素的丰富内容。但这一点并不能否定它们已经在国家安全构成要素这一角度关注到了这一方面的问题。

但是，如果从影响国家安全的因素和危害国家安全的因素两个角度来看，传统安全观和非传统安全观都没有给予自然因素以应有的关注和高度的重视。像2003年春夏之交在中国暴发的“非典”疫情这样的自然灾害，就基本上处于传统安全观和非传统安全观的视野之外。只是在“非典”暴发之时，人们才注意到如“非典”这样的“天灾”对国家安全的危害。时过境迁，人们包括研究国家安全的学者，又开始淡漠这方面的问题了。我们认为，从学科理论的完整性和实际工作的战略性来看，在研究国家安全问题时，必须从影响国家安全的因素和危害国家安全的因素这两个角度，给予自然因素以高度关注和充分研究。

国家安全构成要素中的国土安全，是传统安全观就已经给予充分关注和重视的自然要素，生态安全则是非传统安全观已经给予关注和强调的自然因素，但是影响国家安全因素中的自然因素，以及危害国家安全因素中的天灾，则是传统安全观和非传统安全观都没有给予充分关注和高度重视的内容。但是，要全面系统地认识国家安全，就不能不重视影响和危害国家安全的各种自然因素。这里，我们分“影响因素”和“危害因素”两个方面来讨论这一问题。

二

从广义上讲，各种危害国家安全的因素，甚至国家安全保障体系的各种构成要素，都是影响国家安全的因素。但是，从狭义上看，影响国家安全的因素则特指那些对国家安全既可以产生积极影响，也可能产生消极影响的因素，人们平常所提到的“民族问题”和“宗教问题”，就是这样的因素，因为它们在实际生活中由于各种各样的原因而既可能对国家安全产生积极作用，也可能对国家安全产生消极作用。在研究和认识国家安全现象时，人们通常都非常注意国际环境、国内政治、经济问题等社会因素的影响，而常常忽视了自然因素的作用。然而无论从历史上看，还是就现实来说，自然因素都在不断地影响国家安全甚至整个人类的安全。因此，在研究影响国家安全的因素时，必须研究影响国家安全的自然因素。

所谓影响国家安全的自然因素，也可以称为国家安全的自然环境，就是自然界存在的那些既可能对国家安全产生正面的积极影响也可能对国家安全产生反面的消极影响的因素的总和。在人类思想史上，一些哲学家和思想家曾经对自然环境对整个人类的重大影响，以及不同的自然环境对不同国家和地区的不同影响，做过深入的探讨和研究，对自然环境和自然因素的影响作用给予了充分肯定，甚至因过度强调自然环境的作用而陷入“自然环境决定论”错误之中。无论是在一般的哲学、社会学、政治学等学科领域，还在国家安全学研究中，对自然因素或自然环境作用的过度强调都是片面的，但忽略自然环境因素的作用同样是片面的，而且是更大的片面，更具有危害性的片面。自然环境决定论虽然在整体上是错误的，但就其看到自然环境及其各种构成因素对人类生存和国家安全的重大作用而言，却是十分有远见和有价值的。在研究国家安全时，我们不仅需要看到各种社会因素对国家安全的影响，而且也要看到自然环境及自然环境中各种因素对国家安全的不同方面、不同程度的影响。人类生存的自然环境是十分复杂和多样的，其中的任何一个因素都可能对人类或某些国家产生不同方向不同程度的影响，但是根据历史和现实情况来看，影响国家安全的自然因素大致包括国土面积、地理位置、自然资源、气候条件、人口数量这样一些基本的方面。

国土面积是一个国家在地球上所支配的空间范围的大小，它在历史上曾经影响过许多国家的盛衰兴亡，在今天则是综合国力的重要构成要素之一。一般来说，国土面积大对国家安全具有正面的积极作用，而国土面积小则会对国家安全产生消极影响。近代以来，中国屡遭外敌入侵，日本帝国主义更是占领了大片的中国土地，但中国之所以能够顽强地生存下去，能够历经苦难取得抗日战争的最终胜利，除了各种各样的社会原因外，国土幅员辽阔不可不说是一个十分重要的自然因素。对于这一点。毛泽东在《论持久战》中曾作过分析。他在分析了日本的强与中国的弱之外，又指出日本是小国，地小、物少、人少、兵少，中国是大国，地大、物博、人多、兵多这一条件，并把这些作为中国决不会亡的根据。

地理位置是一个国家在与世界其他国关系中所处的空间方位和距离。在人类历史上，许多国家对地理位置对国家安危的影响就有不同程度的认识，并据此制定了相应的对策。战国时期，秦国奉行的“远交近攻”对外政策，就是从地理位置上考虑的，因而它便对那些在与秦之间处于不同地理位置上的不同国家的安全产生了不同的影响。美国东西有大洋相隔，南北不受邻国威胁，因而在传统安全涉及的范围内，它处于非常有利的安全位置上。第二次世界大战时英国本土免遭德国占领，英吉利海峡起了重要屏障作用。

不仅一个国家的地理位置对其安全有影响，而且一个国家的气候和地形对其安全也有不同程度和不同方向的影响。这一点在人类历史发展的不同阶段，特别是在军事冲突中和不同战争类型中，具有不同的作用。《孙子兵法》一开始就明确指出，军事行动要“经之以五事，校之以计，而索其情：一曰道，二曰天，三曰地，四曰将，五曰法”。这五个要素中的第二个要素和第三个要素说明，孙武认为包括气候在内的“天”和包括地形在内的“地”，对于作为国家大事且影响国家兴亡的军事行动具有重要作用。紧接着，孙武进一步解释说，“天者，阴阳、寒暑、时制也；地者，远近、险易、广狭、死生也”。此外，孙子兵法还专门设了“地形”一章来详细论述“地形”对军事行动的重要性。中国人对于任何重大事情的决策与行动，都讲究“天时地利人和”。这里的“天时”与“地利”虽然具有超出自然的广泛含义，但却不能不包括气候条件和地形在内。这些足以说明，在古代，地形地貌和气候条件，对于一个国家的安全，特别是对国家安全具有至关重要地位的军事行为，具有非常重要的影响和作用，是在思考国家安全问题特别是军事安全问题时不能不予以考虑的。当今时代，虽说国家安全已经不单纯是军事实力的竞争了，而成了综合国力的竞争；军事行动和战争手段已经出现了许多大大不同于以往的新特点，甚至可以说在某些方面发生了质的变化或变革，但气候和地形这两方面的自然因素对国家安全依然具有不同程度的影响。例如，在越南战争期间，越南的地形和气候条件，就曾经给美国入侵部队造成极为不利的影响，同时也给越南军民抗击美军保卫国家安全创造了一定的有利条件。

自然资源不仅对于一个国家的经济发展具有至关重要的作用，而且也是直接影响国家安全的自然因素之一。一般来说，自然资源丰富有利于国家安全，而自然资源贫乏则不利于国家安全。例如，对于日本来说，自然资源的贫乏就制约着其发展，影响着其安全。近代以来，日本之所以积极向外扩张，大面积地侵略邻国，掠夺自然资源就是其重要动因之一，而这种侵略扩张最终却导致日本的战败与被美国占领。今天，日本虽然已经成为一个世界经济大国，但自然资源特别是战略性自然资源的匮缺，使其发展和安全都潜伏着难以克服的脆弱性。相反，自然资源的丰富或某种独特自然资源的大量占有，也会对一个国家的安全产生积极作用。例如在中东战争时期，阿拉伯国家曾团结一致，以石油资源作武器，迫使西方大国不得不暂时收敛“援以压阿”的政策，从而对阿拉伯国家的安全起了某种积极作用。此外，对于自然资源的争夺，也可能导致国家间关系紧张、冲突以致爆发战争，从而影响到国家安全。

人口数量和质量对于国家安全都有不同程度的影响，但人口数量对国家安全的影响主要是一个自然问题，而人口质量对国家安全的影响则主要是一个社会问题。因此，这里只讨论人口数量问题。人口问题虽然不是一个纯粹的自然问题，但就实质来说，人口还是应该放在影响国家的自然因素中给予讨论。在人类文明史的大部分时间里，人口增长始终是一个家庭、一个家族、一个国家兴旺发达的标志和基本保障，人口的大量繁衍从总体上来说有利于国家安全。这是因为，在人类文明史的大部分时间里，由于自然灾害、疾病瘟疫、卫生条件、战争厮杀，人口增长率一直不高，人口几乎从来没有达到饱和的状态，几乎没有任何一个国家或民族出现因为人口太多而对国家安全产生消极影响的现象。但是，在人类历史进入近代以后，特别在当代社会中，由于人类对于疾病瘟疫、自然灾害的防控能力大大提高，卫生条件极大改善，战争行为在一定时期内得到一定程度的控制，一些国家开始出现人口大量增长甚至“人口爆炸”现象，从而对国家稳定和安全产生消极的不利影响。新中国成立后特别是20世纪70年代后的中国，就属于这种情况。与此同时，当今世界还存在着希望通过人口增长以保障国家安全的情况，也存在因为人口增长率过低特别是出现负增长而对国家未来担忧的情况。例如，长期对立和不断冲突的巴勒斯坦和以色列，都希望通过本国人口增长来增强自身的力量，最终取得优势或取得更大的优势。一些西方国家由于各种原因开始出现人口负增长，从而引起人们对国家未来的担忧。总之，适量的人口对于国家安全具有积极的作用，而人口过少或过多都不利于国家的稳定与安全。

三

危害国家安全的因素是指那些对国家安全只具有威胁和危害的消极作用而不具积极作用的因素。一方面，那些“影响国家安全的因素”中的某些消极作用在某种条件下的极端表现可能成为危害国家安全的因素，例如“民族问题”的消极作用发展为“民族分裂主义”，“宗教问题”的消极作用发展为“宗教极端主义”；另一方面，还有一些因素从本质上讲就能对国家安全构成威胁或危害，例如他国的军事入侵、政治颠覆、间谍破坏等。

对于本质上只是威胁和危害国家安全的因素，也可以分为自然和社会两个方面来认识，其中自然因素就是人们通常所说的“天灾”，社会因素则是人们通常所说的“人祸”。虽然“天灾”和“人祸”有时会连带发挥作用，从而综合地威胁和危害国家安全，但在科学研究中还需要把它们分开讨论。在作了这样的划分之后，我们就会注意到，传统安全观和非传统安全观对威胁和危害国家安全的人祸都曾给予了高度重视和充分研究，但对威胁和危害国家安全的天灾则没有给予应有的重视和研究。但是，要全面系统地研究国家安全，就必须研究“天灾”对国家安全的威胁和危害。在2003年春夏中国暴发“非典”之前，我们在相关的讨论会上就已经提出要考虑天灾对国家安全的危害问题，并且具体地列举了洪、涝、旱、震、虫、疫这些主要的天灾形式，但一些人认为这样列举未免太琐碎了，把国家安全的范围扩大了。然而，“非典”暴发及其对国家安全造成的威胁和危害，却为我们的观点提供了一个现实的论据。

实在来说，在当初把包括“疫”在内的各种天灾纳入国家安全理论和国家安全学科视野时，我们主要是从历史上考虑的，因为在中外历史上，都曾反复出现过洪、涝、旱、震、虫、疫等自然灾害对国家安全造成极大危害的事实，甚至出现过由此亡国的惨痛教训。后来，当我们看到非洲一些国家因为艾滋病的蔓延而使国家安全受到危害的时候，也曾把艾滋病蔓延这一事实作为国家安全学应该研究“疫”的现实证据。但是从总体上看，我们当时对当代人类借助科学技术控制疫病的能力持非常乐观的态度，内心只是认为作为科学理论的国家安全学应该全方位研究国家安全问题，包括全方位研究危害国家安全的因素，即使有些因素只是在历史上出现过而今天已经由于科技的发展而不大可能对国家安全构成严重危害了，例如瘟疫、虫害等。我们做梦也不会想到，刚刚进入21世纪的人类，会由于一种中国人简称“非典”，西方人简称“SARS”的传染性疾病的突然暴发，而在当代切身体验到疫病对公共安全甚至国家安全的重大危害，体会到确立一种能够全面认识国家安全的系统安全观的重要性和迫切性。

其实，洪、涝、旱、震、虫、疫这些危害国家安全的因素，并不是“非传统安全威胁因素”，而是实实在在的“传统安全威胁因素”，但它们却是传统安全观和传统安全研究没有给予应有重视和关注的因素，也是各种非传统安全观常常忽视的因素。对这些不同形式的天灾对国家安全的威胁和危害，无论在历史上还是在现实中，都可以找出不少例证。记载于基督教《圣经》且流传于西方传说中的“大洪水”，以及在中国家喻户晓的“大禹治水”传说中呈现给人们的洪涝灾害，都曾给人类社会或一个国家造成过重大的威胁和危害。1976年在中国发生的唐山大地震，1998年在中国发生的特大洪水，2003年在中国发生的非典型性肺炎，对当代中国的国家安全都造成了一定程度的威胁和危害。这里，我们不准备找更多的例子来论证我们的观点，而只想简单地指出天灾威胁和危害国家安全的形式，以及它们发生原因的变化。

各种天灾对国家安全的威胁和危害虽然不尽相同，但也有一些共同之处。从总体上看，它们威胁和危害国家安全的形式主要是：

第一，通过破坏社会生产力和经济生活而危害国家安全。一个国家范围内大面积的自然灾害，无论是洪、涝、旱、震、虫，还是直接危害人们生命的疫，都会直接破坏社会经济生活，特别是破坏其粮食安全，从而危害到社会稳定和国家安全。在古代，一个国家如果发生大面积的自然灾害，造成粮食短缺，通常总会导致饥民造反，从而使社会稳定和国家安全遭到破坏。

第二，通过危害个体生命的生存状态而危害国家安全。各种自然灾害都会在不同程度上威胁和危害到国民的生命安全，因为各种天灾造成粮食减产甚至绝收，常常导致饿殍遍野，但是直接对国民生命安全造成普遍威胁和危害的，莫过于各种人力无法控制的疾病和瘟疫。在医学技术相对不发达的古代社会，各种疫情可能直接导致国家人口极度萎缩甚至灭绝，从而直接危害到国家安全，甚至使国家灭亡。时至今日，艾滋病在一些非洲国家的蔓延，也已经成为威胁和危害这些国家的重大问题。

第三，通过造成心理恐怖而危害国家安全。自然灾害不仅直接造成物质和生命损失，而且还给国民心理带来极度的恐惧，从而造成人心不稳，甚至社会动乱，最终危害到国家安全。

危害国家安全的自然因素可能由于纯粹的自然原因而形成，也会因无意或有意的人为社会活动而产生。在科学技术不甚发达，生产力相对落后的古代，各种天灾对人类安全和国家安全的威胁和危害，通常都是由于人力不及的纯自然原因而发生的。但是，在科学技术高度发达的今天，自然环境和某些自然事件或现象，不仅可能在人们的无意之中被改变甚至被极大地改变，进而威胁或危害到人类生存和国家安全，而且可能由于某些国家或集团的有意破坏行为而改变或极大地改变，从而威胁甚至危害到他国安全。这就是说，除了那些纯自然的天灾之外，还有一些由于人类不适当的活动所造成的天灾也威胁和危害着国家安全，所谓的“生态灾害”基本上就是这种因素。“生态灾害”既可能是人们无意中造成的，也可能是人们在一定条件下有意制造出来的。当一个国家与另一个国家处于敌对关系特别是战争状态下时，有的国家就可能人为地制造自然灾害，以达到威胁和加害对方的目的。例如，历史上的地震，通常是由于人力不及的纯粹自然原因而发生，它对国家安全的危害因此可以说是一种纯粹自然因素。但是，当人们有能力通过人为控制来出其不意地引发某次地震时，一些国家和集团便可能把这种力量作为威胁和危害他国安全的可供选择的手段之一。这样一来，一些国家和集团，便可能通过有意的行动，使极端的自然灾害在他国发生，由此达到威胁和危害他国安全的目的。

应该承认，这里对自然因素影响国家安全及天灾危害国家安全的分析，都是初步的和非常肤浅，但本文的任务也只是提示人们在研究国家安全时必须注意各种自然因素，要全面考虑各种与国家安全相关的要素和因素，要全方位地认识国家安全，最终确立一种超越传统安全观和非传统安全观的系统安全观。如果这个目的达到了，这篇文章也就算起到了它应有的作用。

当前安全观的三个盲点

（2005年6月）

摘要：在当前的各种国家安全观中，有三个不容忽视的盲点：忽略国民安全在国家安全中的核心地位和根本目的性；对广泛吸纳外部合理因素以确保国家长治久安的重要性认识不足；在谈到保障国家安全时，经常忽视制度、体制、机制等方面的深远作用，看轻各种看不见的“软条件”所具有的长远性、全局性、根本性的“保障功能”。我们需要确立以系统观点和系统思维为基础的“系统安全观”，并以系统安全观为指导对国家安全及国家安全活动进行系统的研究和分析，制定系统的国家安全战略，确立系统的国家安全机制，开展系统化的国家安全工作，从根本上保障国家的长治久安。

关键词：国家安全；安全观；国民安全；长治久安；保障功能

安全观是当代国家社会普遍关注的一个焦点问题。但凡重要国际场合，各国政要都会谈到安全问题。在去年联合国千年首脑会议上，各国首脑对安全问题曾经予以广泛关注，江泽民同志更是广泛地使用了“新安全观”“共同安全”“国际安全”“集体安全”“经济安全”等术语，指出营造共同安全是防止冲突和战争的可靠前提，认为应彻底抛弃冷战思维，建立以互信、互利、平等、合作为核心的新安全观。目前，学者们也正在就以“综合安全观”“共同安全观”“合作安全观”为代表的“新安全观”及其他安全问题展开讨论。这些问题都是研究国际问题特别是国家安全问题不可回避的。

但是，在谈论国家安全问题时，“安全观”上存在着如下三个盲点，应该引起我们的注意。

盲点之一：人们经常谈论政治安全、军事安全、经济安全、科技安全、信息安全、文化安全是国家安全的基本内容，并特别强调经济安全、科技安全、信息安全等方面的物的要素在当代的重要性，但却忽略了国家安全中一个更基本的核心内容——人的要素，即国民安全在国家安全中的核心地位和根本目的性。

事实上，人是社会的主体，国民是国家的主体，国民的安全和利益是国家安全的核心和国家安全活动的根本目的。在认识和研究国家安全时，我们不仅要看到各种物的因素，而且更要看人的因素，认清国民是国家安全的核心和根本目的。

国民安全不仅在与科技安全、生态安全、信息安全等比较中具有源生性，是国家安全的基本内容，而且进一步在与领土安全、主权安全、政治安全、经济安全、军事安全等的比较中，处于核心的地位，是国家安全的其他内容所围绕的中心。如果把国家安全看作是国家生存、发展和利益的屏障，那么国民便是这种屏障所屏护的核心。王朝更替、元首遭难、经济危机、政治崩溃、领土被占、主权旁落，都会威胁甚至严重威胁国家安全，但是只要一国的国民能够生存下去，发展壮大，那么就还不能说这个国家即将或已经彻底消失了，国民还可能通过自己的努力恢复国家，振兴国家。但是，如果一个国家的国民被彻底消灭了、被彻底同化了，或者彻底消失了，那么这个国家就彻底消失了，永远不会再出现在世界民族之林（准确地说是“世界国家之林”）了。因此，无论领土安全、主权安全、政治安全、经济安全、军事安全等方面如何重要，国民安全在与它们的比较中必然成为国家安全的核心内容，处于核心的位置。人是世界的核心，国民是国家的核心，国民安全是国家安全的核心。

如果把国家安全所包括的不同内容组成一个同心圆，国民安全无疑处于核心位置；而如果把国家安全的所有内容放在目的和手段的区分中来考虑，那么相对于国民的安全和利益来说，国家安全及其包括的其他方面都只是手段，而只有国民的安全和利益才是最终的和最根本的目的。

国民与国家的关系其实是人与社会组织的关系的一种体现。在人与社会组织的关系上，历来就有一种观点，把人看作是社会历史发展的道具，看作是被利用来实现社会目的的手段和工具。例如，黑格尔的客观唯心主义，把“客观精神”看作是包括自然、社会和人在内的一切客观事物和现象的最终归宿和目的，自然、社会和人成了最终实现客观精神这一根本目的的手段和工具。在中国思想史上，虽然早期儒家对人与社会的关系处理得比较好，把人放在重要的位置上，但在后来的发展中，儒家却逐渐形成了一种把社会放在高于人的位置上的倾向，甚至把社会看成是人生的根本目的。事实上，如果在人与社会的关系上把社会放在高于人的位置上，把人看作是实现社会目的的手段，那么这便具有宗教的倾向。世界上的宗教虽然有各种各样，但它们有一点却是共同的，这就是贬抑人，抬高神，把人看作是实现神的目的的手段，人生的目的就是为神服务。

然而，从历史发展的客观规律来看，社会及各种社会组织的形成和发展，无论在客观上还是主观上，都是为了人和人类的生存、发展和利益。人类选择社会及其不同的组织形式作为自己的生存方式，对社会组织的选择既是发挥主观能动性的过程，也是一个客观的“自然历史”过程。人之所以组成社会，就是因为只有在社会中人才能够更好地生存与发展。人之所以组成国家，就是因为国家能够保障国民的安全、利益和发展。人之所以在原始社会发展后期选择奴隶社会，就是因为奴隶社会的组织形式比原始社会更能够保障人及人类的安全、利益和发展。社会及包括国家在内的其他各种社会组织，从本质上讲都不过是人类的生存方式。人类之所以选择社会这种生存方式，就是因为这种社会方式不仅适合于人，而且有利于人类的生存、发展与壮大。在不同历史阶段上人类之所以选择依次更替的某些具体的不同社会组织作为生存方式，如在原始社会之后选择奴隶制的社会组织形式，此后又选择封建制和资本主义的社会组织形式，也都是因为社会依次更替的社会组织形式在不同的历史阶段上更适合于人类的生存、发展与壮大。

从主观上讲，人组成社会也是为了自身的安全、发展和利益。相对于历史上的社会制度更替来说，20 世纪里社会主义制度在世界一些国家的建立，具有更大的人为的主观能动性在起作用。如果仔细考察这种主观能动性的发挥，人们便会发现对社会主义这种社会制度或社会组织形式的两种不同理解。按照社会主义的本义，它是强调社会利益高于个人利益，但是这里的社会利益不是脱离人的抽象的社会利益，而是为了大多数人的社会利益——社会利益就是大多数人的利益，大多数人的利益就是社会利益。作为一种社会组织形式，建立社会主义的目的是什么呢？曾有一段时期，人们把社会主义自身理解成了最高目的，似乎建立社会主义就是为了建立社会主义，实行公有制的目的就是实行公有制，而忽略了建立社会主义的根本目的是为了满足人民群众的物质文化需要，为了大多数人的利益。这种理解在主观上颠倒了社会与人的关系，把社会当作了目的，把人当作了手段。事实上，社会主义强调社会高于个人，但并不是说社会高于人，相反倒是强调社会主义是为人服务的，是为大多数人服务的。邓小平在讲到社会主义时曾多次指出，社会主义的根本任务就是解放生产力，发展生产力，并在此基础上不断改善人民的物质文化生活。在这时，邓小平虽然讲社会主义的根本任务是解放和发展生产力，但他更强调了比解放和发展生产力更为根本的目的，就是不断改善人民的物质文化生活。这也就是说，社会主义的根本目的，包括发展生产力，其根本目的都是为了满足人的需要。在 1992 年初南巡时，邓小平讲得更明确：“社会主义的本质，是解放生产力，发展生产力，消灭剥削，消除两极分化，最终实现共同富裕。”毫无疑问，“共同富裕”只能是人的共同富裕，社会主义的根本目的再次体现在人的身上。

国家与国民的关系，是社会与人的关系的一种具体表现，因而在理解国家与国民的关系时，必然要以对社会与人的关系的正确把握为前提。国家作为一种社会组织形式，从客观必然性上讲，其存在的根本目的是为了在其中生存的人服务的，也就是为国民服务的。国民是国家产生、存在的根本目的。当然，在不同的历史阶段，人们在主观上对国家与国民的关系的理解并不一样，有的人把国民放在重于国家的位置上，把国民看作是国家的目的，把国家看作是实现国民利益的手段；也有人把国家放在高于国民的位置上，把国民看作是被利用来实现国家目的的手段。后一种观点不仅在理论上是错误的，而且在实践中也给人类带来过不同程度的损害甚至灾难。历史上许多剥削阶级的统治者，就常以国家的名义来侵害广大国民的利益和安全。

马克思主义哲学与旧哲学的一个重要区别，就是在强调经济的基础地位的同时，强调从事物质生产的广大人民群众对历史的推动作用。毛泽东把这一观点中国化，具体地提出了党的群众路线和群众观点。邓小平在指出解放和发展生产力是社会主义的本质的同时，进一步强调发展生产力的最终目的是为了人民群众的共同富裕。江泽民“三个代表”重要思想，在当前腐败严重的情况下特别强调了中国共产党代表人民群众根本利益的重要性。我们要建设社会主义的民主政治，就必须在包括国家安全在内的各个方面具体贯彻“以民为主”的民主观点和思维方式。此外，中国传统文化中“民为邦本”的思想，特别是孟子“民为贵，社稷次之，君为轻”的思想，也从一个角度说明了国民在国家中的首要地位，同时也合理地说明了国民安全与国家安全、首脑安全的关系。如果说过去的剥削阶级对“以民为本”已经有所认识，但由于其阶级局限还没有把人民群众作为根本的目的，而只是把其作为重要的手段，那么马克思主义者和共产党人则应自觉做到这一点。我们把马克思主义的群众观点引申到国家与国民的关系中，引申到国家安全领域，便可以得出这样的结论：国民的安全和利益是国家一切活动的根本目的，也是一切安全工作的根本目的。

因此，无论是要坚持马克思主义世界观和方法论，还是要批判继承中国传统文化优秀遗产，无论是从社会主义民主政治建设的根本要求上看，还是从贯彻“三个代表”重要思想的现实意义上看，我们在谈论国家安全时，在讲新安全观时，都必须把国民安全放在国家安全的核心和国家安全工作的根本目的位置上。这是马克思主义群众观点在国家安全观上的基本要求，也是贯彻江泽民“三个代表”重要思想于国家安全观中的需要。无论是什么样的安全观，如果忽略了国民安全在国家安全中的核心地位和根本目的性，那么从本质上讲就不可能是“与时俱进”的“新安全观”。

盲点之二：人们对防范外部威胁以维护国家安全有非常自觉而充分的认识，但对广泛吸纳外部合理因素以确保国家长治久安的重要性认识不足。

在全球化浪潮已经使地球成为“地球村”时代，各个国家正在密切联系为一荣俱荣一损俱损的整体，任何国家及其安全都不是封闭系统，也不可能人为地封闭起来，而必然是程度不同且不断扩大开放程度的开放系统。对于这样的系统来说，国家只有在开放的环境中不断与外界进行信息和能量的交流，不断从他国获取新信息、新能量，才能生存、运行、发展，也才有安全。无论是对于整个国家来说，还是对于国家的经济、政治、科技、文化等方面来说，闭关锁国都绝没有安全，对外开放才可能安全；消极防范不会安全，向外学习才可能安全；一味拒斥没有安全，广泛吸纳才可能安全。一个国家向世界开放得越早，学习得越勤，吸纳得越多，这个国家就越能够获得安全。否则，就可能在闭关锁国中落后，在闭关锁国中衰败，在闭关锁国中灭亡。当一个国家因不善于向外学习并从外广泛吸纳而大大落后于人时，它即使有非常庞大的军队、警察机构，也不可能维护其安全。

一部中国近代史，既是中国人不断抗击世界列强侵略压迫的历史，也是中国人民或被迫或自觉地不断向列强学习的历史。正是由于没有能够及时适当地对外开放，没有及时恰当地向外学习，没有能够很好地在科技、文化、经济、政治、军事等方面吸纳当时世界各国先进的文明成果，而是主观上一味闭关锁国、故步自封、妄自尊大，结果才使一个世界少有的大国变成了一个危机四伏、任人宰割的弱国。同时，也正是由于中国的先进分子在近代不断探索救国救民的道路，忍受感情上的痛苦向侵略欺凌祖国而又先进强大的敌国学习，在不同程序上吸纳了它们先进的文明成果，并以此反抗侵略者，才使中国没有走上完全殖民地的道路，没有彻底亡国，最终在中国共产党通过俄国从西方学到马克思主义之后，使中国走上了新生的道路，建立了独立自主的新中国。20 世纪 70 年代末，中国采取了新的对外开放政策，主动积极地向世界先进国家学习，在科技、经济、管理、文化、政治等众多方面积极广泛地吸纳它们的先进文明成果，这才使我们迅速发展起来，综合国力大大提高，国家因此更加强大，也更加安全。

因此，为了国家安全，我们不仅需要防范外部的威胁，更需要积极广泛地吸纳外部的先进科技、先进制度、先进文化，用以充实自己、更新自己、发展自己、壮大自己，最终使自己获得更高的安全度。从根本上说，一个国家从他国学习得越多，吸纳得越多，就越安全。

盲点之三：在谈到如何保障国家安全时，人们能够明显地看到军队、警察、监狱、情报、反谍等部门的重要作用，重视诸如此类的“硬手段”所具有的强力性“维护功能”，而经常忽视制度、体制、机制等方面的深远作用，看轻了这些看不见的“软条件”所具有长远性、全局性、根本性的“保障功能”。

从历史上看，强力可以维护国家安全于一时，但无法保障国家安全于长远，而只有适应时代发展要求，特别是适应生产力发展和经济发展要求，符合人民群众意愿的合理的社会制度、社会体制和安全机制，才能从根本上保证国家的长治久安。制度和体制的合理性，是从根本上保障国家安全的关键。那些能够顺应时代要求不断地适时进行自我改革、改良和完善其社会结构和体制的国家，就能够安全地立于世界；相反，那些守旧不变、抱残守缺、不思根据时代的发展进行制度和体制方面的改革调整的国家，极可能从安全走向不安全，甚至走向动乱和灭亡。中国之所以能够有今天良好的安全形势，就是因为20年来在经济、管理、政治、文化等方面进行了包括机制、体制、制度等在内多层次的改革和调整，而中国之所以还存在着一些安全隐患，除了一些外部因素，更主要的在于对内部的旧体制、旧结构、旧机制的改革和调整还没有完全到位，还有一些方面不能适应生产力发展要求和人民群众日益增长的物质精神需要。

以系统论看，任何系统都有一个内部要素的合理配置问题，而社会制度、体制、结构的改革、改良和完善，正是要根据社会系统的发展变化不断地追求系统的最佳配置。无论是自觉地还是被迫地，只有使一个国家内部的社会系统和社会机制所涉及的方方面面的因素有机地系统地配置起来，才能使这个社会正常地运行和发展，才可能通过符合系统最佳化要求的机制及相应的政治体制、经济体制保障国家安全，比起通过加强军备、强化“专政”等“硬手段”来“维护”国家安全，具有更深远的战略意义和长效作用。中国近20年来虽然放弃了“以阶级斗争为纲”的口号，屡次裁军并在军工领域大量实行军转民措施，但中国的安全度并没有因此而降低，相反还高于大讲阶级斗争，大搞“备战备荒”的“文革”期间。这是因为，改革开放使中国的经济体制、政治体制、管理体制以及其他方面发生了适应社会发展需要的深刻变化，具备了维持社会良性运行的一些基本条件。

当前安全观上的三个盲点，是多方面的原因造成的，但缺乏辩证的系统思维方法是其中一个重要根源。由于不能运用系统思维来认识客观上复杂的国家安全系统和更加复杂的国家安全活动系统，因而就难以避免顾此失彼，在看到一个方面的时候而忽略另一个方面，在重视某项工作的时候忘却另外的工作。因此，我们需要确立以系统观点和系统思维为基础的“系统安全观”，并以系统安全观为指导对国家安全及国家安全活动进行系统的研究和分析，制定系统的国家安全战略，确立系统的国家安全机制，开展系统化的国家安全工作，从根本上保障国家的长治久安。

国内关于安全是否具有主观性的分歧和争论

（2006年6月）

摘要： 国内关于“安全”概念的研究有两种倾向：一种是根据在国际上具有语言霸主地位的英文来解释和定义，或者直接引用以英文为工作语言的西方学者的观点来解释和定义；另一种则是根据汉语语词和逻辑要求来解释和定义，并认为这种解释和定义才具有科学性。这两种不同观点的分歧和争论，已经成为国家安全研究不可回避的一个基础性理论问题。虽然在语言学的意义上，对“Security”做出具有主观性的解释是完全成立的，但这种解释仅仅适用于“Security”，而不适用于“安全”，并且这种解释仅仅是一种词典意义上的“释词”，而不是科学意义上的“定义”。

关键词： 安全；主观性；客观性；概念定义

在国内，从国家安全和法学角度出发研究“安全”和“国家安全”概念，较早的是梁忠前先生。梁先生在1995年发表的《“国家安全”概念法理分析》一文中认为：“安全”，是一个心理学概念，与“危险”“威胁”“危害”相对称，一般是指人的个体心理正常自觉状态和正常生活状态不被骚扰、扰乱和妨害。将“安全”概念引申于政治共同体生活中，则变成了一个与“国际秩序”和国内“法律秩序”紧密关联的概念，通常是指政治共同体的某种组织和生活秩序的正常状态不被扰乱、妨害和侵害，这包括来自“外部”环境和“内部”环境两方面的可能出现的妨害和破坏。[1]

这是国内在与“国家安全”相联系的意义上，对“安全”概念的较早分析。但是，这一观点对后来的国家安全研究，特别是对“安全”及“国家安全”概念的定义，没有产生太多的影响。

一、关于安全是否具有主观性的两种不同观点及其争论

根据资料检索，从国际政治和国家安全角度对“安全”作出解释并对后来的相关研究产生了比较大的影响的，是中国社会科学院世界经济与政治研究所的李少军先

生。但是，从李先生的论著中我们发现，其对“安全”概念的解释，则来源于甚至是接受了美国人阿诺德·沃尔弗斯（Arnold Wolfers）的观点。

阿诺德·沃尔弗斯是美国国际关系理论界的重要人物，他在1962年出版的《冲突与合作》（Discord and Collaboration）一书中指出：“安全，在客观的意义上，表明对所获得价值不存在威胁，在主观意义上，表明不存在这样的价值会受到攻击的恐惧”。[2]

李少军先生在其论述中对“安全”作出了一种比较统一的，也明显是接受了阿诺德·沃尔弗斯的观点和解释，认为安全既是客观的状态，又是主观的感觉。在《国家安全理论初探》一文中，李少军先生写道：安全是人类追求的最基本的目标之一。无论个人、社会还是国家乃至整个世界，都离不开安全。在国际政治中，安全的概念大体有三个层次，即“国家安全”“国际安全”和“世界安全”。[3]安全的主体视野由此从“国家”扩展到世界。这是非常正确的，而且还远远不止于此。在此，他没有进一步探讨“安全”概念，只说了“国家安全”概念，认为：“国安安全”就是国家不存在危险或不存在对国家的威胁。国家安全可能受到现实的威胁，也可能受到潜在的威胁。现实的威胁是威胁的现实，指近在眼前的客观存在。潜在的威胁则是指威胁的可能，在某种意义上是作用于人心理的一种较长远的东西。实际上，无论从哪个角度看问题，安全与人的感觉和心理状态都是分不开的。[3]

说安全与感觉、心理状态分不开，这是正确的，因为世界是普遍联系的，任何两种东西在最一般的意义上都是分不开的。但是，如果因此在定义“安全”概念时，把安全解释为既是客观的又是主观的，则就不准确了。然而，李先生在进一步的研究中却作了这样的解释：人们通常认为，安全涉及主观和客观两个方面。客观方面是指外界的现状，主观方面是指人们的心态。阿诺德·沃尔弗斯认为：“安全，在客观的意义上，表明对所获得价值不存在威胁，在主观的意义上，表明不存在这样的价值会受到攻击的恐惧。”这个说法也许可以概括成：所谓安全，就是客观上不存在威胁，主观上不存在恐惧。[2]

后来，李先生在《国际安全警示录》中明确肯定了这一定义，并且把第二章“国际安全的基本概念”中的一个标题直接写作：“安全的基本含义就是客观上不存在威胁，主观上不存在恐惧。”[4]他进一步把“主观上不存在恐惧”解释为“安全感”，指出：安全不单涉及客观状态，而且还涉及一种心态，即所谓的“安全感”（a sense of security）。[4]他还说：安全状态包括两个方面，即主观方面和客观方面。客观方面是指外界的现状，而主观方面则是指人们的心态。[4]这就把“安全感”也包括在“安全”中了。

这一观点后来影响了许多学者。在中国国际政治学界，特别是在安全理论研究领域，这种观点被广泛接受，几乎成了中国学界公认的一种正确观点，一个真理。例如，李瑛在1998年发表的一篇论文中指出：所谓安全，主观上是指不存在担心外来攻击的恐惧感，客观上是指不存在外来攻击的状态或现实。[5]再如，郑通汉在1999年所著《经济全球化中的国家经济安全问题》一书中，通过引文出处明确无误地表明了他对“安全”的定义与李少军先前论著的密切联系，而且显然是接受了李少军等学者的观点，但又误解了阎学通的观点。[6]其实，阎学通只是认为“安全”概念具有主观性（其实任何概念都具有主观性），而同时认为安全本身是客观的。

汪育俊先生在其《全面理解“国家安全”概念》一文中也接受了李少军的观点，同样也通过李少军《国际安全警示录》一书间接引用阿诺德·沃尔弗斯的观点，并由此进行论证。他说：如果把国家作为安全的主体，那么，“国家安全”是一种“状态”。这种状态有两层含义：一是从客观上看，国家不存在受威胁的“现状”，这里的威胁既包括现实存在的威胁，也包括潜在的威胁；从主观上看，国家不存在恐惧、担心的“心态”，这种“心态”，换句话说，就是“安全感”。因此，从表象上看，“国家安全”是指国家在客观上不存在威胁、主观上不存在恐惧的一种“状态”。[7]

针对把安全及国家安全解释为具有主观性的观点，笔者在2000年撰文指出：如上观点，非常明确地把安全感看作是安全的内容，认为安全既是一种客观状态，又是一种主观状态（心态）。与此不同，我们认为安全作为一种状态是客观的，它不是也不包括主观感觉，甚至可以说它没有任何主观成分，是不依人的主观愿望为转移的客观存在。认为“安全”包括“安全感”，把“安全感”看成“安全”的组成部分的观点，从根本上来说是没有分清主观与客观，没有把客观存在与主观感觉严格区分的结果。事实上，“安全”是一种不依人的主观感觉为转移的客观状态，它不包括对安全的感觉（无论是自我感觉还是他人的感觉）。从逻辑上说，“安全”与“安全感”是两个外延完全不同的全异概念，安全是主体的一种客观属性，是客观存在；安全感则是对主体客观属性的一种浅层次的意识，是一种主观感觉。因此，无论如何，都不能把“安全感”归在“安全”的名下。[8]

由于这一观点的针对性，汪育俊先生不久又撰文针对本人观点再次强调安全具有主观性。他写道：据国内一些学者的观点：“安全”即免于危险或没有危险、不受威胁的状态。“安全是主体的一种客观属性”，那么，当“安全”成为“国家”这一主体的属性时，我们便不能对“国家”熟视无睹了。“安全”一定会受到“国家”这一主体的规定性的影响。例如，“国家”作为主体，有意识性、主观性，有“自我意识”“自我评价”的属性和功能。一个国家对自身是否处于“安全”的状态，即是否处于没有危险、不受威胁的状态，这种“自我意识”“自我评价”就不能不带有“主观性”。因为一个国家处于什么样的状态是一种反映、认识，没有主体的主观性，怎么能去反映、认识这种“状态”呢？所以国家的安全属性不仅是一种客观状态，也是国家这一主体对自身客观状态的反映、认识，是国家这一主体的“自我意识”“自我评价”，因而也是一种主观的状态。更严格地讲，“安全”状态的内容是客观的，形式是主观的。把作为主体对客体的一种反映、认识的国家“安全”状态，说成“它不是也不包括主观感觉，甚至可以说它没有任何主观成分”，“认为‘安全’包括‘安全感’，把‘安全感’看成‘安全’的组成部分的观点，从根本上来说没有分清主观与客观，没有把客观存在与主观感觉严格区分的结果”，这种观点显然过于武断，值得商榷。再如，国家安全作为一种“状态”，是一个动态的过程，它不只是一种现存的客观状态，还应包括潜在的即可以预期的未来的状态。现实性总是包含着可能性的。人们对这种现实性中包含着的可能性的认识、判断，会产生一种对未来状态的预期，即从已知判断推导出未知判断，于是会形成一种“心态”。这种“心态”绝不只是一种“感觉”，一种“直观”的表现，还是一种“概念”“判断”“推理”的表现。我们怎么能设想对国家安全的“状态”的“描述”“反映”“判断”“推理”没有任何“主观成分”呢？[9]

此后，对于安全及国家安全是否具有主观性，学界一直存在着两种不同观点，但认为具有主观性的仍然占多数，同意本人观点的仍然是少数。

二、赞成安全具有主观性的观点

赞成、同意或认为安全及国家安全具有主观性的观点有如下一些：

郑汉通认为，安全通常与危险、威胁相关联。所谓安全，就是客观上不存在威胁，主观上不存在恐惧。[10]他基本上是没有任何改变沿用了李少军先生的观点，属于赞同安全具有主观性的观点一类。

楚树龙先生在 2003 年出版的《国际关系基本理论》一书中指出：安全既是一种客观态势，也是一种人们的感觉、认知。它在客观上指某一实体不存在遭受外来攻击、侵犯的状态和现实，在主观上是没有恐惧感，不担心外来攻击、伤害的威胁。“所谓安全，主观上是指不存在担心外来攻击的恐惧感，客观上是指不存在外来攻击的状态或现实。”[11]在此，楚教授不仅明确了自己的观点，而且引用李瑛 1998 年在《多极化时代的安全观：从国家安全到世界安全》一文中提出的观点，作为对自己观点的论证。但是，楚教授把安全的客观性放在了第一位，而李先生则是把安全的主观性放在第一位。这是两者的不同之处，但这种不同不影响他们的观点在本质上的一致性。

秋枫主编、出版于2003年8月的《国家安全公民手册》，所表达的是同样的观点，并且作了一定论证：安全不仅表达了一种客观存在的事实或状态，也是一种心理感受，即使客观上不存在威胁，由于心理上感到威胁，也就仍然存在安全问题。同时，安全还是一种手段，即要具备实现安全的手段与实施途径，做到有备无患，心中有数。只有客观上不存在威胁，主观上不感到威胁，同时又有某种消除威胁的有效力量和途径，安全的主体才能有真正的安全。[12]

卢静在《国家安全：理论·现实》一文中认为：国家安全既是一种客观态势，也是一种主观认知。客观上指某一国家不存在外来攻击、侵犯的状态和现实。即国家有消除威胁的能力，使国家处于没有危险、不受威胁的状态。但是，事实上任何一个国家都没有真正达到这一状态，也就是说，世界上只有相对的安全，没有绝对的安全。主观上指没有恐惧感，不担心会有外来的威胁。从某种程度上说，安全是一种心理状态，即安全是对国家抵制外来攻击和防卫自身安全能力的感觉，它涉及对国家力量、对敌友力量和意图、对面对未来的发展形势以及对维护安全形势的信心。因此，判断安全取决于人的主观能力。而主观能力是一种复杂的构成，它取决于一国对各种因素的分析、认识能力，取决于利益的定位，也取决于价值的判断。总之，国家安全是客观事实与主观认知的统一。[13]

发表于《系统辩证学学报》2005年第3期的一篇文章也认为：一般来说，安全是指不存在外部威胁的状态，使自己免于外部威胁或攻击的能力以及对国家抵制外来攻击防卫自身的能力的感觉。[14]

三、否定安全具有主观性的观点

但是，并非所有人都同意安全具有主观性的观点。除了本人反复强调安全及国家安全只具有客观性而不具有主观性之外，也有一些人（虽然是少数）持相同观点，至少明确否认安全和国家安全具有主观性。

国际政治学著名学者阎学通早就认为安全本身是客观的。在1998年出版的《中国崛起——国际环境评估》一书中，阎学通亲自撰写了第四章“中国崛起的国际安全环境”，并在第一节“什么是安全”中，专门探讨了“安全”概念。他虽然指出“安全”概念具有主观性，但同时认为安全本身是客观的：中西词典对“安全”的语义解释除了有共同之处外，还有不同之处。《现代汉语词典》的解释较为强调“安全”的客观性，而《美国传统词典》的解释则兼顾了“安全”的客观性和其主观涵义，如“疑虑”和“恐惧”是典型的精神行为。应该说安全状况本身是客观的，但“安全”的概念则应该包括主观和客观两方面的涵义。概念是人们认识世界的一种工具，由于概念本身产生于人的认识，因此概念本身带有主观性。当“安全”作为人认识客观世界的一种概念时，也不可避免地带有主观性。特别是具体的人对其所面临的安全环境的具体认识更是带有很大的主观性。[15]这一观点在他人引用时被误解了，似乎阎学通认为安全具有主观性，但如果仔细研究原文，则可以很清楚地看到，作者认为安全本身是客观的，从而否定了安全的主观性。

后来，在《从哲学层次上研究安全》（2000年）、《“安全”及其相关概念》（2000年）、《论国家安全的基本含义及其产生和发展》（2001年）等文中，本人反复论证了安全的客观性：

我们可以下这样的定义：安全就是没有危险或免于危险的状态。

从哲学上看，主观与客观是有严格区别的，因此我们认为，当有人把“安全感”作为“安全”的内容包容到安全概念中时，便混淆了“安全”与“安全感”这两个分别指向客观和主观的不同概念。事实上，安全是没有危险的客观状态，“安全”概念指向的正是这样一种客观状态；“安全感”则是对主体自身安全状态的感性认识，“安全感”概念指向的也是这样一种主观状态。不从哲学中主观与客观关系理论的高度认识“安全”与“安全感”，我们就容易把这两个不同的概念混为一谈。[16]

安全不仅是一种状态，而且是一种客观的状态；它不仅不包括安全活动、安全措施、安全机构等，而且也不包括对安全的感觉，即不包括“安全感”。

我们认为，安全作为一种状态是客观的，它不是也不包括主观感觉，甚至可以说它没有任何主观成分，是不依人的主观愿望为转移的客观存在。认为“安全”包括“安全感”，把“安全感”看成“安全”的组成部分的观点，从根本上来说是没有分清主观与客观，没有把客观存在与主观感觉严格区分的结果。事实上，“安全”是一种不依人的主观感觉为转移的客观状态，它不包括对安全的感觉（无论是自我感觉还是他人的感觉）。[8]

国家安全是安全这一属性与国家这一实体的结合，是以国家为主体的安全。根据国家理论和安全理论，国家安全就是一个国家处于没有危险的客观状态，也就是国家既没有外部的威胁和侵害又没有内部的混乱和失序的客观状态。[17]

后来，在2004年5月政法版《国家安全学》中，本人坚持了这种观点：没有危险是安全的特有属性，因而可以说安全就是没有危险的状态。没有危险的状态是安全，而且这种状态是不依人的主观意志为转移的，因而是客观的。无论是安全主体自身，还是安全主体的旁观者，都不可能仅仅因为对于安全主体的感觉或认识不同而真正改变主体的安全状态。一个已经处于自由落体状态下的人，不会由于他自我感觉良好而真正安全；一个躺在坚固大厦内一张坚固的大床上而且确实没有任何危险的人，也不会因认为自己危在旦夕就真的面临危险。因此，安全不仅是没有危险的状态，而且这种状态是客观的，不依人的主观意志为转移的。[18]总之，安全就是没有危险的客观状态，其中既包括外在威胁的消解，也包括内在疾患的消解。[18]

安全是有主体的，当安全的主体是国家时，便构成了国家安全。根据国家理论和安全理论，我们可以说，国家安全就是一个国家处于没有危险的客观状态，也就是国家既没有外部的威胁和侵害又没有内部的混乱和疾患的客观状态。[18]

西南政法大学的但彦铮在2004年8月出版的《国家安全学》中，大量搬用了本人主编的《国家安全学》一书中的观点和论述，其中关于安全与国家安全客观性的论述，与前述之书内容完全相同：安全就是没有危险的客观状态，其中既包括外在威胁的消解，也包括内在疾患的消解。[19]国家安全就是一个国家处于没有危险的客观状态，也就是国家既没有外来的威胁和侵害，又没有内部的混乱和疾患的客观状态。[19]

子杉在2005年1月出版的《国家的选择与安全——全球化进程中国家安全观的演变与重构》一书中，明确否定国家安全具有主观性，并对此种观点做了一点反驳，然后从哲学高度论证了安全的客观性。他写道：就安全的属性而言，从笔者目前掌握的有关材料和相关论述看，绝大多数学者认为，安全具有二元性，包括主客观两个方面，客观方面是指外界的现状，而主观方面则是指人们的心理状态。子杉认为，就属性而言，安全是主体的利益不受来自外部和内部的破坏、威胁以及任何其他危害性影响的一种状态，安全的基本属性是客观性。也就是说，安全是客观的，不存在主观性，也不可能在具备客观性的同时又具备主观性，认为安全具有二元性即客观性与主观性的说法有违辩证唯物主义的基本观点。这是本书对安全属性作出的一个重要界定。也就是说，在理解安全这一概念时要注意安全与安全感之间的区别。安全是一种客观状态，而安全感则是主观的，是主体对客观安全状态的反映，这种反映可能是正确的，也可能是错误的。有时即使客观上没有威胁，主观上也有可能产生恐惧，这就是不安全感；即便是客观上有威胁，主观上也可能没有恐惧感。有时面对同一个威胁，不同的国家可能在主观上感觉受到的威胁程度是不一样的……安全是客观的，而安全感则是主观的。[20]

显然，这种观点与本人从2000年就反复强调的安全不具有主观性的观点是完全一致的。

在一些人明确指出安全不具有主观性的同时，也有人在定义中没有明确指出安全是否又具有主观性但事实上是认定了安全不具有主观性。例如，吴学永在1997年发表的《论正义与安全》一文中给“安全”的定义是：所谓安全，就是行为主体的生存与发展不受威胁，其行动意志不受遏制。[21]

在2003年出版的《全球化时代的国家安全》一书中，尹希成在其撰写的第一章《全球化背景下的国家利益和国家安全》中，对“安全”和“国家安全”作出了一种事实上排除了主观性的定义：安全是指某一行为主体处于没有危险、不受威胁的状态。[22]国家安全是国家存在的没有危险、不受威胁的一种状态。[22]

有些专家在定义和解释“安全”及“国家安全”概念时，对于其客观性和主观性的理解不是特别明确，在一定意义好像认为安全就是客观的，但有时又把安全看作是具有主观性。例如，马维野先生在2001年指出：安全是一种社会现象，是属于多社会主体矛盾的态势。从一般意义上讲，所谓安全就是没有危险，不受威胁。我们认为，安全是主体的利益不受到来自外部和内部的破坏、威胁以及任何其他危害性影响的一种状态。[23]

根据这一定义，似乎可以认为，马先生只承认安全的客观性，而否认安全的主观性。但是，在其对安全概念做进一步解释时，好像又承认了安全的主观性。在定义了“安全”概念后，他接着写道，根据这样的定义，可以对安全的概念进行如下的分析和界定：其一，安全是一种态势，它反映出主体在一定环境条件下所处态势的优劣。其二，安全的意义依主体而存在，离开了主体就无所谓安全。而主体既可以是个人或法人（如企业法人、事业法人、社团法人等），可以是社会上的某个利益集团（如某个阶级、阶层、工人、农民、妇女、儿童、学生等），也可以是国家。当主体是个人时，安全指的是个人的安全；当主体是法人时，安全指的是组织安全；而当主体是国家时，安全自然就是国家安全。其三，安全是一个相对的概念，既是主体对自身安全状态的一种感知和判断的结果，又是一种可以用客观标准进行比较而得出的结果；既是不同主体之间相对关系的一种比较结果，又是主体自身与以往情况的比较结果。例如，不管各国的感觉如何，在用同样的标准对多个国家进行比较时，可能得出与主观感觉不同的结论。安全的相对性还表现在如下许多方面：对同一事件用不同的价值准则进行判断可能得出不同的结论，单个安全因素与综合安全的相对性，单个因素处于不安全状态并不一定表明主体在整体上处于不安全状态，安全并不一定要求主体在所有有关方面都处于最优势的态势（这种态势即使存在也需要付出很高的代价）；主体的安全性常常借助于以自己的相对优势弥补相对的劣势；主体选定不同的对象作为自己的竞争对手（或假想敌）对保证安全的要求是不同的（例如，当一个国家以另一个强大的国家为假想敌时的安全标准，与同这个强大国家结为同盟国时的安全标准显然不同)。此外，在外部条件不变的情况下，主体自身实力的变化也会对安全产生影响。其四，安全作为主体存在的状态，可以选择若干状态参数进行描述和分析。根据国家利益的内容，可以将国家安全分解为政治安全、经济安全、军事安全、科技安全、生态安全、文化安全、社会安全等组成部分。[23]

马先生的这些解释，多数是合理的，但在认定安全具有相对性的时候，指出安全“既是主体对自身安全状态的一种感知和判断的结果，又是一种可以用客观标准进行比较而得出的结果,”这似乎又承认了安全具有主观性。

除此之外，还有人从别的方面定义“安全”，但也没有认定安全具有主观性，例如，中国人民公安大学的王大为指出：安全可界定为秉持某种价值的行为主体或某一系统具备预防、遏制、排除各种消极因素的能力，并拥有一定的保护手段，在感受到威胁的情况下，以一定的形式使某种危害降至最低限度的状态。[24]

四、结　论

我们认为，把安全看作具有主观性是错误的，据此给“安全”和“国家安全”概念下定义更是错误的。这种错误表现在：

一是它没有把“安全”作为科学“概念”来“定义”，而只是把“安全”作为一个“语词”来“解释”，这是不对的。不可否认，在英语甚至其他西方语言中，“安全”一词不仅表达了客观上的一种状态，还表达了一种主观的感觉，甚至还可以指称安全机构、安全活动等。但是，这并不是作为一种客观存在的安全具有主观性的根据，我们不能把“Security”一词的多义性甚至歧义性不加分析地全部引入科学的“安全”概念，更不可能据此合乎逻辑地给“安全”概念下一个科学的定义。

二是英文“Security”一词与汉语中“安全”一词的本来含义严重错位甚至冲突，因而不合汉语表达习惯，因而当我们在汉语言文化背景下研究安全理论特别是“安全”概念时，应超越英文的限制，而作出合乎汉语文化习惯同时又合乎逻辑和科学方法要求的定义。

三是国内学者之所以多按英文来解释和定义“安全”概念，其原因是多方面的。除了在学术研究特别是社会科学研究中自觉不自觉地顺从西方中心主义和英文中心主义，甚至臣服于西方的文化霸权和语言霸权之外，一个更根本的原因是缺乏科学精神，缺乏基本的科学方法和逻辑方法的训练，无力在作为科学概念引进英语语词和以英文为工作语言的社会科学理论时，对其作合乎逻辑的科学分析，而只能直接移植。

因此，虽然在语言学的意义上，对“Security”做出具有主观性的解释是完全成立的，因为这一名词确定有这样的含义，但同时我们还必须注意两点：一是这种解释仅仅适用于“Security”，而不适用于“安全”，这两个语词是有差别的；二是这种解释仅仅是一种词典意义上的“释词”，而不是科学意义上的“定义”，以“释词”代替“定义”在科学研究和逻辑方法上是明显错误的，而且不仅在以汉语为工作语言的环境中是错误的，即使在以英语为工作语言的科学研究中也是错误的。

参考文献

[1]梁忠前.“国家安全”概念法理分析[J].江苏社会科学,1995(4):79.

[2]李少军.论安全理论的基本概念[J].欧洲,1997(1):25.

[3]李少军.国家安全理论初探[J].世界经济与政治,1995(12):38.

[4]李少军.国际安全警示录:21 世纪中国面临的安全挑战[M].北京:金城出版社,1997.

[5]李瑛.多极化时代的安全观:从国家安全到世界安全[J].世界经济与政治,1998(5):42.

[6]郑通汉.经济全球化中的国家经济安全问题[M].北京:国防大学出版社,1999.

[7]汪育俊.全面理解“国家安全”概念[J].江南社会学院学报,2000(1):4-7.

[8]刘跃进.“安全”及其相关概念[J].江南社会学院学报,2000(3):17-23.

[9]汪育俊.“国家安全”及其相关哲学概念[J].江南社会学院学报,2001(3):26-30.

[10]郑通汉.论水资源安全与水资源安全预警[J].中国水利,2003(6):19.

[11]楚树龙.国际关系基本理论[M].北京:清华大学出版社,2003:290-291.

[12]秋枫.国家安全公民手册[M].北京:时事出版社,2003:2-3.

[13]卢静.国家安全:理论·现实[J].外交学院学报,2004(3):58-59.

[14]樊跃发.系统视角下的现代新型国家安全观[J].系统辩证学学报,2005(3):107.

[15]阎学通,王在邦,李忠诚,侯若石.中国崛起——国际环境评估[M].天津:天津人民出版社,1998:195.

[16]刘跃进.从哲学层次上研究安全[J].国际关系学院学报,2000(3):62.

[17]刘跃进.论国家安全的基本含义及其产生和发展[J].华北电力大学学报:社会科学版,2001(4):63.

[18]刘跃进.国家安全学[M].北京:中国政法大学出版社,2004.

[19]但彦铮.国家安全学[M].北京:群众出版社,2004.

[20]子杉.国家的选择与安全——全球化进程中国家安全观的演变与重构[M].上海:三联书店,2005:7-8.

[21]吴学永.论正义与安全[J].欧洲,1997(1):49.

[22]马维野.全球化时代的国家安全[M].武汉:湖北教育出版社,2003.

[23]马维野.国家安全·国家利益·新国家安全观[J].当代世界与社会主义,2001(6):14.

[24]王大为.关于安全的几个基本理论问题[J].中国人民公安大学学报,2004(3):26.

为国家安全立名

——国家安全研究中概念问题的逻辑批判

（2008 年 3 月）

摘要： 在国家安全研究中，学者们经常会为如何理解和定义某个概念争论不休。这种情况不仅发生在一些比较生疏的边缘概念上，而且也发生在众多经常要用到的基本概念甚至核心概念上，例如“安全”这个概念。在这种争论中，甚至在各不理睬的自顾自的陈述中，人们对许多概念下的许多定义其实在逻辑上是有问题的。要使“国家安全学”真正成为科学，一个最起码的前提就是要对这一学科中涉及的概念进行严格的逻辑分析，按照逻辑方法的要求给每一个概念以准确而无歧义的严格定义。这个任务需要经过我们长期不懈的艰苦努力来逐渐完成。

关键词： 国家安全理论；国家安全研究；国家安全学；概念；概念化；逻辑；学科建设

这里所谓的“名”，即“概念”。任何学科，都是由一系列概念组成的理论体系。概念是科学的基础。一个学科中的概念存在问题，学科的基础就不牢靠，整个学科就有问题。概念的问题越大，其所在学科的问题就越大。因此，概念及其定义问题，对学科建设和理论研究具有至关重要的意义。

概念问题，说到底是一个逻辑问题。近代以来的自然科学之所以能够成其为科学，一个重要的原因就是它们都解决了概念方面的逻辑问题，使学科中的概念取得了学科领域普遍认可的准确含义。与此相反，社会科学迄今之所以还没有成为真正的科学，一个重要的原因则是没有真正从逻辑上解决概念问题。这些年在探讨国家安全理论问题时，我们越来越认识到，要使“国家安全学”真正成为科学，一个最起码的前提就是要对这一学科中涉及的概念进行严格的逻辑分析，按照逻辑方法的要求给每一个概念以准确而无歧义的严格定义。这样一个看似简单的任务，其实是一个非常困难的任务。本文并不是要对国家安全理论中的每一个概念都给出恰当的逻辑定义，而是要指出这样一种定义的缺失给我们的国家安全研究制造了怎样的困难，解决这样一个基础性问题对于整个国家安全研究有着什么样的重要意义，以及我们应当如何从逻辑上来解决这样一个难解决的困难问题。

一

就像任何一个领域的发展状况及存在的问题只有深入到该领域的人才能真正了解一样，国家安全实践和理论中存在的问题也只有进入这一领域深处的人才能够真正体会到。在局外人或初涉者觉得什么问题都一清二楚的许多领域，局内人特别是对某些问题做过深入思考的局内人，却清醒地知道事实并非如此，而是有太多太多的问题还不那么清楚，甚至还是一团团解不开的烂线团、一笔笔算不清的糊涂账。国家安全研究在当前的状况可以说正是这样。

国家安全研究在当前有太多太多的困局需要解开，但许多人却不清楚解开这些困局的关键环节在什么地方，更没有掌握突破这一关键环节所需要运用的基本方法和手段。当然，目前也有人已经找到了解开国家安全研究诸多困局的关键所在。在中国国际战略学会等三家单位于2007年联合发出的召开“非传统安全——世界与中国”首届论坛的通知中，我们就发现了这一点，因为在通知附件为会议设定的“主要论题”中，第一方面就是“通过对国内外非传统安全基本概念的研究现状分析，提出我国的非传统安全基本概念表述、内涵和外延界定”，其下所列第一条便是“对安全、国家安全、传统安全的定义”。这说明，起草和审定这一通知的专家已经意识到，明确概念已成为国家安全研究甚至是国家安全实践遇到并且无法绕开的关键环节，不解决这一问题其他问题就无法得到真正的特别是科学的解决。

当然，这一问题的提出，也说明国家安全领域的概念问题特别是概念定义问题，在以往和当前都是一个存在着诸多问题的问题。事实上，从“国家”概念，到“安全”概念，再到“国家利益”概念和“国家安全”概念，如此等等，在当前的国家安全研究中确实都是还没有得到科学定义的概念，而这种科学定义的缺乏，则是由于相关研究人员没有掌握定义的逻辑方法，因而没有能力使相关定义具备逻辑上的严密性，从而也就失去了基本的科学性。在此，我们不想先说“国家”“安全”“国家安全”这些基本概念，而是想先看一看当下对“国家安全战略”这一概念都有一些什么定义，这些定义中存在着一些什么样的逻辑问题。

就本来意义说，国家安全战略就是“关于国家安全的战略”，但是人们在给这一概念下定义时，却给它加上了许多不同的限定。例如：“国家安全战略是指综合运用和发展一个国家的各方面力量，为实现国家安全目标而进行的全局性筹划和指导。”[1]这一定义给国家安全战略加上了“综合运用和发展一个国家的各方面力量”这一限定词，但是不是任何时候、任何国家、任何组织的国家安全战略都是“综合运用和发展一个国家的各方面力量”呢？显然，在有的时候（例如古代）、有的国家（例如先秦时期的诸侯国），其国家安全战略就难以说是“综合运用各方面力量”，而可能是仅仅或主要是运用了军事力量。其实，所谓“综合运用各种力量”的国家安全战略，只是国家安全战略的现代表现形态，而且是一种比较理想的表现形态，而不是国家安全战略的一切形态，因此这样定义就把许多不完善、不完美的国家安全战略排斥在国家安全战略之外了。这显然犯了“定义过窄”的逻辑错误。

根据如上分析，下面这样一个定义也存在着同样的问题：“所谓国家安全战略是指一个国家在特定历史条件下综合运用政治、经济、军事、文化等各种资源，应对核心挑战与威胁，维护国家安全利益与价值观的总体构想。”[2]

从上述两个例子中我们还可以看到，其使用的都是“属加种差”的定义方法。但是我们发现，不仅它们对于“种差”陈述有所差别（一个非常简洁地把“综合运用和发展一个国家的各方面力量，为实现国家安全目标而进行的”作为种差，另一个则比较复杂，种差陈述比较长：“一个国家在特定历史条件下综合运用政治、经济、军事、文化等各种资源，应对核心挑战与威胁，维护国家安全利益与价值观的”），而且它们所找的属概念也不相同，一个是“全局性筹划和指导”，另一个是“总体构想”。这说明，人们对“国家安全战略”的种差和属的认识都是有差别的。如果说对“种差”认识的差别主要反映了人们对“国家安全”概念认识的差别，那么对“属”概念认识的差别则反映了人们在认识“战略”概念上也没有取得一致。为此，我们不妨再举一个更早的例子来说明这一点。

在2002年由中国友谊出版公司出版的《国家安全论》中，有这样一段话：“国家安全战略，是关于维护国家安全的宏观筹划。一般认为，它是指在平时或战时，组织和运用国家武装力量的同时，组织和运用国家的政治、外交、经济等综合力量以实现国家目标的艺术和科学。”[3]非常明显，这里同时给“国家安全战略”下了两个定义，一个比较简洁，另一个比较复杂。简洁的定义是：“国家安全战略是关于维护国家安全的宏观筹划”；复杂的定义可以概括为：“国家安全战略是指在平时或战时，组织和运用国家武装力量的同时，组织和运用国家的政治、外交、经济等综合力量以实现国家目标的艺术和科学。”对于这两个定义，我们可以提出的问题是：（1）两个定义的“属”不同，一个是“宏观筹划”，另一个是“科学和艺术”，这显然是对“战略”概念的陈述，那么战略究竟是“筹划”，还是“科学和艺术”？或者说既是“筹划”又是“科学”还是“艺术”？（2）“平时或战时”属于“赘语”，因为除了平时和战时外，这世界再没有别的时了，因而“平时或战时”对“国家安全战略”来说没有任何“种差”所要求的限制作用。然而值得肯定的是，如果按照其前部分中比较简洁的说法，倒可以形成一个比较好的定义：“国家安全战略就是关于维护国家安全的宏观筹划。”

“国家安全战略”概念定义中存在的种种问题，不仅影响着国家安全战略理论研究的准确性与科学性，而且还必然影响到国家安全战略制定和实施的科学性与合理性。在这种情况下，探讨“国家安全战略”已有定义中存在的种种逻辑问题，为准确定义这一概念作逻辑上的铺垫和准备，就成为一项具有重要理论意义和一定实践意义的基础性工作。我们如上的分析，虽然还仅仅局限于否定性的批判，而不是肯定性的建设，但这对得出合乎逻辑的“国家安全战略”定义而言，则是必要的程序。

当然，在国家安全理论与实践领域，还有许多其他的概念甚至是最基本的概念，也存在着认识和定义方面的各种问题。这一点，可以说是与当前我国整个社会科学的现状是一致的。但是，我们不能因为整个社会科学领域普遍存在着这样的问题，就对这样的问题视而不见，或者说是宽容甚至放任这样的问题的存在。在此，我们没有责任对社会科学其他学科中存在的概念问题进行全面的逻辑批判和清理，但是我们有责任也有可能对国家安全理论中存在的概念问题提出逻辑批判和清理的要求，甚至可以从几个基本概念开始来做这方面的工作。我们不可能一蹴而就，必须从点滴做起。

二

在任何一门科学中，都有一些基本概念。这些概念都有确定的内涵和外延。为了使学习和研究的人们对这些概念有准确的理解，为了不致由于自然语言的多义性造成概念的混乱，人们就要对这些概念进行规范。规范概念的最普遍有效的方法，就是给概念下定义。所谓定义，就是通过揭示概念内涵明确概念的逻辑方法。定义一般要用准确简练的语言来表述。例如，“法律是由国家立法机关依照立法程序制定和颁布的规范性文件”，就是一个简明扼要而又合乎逻辑的定义。再如，“直角三角形是有一个角是直角的三角形”，也是一个简明扼要并在逻辑上有效的定义。

要给概念下一个正确的定义，必须同时做到两点：一是要明确被定义概念的内涵；二是要掌握下定义的方法。因为概念是各种各样的，涉及人类认识的各个领域，所以任何一个人都不可能尽知人类掌握的所有概念的内涵各是什么。比如说，一个研究社会学的人，他就难以知道什么是“超导”的内涵，什么是“程序”的内涵。相反，一个研究物理学的人，虽然可能知道“超导”的内涵，一个研究计算机的人可能知道“程序”的内涵，但是，他们却可能不知道“市场”的具体内涵是什么，不知道“国家安全”的具体内涵是什么。研究逻辑的人知道“概念”这个概念的内涵是什么，知道“定义”这个概念的内涵是什么，但是他却可能不知道上面所列举的物理学领域中的概念、计算机科学中的概念、经济学中的概念、法学中的概念的内涵是什么。因此，明确一个具体概念的内涵究竟是什么，是专门研究有关学科的人才能做到的，而不专门研究这一学科的人，一般是做不到的。因此，如果要对国家安全理论中的概念下定义，那么就必须研究国家安全理论，必须能够准确地把握相关概念的内涵。

除了掌握相关概念的内涵之外，定义一个概念还需要掌握下定义的逻辑方法。对于一般的社会科学理论包括国家安全理论来说，普通逻辑学提供的“属加种差”，或曰“种差加属”的定义方法，就是足够使用的最有效的方法。所谓“属加种差定义”，就是通过被定义项概念的上位属概念和属概念下被定义项概念与其他种概念的不同来给被定义项下定义。被定义项的上位属概念，就是“属加种差”定义中所说的“属”。属概念下被定义项概念与其他种概念的不同，就是“属加种差”定义中所说的“种差”。这种定义的逻辑形式是：被定义项 = 种差 + 属。例如，在“商品就是为交换而生产的劳动产品”中，被定义项“商品”的“属”就是“劳动产品”，“种差”则是“为交换而生产”，其形式就是：商品 = 为交换而生产 + 劳动产品。

掌握了这个逻辑方法，同时又具备了国家安全理论的基本知识，对国家安全理论中有关概念内涵有了准确把握，我们就既可以给相关概念下定义，也可以分析一些不合逻辑的定义的问题所在。例如对于“战略”，就可以大致定义为“对全局性、持久性、重要性事务和问题的解决具有指导性作用的方案”。在此，战略的属概念是“方案”，而战略与其他各种类型“方案”的区别即所谓的“种差”，则是“对全局性、持久性、重要性事务和问题的解决具有指导性作用”，因而其形式就是：战略 = 对全局性、持久性、重要性事务和问题的解决具有指导性作用的 + 方案。

为了使定义合乎逻辑，人们总结出了一些定义的规则，只有遵循这些规则，才能给一个概念下一个准确的定义。否则，给概念下的定义就是不准确的，就会犯各种各样的逻辑错误。总的来说，这些规则有四条，但对我们来说最重要的是第一条。第一条规则的内容是：定义必须相称，即定义项与被定义项在外延上必须全同。否则，就要犯“定义过宽”或“定义过窄”的逻辑错误。所谓定义过宽，就是定义项的外延大于被定义项的外延。例如，“安全是免于外部威胁的状态”，就是一个犯了“定义过宽”的逻辑错误的定义。这是因为，仅仅免于外部威胁还不等于安全，内部问题同样可以使任何主体处于不安全状态中。所以，如果把安全定义为“免于外部威胁的状态”，那么就可能把那种没有外部威胁却存在着内部安全隐患的状态也放在“安全”概念或安全范围中，这就扩大了安全的范围，因为这种状态原本不是安全，而是不安全，因而不在“安全”概念的外延之中，但按照如上定义它却属于安全，处于“安全”概念的外延之中了。对此，我们可以用图1加以说明：

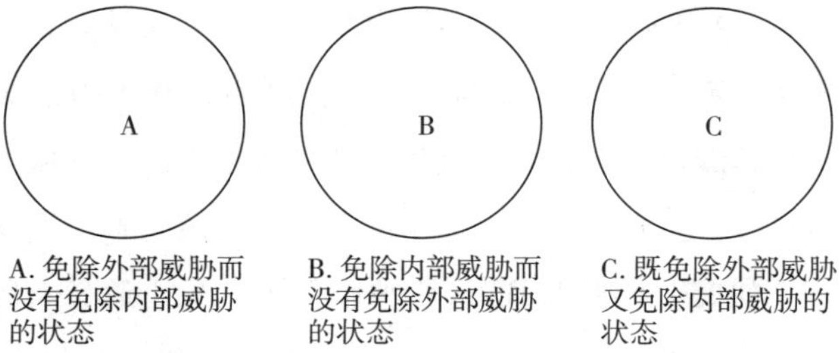

图1

在图1中，本来只有“C”才是“安全”的外延，但把“安全”定义为“免于外部威胁的状态”时，就不仅“C”是“安全”的外延，而且“A”也成了“安全”的外延。这就明显扩大了“安全”的外延。

事实上，类似问题还普遍存在于国家安全理论中的许多概念的定义之中。

但是，在国家安全理论的概念定义中，违背这条规则而犯“定义过宽”逻辑错误的，还是少数，更多的情况则是因为在定义中加了过量的限制词而增加了概念的内涵，从而减少了概念的外延，犯了“定义过窄”的逻辑错误。所谓“定义过窄”，就是定义项的外延小于被定义项的外延。例如，当我们说“商品是通过货币进行交换的劳动产品”时，就犯了“定义过窄”的逻辑错误，因为那些不通过货币而进行交换的劳动新产品，也是商品。我们在前面所举国家安全理论研究中的一些例子，多数是这种情况。

这里，我们再举一个例子。有人在谈到国家文化安全时，下了这样一个定义：“国家文化安全是指一个主权国家的文化价值体系免于遭受来自内部或外部文化因素的侵蚀、破坏或颠覆，从而很好地保持自身的文化价值传统，并在自愿自主的基础上吸纳和借鉴一切有益的人类文化精神成果并不断创新发展。”[4]这个定义明显不符合逻辑上“种差加属”的要求，因为它没有明确地给出“国家文化安全”的属概念。如果对此不加深究，仅就其可以作为“种差”的一段长长的限定词来看，也存在着许多导致“定义过窄”的问题。首先，种差中的一个限定是“主权国家”，就不恰当地把“国家文化安全”这个复合概念中包含的“国家”限定为“主权国家”，使定义项的外延必然要小于被定义项，犯了“定义过窄”的逻辑错误。当然，这种情况并不仅仅存在于这个定义中，在整个国家安全理论研究中，我们经常会发现一些人把“国家安全”这一概念中原本没有任何限定的“国家”限定为“主权国家”“民族国家”等，这同样违背了上述第一条规则，没有做到“定义项外延与被定义项外延全同”，从而犯了定义过窄的错误。其次，上述定义“种差”中的“文化价值体系”同样不合理地把“国家文化安全”这一复合概念中的“文化”限定为“文化价值体系”，这也必然导致“定义过窄”。这样的情况同样也存在于国家安全研究领域的其他一些定义中，以及超越国家安全研究的其他多数社会科学研究领域中。对此我们不得不怀疑，人们是不是觉得，要是不把一个简单的概念通过定义解释得复杂高深一些，就不足以说明我们是在“研究”问题？其三，“种差”中“免于遭受来自内部或外部文化因素的侵蚀、破坏或颠覆”的陈述，把“国家文化安全”限定为免于“文化因素”的侵蚀等，这就把各种“非文化因素”（如政治、军事、经济等不同的因素）对“国家文化安全”的侵蚀等，排除在威胁和危害国家文化安全的因素之外了，从而把免于这些方面的威胁和危害放在“国家文化安全”之外了，把仅仅是免除“文化因素”的侵蚀就认定为“文化安全”，而不是把同时免除“文化因素”和“非文化因素”的侵蚀才认定为“文化安全”，从而把“文化安全”的外延扩大了，又犯了“定义过宽”的错误。对此，图 2 可以给出比较形象直观的显示：

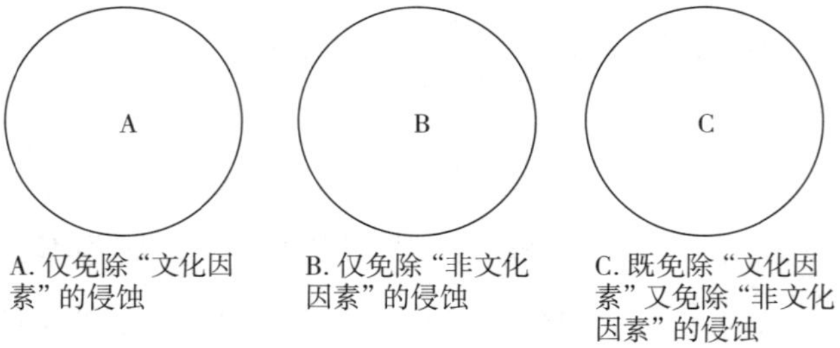

图 2

本来，只有既免除“文化因素”又免除“非文化因素”侵蚀的“C”才是“文化安全”的外延，但按照上述定义，必然使仅免除“文化因素”侵蚀的“A”也处于“文化安全”的外延之中，从而“文化安全”既包括了“C”又包括了“A”，从而扩大了“文化安全”的外延。

与如上不恰当的过度“限定”或过度“扩大”相关的另一个问题，是在定义的“种差”中用了许多没有任何逻辑作用的语词。这些“无用的赘语”，虽然对与该概念相关的问题的研究是十分重要的，甚至是必不可少的，但由于它们对概念外延没有任何限定或扩大的作用，因而在定义中则是完全没有必要出现的。这就是说，重要的问题，不一定都要放在一个概念的定义之中。例如，对安全的感觉、认识是安全研究中不可忽略的重要问题，但是我们并不需要因此而把对安全的主观感觉和认识等放在“安全”概念的定义中。

那么，人们在国家安全研究中，为什么会经常犯如此的逻辑或非逻辑错误呢？除了少数情况下是对相关问题研究不够深入，没有准确把握相关概念的内涵之外，多数情况则是因为缺乏必要的逻辑知识，不了解为什么要给概念下定义，也没有掌握下定义的逻辑方法。在一些人看来，对概念下定义就是要帮助人们对相关概念做出全面解释或理解，其实这种要求对于定义来说过高了。定义的目的仅仅是要帮助人们从内涵方面明确概念，而明确概念的一个最基本的标志就是人们在思想中能够把所定义的概念与其他概念区别开来，从而在客观上能够把该概念所指向的对象与其他对象区别开来，只要能够把一个概念与其他任何概念区别开，能够把一个概念代表的对象与其他任何对象区别开，这样的定义就是合格的、有效的。至于一个概念包含的丰富内容，则需要在进一步的理论阐述中逐渐展开，而不可能也不必要通过一个定义就完全解决问题。例如，商品具有二重性，还有其他一些特性，但这些在商品的定义中并不需要都包括进去，而只能在对商品及商品生产的进一步研究和说明中不断明晰起来。

当然，一个在逻辑上有效的定义，除了要符合上述规则外，还需要符合另外三条规则：定义不能循环，即定义项中不应直接或间接地包含被定义项，否则会犯“同语反复”或“循环定义”的逻辑错误；定义应为肯定，即除给否定概念下定义外，定义一般应是肯定的，否则就要犯“定义包含不应有的否定”的逻辑错误；定义项必须明确，即定义项必须用清楚明白的概念，不应用含糊不清的概念或语词，否则会犯“定义不清”或“以比喻代定义”的逻辑错误。如此等等，都是我们在研究国家安全理论，给相关概念下定义时，必须予以注意的。

三

除了上述涉及的概念，国家安全研究甚至实际工作领域还有更多的概念需要从逻辑上进行批判性清理。例如，我们现在经常说到“传统安全”和“非传统安全”，就是两个难成立的概念。再比如，人们在定义“安全”概念时，多数认为它既是一种客观状态，又是一种主观感觉，这不但在哲学上有问题，而且在逻辑上也站不住脚。如果从国家安全理论研究的角度对需要认真清理的概念列一个表，我们可以把其分为如下三个层次。

第一个层次，是国家安全基本理论中的概念。这些概念包括“国家”“利益”

“安全”“安全度”“安全感”“安全化”“国家利益”“国家安全”“国家秘密”“国家安全感”“国家安全观”“国家安全战略”“国家安全保障”“国家安全保障机制”“国家安全保障体系”等。

表面上看，这些概念都是清清楚楚的，但如果深入下去，却没有一个是已经在国家安全研究领域达成共识的。例如，国家安全研究中的“国家”，究竟是普遍性的国家，还是特定的“民族国家”，对此人们就有不同认识，甚至还有人在说到国家安全问题时，自觉不自觉地把国家限定为“主权国家”。再比如“安全”这个概念，它究竟是指一种客观状态，还是同时既指客观状态又指主观感觉，人们对此也有不同的看法，这就必然影响人们在对其下定义时选择什么样的概念作为“属”的问题。此外，还有我们现在经常看到的与“传统”和“非传统”相联系的一些关于安全问题的概念，除“传统安全”与“非传统安全”外，还有“传统安全观”与“非传统安全观”、“传统安全要素”与“非传统安全要素”、“传统安全威胁”和“非传统安全威胁”、“传统安全威胁因素”和“非传统安全威胁因素”等，不仅在人们使用它们时可能混为一谈，而且所谓的“传统安全”与“非传统安全”在汉语系统中本来就是不能成立的概念。事实上，“安全”作为一种客观状态，其本身并不存在“传统”与“非传统”的区别。能够区分为“传统”和“非传统”的，可以是“安全观”，也可以是“安全的构成要素”，甚至可以是“威胁安全”和“安全威胁的因素”等，但绝不是“安全”。对诸如此类的问题，只有从逻辑上进行严格的分析和批判，利用严格的科学方法进行“逻辑”加“实证”的剖析，才能最终形成比较科学的认识，形成比较科学的概念体系和定义。

在发表于《江南社会学院学报》2000 年第 3 期的《“安全”及其相关概念》中，笔者曾对“国家安全”一词中的“安全”概念作了初步探讨。后来，笔者又对这些年国内关于“安全”概念的不同认识和争论作了概括总结，写成《国内关于安全是否具有主观性的分歧与争论》一文，发表在《江南社会学院学报》2006 年第 2 期上，从语义和逻辑的角度对“安全”概念做了进一步的深入分析，并指出在此问题上一些误解和错误的根源所在。我们认为，虽然在语言学的意义上，对“SECURITY”做出具有主观性的解释是完全成立的，因为这一名词确定有这样的含义，但我们同时必须注意两点：一是这种解释仅仅适用于“SECURITY”，而不适用于“安全”，这两个语词是有差别的；二是这种解释仅仅是一种词典意义上的“释词”，而不是科学意义上的“定义”。这种以“释词”代替下“定义”的做法，在科学研究和逻辑方法上都存在着明显的错误，而且不仅在以汉语为工作语言的环境中是错误的，即使在以英语为工作语言的科学研究中也是错误的。

虽然对国家安全基本理论中的一些基本概念的探讨才刚刚开始，但却意义重大，而且必须不断深入下去，因为这是国家安全研究走向科学的基本要求和条件。如果做不到这一点，国家安全研究就只能永远停留在“经验”的层面上，而不可能成为科学。

第二个层次，是国家安全分支理论中的概念。所谓国家安全的分支理论，主要是指现在经常说到的国家经济安全学、国家军事安全学、国家文化安全学、国家科技安全学、国家信息安全学等研究领域，也包括从其他角度进行划分形成的国家安全研究的不同领域，如国家安全法学、国家安全保卫学、国际安全学、国内安全学、国家安全情报学、国家安全反间谍学等。这些不同分支学科或不同专业领域，除了要运用上述提到的国家安全普遍理论中的一些普遍概念外，还有自身的一些具有分支特点的学科或专业概念。例如，在国家军事安全学中，必然要涉及“军事”“国防”“军事安全”“国防安全”“军事情报”“军事工作”“军事安全保障”等一系列具有专业特色的概念。再比如，在国家安全情报学中，就必然涉及“情报”“公开情报”“秘密情报”“情报搜集”“情报传递”“情报编写”“情报人员”“特工”“间谍”“密写”“密点”“密取”“打入”“策反”“绑架”等概念。这些概念，都是国家安全研究领域会涉及的，更是国家安全学或国家安全理论相应分支学科或专业中必然要进行严格定义和论述的。

第三个层次，是我们在国家安全研究中提出的一些新概念。任何一门学科的形成和发展，都必然伴随着一系列新概念的出现，这其实就是相应对象在学科理论中“概念化”的结果。如果说现实世界的概念化是科学理论形成和发展的前提，那么国家安全现实的概念化就是国家安全理论和学科形成和发展的前提。国家安全研究是在“冷战”后越来越受到人们重视的，许多概念也是在“冷战”结束之后才逐渐出现的，现在和今后还会出现许多新的概念，因而可以说是一个需要新概念也正在产生新概念的新兴学科。正是在研究这样一个新学科中的基本问题时，我们也提出了一些新的概念，其中既包括作为学科建设必须解决的“国家安全学”“国家安全学科”“国家安全情报学”等，也包括一些涉及具体理论的“安全度”“国家安全度”“国家安全构成要素”“国家安全原生要素”“国家安全史前要素”“国家安全伴生要素”“国家安全派生要素”等。对于国家安全理论和学科来说，“概念化”进程才刚刚开始，复杂多变的安全现实和不断深入的安全研究，必然会催生更多的新概念。对此，国家安全研究人员需要有创新和宽容的勇气和态度，在本身积极主动创造出更多能够更好把握历史与现实的新概念的同时，也要对国内外同仁提出的新术语采取宽容和促进的态度。当然，任何新概念的提出和运用都要经得起逻辑和实践的考验，其中首要的是逻辑的考验。这就需要我们把逻辑作为工具，来分析这些概念的内涵和外延，并给出合乎逻辑且比较科学的定义。

参考文献

[1]高争气. 邓小平国家安全战略观[J]. 西安政治学院学报,1999(4):3-5.

[2]潘忠岐. 利益与价值观的权衡——冷战后美国国家安全战略的延续与调整[J]. 社会科学,2005(4):40-48.

[3]金钿. 国家安全论[M]. 北京:中国友谊出版公司,2002,34.

[4]严兴文. 试论国家文化安全的内涵、特点和作用[J]. 韶关学院学报:社会科学版,2007(2):138-141.

当代国家安全系统中的国家文化安全问题

（2011 年 4 月）

摘要：在当代国家安全系统的国家安全构成要素中，既有国民安全、国土安全、经济安全、主权安全、政治安全、军事安全等“原生要素”“传统要素”，也有文化安全、科技安全、生态安全、信息安全等“派生要素”“非传统要素”。国家文化安全是国家安全系统中的“派生要素”，也是当前备受关注的“非传统安全要素”。在最广泛的意义上，“文化”是一个与“自然”相对的概念，文化的本质是社会化，即社会化的过程与结果。国家文化安全的本质是一个国家文化传统的保持与延续，实质是国家的社会特征的保持与延续，关键则在于文化的先进性。从整体上看，有的文化类型会有先进与落后之别（如科学文化、技术文化、政治文化），有的文化类型则通常没有先进与落后之别（如饮食文化、服饰文化、艺术文化）。对于有先进与落后之别的文化类型来说，摒弃、归档和消解落后文化，选择、创造和拥戴先进文化，是保障国家文化安全的关键所在。对于没有先进与落后之别的文化类型来说，一方面要承继、保持、翻新、光大民族的传统文化，另一方面还要拥戴、创造、刷新、拓展民族的时代文化，这是保障国家文化安全的本质要求。当前我国文化安全领域，既存在着不能有力摒弃落后文化、追循先进文化的问题，也存在着过度引入异域文化、没有很好光大和创新本土文化的问题。

关键词：国家安全；文化安全；先进文化；文化的先进性

一、当代国家安全系统

国家安全是随着国家产生而出现的一种社会存在和社会现象。历史发展到今天，国家安全已经演变成为一个巨大的社会系统。对于当代国家安全系统，我们一直认为可以把其分为国家安全本身、影响国家安全的因素、危害国家安全的因素以及国家安全保障体系这样四个方面来认识。

就国家安全本身而言，我们在过去也一直强调它包括了国民安全、国土安全、经济安全、主权安全、政治安全、军事安全、文化安全、科技安全、生态安全、信息安全这样十个方面或十个构成要素。这些不同方面和要素，有的是传统安全观就已经给予充分强调和重视的，如国土安全、军事安全、政治安全、主权安全等，有的则是非传统安全观才给予强调和重视的，如国民安全、经济安全、文化安全、科技安全、信息安全、生态安全等；有些是传统的安全要素，也可以说是国家安全的“原生要素”，如国民安全、国土安全、经济安全、主权安全、政治安全、军事安全等，有些则是非传统的安全要素，也可以说是国家安全的“派生要素”，如文化安全、科技安全、信息安全、生态安全等。

在此需要注意的是，国家安全本身并不包括人们常常讲到的安全感或国家安全感、安全观或国家安全观、国家安全机构、国家安全活动等，也不包括各种影响国家安全的因素、各种危害国家安全的因素。

事实上，各种影响国家安全的因素正是构成国家安全系统的第二个方面。总的来说，影响国家安全的因素包括自然因素和社会因素两个方面。在自然因素方面，国土面积、地理位置、自然资源、气候条件、人口数量等，都会以不同的形式、不同的方式在不同方向和不同程度上影响到国家安全及其各个构成要素。在社会因素方面，国家安全既会受到时代主题、世界格局、国际秩序、邻国关系等变化不定的因素的影响，也会受到国家内部的政治制度、大政方针、国民素质、民族宗教、传统文化等因素的影响。这些因素对国家的影响，甚至是同一因素在不同情况下对国家安全的影响，在方式、方向、程度等方面都是十分复杂和多变的：有时是积极的、有利的影响，有时是消极的、不利的影响；有时是直接的影响，有时是间接的影响；有时影响较大，有时又影响较小。若从内外两方面来看，影响国家安全的因素又可以分为内部因素和外部因素两个方面。内部因素是指存在于一个国家内部的影响本国安全的因素，其中既包括社会制度、政治体制、大政方针、法律法规、传统文化、国民素质、民族、宗教等社会因素，也包括人口、地理、资源、气候等自然因素。外部因素是指处于一个国家之外而影响该国安全的因素，其中既包括时代主题、世界格局、国际形势、地区安全、周边环境等社会因素，也包括他国自然因素、全球生态环境、外层空间环境等自然因素。当然，我们也可以首先从社会与自然两个方面来划分影响国家安全的因素，从而把国家安全环境分为社会环境与自然环境两大类，其中的社会环境包括国内外的各种社会因素，自然环境则包括国内外的全球性自然因素。

影响国家安全的因素具有正反两方面作用，即积极的作用和消极的作用。正是因为这些因素对国家安全的影响具有这样两个广大的可比性，所以才把其称为“影响国家安全的因素”，并以此与下面的“危害国家安全的因素”相区别。事实上，对这些影响国家安全的因素来说，它的消极作用如果发展到一定程度，就会直接危害到国家安全，成为危害国家安全的因素。危害国家安全的因素不仅包括某些影响国家安全因素消极方面的极端表现，更包括那些具有明确目的的社会威胁和危害，如军事侵略、政治颠覆、间谍破坏等。这就成为构成当代国家安全系统的第三个大的方面，即危害国家安全的因素。危害国家安全的因素同样可以分为自然和社会两方面，这就是中国传统文化中所说的“天灾”和“人祸”，其中的天灾主要有洪、涝、旱、震、虫、疫、火等自然灾害，而“人祸”则包括中国传统语言系统所说的“内忧”与“外患”，其中“内忧”包括内战、内乱、分裂、破坏、极端主义、分裂主义、国内恐怖活动等，“外患”则有军事入侵、政治颠覆、文化渗透、隐蔽行动、国际恐怖主义、国际武器走私等。

国家安全系统的第四个大的方面是国家安全保障体系。国家安全保障体系是由那些以保障和强化国家安全、提高国家安全度为客观目的的各种思想、观念、制度、规章、法律、组织、机构、措施、活动等构成的社会系统。从大的方面看，国家安全保障体系可以分为保障机制与保障活动两个主要方面。在历史上，国家安全保障活动要早于国家安全保障机制。国家安全保障活动可简称国家安全活动，是以保障国家安全为目的的各种社会行为的统称。为了应对威胁和危害国家安全的各种因素，有效保障国家安全，最大限度地提高国家的安全度，国家采取了包括政治、军事、经济、文化、外交等各种手段和行动，从而构成了各种以实现国家安全为目的的国家安全活动，其中既包括公开的政治、军事、治安、外交等方面的活动，也包括隐蔽的间谍情报活动；既包括战争、镇压、监禁、流放、驱逐、谍战等在内的各种“硬手段”，也包括经济、宣传、教育、公关、变革、创新、外交等在内的各种“软手段”。为了使这些不同的国家安全活动和手段更有效，大多数国家还建立了各种专门化的国家安全机构，其中主要有军队、警察、法庭、监狱、情报、反谍、保密、保卫、外交等专门机关。与此同时，经济、贸易、文化、教育、科技、体育等机构或部门，在保障国家安全方面也负有不同形式的责任。这些专门机构和非专门机构，都可称作保障国家安全的“硬件”。此外，各国以保障国家安全为目的建立起来的国家安全制度、体制、法律、法规、政策、理论、观念、战略等，则可称作保障国家安全的“软件”。这些用以支撑国家安全保障活动的硬件和软件的统一，就是国家安全保障机制。

对于包括如上四个方面的当代国家安全系统，可以大致图示如下：

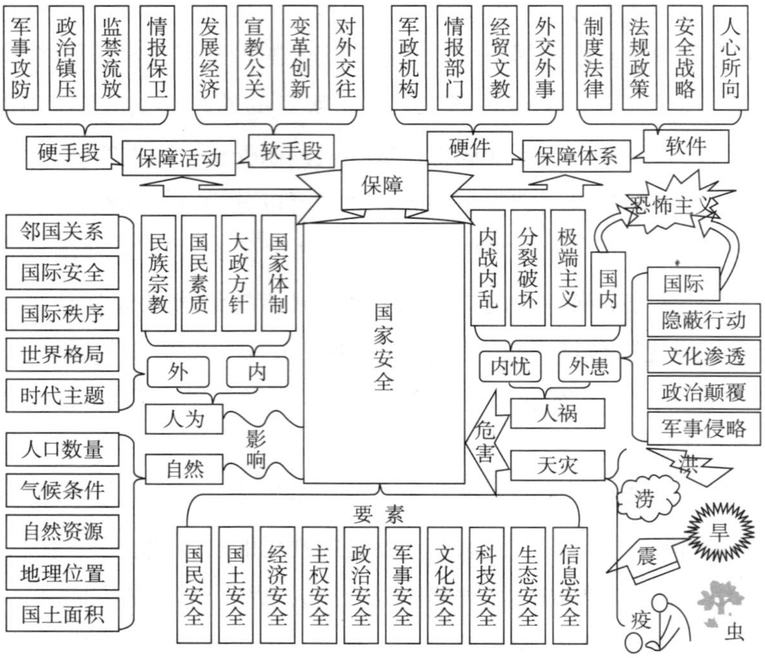

二、文化安全及文化在国家安全系统中的地位

在上述所论和所示的国家安全系统中，文化安全及更广泛的文化问题，都占据着其独特的地位。在当代国家安全构成要素中，文化安全是不可或缺的一个方面；在影响国家安全的要素中，文化对整个国家安全的多重影响也是一种事实存在；在威胁和危害国家安全的要素中，以往的“文化侵略”和如今的“文化渗透”“文化霸权”“文化帝国主义”都是不容忽视的内容；在国家安全保障体系中，文化机构和文化活动都具有其独特的作用和意义。

对于前述的国家安全十大构成要素，我们把其分为“原生要素”和“派生要素”两类。国家安全的原生要素，也就是常说的非传统安全要素，是指那些在国家出现时就已经出现并显现出重要作用的国家安全构成要素，其中既包括传统安全观已经十分关注和强调的军事安全、政治安全、国土安全、主权安全等，也包括传统安全观没有给予特别关注而非传统安全观才给予揭示和强调的要素，如国民安全、经济安全。

非常明显，我们在这里把“传统安全要素”与“传统安全观强调的要素”作了区别。传统安全观关注和强调的要素，肯定都是传统安全要素或曰原生安全要素，但是传统安全要素或曰原生安全要素，并不一定都受到传统安全观的关注和重视。因此，国民安全和经济安全虽然都是传统安全要素或曰原生安全要素，但却不是传统安全观关注和强调的要素，而是在20世纪后期非传统安全观兴起后才被关注和重视的。与此不同，“文化安全”是国家安全构成要素中的“派生要素”“非传统要素”，也是在非传统安全观中才受到关注和重视的要素。

文化安全虽然是派生的和非传统的安全要素，但其本身和它包括的具体内容在以往历史上没有任何痕迹可循。事实上，作为国家文化安全的具体内容，语言文字安全、风俗习惯安全、价值观念安全、生活方式安全等，在历史上也是存在的，只不过不像今天这样突出和重要罢了。只有在军事安全、政治安全等传统安全问题相对隐退的今天，文化安全这一在历史上经常被军事和政治遮蔽了的安全要素，才突出地显露出来，并被人们给予了特别的强调。因此，我们把文化安全看作是当代国家安全体系中国家安全构成要素中非传统的安全要素、派生的安全要素。这可以说是对国家文化安全在当代国家安全系统所处地位的最基本的描述和定位。

虽然上述当代国家安全系统图示，并没有按政治、军事、文化这样一种划分方法来划分影响国家安全的因素，而是在把影响国家安全的影响分为自然和社会两个方面的基础上，把社会因素分为内部因素和外部因素两个方面，但是，影响国家安全的社会因素，无论是内部的还是外部的，都在无形中包括或渗透着文化因素。例如，作为影响国家安全的内部因素之一的国民素质，就不仅包括了国民的身体素质、心理素质，而且还包括了国民的文化素质，而国民的文化素质必然通过国民的言论行为，直接或间接、正向或反向、较强或较弱、较多或较少地对国家安全产生不同方面、不同形式、不同程度的影响。即使在传统安全问题和传统安全观占据主导地位的过去几千年的历史上，即使在军事手段被视为且事实上也正是保障国家安全的第一手段的过去几千年的历史上，服役当兵的国民作为保卫国家安全的军队主体，不仅其身体素质会影响到部队战斗力，从而影响到国家安全，而且其文化素质也会影响到部队的战斗力，影响到国家安全。故此，毛泽东在战争年代曾经指出：“没有文化的军队是愚蠢的军队，而愚蠢的军队是不能战胜敌人的。”今天，我们也可以据此指出：没有文化的国民是愚蠢的国民，而愚蠢的国民是不能保障国家安全的。相反，一个国家的国民如果普遍地具有较高的文化素质，或者说具有比其他国家的国民更高的文化素质，那么他们就会比其他国家的国民更能在保障自己国家的安全中发挥更多更大的作用。当然，在国民的文化素质之外，文化对国家安全影响在各种影响国家安全的内外因素中都普遍存在着，但这里不一一展开论述。

与在影响国家安全的因素中没有直接列入文化因素不同，在威胁和危害国家安全的因素中，上述国家安全系统图示则直接列出了一个文化因素，即“文化渗透”。但是20世纪初，中国人反对外来文化时，并没有用“文化渗透”，而是用了“文化侵略”一词。当时中国知识界和政治界讨论帝国主义列强对中国的侵略时，不仅经常用到“军事侵略”“政治侵略”这样的概念，而且还提出并使用了“文化侵略”这一概念。在20世纪20年代以“非基督教运动”为标志的“反文化侵略”运动中，“文化侵略”一词开始被反对文化侵略的中国先进知识分子和政治领袖提出和使用，其中包括中国共产党人瞿秋白、恽代英、毛泽东等。1923年7月，瞿秋白以笔名屈维它发表了《帝国主义侵略中国之各种方式》的长文，明确提出“帝国主义的步骤：一、强辟商场，二、垄断原料，三、移植资本，四、文化侵略”。这是我们目前能够见到的最早的“文化侵略”一词。1926年6月30日，恽代英在《广东青年》1926年第4期上，发表了题为《反对帝国主义的文化侵略》一文，对文化侵略进行了专门的深入研究和探讨。在这篇文章的第一部分，作者就用了“何谓文化侵略”这样一个标题，并且接着就指出：“我们说的文化侵略指的是帝国主义者一种软化驯服弱小民族的文化政策。”

通过如上这些表述，我们一方面可以看到当时知识精英和革命分子反文化侵略的努力，但另一方面也发现，当时的“文化侵略”一词主要是指“利用文化进行侵略”，而且侵略对象主要不是文化，甚至根本就不是文化，而是国家，是国家的主权、领土、安全等，因而它不同于人们今天理解的以文化为侵略对象的文化侵略，即“进行文化方面的侵略”或“对文化的侵略”。只有在后一种含义上，“文化侵略”直接危害的是对象国的文化，这当然也间接危害到国家的主权、领土、政治、经济、军事等，而在前一种含义上，“文化侵略”直接危害的是国家的主权、领土、政治、经济、军事等，它只是同时也间接地危害了对象国的文化。因此可以说，20世纪20年代人们提出的“文化侵略”概念并不是一个与“文化安全”相对应的概念，而是一个与“民族安全”“国家安全”相对应的概念。用这种含义的“文化侵略”概念来反对文化侵略，并不一定是要维护中国的文化安全。事实上，当时那些激烈指责西方“文化侵略”的人，多数也对中国传统文化十分不满，也是反传统文化的人，因而并不是要维护中国文化的安全，而是反对西方传教士通过传播西方基督教文化为西方国家侵略中国服务。

但是到了今天，“文化侵略”已经成为一个与“文化安全”相对应的概念，反对文化侵略的直接目的就是要维护国家的文化安全。同时，人们也越来越多地使用“文化渗透”“文化霸权”“文化帝国主义”等新语词，而不再怎么使用“文化侵略”这个旧概念。但是，无论是赤裸裸的“文化侵略”，还是遮遮掩掩的“文化渗透”，以及以势欺人的“文化霸权”和“文化帝国主义”，都是对他国文化安全甚至整体国家安全的一种威胁和危害。当然，由于文化的复杂性，特别是文化侵略、文化渗透等的主观目的与客观结果之间错综复杂的关系，使我们在评价这些历史现象时，要更多地运用辩证思维，而不宜从头到尾全盘否定。显然，对文化渗透的全面辩证评价，本文是不可能完成了。

文化在当代国家安全系统的地位，不仅表现在文化安全是国家安全的派生要素或非传统要素，也不仅表现在文化会影响到国家安全、文化渗透等会危害到国家安全，而且还表现在文化建设和文化活动等还是保障国家安全的重要环节。在上述国家安全系统图示的“国家安全保障体系”中，“文教”机构已被明确列在“国家安全保障机制”的“硬件”中。这说明，文化教育机构，是国家安全保障机构不可或缺的硬件之一。事实上，无论是战争时期还是和平时期，文化教育机构都在文化教育领域承担着维护和保障国家安全的职责。此外，虽然上述图示在国家安全保障机制的“软件”中没有明确列出文化方面的内容，但文化不仅渗透在上述列出的国家制度、安全体制、国家安全法治、国家安全战略、国民人心等方面之中，而且作为一个独立的社会要素也在保障国家安全中发挥着深层次的重要作用。当潜在的“文化力”转变为不同形式的文化活动和文化工作时，便会成为保障国家安全的重要力量。事实上，国家安全保障活动除了种种“硬手段”之外，其包括的各种“软手段”都以文化作为根基，而且国家安全的文化保障活动更是一支不可忽略的独立力量。

三、有关国家文化安全的几个具体问题

在最初研究“国家文化安全”问题时，我们不仅对在整个国家安全系统中处于极端重要地位的“安全”一词的“西化”解释感到不满，而且对包括“文化研究”在内的众多学科众多学者关于“文化”的林林总总的定义和解释也感到迷惑，因而就力图从语言和逻辑的角度对“安全”“文化”等概念做出比较严密的分析。正是在这一过程中，我们形成了发表于《北方论丛》1999 年第 3 期上《文化就是社会化——广义“文化”的逻辑批判》一文中的“文化”定义，以及发表于《江南社会学院学报》2000 年第 3 期上《“安全”及其相关概念》一文中的“安全”定义。后来，在 2002 年内部版《国家安全学基础》和 2004 年公开版《国家安全学》中，我们都使用了相应的“文化”定义和“安全”定义。再后来，发表于《江南社会学院学报》2006 年第 6 期上的《国内关于安全是否具有主观性的分歧与争论》一文，对“安全”概念做出了更深入的研究。

基于如上所述比较深入的研究和探讨，我们认为，在最广泛的意义上，“文化”是一个与“自然”相对的概念，因而“文化”概念可以定义为：文化就是社会化的

过程与结果。当然，在非定义的形式上，我们也可以更简洁地说：文化就是社会化。

至于“安全”概念，国内学者的认识目前有两种倾向，一是根据在国际上具有语言霸主地位的英文来解释和定义，或者直接引用以英文为工作语言的西方学者的观点来解释和定义；另一种则是根据汉语语词和逻辑要求来解释和定义，并且认为这种定义和解释才具有科学性。我们认为，虽然在语言学的意义上，对“SECURITY”做出具有主观性的解释是完全成立的，但这种解释仅仅适用于“SECURITY”，而不适用于“安全”，并且这种解释仅仅是一种词典意义上的“释词”，而不是科学意义上的“定义”。这样一种以“释词”代替“定义”的做法，在科学研究和逻辑方法上都是明显错误的，而且不仅在以汉语为工作语言的环境中是错误的，即使在以英语为工作语言的科学研究中也是错误的。我们一直坚持并自以为是的“安全”定义，是既排除了“安全感”等主观性，又排除了“安全活动”“安全机构”等的“客观状态说”。具体来说，我们认为，安全就是没有危险的客观状态，其中既包括外在威胁的消解，也包括内在疾患的消解。

当然，定义了“文化”和“安全”，并不等于定义了“文化安全”。“文化安全”虽然是由“文化”和“安全”组成的复合概念，但把“文化”定义和“安全”定义简单相加并不能形成合理的“文化安全”定义。其实，“文化安全”这个语词，在汉语中是20世纪90年代末期才出现的。通过对CNKI数据库的检索，我们发现在其所收的所有文献中，1998年才有一篇文章的内容中出现了“文化安全”一词。到了1999年，上述数据库中则出现了75篇文内包含“文化安全”一词的文献，同时有两篇文章在标题中出现了“文化安全”，且都是专门探讨文化安全问题的学术文章，其中一篇是林宏宇1999年8月发表在《国家安全通讯》第8期上的《文化安全：国家安全的深层主题》，另一篇是朱传荣1999年12月发表于《江南社会学院学报》第1期（该刊创刊号）上的《试论面向21世纪的中国文化安全战略》。2004年，在中国政法大学出版社出版的《国家安全学》一书，我们在第11章中即以“文化安全”为题专门讨论了“文化安全”特别是“国家文化安全”问题。

事实上，文化安全的主体并不只有“国家”，个人以及任何一个社会群体，都是“文化安全”的适当主体。因此，不仅当前被广泛讨论“国家安全文化”概念可以合理合法地存在，而且当前没有被广泛关注的“个人文化安全”“村落文化安全”“地区文化安全”“人类文化安全”等，也可以合理合法地存在于不同的社会生活领域和学术话语圈内。但是，就国家作为主体的“国家文化安全”来说，其本质就是一个国家文化传统的保持与延续，实质是国家的社会特征的保持与延续，关键则在于文化的先进性。所谓“国家文化安全的本质”，就是指国家文化安全与其他方面安全问题最根本的区别，这种区别就在于一个国家文化传统的保持与延续。虽然文化安全的衡量标准并不是传统文化保持与延续的多少与久暂，但传统文化的保持与延续又确实是文化安全的本质所在，既是文化安全与其他安全的明显区别，又是文化安全与文化不安全的根本区别。进一步来说，由于“文化就是社会化过程与结果”，因而文化传统的保持与延续实际上就是一个国家社会特征的保持与延续。但是我们在此必须强调，无论是传统文化的保持与延续，还是社会特征的保持与延续，都并非所有的或者说每一种传统文化和社会特征都不得不保持与延续，而是说总有某些方面特别是主导方面的传统文化和社会特征得以保持与延续。只有在这种情况下，文化才是安全的，否则文化就是不安全的。

另外一个与国家文化安全甚至整个国家安全及其包括的其他方面的安全都息息相关的一个理论问题是，安全并非总是好的。对方的安全可能会给自己造成威胁，因而对方的安全对自己来说可能是不好的，这一点还不是“安全并非总是好的”的根本所指。“安全并非总是好的”主要是指主体自身的某些方面或某种程度或某个层次的安全，对主体来说并不一定总是好的。就国家文化安全来说，一个国家传统文化并不都是符合时代发展要素和人性需要的，因而这样的文化处于安全状态对这个国家特别是这个国家的国民来说就不是好事。例如，中国有妇女裹小脚的文化传统，但这样一种传统文化的安全，对近代中国及中国国民特别是中国女性国民来说，就绝对不是好事。在我国的传统文化中，这样的糟粕并非少数，而是大量存在着，它们的安全，对我们国家及国民的整体安全和发展，都不是什么好事，因而是不应该安全的。因此，国家文化安全在本质上是传统文化的保持与延续，但传统文化的保持与延续并非都是好事，并非都是积极的和值得肯定的。也就是说，国家文化安全并不是在任何意义上都是好的，而只是说在整体上是国家安全和发展所需要的，在整体上是好的。这是一个问题的两个方面，也是我们在思考和研究国家文化安全时必须注意的重要问题。

为了更深入理解国家文化安全，我们认为有必要从国家文化安全研究的需要出发，把文化分为这样两类，一类是有先进与落后之别的文化（如科学文化、技术文化、政治文化等），另一类是没有先进与落后之别的文化（如饮食文化、服饰文化、艺术文化等）。这种分类虽然也存在着许多其他更为复杂而需要深入探讨的问题，但我们在此不可能继续深入下去，而仅仅就此提出对国家文化安全来说还比较有意义的一个观点，这就是：对于有先进与落后之别的文化类型来说，摒弃、归档和消解落后文化，选择、创造和拥戴先进文化，是保障国家文化安全的关键所在；对于没有先进与落后之别的文化类型来说，一方面要承继、保持、翻新、光大民族的传统文化，另一方面还要拥戴、创造、刷新、拓展民族的时代文化，这是保障国家文化安全的本质要求。就选择、拥戴先进文化而言，我们的原则是“英雄不问出处”，即无论一种先进文化是先由本国创造的，还是先由他国发明的，我们都应该从国家文化安全和整个国家安全的高度来加以吸收和运用，使其成为本国文化中的有机组成部分。对此，我们早已指出：一个国家只有在与其他国家，特别是发达国家的文化交流中，在不断吸收世界先进文化并改造民族文化以保持自身文化具有一定程度的先进性的基础上，才可能真正获得自身的文化安全。保持一定程度的文化先进性，是保障国家文化安全的关键。文化的先进性程度越高，文化的安全度也就越高。

然而令人遗憾的是，在当前我国的文化安全领域，既存在着不能有力摒弃落后文化、追循先进文化的问题，也存在着过度引入异域文化、没有很好光大和创新本土文化的问题。就前一方面来说，有些人以反对“文化帝国主义”，反对“文化侵略”，反对“文化渗透”，反对“西化”，反对“普世价值”等名义，把在其他国家特别是西方国家首先形成的一些先进的文化成果，特别是先进的政治文化成果，拒之于国门之外，并且还经常对相反的主张和做法给予学术和非学术的排挤和打击。就后一方面来说，许多我国传统的优秀文化，例如语言文字，在一些国际文化交流或其他交流的场合，被一些人甚至一些大人物抛之脑后，而不适当地一味追捧外来的洋文化，例如在可以或应该使用汉语的国际场合，偏偏不使用汉语而非要使用英语。其实，在我们国内的某些场合，例如外交部的记者招待会上，就不仅要使用汉语，而且完全可以不提供英文翻译，而迫使进入我国的外国记者学习和使用汉语，以利于汉语文化的传播以及我国文化安全的保障。同样，在我国的学术期刊上，以及由我国主办的国际学术会议上，也应该把汉语作为主导语言。如此的一些做法，将有利于保障和维护我国的文化安全。

参考文献

[1]刘跃进. 全方位认识国家安全[J]. 中共中央党校学报,2002(3).

[2]刘跃进. 试论国家安全学的对象、任务和学科性质[J]. 山西师大学报(社会科学版),2003(2).

[3]刘跃进. 国家安全学[M]. 北京:中国政法大学出版社,2004.

[4]马振超. 关于设置国家安全专业的几点思考[J]. 江苏警官学院学报,2007(2).

[5]毛泽东. 文化工作中的统一战线[M]//毛泽东选集:第三卷. 北京:人民出版社,1991.

[6]屈维它(瞿秋白). 帝国主义侵略中国之各种方式[M]//瞿秋白文集. 北京:人民出版社,1988.

[7]陶飞亚. “文化侵略”源流考[J]. 文史哲,2003(5).

[8]恽代英. 反对帝国主义的文化侵略[M]//恽代英文集. 北京:人民出版社,1984.

恐怖主义概念的定义困境及法律规定的合理程序

（2011年10月）

摘要：“恐怖主义”定义汗牛充栋，各界人士深受困扰，其中既包括“外延之困”，也包括“内涵之困”。为了解开这一困扰，需要把“恐怖主义”定义分解为不同类型来分析。从大的方面说，“恐怖主义”可分为“语词定义”和“实质定义”两类。语词定义是对“恐怖主义”语词的词典解释，容许根据其在自然语言中的不同运用进行不同的解释，写出不同的义项。实质定义有描述定义与规范定义的区别。描述定义是科学定义，所定义的对象是描述性概念（描述概念），但“恐怖主义”不是一个纯粹的描述概念，而是一个兼具描述、评价、规范三重功能的概念，因而不可能得到一个科学的描述定义。包括伦理学、政治学、法学在内的任何社会科学，也包括自然科学，都不可能给“恐怖主义”一个科学定义。但是，不可能给出科学定义的“恐怖主义”，却可能给出一个规范定义。尽管由于人类价值观的不同，以及道德的非强制性、政治的多样性，因而使人们给“恐怖主义”下一个统一的道德定义和政治定义都成为不可能，但法律在传统上具有的强制性和统一性，使人们可能在法律上形成一个统一的“恐怖主义”定义。然而重要的是，现代文明社会和文明世界对专制的拒绝和对民主的承当，使得原来具有强制性和统一性的法律，同时包含了或暗含着民主性和合约性，这就使人类在对“恐怖主义”下一个统一的法律定义或给出统一的法律规定时，需要经过相应的民主程序，这其中既包括国内的民主程度，也包括国际的民主程序。人类要最终给“恐怖主义”下一个统一的法律定义，在国际法上形成普遍认可的“恐怖主义”概念和“恐怖主义犯罪”概念，就必须促进国际关系民主化，采取更广泛的民主措施和民主程序，最大限度地降低强势力量对国内法律和国际公约的单方面主导，使国内国际的弱势力量的生存状态和价值需求能够在最终形成的有关恐怖主义的法律条款中得到更多的体现。这不仅有利于从法律特别是国际法上解决恐怖主义概念的定义问题，而且有利于在现实中消除恐怖主义生存的土壤，从而在根本上解决恐怖主义问题。

关键词：恐怖主义概念；科学定义；法律定义；国际法；民主程序

一、“恐怖主义”定义的多与困

自20世纪80年代亚里克斯·施米德和埃尔伯特·庄曼在其合著的《政治恐怖主义》一书中统计分析了1936年至1983年间的109个“恐怖主义”定义[1]之后，人类给出的“恐怖主义”定义至少又有了成倍的增长。每一个在其论著中涉及恐怖主义的教授、博士，甚至大学生，都很难克制给“恐怖主义”下一个“自己的定义”的欲望。在中国，随着“9·11”事件后研究、涉及、关注恐怖主义问题人数的突然而迅速的增长，散布于各类学术论著、报刊文章中的“恐怖主义”定义不计其数。

但是，“恐怖主义”定义数量的这种增长，不仅不表明我们离“恐怖主义”定义问题的最终解决越来越近，相反使我们觉得目标变得更加遥远，甚至使我们陷入一种深深的困顿之中。

因此，我们既不想在众多的“恐怖主义”定义之后再增加一个自以为是而绝难取得共识的“自己的”新定义，也无力对世界上目前究竟有多少各不相同的“恐怖主义”定义做出自己的新统计，而只试图在思考当前这种困境及其原因的基础上，对如何定义“恐怖主义”概念做一些方法论上的探讨，并就法律方面的“恐怖主义”概念的统一规定问题提出几条建议。

从概念定义的逻辑角度来看，“恐怖主义”定义面临的困境既有“内涵之困”，也有“外延之困”。这里先从外延说起。

众所周知，以色列总是将巴勒斯坦某些激进的甚至是非激进的组织及其言行称为“恐怖主义”，放在“恐怖主义”的外延之中，同时又把自己的某些相应行为称为是打击恐怖主义或打击犯罪而排除在“恐怖主义”的外延之外；相反，巴勒斯坦相关组织则把以色列的某些政府组织（如情报机关或军队）甚至把以色列政府及其某些相应行为称为“恐怖主义”，放在“恐怖主义”的外延之中，同时又把自己那些被以色列称为恐怖主义的组织或言行归为“正义”，说成是对占领的反抗，因而排除在“恐怖主义”概念的外延之外。

历史上曾出现过的是，美国曾长期把曼德拉列为“恐怖分子”，但我们知道，以争取黑人权利著名的曼德拉，虽然被当局关了27年，但他却在1993年获得了诺贝尔和平奖。2001年“9·11”事件后，美国以强化反恐为借口，仍不愿将曼德拉和“非国大”从恐怖名单上删除。因此，尽管曼德拉领导的反种族隔离斗争得到世界公认，并担任过南非总统（1994—1999），但他的名字却长期留在美国的恐怖主义名单上，直到2008年，在曼德拉90岁生日到来前，美国国会才批准了一项议案，将曼德拉从美国的“恐怖分子名单”中删除。这就使人们不得不问：曼德拉究竟是不是恐怖分子，他本人及其领导的“非国大”究竟应不应该划入“恐怖主义”外延之中？

还有，美国这些年不断把一些国家、组织、个人与恐怖主义联系起来的时候，也有一些国家、组织、个人认为美国在实行国家恐怖主义。相关的最新例证是：2010年1月3日美国政府下令加强对入境国际航班乘客进行安全检查时，把14个国家列入“资助恐怖主义国家”或“有恐怖主义倾向的国家”，其中被美国国务院列为“资助恐怖主义国家”的有伊朗、苏丹、古巴和叙利亚这4个国家，被美国政府一名高级官员称为“有恐怖主义倾向的国家”或“利害关系国家”的有阿富汗、阿尔及利亚、伊拉克、黎巴嫩、利比亚、尼日利亚、巴基斯坦、沙特阿拉伯、索马里和也门这10个国家。与此相反，不仅一些被美国列为“恐怖主义”的国家、组织和人物经常会指责美国为“国家恐怖主义”，而且作为美国公民的著名语言学家乔姆斯基对美国的“恐怖主义霸权统治”也做过这样的论述：“主要的国际恐怖主义的来源是世界上的强权，实际上是以美国为首的世界上的强权。”[2]他还引用美国陆军手册关于恐怖主义的这样一个定义作为根据：“恐怖主义就是有预谋地使用武力，或者是威胁使用武力，用来达到营造一种恐怖气氛的目的，通过这样的手段威胁或者逼迫一个国家或社会就范。”[2]甚至早在2001年“9·11”事件发生当月，乔姆斯基在自己的《9·11》一书上市时就说：“美国本身便是头号恐怖主义国家”。[2]那么，究竟应该根据美国政府的认定来划定恐怖主义的外延，还是应该根据美国著名公民和学者乔姆斯基的说法把美国也列入“恐怖主义”名单之中？

甚至在联合国，哪些行为是恐怖主义，哪些行为要排除在恐怖主义之外，也是一个争执不休的问题。从20世纪60年代初开始，联合国就关注恐怖主义问题，到目前为止已就打击劫机、爆炸、劫持人质等恐怖主义行为制定了10多项专门公约和议定书，涵盖了大量具体的恐怖主义行为，但却还是没能通过一项包含明确的恐怖主义定义的全面公约。自1996年联合国大会根据印度提案成立特设委员会制定包含恐怖主义定义的《关于国际恐怖主义的全面公约》，到2000年2月联合国大会第55届会议期间印度提出《关于国际恐怖主义的全面公约草案》，一直到今天，人们期望的全面定义也没能出台，其中的重要原因就是人们对“恐怖主义”外延的划定有不同认识，一是“恐怖主义”外延是否应包括国家对平民使用武力的国家恐怖主义，二是“恐怖犯罪”外延是否应明确将民族解放运动排除在外。《公约草案》第18条为“排除条款”，就是要把一些行为排除出公约涵盖范围以便通过，其中已经写进草案共有两种：一种是由特设委员会谈判协调员提出的，主张把武装冲突中武装部队的活动以及一国军队执行公务的活动，排除出全面公约的涵盖范围，理由是这两方面的活动受到国际人道主义法和其他国际法的管辖；另一种是由伊斯兰会议组织提出的，要求将武装冲突中“包括外国占领情况下各方”的活动都排除出公约的约束范围。但是，这一文案遭到了伊斯兰世界和许多发展中国家的反对，伊斯兰会议组织还向特设委员会提交了排除条款的修正案，认为为获得民族解放与自决而进行的反抗外国占领、侵略和殖民的武装斗争不应被视为恐怖主义行为。同时，伊斯兰国家还坚持认为，一国军队违反国际法的行为，如在冲突中滥杀无辜平民，也应是全面公约应予追究的行为，即所谓“国家恐怖主义”。[3]

非常明显，在“恐怖主义”成为一个“脏词”的当今世界，在那些被“国际社会”普遍认定为确定无疑的恐怖主义者也坚决否定自己是“恐怖主义”的情况下，在国际上某些强势力量做出某些不甚检点的暴力行为时被他人称为“国家恐怖主义”而当事国绝不承认的情况下，在敌对力量之间彼此互骂对方为“恐怖主义”的情况下，在人人都想把“恐怖主义”这顶帽子扣到敌对者或对立者的头上的情况下，确定“恐怖主义”概念外延首先就遭遇了严重挑战，陷入了纷争不断的困境之中。不仅不同国家、国家集团为此争论不休，而且事实上属于不同国家、不同民族、不同人群、不同阶级的专家学者，对此也有不同的立场和观点。因此，在“恐怖主义”概念外延上，人们虽然能够对某些具体行为是否属于恐怖主义达成一致，但对另外一些行为是否属于恐怖主义则又无法达成一致，因而还不可能就“恐怖主义”概念的外延达成完全一致。

与人们对“恐怖主义”概念外延存在不同认识相应，在如何从内涵方面定义“恐怖主义”概念的问题上，人们也没有取得一致意见。事实上，如果一个概念的外延无定，那么这个概念的内涵就不会清楚。

从逻辑学关于概念定义的理论上看，概念的内涵是人类思维对概念所指对象之特有属性的反映，因而概念的内涵问题是本质上就概念所指对象的特有属性的问题。对于“恐怖主义”概念来说，其所指对象的特有属性究竟是什么，或者说究竟应该包含一些什么，人们迄今也还没有形成统一认识。

前面提到的西方学者亚里克斯·施米德和埃尔伯特·庄曼在其合著的《政治恐怖主义》中，不仅统计出1936年到1983年40多年间的109个“恐怖主义”定义，而且还分析了这109个定义中22个要素，并计算出它们出现的频率，这其实就是对那些定义认定的“恐怖主义”概念内涵的统计分析。在这种统计分析的基础上，作者想通过把前人定义中涉及的合理要素都放到他们的新定义之中，也就是把这些要素都作为“恐怖主义”概念的内涵，从而形成一个新的全面的定义，结果就出现了这样一个非常冗长的定义：“恐怖主义是一个令人不安的、重复暴力行为的方法，由

（准）秘密的个人、团体或者国家行为者为了特殊的、犯罪的或者政治原因而使用，它不同于暗杀，直接的施暴对象并非其主要目标。暴力的直接牺牲者一般是任意选择的（随机的目标），或者从目标人群（有代表性或者象征性的目标）中挑选的并作为一个消息的发生器。在恐怖主义者（组织）、（危险中的）被害人和主要的目标（观众）之间基于威胁和暴力的信息传递过程，被用于操纵主要目标（受众），将其变成恐怖的目标、需要的目标，或者注意的目标，这取决于威胁、胁迫或者宣传是否是其主要追求的目的。”这样的定义不仅与科学逻辑要求的“简明”相去甚远，而且没能清楚表明这些要素之间的关系，但逻辑却要求必须明确这一点。

要通过梳理以往定义涉及的要素来寻找一个合理的新定义，仅仅列出以往定义中涉及的要素并把其作为新定义的内涵是不够的，我们还需要弄清它们是否都是“恐怖主义”的内涵，其中是否有需要剔出的要素、是否有需要新增的要素，以及最后确定下来的那些要素以怎样的关系存在才构成“恐怖主义”的内涵。然而一旦面对这些问题，人们又必然发生分歧，照样不可能形成一个统一的定义。因此，亚里克斯·施米德和埃尔伯特·庄曼虽然可以运用这种方法统计出“暴力或武力”“政治的”“恐怖”“恐吓”“心理影响”“预期反应”“有目的有计划有组织”等22个要素在以往定义中出现的频率，并由此得出一个新定义，但这个定义照样没有也不可能被普遍认可。这其实依然是因为，人们对究竟什么是“恐怖主义”概念的内涵、什么是恐怖主义本身的特有属性，存在着不同的观点和认定。这正是定义“恐怖主义”遇到的内涵困境。

二、定义“恐怖主义”的方法论问题

据学者们考证，“恐怖主义”概念最早出现于1798年法国大革命时期，最早用于表达这一概念的是terrorisme这样一个法语语词。但是不久，这个概念就被英国借用，转化为英语terrorism一词，用以说明法国大革命时期政府所采取的系统化威慑政策。到了今天，在这样一个由美国及英语主导的全球化时代，由于美国和英语世界面临着严重的恐怖主义问题，从而使英语terrorism一词得到广泛传播，甚至使世界上所有的至少是主要的语种中都出现了“恐怖主义”一词，例如汉语中的声音符号“kongbuzhuyi”及相应的形状符号“恐怖主义”所代表的“恐怖主义”一词。

在不同语言体中由不同音形符号代表的“恐怖主义”一词，虽说它们之间互译的可能性和现实性就足以说明它们具有不同程度上的相近含义和相近指谓，但这仅仅是“相近”或“相似”，而绝不是“相同”。如果不能说任何两种语言体之间的任何两个语词的含义都不会完全对等，那么起码可以肯定，不同语言体之间可以互译的那些语词，很少有完全相同的含义。不同语言体中由不同音形符号代表的“恐怖主义”词汇，就是这样一些可以互译但含义并不完全相同的语词，而且它们表达的也只能是一些在内涵外延方面具有不同程度的接近性但又并非完全一致的概念。这种情况虽然并不是造成不同文化体系在目前对“恐怖主义”概念具有不同解释的根本原因，也不是不同人群、不同民族、不同国家对恐怖主义问题会有不同立场和观点的根本原因，但却是我们在研究“恐怖主义”概念时需要给予考虑的一个问题。

不过更重要的问题是，即便在同一语种里，例如在目前实际上具有“世界语”性质的英语中，同一音形符号的“terrorism”一词，也常常被人们赋予不同的含义，从而形成内涵与外延都相不相同的不同概念，或者是内涵相同而外延不同的不同概念。发生这种情况的原因尽管是非常复杂的，但其中有一个原因却是在解决“恐怖主义”概念的定义问题首先需要给予特别重视和深入研究的，因为这种研究将有利于我们打开思路，并使问题得到部分的解决。这个需要给予特别重视和深入研究的原因是：在人类知识的不同领域、不同层次上，本来就合理地存在着一些由同一语词表达的不同概念，它们之间不仅并不矛盾和对立，而且还是人类知识分化和进步的必要条件，是人类知识分化和进步时必然会发生的对自然语言不同程度上的合理改选和运用，但是，在某个语词事实上已经客观地表达着不同知识领域和不同层次中的不同概念，且人们在主观认识上还没能对这些不同领域和不同层次的知识做出相应的明确划分时，他们常常会不自觉地根据这些不同概念借用了某个具有相同音形符号的同一语词，而把这些事实上处于人类知识不同领域和不同层次上的不同概念，认定为统一的或应该得到统一的同一概念，从而进行无休止的且不可能得到什么结果的争论。当前发生的关于“恐怖主义”概念及其定义的争执，就有这方面的原因。

当今世界，“恐怖主义”一词不仅以不同的音形符号出现在几乎所有的自然语言中，而且还在不同的语言中以相同的音形符号出现于人类知识的不同领域和不同层次中，被合理地用来表达不同的概念。但是，研究“恐怖主义”概念和定义的人们，迄今为止还没有明确意识到“恐怖主义”一词在不同知识领域和不同知识层次上表达的其实是不同的概念，更没有认识到相同的“恐怖主义”一词表达不同的“恐怖主义”概念的合理性，相反，人们还把相同的“恐怖主义”一词表达不同的“恐怖主义”概念，看成是人类认识中需要消除的矛盾或对立，极力要寻找并定义一个适应于人类一切知识领域和层次的完全同一的“恐怖主义”概念。这种想法和做法，虽然在人类探索“恐怖主义”概念定义的进程中是必经的一个过程，并且从“试错”的角度对我们目前的探讨也起到了很好的作用，但是，如果一直这样想下去、一直这样做下去，将会徒劳无益，永远不会得出人们希望的那个统一结果。当“恐怖主义”概念及其定义的研究已经比较深入且难以取得新实质性进展的今天，我们需要尝试一些新思路，运用一些新方法。前面关于“恐怖主义”概念及其定义问题上争执原因的解释，可能就是这样一个新思路，而下面指出的通过对“恐怖主义”概念所在知识领域和层次的划分来解决问题的想法，或许正是一种有效的新方法。

虽然“恐怖主义”的语词和概念已经出现在人类知识的许多领域和许多层次上，但人们还没有明确指出并深入分析这一点对于解决“恐怖主义”概念及其定义问题的重要性，更没有具体分析“恐怖主义”概念究竟都出现在了哪些知识领域和知识层次上，没有深入研究这些不同知识领域和不同知识层次上的“恐怖主义”概念的差异，没有探讨这些差异目前在事实上是什么以及应该是什么。我们在此虽然无法对这些问题都做出探讨和解答，但却力图在对“恐怖主义”概念分布的知识领域进行大致划分的基础上，比较深入地探讨一下法律和法学这同一个知识领域不同知识层次上的“恐怖主义”概念及其定义问题。

在人类知识的不同领域和不同层次上，定义的性质是不一样的，这可以说是定义的不同逻辑类型。对此，先图示如下。

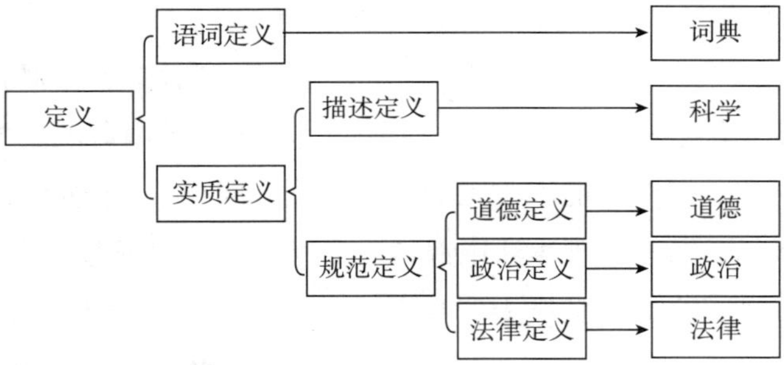

如图所示，广义的定义有“语词定义”与“实质定义”之分。其中，“语词定义”所定义的对象是“语词”而不是“概念”，因而从本质上讲它并不是定义，而只是“释词”——“解释语词”。做这种工作的尽管多是语言学家，但由此形成的并不是语言学这样一门“科学”，而是包括了大量词条的一部部“词典”。毫无疑问，不同语种的词典会收入不同音形符号代表的不同的“恐怖主义”一词，并且会做出不同的解释，甚至会有多条不同解释，也就是不同的“语词定义”。这不仅是允许的，而且是应该的、必须的，因为词典就是要把自然语言中存在的每一个语词的含义准确地收录进去，特别是要把那些存在歧义的语词的不同含义全部收录进去，并通过多个不同义项对该词做出全面解释。因此，以词典为主要载体的“语词定义”，是不要求统一的，而要求准确和全面。因此，如果对“恐怖主义”一词有不同的“语词定

义”，那并不必然就是错的，并不需要人们去统一。

与此不同，“实质定义”的情况要更复杂一些，它包括“描述定义”和“规范定义”两种类型。

“描述定义”是通过描述概念所指对象之特有属性并由此揭示概念内涵来定义概念的，它所定义的概念指向的既可能是客观的事实，也可能是客观的价值，并由此形成“事实描述定义”和“价值描述定义”的区别。无论是“事实描述定义”还是“价值描述定义”，“描述定义”都限于纯粹的描述，而不做任何评价和规范，它们定义的概念也就是那些纯粹用于描述而不带任何评价功能和规范功能的“描述性概念”。只有这样的“描述性概念”，才是“科学概念”；也只有这样的“描述定义”，才是“科学定义”。然而当今的“恐怖主义”概念，并不完全是用于描述对象的，而带有强烈的评价功能和规范功能，因而不是一个“描述性概念”，不是一个“科学概念”，所以也就不可能运用之适用于“描述概念”或“科学概念”的“描述定义”去给其下定义，不可能形成任何科学定义。这就是说，要给“恐怖主义”概念下一个科学定义是不可能的，更不要说最终形成一个人们普遍认可的科学定义了。任何这样的努力和企图也注定不会成功。

谁都承认，“恐怖主义”不是一个“自然科学概念”，但是人们并不清楚，“恐怖主义”其实也不是一个“社会科学概念”，而只是一个“社会生活概念”。毫无疑问，“恐怖主义”是当代语言中出现频率较高的语词，但它并不因此就成为一个语言学概念，而只是当代词典编纂时不能不收入的一个语词。同样，“恐怖主义”虽然在当代法律生活、政治生活，甚至伦理生活中都是一个经常出现的概念，但它也并不因此就成为一个法学概念、一个政治学概念、一个伦理学概念，起码不是作为科学的法学、政治学、伦理学的基本概念，而只是在法律生活和法律条款中、政治生活和政治争斗中、伦理生活和道德评价中必然遇到也必然要用到的一个“生活概念”或“社会生活概念”。在当代法学不得不涉及“恐怖主义”时，这个“恐怖主义”其实既不是法律生活中的实际存在的“恐怖主义言行”，也不是法律条款和司法实践用到的“恐怖主义概念”，而是在人类思维中已经又上升了一个层次的“恐怖主义概念之概念”。同样，无论在现实在政治生活中，还是在现实的伦理生活中，既有“恐怖主义言行”的客观存在，也有“恐怖主义概念”的不同规定和使用，但它们都只是政治生活和伦理生活的一部分，是政治评价和道德评价要用到概念，而不是政治学和伦理学的概念，只有“恐怖主义概念之概念”才是政治学和伦理学不得不涉及相应问题时需要探讨的另一个层次上的概念。

至此，我们可以得出的结论是：

（1）“恐怖主义”是在当代伦理生活、政治生活、法律生活中广泛存在的“社会生活”语词，因而是一个编纂词典时必须收入且可以给出不同义项解释的语词。

（2）“恐怖主义”不是一个科学的“描述概念”，而是一个兼备描述、评价、规范三重功能的概念，因而不是一个能够用科学方法给出统一的科学定义的科学概念。

（3）“恐怖主义”不是科学的语言学、伦理学、政治学、法学的概念，因而语言学、伦理学、政治学、法学等社会科学，都不可能在自己的学科领域给出统一的科学定义，更不可能在这些学科之间给出一个多科学的统一定义。

（4）“恐怖主义”是一个“社会生活概念”，而且在社会生活的相关领域有自己不同的应用和含义，是一种客观的多样性语言存在，因而虽然可以在词典编纂中通过如实反映这种现实语言生活而给出“统一的多项解释”，但不可能形成一个适用于整个社会多领域的“统一的单一语词定义”。

（5）在伦理生活领域，“恐怖主义”不是一个统一的概念，而且由于当前世界的价值观分裂、未来世界不可能形成完全统一的价值观念以及道德的非强制性，因而就不可能自然形成或由人给出一个统一的道德定义。

（6）在当前世界的政治生活领域，“恐怖主义”更不是一个统一的概念，而且由于政治立场和观点的矛盾对立，以及人类越来越认识到政治生活多样性的合理性和必要性，因而在政治生活中也不可能自然形成或由某些人给出一个全面认同的统一定义。

（7）法律是政治强力或政治妥协所形成的具有强制效力的共同约定，现实社会生活中不同伦理价值观和不同政治价值观的冲突能够在法律中得到有条件的统一，这正是当前世界各国法律中能够形成自我统一的“恐怖主义”定义的原因，也是至今全人类虽然没有形成统一的“恐怖主义”法律定义但有可能形成统一的法律定义的原因，这也正是法律界需要努力完成的一项具有理论可能性和现实意义的任务。

三、“恐怖主义”法律定义的合理程序

众所周知，早在第二次世界大战之前，国际法律界就已开始探讨“恐怖主义”概念，但迄今为止，国际社会在法律和法学两个层次上，都没有形成对“恐怖主义”概念的统一认识和定义，而是存在着不同程度甚至是严重的分歧和对立，而这种分歧和对立的原因，虽然包含着人们认识角度和水平的差异，但更重要的却是由于人类在社会立场、道德情感、价值观念上并没有达到完全统一，还存在着不同程度的差异，甚至有时还会出现严重对立。毫无疑问，无论是面对自然世界，还是人类社会，当代

人类形成了并且正在越来越多地塑造着某些共同的社会立场、相近的道德情感、普世的价值观念，但普世价值的存在与扩展并没有完全消除人类世界存在已久的价值鸿沟。这一点使得在面对同样的恐怖主义问题时，当今世界的不同国家、不同民族、不同人群、不同个体，一方面能够不断扩大他们之间越来越多的共识，另一方面又在顽强地坚守着他们某些不同的甚至是不可调和的分歧。在如何从法律的角度来界定“恐怖主义”概念的问题上，法律界和法学界目前面对的正是这样一个在价值观上既有某些共识也有很多歧见的对立统一的人类社会。这种情况，使得世界各地各国各民族中那些同样从事法律事业的律师、法官、立法者，在面对恐怖主义这一共同对象时，既有越来越广泛的共同语言，又有越来越具体的不同意见。由此来看，法律界和法学界在“恐怖主义”概念及其定义上存在分歧就不足为奇了。

为了研究法律和法学两个不同层次上的“恐怖主义”定义问题，我们必须先对这两个知识层次做出区分，然后指出这两个层次上“恐怖主义”定义的类型不同(不是含义不同)。

简单来说，法律是实践，是规范；法学是理论，是科学。在这两个不同层次上，“恐怖主义”一词表达的其实是两个不同概念。

法律面对的“恐怖主义”，无论是实践的层次，还是评价与规范的层次，指向的都是人类言行中的恐怖主义，是实际的恐怖主义。人类知识面对这一层次上的恐怖主义时，其所认识和所定义的无疑都是指向某些具体言行的“恐怖主义概念”。

与此不同，如今已经成为或应该成为科学理论的法学，或者说具有科学品格的法学，它研究的主要是法律领域中的一些普遍性概念，而不是一些具体的法律概念，因而一般情况下并不专门研究“恐怖主义”一类概念，更不会去专门给“恐怖主义”一类概念下定义。然而，如果在研究到具体的法律实践和法律规范问题时不得不涉及“恐怖主义”之类概念，作为科学理论的法学所指向的对象，其实并不是现实中的“恐怖主义言行”，而是观念中的“恐怖主义概念”（以及“恐怖主义犯罪概念”）之类。只有在法律实践和规范中存在的“恐怖主义概念”（以及“恐怖主义犯罪概念”）之类，才是法学在某些不得已的情况下不得不研究和定义的概念。从定义的角度更明确地来说，法律所要定义的是“恐怖主义”这个概念，而法学所定义的只能是法律中的“恐怖主义概念”这个概念。对此，我们可以列述如下：

实践语言——“恐怖主义”言行

法律对象——“恐怖主义”言行

法律形成——“恐怖主义”概念

法律定义——“恐怖主义”概念

法学对象——“恐怖主义”概念

法学形成——“‘恐怖主义’概念”的概念

法学定义——“‘恐怖主义’概念”的概念

然而对于这些不同层次上的不同概念，人们却习惯用同样的“恐怖主义”一词来表达。因此，同样是“恐怖主义”一词，在包括法律语言和法学语言在内的人类语言的不同层次上，表达的其实是不同的概念。

在实践语言中，“恐怖主义”表达的是“‘恐怖主义’言行”，而这种“‘恐怖主义’言行”，刚好是法律实际面对和需要规范的对象，这就必然会形成法律认识所需要的“‘恐怖主义’概念”，而且法律认识还会力图定义“‘恐怖主义’概念”。但是在法律语言中，在定义“‘恐怖主义’概念”时，“‘恐怖主义’概念”总是被简化为“恐怖主义”这样的语言符号，从而与实践语言中表达“‘恐怖主义’言行”的“恐怖主义”用了同一个语词。由此，同一个“恐怖主义”语词，已经表达着两个不同的“恐怖主义”概念，一个是指向客观对象的“‘恐怖主义’言行”，另一个是指向认识结果而存在于观念中的“‘恐怖主义’概念”。法律面对的对象是“‘恐怖主义’言行”，法律定义的概念是“‘恐怖主义’概念”，但它们都由“恐怖主义”一词来表达。

问题并没有到此为止。在法律实践和法律规范中形成、存在并被定义的“‘恐怖主义’概念”，有时会成为法学所要面对和研究的对象，从而使法学要在这一更高知识层次上来研究法律中的“‘恐怖主义’概念”。但进一步的问题是，与人类在其他知识领域的不同认识层次上进行转换时会混淆不同层次的概念一样，人们在把法律层次上必然形成和所要定义的“‘恐怖主义’概念”提升为法学层次所要研究的对象时，虽然形成的必然是“‘‘恐怖主义’概念’之概念”，所要定义的也应该是“‘‘恐怖主义’概念’之概念”，但认识的简化功能，特别是语言的简化功能，则在人们不知不觉中把“‘‘恐怖主义’概念’之概念”简化为法律实践观念中的“‘恐怖主义’概念”，甚至简化为是法律实践层次上“恐怖主义”，把其直接表达为“恐怖主义”一词。由此，便出现了法律和法学领域“恐怖主义”一词表达的第三个不同对象——一个客观存在和两个概念存在。

如此一来，在法律和法学领域，由于人类认识层次不同而形成和实际存在的三个不同概念，即“‘恐怖主义’言行”“‘恐怖主义’概念”“‘‘恐怖主义’概念’之概念”，都用了相同的“恐怖主义”一词来表达。

面对法律和法学中“恐怖主义”一词表达三个不同层次上的三个不同概念的复杂情况，研究者必须明确：我们正在研究和定义的是哪一个层次上的“恐怖主义”。

只有明确了这一点，才能使相应的研究和定义符合人类认识和科学研究不能违背的基本逻辑，否则，相关研究和定义首先在逻辑上就是混乱的、无效的，因而不仅难以称为科学，而且不可能是正确的理论，甚至也不是合理的知识。

由此，我们首先可以合理指出的是，就像植物学不可能定义与人类认识无关而客观存在着的“树”本身，而只能定义“树”的概念一样，法律和法学作为人类知识，根本不可能定义在客观实践中实际发生的“恐怖主义”本身，而只可能定义“恐怖主义”概念。

其次，我们还能够进一步合理指出的是，已经成为科学理论的法学，虽然具有定义“恐怖主义”概念的抽象可能性，但没有定义“恐怖主义”概念的现实可能性。这是因为，现实中客观存在的恐怖主义言行具有强烈的价值特征，现实中作为观念存在的恐怖主义概念更具有强烈的价值评价价值规范倾向，这使得以“事实描述”为己任的科学理论，虽然难以但还可能站在价值中立的超然立场上描述恐怖主义言行中客观存在的价值关系，但是却很难给本身包含有价值评价内容的“恐怖主义”概念以普遍认可的科学定义，而且事实上根本就不可能从科学视角用科学方法给“恐怖主义”概念下定义。其实，人类认识中形成的任何“具体评价概念”（并非如同“善良”之类的“抽象评价概念”，而是像“好人”之类的“具体评价概念”），都不可能从科学视角用科学方法下定义。由于法学是一门科学，而任何“具体评价概念”都是不可能用科学方法进行科学定义的，因而“恐怖主义”概念的**法学定义**是不可能形成的。

此外，我们却能够合理地认定，法学理论可以对法律实践和法律规范中存在的“恐怖主义概念”这一概念下定义。这也就是说，法学可以从科学视角以科学方法给出科学定义的，不可能是人类一般实践中存在的“恐怖主义言行”，也不可能是人类法律实践中生成并需要由法律界定的“恐怖主义概念”，而只能是法学研究中生成的“‘恐怖主义概念’之概念”。

对于“恐怖主义概念”这一概念，这里虽然一时无法给出一个完美的法学定义，但却可以尝试给出一个有利于理解相关问题并对未来形成比较完善的法学定义可能有所启发的法学定义：“恐怖主义概念是一个在不同法律条文和法律实践中，用以指称那些为恐吓特定对象而伤害无辜的暴力言行，同时在进行规范、给出定义的法律条款中又存在着不同程度差异的法律概念。”

我们以及其他任何法学研究者和从法学角度研究这个问题的人，在人类认识这一领域的这一个层次上给出的“恐怖主义概念”的定义，虽然可能都像是一个“语词定义”，不像是一个“科学定义”，但它确实是一个并不一定正确和完美的

“科学定义”。

同时还必须再次提醒的是，法学研究在此给出的定义的，是“恐怖主义概念”这一概念，而不是“恐怖主义”这一概念。“恐怖主义”概念只能由作为评价和规范而非科学呈现于世的法律来给出相应的“规范定义”。

所以，这里的结论是：第一，由于对象层次的不同，法学只可能科学地定义“恐怖主义概念”这一概念，而不可能科学地定义“恐怖主义”这一概念，因为“恐怖主义”概念不是任何一门科学运用科学方法下定义的。第二，现实法学理论中偶然出现并给出定义的“恐怖主义”，其实多是“恐怖主义概念之概念”，而不是“恐怖主义概念”。第三，真实的“恐怖主义”概念虽然不可能由法学给出科学定义，不可能有科学要求的**描述定义**，不可能有科学的**法学定义**，但却需要而且可能由法律给出一个**规范定义**，即人类知识在法律层次上要求的**法律定义**。

通过几十年的努力，不少国家已经出台了一些涉及不同类型恐怖主义的法律，一些地区性国际组织甚至全球性国际组织也出台了一些具有国际法性质的涉恐条约或公约，从而在同一法律文件中实现了对特定类型恐怖主义的不同程度的共识，在同一法律文件中统一了对某些特定类型的恐怖主义概念的定义，甚至是对恐怖主义概念的定义。但是，这种统一仅仅是在同一法律文献内部的统一，而不是在不同法律文献之间的统一。无论是在各国已经出台的各类涉恐国内法之间，还在那些由世界各国或某地区各国签署的各类全球性或地区性涉恐公约（国际法）之间，恐怖主义概念都远没有实现统一，没有出现全球共识的法律性恐怖主义定义。一个摆在全人类面前多年的问题是，在国际法层次上规范和定义恐怖主义概念时，是否需要把某些特定行为或某些特定情况下的行为划归于恐怖主义之内或排除于恐怖主义之外，不同人群、不同民族、不同国家常常会发生分歧，而这些分歧的存在已经严重妨碍了人类通过联合国制定并通过一项具有广泛适应性的普遍的反对恐怖主义的公约（法律），不仅使联合国酝酿已久的《关于国际恐怖主义全面公约》处于难产之中，而且更使制定并通过一项既包括“国际恐怖主义”又包括“国内恐怖主义”从而真正“全面”的反恐公约变得更加遥远。

面对这种情况，我们一方面要指出，在法律规范和法律实践的层次上给“恐怖主义”概念下定义不仅是必要的，而且是可能的，另一方面也认为，在不同法律体系和不同法律条文中给“恐怖主义”概念以不同规范和不同定义都不仅是现实存在，而且在总体上也是积极的、有利的，同时我们还确信，通过人类不同群体、不同民族、不同国家的共同努力，我们能够在国内和国际的法律实践和研究中越来越接近普遍性的“恐怖主义”定义，并且最终给“恐怖主义”概念下一个真正全面的法律定义。从这个意义看，我们需要对“恐怖主义”概念的定义进行更多的学术研究，开展更多的学术讨论。任何这样的学术研究和学术讨论，都会对人类最终形成真正全面的“恐怖主义”法律定义起到积极的推动作用。

当然，并不是任何研究和讨论都会起到同样程度的积极作用。事实上，有些研究和讨论对于问题的解决会起到更大的积极作用，而另一些研究和讨论所发挥的作用则可能会比较小些。这种差别的存在可能是由多方面原因造成的，但非常需要关注和研究且对问题的解决可能起到非常重要作用的，是如何选择更有效的途径和方法。中国有一句古语，叫作“磨刀不误砍柴工”。研究并选择对解决问题更有效的途径和方法虽然可能会花费人们一些时间和精力，有些甚至可能因为失误而浪费时间和精力，但这却不仅是必要和必须的，而且还使我们走向成功的努力变得事半功倍。

我们认为有益的做法是：

第一，总结人类在恐怖主义问题研究和恐怖主义概念定义中已经形成的共识，特别是在不同法律文本中已经实现的内部共识，寻求不同法律文本内部共识之间的共同点，寻求并概括出不同法律文本之间存在的不同程度上的外部共识，积极推动这些外部共识的积累及其程度的提高。

第二，在国内国际两个方面，积极推动更多关于不同类型恐怖主义问题的具体法律出台，使这些具体法律越来越多地涉及现实中存在的不同类型的恐怖主义，并由此越来越充分地认识不同类型的恐怖主义，给新认识的不同类型恐怖主义概念下定义，使法律上的恐怖主义类型定义在数量上越来越接近现实中对应的实际存在，使我们对恐怖主义的类型认识和类型定义日趋全面。

第三，通过不断推出更加普遍更加全面的新法律，把那些在以往的涉恐法律中已经形成的关于恐怖主义概念及其定义的共识，不断以越来越普遍的法律形式固定下来，为最终从法律层次上真正全面地定义恐怖主义概念、推出真正全面的反恐国际法奠定越来越广泛的基础。

第四，对于人类长期无法形成共识的相应言行是否属于恐怖主义的问题，进行更深入的理论研究和实践探索，通过采取积极措施解决相关现实问题来促进这些“类恐言行”的弱化和消失，为最终给恐怖主义概念下一个真正全面的法律定义，形成真正全面的关于恐怖主义的法律，打下更宽厚的现实基础。

第五，从理论上弄清“一切形式的恐怖主义”究竟可以划分为哪些类型，通过对恐怖主义概念的逻辑划分和对不同类型恐怖主义的定义，促进人类在法律层次上接近全面的“恐怖主义”概念，为给出全面普遍的“恐怖主义”定义奠定坚实的逻辑和理论基础。

第六，在定义恐怖主义时采取更广泛的民主措施和民主程序，最大限度地降低强势力量对国内法律和国际公约的单方面主导，使国内国际的弱势力量的生存状态和价值需求能够在最终形成的有关恐怖主义的法律条款中得到更多的体现。这不仅有利于从法律特别是国际法上解决恐怖主义概念的定义问题，而且有利于在现实中消除恐怖主义生存的土壤，从而在根本上解决恐怖主义问题。

参考文献

[1] Alex P. Schmid and Albert J. Jongman. Political terrorism:A new guide to actors, authors, concepts, data bases, theories, and literature. Rev. , expanded and updated ed. Amsterdam ; New York:North-Holland Pub. Co. ; New Brunswick (USA) : Transaction Books, distributors for the Western Hemisphere, c1988. 转自何秉松.中国有组织犯罪研究:中国大陆黑社会(性质)犯罪研究(第1卷)[M].北京:群众出版社,2009.

[2]蒯乐昊,李江.乔姆斯基 永远的异见者[N].南方人物周刊,2007-01-11.

[3]杨志望.恐怖主义定义南北分歧严重[N].新华每日电讯,2005-08-05.

[4]何秉松,廖斌.恐怖主义概念比较研究[J].比较法研究,2003(4).

国家安全体系中的语言文字问题

（2011 年 11 月）

摘要： 当今世界，语言研究人员和安全研究人员正从两个不同的学术方向把语言问题“安全化”。在当代国家安全体系中，作为国家安全构成要素之一的文化安全包含了语言文字安全。此外，语言文字还以多种形式影响着国家安全，而语言侵略、语言霸权作为文化侵略、文化帝国主义的一种形式，甚至会对国家安全造成不同程度的威胁和危害。因此，在保障国家安全的体系中，语言文字机构和语言文字工作具有独特的地位和作用。国家间的竞争，既包括了经济、政治、军事的竞争，也包括了语言文字的竞争。经济、政治、军事上的优势，可以转化为语言文字上的优势；语言文字上的优势，也必然强化经济、政治及军事上的优势。

关键词： 语言文字；国家安全；文化安全；安全化；语言竞争

一、语言文字问题的“安全化”

由于语言社会学对语言与社会关系的关注，及其对语言与政治之间关系的认可，早已在某种程度上把语言与政治、国家、安全等联系了起来，从而无意中使语言文字问题在一定程度上“政治化”“安全化”了。“冷战”后盛行的各种非传统安全理论，则从安全特别是国家安全的角度，大张旗鼓地使语言文字问题进一步“安全化”了。语言文字问题的这种“安全化”，正是来源于这样两个方向，即语言学研究的方向和“安全研究”的方向。

作为一个学术概念，“安全化”是哥本哈根学派著名代表人物巴瑞·布赞和奥利·维夫首先提出来的，是指当代非传统安全观和非传统安全观理论中存在的一种普遍现象，即把以往没有进入国家安全视野的问题纳入安全和国家安全论域之中，例如把生态、信息、文化等方面的问题纳入安全领域，从国家安全的角度关注和研究这些问题，提出国家生态安全、国家信息安全、国家文化安全等一系列非传统的安全概念。

事实上，在国人采用西方的“安全化”理论框架分析语言文字与国家安全的关系之前，20 世纪 90 年代后期我们就在国际关系学院的国家安全学科建设中，开始用自己创建的“系统安全观”框架来分析语言文字安全在国家安全体系中的位置。刘跃进（2004a．2004b：146）把语言文字看作“国家文化安全”的第一个构成要素，指出文化安全虽然包括了多方面的内容，但其中最主要的是语言文字安全、风俗习惯安全、价值观念安全和生活方式安全四个基本方面。此后，把语言文字与国家安全特别是国家文化安全联系起来进行研究的专家学者就日益多了起来，从而使国内的语言文字“安全化”进程进一步加快。

潘一禾（2005）认为，文化安全问题也体现为语言安全。她指出“语言从来就是政治、文化斗争的有效工具，是获取民族和国家经济发展的重要手段，是保持和发展国家—民族共同文化的重要内容”。彭文波（2006）则根据当前版权贸易中存在的问题，从保持民族语言纯洁性的角度对语言文字与国家安全的关系做了论述。叶建辉（2006）涉及了语言文字安全问题，把语言文字安全作为国家安全内容来看待。此外，张云筝（2006）也承认了“语言安全”这一概念。严兴文（2007）指出“一旦一个民族国家的语言文字丧失，那么这个民族国家的国民的后代将无法欣赏其祖先留下的文化典籍，从而导致这个民族在文化上成为一个无根的民族，这将是文化最大的安全隐患”。齐琳（2007）则论证了编辑工作在保障国家文化安全特别是语言文字安全方面的重要作用。

近年来，讨论国家文化安全问题的论文和著作，越来越多地把语言文字问题上升到国家文化安全和国家安全的高度来认识，这里不再一一列举。

另一方面，在语言研究和语言工作领域，也有一些人开始把自己的研究对象或工作对象提升到国家安全的高度来研究和认识。例如，马庆株教授就把“双语教学”问题上升到国家安全的高度来看待，认为英汉双语教学危害国家安全，并希望制止英汉“双语教学”以语言维护国家主权和国家安全。他指出“在基础教育中实行汉语和英语双语教学，就是要放弃国家通用语言作为教学语言的法定地位，从而逐渐向只使用英语过渡。这不是中国人自己把语言主权让出来，自己损害了中国的国家主权吗？……跟国际接轨，是要学习国际先进的科学技术和优秀文化，而不是要牺牲国家和民族的语言及其文化。以色列为了维护国家形象，已经消失的民族语言希伯来语都破例被恢复了。我们怎么能够反过来主动放弃自己的国家通用语言呢？提高外语水平不能放弃教学语言主权”。（彭泽润，2005）

王建勤（2007，2010）介绍了美国国家语言战略中的国家安全意识，提出我国需要从国家安全的高度认识和对待语言问题。他指出“国家语言与文化安全问题是国家安全研究领域的一个新课题，由于研究的滞后，我们对语言文化安全对国家的稳定繁荣的战略意义缺少深刻的认识。对域外语言文化对我国语言文化危害和侵蚀的现实认识不足”。他呼吁：“国家应该尽快建立语言文化安全预警机制和监控机制，加强国家语言文化安全研究，预防威胁国家语言文化安全的突发事件，做到防患于未然，以保证国家的语言文字的主导地位不受侵害，保证国家和民族的文化安全不受外来文化的侵蚀和渗透。特别要加强网络、信息和大众媒体以及语言传播中的意识形态的渗透的监控和预防。”

在学术界关注和研究语言文字与国家安全之间的关系，把语言文字“安全化”的同时，一些国家的政府机构和领导人，也已经把语言问题上升到国家安全的高度来认识。例如，“9·11”事件之后，美国政府越来越认识到语言对国家安全的重要性，陆续出台了一系列文件，从国家安全的高度规划国家语言战略。2003 年 8 月，美国众议院 Rush Holt 等议员向国会提交了“国家安全语言法案”。2004 年 6 月，美国国防部召开由美国政府、企业、学术界和语言协会领导人参加的“全国语言大会”。会后很快发布了《改善国家外语能力行动倡议》，号召美国公民学习国家需要的“关键语言”。2006 年 1 月 5 日，美国总统布什正式推出“国家安全语言计划”，鼓励美国公民学习国家需要的 8 种“关键语言”的政策。(王建勤 2007、2010)

以上事实说明，在非传统安全问题日益引起关注的今天，语言文字问题也已经被“安全化”了，成为当今国家安全问题中的一个重要方面。

二、语言文字在国家安全体系中的位置

语言文字的“安全化”虽然是在“冷战”结束前后才开始的，但无论从理论上讲，还是从现实来看，语言文字与国家安全的联系及互动，早就是一种客观的事实存在，并不是主观及主体将其“安全化”的结果。在这个问题上，过去与现在的区别，仅仅在于人们是否明确意识到了这一客观事实，以及这一客观事实存在程度的强弱，而不在于语言文字与国家安全之间是否早就存在着某种联系和互动。“安全化”改变的不是早已存在的客观事实，而是人们对这一客观事实的认知状态和重视程度。当然，这种认知状态和重视程度，必然影响甚至决定它们及其关系在此后的演变和存在状态，从而使此后的国家安全和语言文字及其关系成为一种被安全化进程建构的结果。

按照我们提出的“系统安全观”理论框架，当代国家安全体系可以划分为国家安全本身及其构成要素、影响国家安全的因素、危害国家安全的因素、国家安全保障

体系这样四个方面。进一步来说，国家安全本身的构成要素包括国民安全、国土安全、经济安全、社会安全、主权安全、政治安全、军事安全、文化安全、科技安全、生态安全、信息安全11个方面。影响国家安全的因素可分为自然因素和人为因素，其中自然因素包括国土面积、地理位置、自然资源等，人为因素又可分为内部因素和外部因素，内部因素包括国家体制、大政方针、国民素质，民族问题、宗教问题等，外部因素包括时代主题、世界格局、国际秩序、国际安全、邻国关系等。危害国家安全的因素包括“天灾”与“人祸”两个方面，其中“天灾”包括洪、涝、旱、震、虫、疫等，“人祸”则可分为“内忧”与“外患”，“内忧”有内战、内乱、分裂、破坏、极端主义、国内恐怖主义等，“外患”有军事侵略、政治颠覆、文化侵略、隐蔽行动、国际恐怖主义等。国家安全保障体系则分为保障机制和保障活动两个方面，其中保障机制既包括以军政机构、情报部门等专职机关为主的硬件，也包括以法规政策、安全战略等为内容的软件，而保障活动则被分为基于硬手段的活动和基于软手段的活动。

那么，在这一个既包括传统安全问题又包括非传统安全问题的当代国家安全体系中，有没有“语言文字”的位置呢？如果有，语言文字问题又处于什么位置呢？其实，语言文字被包括在国家安全体系的相关内容之中，处于更下一级的层次之中。

首先，从国家安全的构成要素来看，语言文字虽然没有与国民、国土、经济、政治等11个要素一样，成为国家安全的独立要素，但却是其中文化安全的必不可少的构成要素。如前所述，早在2004年，我们就已经把语言文字安全定位于国家文化安全的首要构成要素了。文化安全的其他方面，无论是价值观念、意识形态，还是风俗习惯、生活方式，都没有像语言文字那样成为一个国家文化中最稳定的要素。

其次，从影响国家安全的因素来看，语言文字对国家安全的影响很难归结到前述任何一个因素之中，但却在许多因素中都有体现，同时还可能独立地发挥自己独特的影响作用。例如，作为影响国家安全的一个重要因素“国民素质”，就包括了国民的文化素质，因而也就包括了国民的语言文字素质，这其中既有国民的母语能力问题，也有国民的外语能力问题。在特定的历史阶段，一个文盲和半文盲占多数的国家，其安全必然受到这一因素的负面影响。另外，我们原来把“文化渗透”放在危害国家安全的因素中，但现在看来，“文化渗透”对国家安全来说并非只有消极作用，因而我们越来越倾向于把“文化渗透”作为“影响国家安全的因素”来处理，而不作为“危害国家安全的因素”来看待。这里的“文化渗透”，就包括了语言文字的渗透。语言学界常常提到的“外来语”问题，就可以归结到“语言文字渗透”之中。很明显，这种语言文字的渗透不能笼统说是消极的还是积极的，而必须进行具体分析。也许，这里最重要的是一个“度”的问题，而且这个“度”还是随着时间地点的变化而不断变化的，更重要的是这个“度”并不是人们的主观规定，而是客观存在的。人们对这个度的认识、把握和阐述是主观对客观的反映，因而不同的人会有不同的认识，人们之间也会因此发生一些争论。

再次，在排除“文化渗透”后，我们依然把过去人们所说的“文化侵略”和当代世界突出存在的“文化霸权”“文化帝国主义”等作为危害国家安全的因素，这其中就包括了“语言侵略”（或“语言入侵”）“语言霸权”“语言帝国主义”。如果说近代资本主义国家是用枪炮在世界范围内推行其文化和语言，用血腥的高压政策逼迫占领地或殖民地国家放弃自己的语言文字，接受这些侵略国的语言文字，那么到了今天，像美国这样的霸权国家则在充分利用自己的经济、政治、军事、科技、文化等方面的优势，来推行、强化英语特别是美式英语在世界范围的霸主地位，反过来又利用英语的优势地位来扩大其经济、政治、军事、科技等方面的利益，强化自己的安全，由此对其他国家和民族语言文化的生存和发展造成了极大的威胁和危害，并进一步对其他国家的利益和安全造成了深刻而持久的威胁和危害。更严重的问题是，一些国家在外交活动、国际交往、学术交流、教育教学等方面，对现实中存在的语言侵略、语言霸权、语言帝国主义熟视无睹，自觉自愿地接受，甚至主动帮助他国对本国搞语言霸权、语言侵略。

最后，语言文字在国家安全保障体系中也有特殊的地位和作用。我们认为，国家安全保障既需要军事情报等专门机构的工作，也需要文化教育等非专门机构的协作配合，语言文字工作就是国家安全保障中文化工作的必不可少的内容之一。美国政府在“9·11”后提出的“国家安全语言法案”“国家安全语言计划”等，就是看到了美国国家安全保障体系中语言工作的缺陷，以及语言工作对当前美国国家安全的迫切性和重要性。其实，语言文字对国家安全保障的重要性早已为人们所关注和重视。历史上，无论是军事统帅还是情报首脑，大多十分清楚翻译人员在不同语言体作战时的重要意义和作用。当代世界各国情报部门，都有大量外语人才从事无线电波、电话、互联网等方面的监听监视工作，默默无闻地为保障国家安全做贡献。

三、语言文字与国家安全的复杂关系

语言文字问题并不都是国家安全问题，国家安全问题更不都是语言文字问题。语言文字与国家安全总体上是一种交叉关系，而不是任何一种形式的包容与被包容的关系。也就是说，语言文字与国家安全之间存在一个“交集”。但这不是概念外延之间的交叉，而仅仅是一种对象存在的交叉。如图 1 所示。

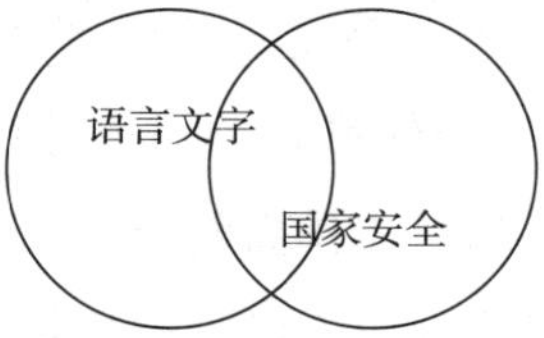

图 1　语言文字与国家安全的关系

语言文字与国家安全之间“交集”的存在，是语言文字问题在当代被“安全化”的客观基础。这一交集无论包括了一些什么内容，有一些什么样的问题，都必然包括作为国家安全构成要素的“国家语言文字安全”。不仅如此，语言文字与国家及国家安全的关系非常复杂。

任何国家都要使用特定的语言文字，至今仍不存在一种排他的全球通用的世界语，也没有任何一个国家使用着世界上的所有语言。因而可以肯定地说，当代世界正常使用的任何语言文字，都具有一定的民族性和国家性。

现实的语言文字与国家之间，在空间上具有不同形式和不同程度的相容关系，有的是全同关系，有的是包容关系，有的是交叉关系。任何一种语言都被某国国民使用着或使用过，任何一个国家都至少使用一种语言。

语言文字与国家之间的这种复杂关系，使我们在研究语言文字安全问题时，必须考虑多种情况。一般说来，语言与民族之间联系的密切程度，要大于语言与国家之间。虽然在人类起源的问题上科学界尚未达成一致的意见，但可以肯定的是，在历史上多数时间里，地理条件、空间距离以及由此形成的社会习俗，把人类分割在地球表面的不同区域中，彼此之间的交往非常有限，形成了不同的语言、文字、宗教和文化，最后成为不同的民族。这就使语言、文字和文化一样，都具有非常强烈的民族性。此外还可以肯定的是，作为政治共同体的国家和作为文化共同体的民族，在历史和现实中都不具有全同关系，亦即一个国家可以由多个民族组成，一个民族也可能分立为不同国家或分布在不同国家之中。由文化软实力联系起来的民族共同体，处于由政治硬实力维系着的国家共同体的统治下。如果国家共同体能够持久统治，并且能够有效地借助国家政治、经济等实力推行具有国家特征的文化，那么这种文化甚至语言文字就可能逐渐销蚀国家内部不同民族之间的文化差异甚至语言差异，最终形成一种新的共同文化甚至新的共同语言，从而形成一个以国家这一政治共同体为新核心的新的民族共同体，甚至成为新的民族。在中华文明史上，汉民族可以说就是借助历史上不间断的国家共同体的政治统治，语言文化逐渐趋同而形成的，是民族融合的结果。

现代的中华民族，可以说正处于这种形成过程之中。虽然我们不能从道德上肯定早期人类通过国家机器残酷而血腥的暴力手段实现民族融合的进程（包括秦始皇统一中国），更坚决反对在当代世界进行任何形式的强迫性民族融合，但对于在历史上已经形成的具有更大包容性的新民族却只能作为既成事实予以接受，对于全球化时代民族甚至国家之间客观存在的融合趋势则更不可强硬抗拒。

虽然一些近代思想家提出了民族国家（NATION－STATE）的理念，力图实现一个民族一个国家，但这一理想只是建立在欧洲近代民族国家的形成历史之上，而缺乏对世界其他地区国家与民族关系复杂性的考虑。而且即使在欧洲，这一理想也是脱离现实的，并没有完全实现。当代民族与国家的关系，呈现出非常复杂的局面：多数国家由多个民族组成；少数国家基本上由单一民族组成；还有一个民族组成多个国家的情况。对于由单一民族组成的国家来说，其民族语言的安全与国家的安全具有高度一致性，国家的安全直接影响着民族语言的安全。但是，对于其他类型的国家来说，语言安全与国家安全的关系就复杂得多。例如，我国是一个多民族国家，有些民族基本上仅生活于国内（如满族、壮族、土家族等），有些民族则是跨境民族。而后者又有两种情况：一种是生活在两个以上国家的民族，另一种是不仅生活于两个以上国家而且有以本民族为主体的国家（如朝鲜族、蒙古族等）。同时，有的民族拥有自己的语言和文字，有的民族只有语言没有文字，还有些民族完全使用汉语和汉字。由于这种复杂性，不同语言和文字的安全，与国家安全的相关性也是不同的。任何一种语言文字的生存与安全都依赖于所在国家的安全，只不过有的依赖性较大，有的依赖性较小。

通观历史和现实，我们还可以看到一个事实：语言兴衰与国家兴亡之间存在着严格的正变关系，即国家的兴盛必然带来本国语言文字的兴盛，国家的衰落必然带来本国语言文字的衰落，国家灭亡时常伴随着本国特有语言文字的灭亡。

语言文字与国家安全的关系是多方面的。本国语言文字的安全不仅是国家安全的构成要素，还对国家安全具有多方面的影响，甚至成为保障国家安全的重要手段。无论是在战争对抗中，还是在和平竞争时，了解和掌握对象国语言文字对于保障本国安全都具有重要的价值和意义。美国政府在“9·11”事件后，陆续出台的“国家安全语言法案”、《改善国家外语能力行动倡议》等，就是从国家安全的角度强调了学习他国语言特别是那些“关键语言”的重要性。

参考文献

[1]刘跃进.解析国家文化安全的基本内容[J].北方论丛,2004(5).

[2]刘跃进. 国家安全学[M]. 北京:中国政法大学出版社,2004.

[3]潘一禾. 当前国家体系中的文化安全问题[J]. 浙江大学学报,2005(2).

[4]彭文波. 对国际版权贸易的文化安全思考[J]. 出版科学,2006(5).

[5]彭泽润 . 制止英汉"双语教学"以语言维护国家主权和国家安全——访著名语言学家、南开大学马庆株教授[J]. 现代语文,2005(1).

[6]齐琳. 编辑工作与国家文化安全[J]. 华北电力大学学报,2007(2).

[7]王建勤 . 美国关键语言战略与我国语言文化安全[J]. 国际汉语教学动态研究,2007(2).

[8]王建勤 . 美国"关键语言"战略与我国国家安全语言战略[J]. 云南师范大学学报,2010(2).

[9]严兴文 . 试论国家文化安全的内涵、特点和作用[J]. 韶关学院学报,2007(2).

[10]叶建辉. 关于我国文化安全问题的辩证思考[J]. 福建公安高等专科学校学报,2006(4).

[11]张云筝. 国家安全的文化与文化安全[J]. 河南社会科学,2006(2).

国家安全体系中的社会安全问题

（2012 年 4 月）

摘要：社会安全问题是一个传统安全问题，也是古老的传统安全观曾经关注和重视的国家安全问题。在国家安全体系中，社会安全是构成国家安全的一个史前要素、原生要素、传统要素。在国家安全保障体系中，社会性保障也是一个重要方面。当前，为了解决日益突出的社会矛盾，保障社会安全和国家安全，就必须进行社会管理创新，把过去以维护社会稳定为重要目标的社会治安工作，推进到以确立社会公平正义为根本目标的社会管理工作层面。

关键词：国家安全体系；社会安全问题；社会管理创新

一、对传统的社会安全问题的非传统认知

社会是人类生存的基本形式，这一点并不以国家是否存在为转移。无论国家出现的历史条件是什么，人类生存必备的那些基本要素都必然是国家存在的必备要素。社会正是这样的一个必备要素。在国家出现之前，人就是社会性的存在，社会就是人生存的基本形式，这种社会生存形式也就有一个安全问题。国家出现之后，人变成了国家的人，变成了政治动物，但同时也还是社会的人，是社会动物，还必须以社会为其基本的生存形式。与此同时，社会安全问题也依然存在，只不过是它已经从一般的社会安全问题，变成了国家内部的社会安全问题，因而也成为国家安全的一方面内容。

因此，就像我们在创建国家安全学时认为国民安全、国土安全、经济安全是国家安全的史前要素一样，我们现在不仅认为需要在国家安全构成要素中加上社会安全，而且认为社会安全也是国家安全的史前要素。这样一来，国家安全就有四个史前要素，它们与政治安全、军事安全、主权安全这三个伴生要素一起，构成了国家安全的传统要素，也就是我们长期以来所说的国家安全原生要素。与此不同，当代国家安全的其他一些构成要素，即文化安全、科技安全、信息安全、生态安全这四个方面，则是人们通常说的非传统安全要素，也就是我们所说的国家安全派生要素。

显然，在此与国民安全、国土安全、经济安全、政治安全、军事安全等相对的社会安全一词，其中的“社会”是狭义的社会，而不是广义的社会，因为从广义上讲，无论是经济、政治，还是文化、科技等，都处于“社会”这个概念的范围之中。由于社会安全在此是与经济安全、政治安全、文化安全等相对而言的，因而其中的“社会”只能是区别于且排除了政治、军事、文化、科技等社会现象的狭义“社会”。

但是在此必须注意，“社会安全”与“社会安全问题”并不等同。国家安全体系中的社会安全问题，不仅仅是指社会安全，它还包括了影响国家安全的社会因素、危害国家安全的社会因素、国家安全的社会保障等。这样一些内容庞杂的社会安全问题，并不是在“冷战”结束后各种非传统安全问题出现的时候才出现的，而是在国家和国家安全问题一经产生就存在着，只不过是由于长期以来特别是“冷战”期间，国际问题普遍政治化和意识形态化，以及某些国家内部政治对社会生活空间的极度挤压，使社会安全问题在客观上不再那么重要，因此，人们关注的重点自然也就多放在了军事安全和政治安全上，而不会再关注在人类以往的历史上长期存在且受到不同程度关注的社会安全问题。

的确，在战争年代或军事威胁非常严重的时候，在政治统治把非政治性社会挤碎、挤垮的高度集权国家中，社会组织就会演变成某种军事的或准军事的组织、政治的或准政治的组织，非政治性和非军事性的社会不仅被挤压、被边缘化，甚至根本就不复存在。这样一来，也就很少有所谓的社会安全问题了，人们看到的和提到的也就只能是军事安全问题、政治安全问题，而不会再去关心不复存在或者不值一提的社会安全问题。这正是世界大战期间和“冷战”期间，传统的社会安全问题并没有在传统安全观中获得应有地位的重要原因。对于中国来说，1949 年后不仅因为受到国际“冷战”的重大影响而使国家对外完全政治化，而且与其他国家相比，还通过不断的政治运动把整个国家政治化了，非政治性社会几乎不复存在。在这种情况下，社会安全在国家安全中的地位和所占比重就大大下降，对国家安全的认识也就完全可以忽略几乎不存在的社会安全问题，而只要抓住政治安全、军事安全就可以了。这个时期的中国已经不是“社会性国家”，而是“单位性国家”，并且由于包括工农商学兵等在内的任何“单位”都变成了“政治单位”，而没有任何真正意义上的“社会组织”，因而整个国家安全就成了“政治性国家”或“政治国家”，国家安全由此也就几乎等同于政治安全。

有趣的是，“冷战”后期世界范围内开始出现的非传统安全认识或非传统安全观念，与中国改革开放过程中政治弱化、社会恢复的步伐相当一致。中国人在接受和构建非传统安全观的过程中，越来越关注起日益远离政治的社会安全问题。虽然许多人并不习惯也不愿意放弃过去那种具有强大政治功能的“单位身份”，不愿意从过去的“单位人”变成“社会人”，但改革的步伐却把这一进程不断推向前进。正是在这个过程中，以往被政治严重挤压的社会开始复苏和强大起来，日益远离政治甚至处于政治之外的社会对国家政治生活的影响甚至是威胁越来越大，其中最突出的是各种突发性社会事件对社会安全和国家安全的冲击。正是在这一过程中，政界和学界都越来越多地关注起社会安全问题，使社会安全问题成为非传统安全观关注的一个重要方面。一个古老的传统安全问题却只有在当代非传统安全观中才被放在了它应有的地位上。无论是近年来国家安全论著中对社会安全问题的研究，还是中共领导人从社会和谐稳定和国家安全的高度对加强和创新社会管理的强调，以及中国国家安全论坛把2011年的主题确定为“社会管理创新与国家安全”，都说明了这一点。

二、社会安全问题在国家安全体系中的地位及其主要内容

为了能够科学地认识现实中社会安全问题与国家安全的关系，促进通过社会管理创新保障国家安全，我们有必要先从理论上认清社会安全问题在国家安全体系中的位置。

多年来，我们一直在“系统安全观”的分析框架下把国家安全问题分为四个方面：一是国家安全的构成要素，二是影响国家安全的因素，三是威胁国家安全的因素，四是国家安全保障体系。为了更好地说明问题，把这四个方面比较详细的内容编制如图1所示。

在图1国家安全体系中，社会安全问题既包括作为国家安全本身构成要素之一的社会安全，也包括影响和危害国家安全的人为社会因素，还包括国家安全的社会保障措施。但无论是作为构成要素的社会安全，还是作为影响和危害因素的社会问题，以及作为国家安全保障体系有机组成部分的社会保障，其中的“社会”都不是与“自然”相对的广义的社会，而是整个人类社会中与“政治社会”或“政治性社会”相对的狭义社会，即非政治性或弱政治性的“民间社会”。因此，国家安全体系中的“社会安全”“影响国家安全的社会因素”“危害国家安全的社会因素”“国家安全的社会保障”等概念，所指分别是一个国家内部的非政治性或弱政治性的民间社会安全、影响国家安全的民间社会因素、危害国家安全的民间社会因素、保障国家安全的民间社会体系。

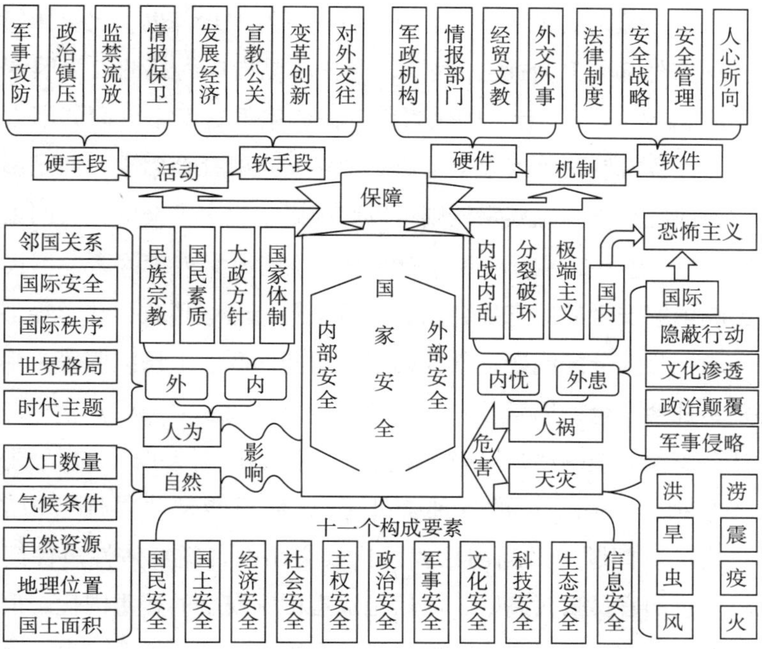

图 1　国家安全体系的基本框架

如前所述，社会安全是国家安全的史前要素、原生要素、传统要素，它本身又是一个庞大复杂的体系。就我们目前的认识来说，社会安全起码包括有：居民安全、民宅安全、族群安全、城镇安全、乡村安全、街巷安全、社区安全、校区安全、市场安全等构成要素，而且其中的每一个构成要素又可以划分为若干下一层次的构成要素，如居民安全就可分为居民的人身安全、居民的财产安全、居民的名誉安全等要素，而居民的人身安全还可以继续划分为居民的饮食安全、居民的医疗安全、居民的家居安全、居民的出行安全、居民的游乐安全、居民的穿戴安全等。在社会安全的这些构成要素中，有些看起来非常细小甚至微不足道，但如果某个方面的安全发生问题，特别是这样的安全问题扩大和强化起来，就不仅会使社会的安全度降低，而且会使国家的安全度降低。

如果说社会安全本身在上述国家安全体系图 1 中的位置比较清楚的话，那么，影响国家安全的社会因素、危害国家安全的社会因素、国家安全的社会保障等，在上述国家安全体系中的位置就不那么清晰了。尽管如此，我们还是能够借助图 1 来分析社会安全问题中的这些方面。

在国家安全体系图示中，影响国家安全的因素被分为自然因素和人为因素，而人为因素又被分为内部因素和外部因素。很显然，在社会安全问题这一论题中，影响国家安全的社会因素，既完全区别于图 1 中列出的自然因素，也不包括任何外部的人为因素（即一个国家外部的人为社会因素），而只可能指向内部的人为因素。在上述图 1 中列出的国家体制、大政方针、国民素质、民族宗教这四个方面的因素中，相对来说，国家体制、大政方针两个因素不是影响国家安全的社会因素，而是影响国家安全的政治因素，而国民素质、民族宗教则可以归为影响国家安全的社会因素。显然，图 1 中的这几个方面，并不是国家内部影响国家安全的所有人为因素，国民素质和民族宗教也不是影响国家安全的所有社会因素。事实上，这些年政界和学界都在反复强调的公平正义问题、收入分配问题、教育问题、医药问题、上访问题等，都是影响我国国家安全特别是社会安全的因素。

同样，社会安全论题中的危害国家安全的社会因素，既不包括图示中的各种“天灾”，也不包括“人祸”中的各种“外患”，而只能是“内忧”中的某些因素，如图 1 所列“内乱”问题以及当前在我国比较突出的各类群体性事件问题等。至于当前国内比较严重的官员贪污腐败，虽然是危害国家安全的严重内忧，但严格来说应归入危害国家安全的政治因素之中，而不是危害国家安全的社会因素。

另外，在国家安全保障体系中，社会性保障也是一个重要方面。在传统安全保障体系和传统安全观中，军队、警察、情报、监狱等才是保障国家安全的最重要的力量，但在当代国家安全保障体系和非传统安全观中，社会性保障和社会管理的重要作用日益突出。如图 1 所示，国家安全保障机制由硬件和软件两个方面构成，其中的硬件构成在传统上只包括军事、政治、外交、情报、文化、教育等政府机构，而没有社会保障机构及其他非政府性社会组织的地位；其中的软件也只有会关注到法律、制度、战略、人心等，而缺乏对“社保机制”“社管机制”在保障国家安全中重要作用的认识。然而历史上，一些非政府的社会组织曾在不同程度上以不同的形式发挥着保障国家安全的作用，“社保”也在许多国家发挥着重要的保障社会安全和国家安全的重要作用。在近代中国抵御外敌侵略的过程中，一些民间社团、秘密会社、宗教组织等，就曾发挥过不同的积极作用。此外，在当前中国国家安全保障体系中，社会管理特别是社会管理创新，就是非常重要的国家安全保障活动。因此，我们不仅需要在国家安全保障活动中列入社会管理和社会创新，而且还应该在国家安全保障机制的硬件中列入“社会组织”，在国家安全保障机制的软件中列入“社保机制”和“社管机制”。

在前面讨论以国家安全为中心的社会安全问题时，我们把自然因素、国外因素、狭义社会之外的社会因素等都排除在外了，但无论是构成国家安全的社会安全要素，还是影响和危害国家安全的社会因素，以及国家安全的社会保障，都与自然因素、国外因素以及其他广义的社会因素存在着各种复杂的相互联系和相互作用。因此，当我们不是以国家安全为中心，而是降低一个层次以社会安全为中心讨论问题时，就不仅要涉及上述论及的社会安全的各种构成要素，而且还要全面考虑影响和危害社会安全的各种因素，其中既包括人为因素也包括自然因素，既包括国内因素也包括国外因素，还要考虑保障社会安全的非社保、非社管的包括政治、军事、情报、外交等在内的各方面的机制和活动。这是因为，影响社会安全的既有各种社会因素，也有各种自然因素；既有国内因素，也有国外因素。危害社会安全的既有各种“人祸”，也有各种“天灾”；既有各种“内忧”，也有各种“外患”。保障社会安全不仅需要各种社会力量，有时还需要各种政治的、军事的、情报的、外交的力量。

三、以社会管理创新促进社会安全和国家安全

改革开放三十多年来，我国的经济和社会都有了长足发展，取得了巨大的成绩，但与此同时，经济发展成果却没有得到应有的公平分配，社会矛盾日益突出，社会冲突不断增长和强化，层出不穷的各类社会事件越来越严重地威胁到社会的和谐稳定以至国家安全，从而使我国进入到一个社会矛盾凸显的特殊历史时期，也使我国当前的国家安全形势总体上呈现出“内忧外患并存”“内忧甚于外患”“安内重于攘外”“社会安全问题日益突出”的特征。基于这一客观情况，中共中央和中央政府对我国国家安全的认识，从21世纪初就开始经历了从传统安全观到非传统安全观、从重国际安全到重国内安全的转变，而且越来越重视国内的社会安全问题，提出了建设和谐社会、创新社会管理等重要主张，力图通过创新社会管理来促进社会和谐稳定，进而保障国家安全。

那么，当前我国都存在哪些突出的社会矛盾呢?

从人群划分角度看，我国当前比较突出的社会矛盾有官民矛盾、警民矛盾、贫富矛盾、劳资矛盾、政商矛盾、商民矛盾，总体上看可以概括为强弱矛盾。至于官与官的矛盾、警与警的矛盾、民与民的矛盾、穷与穷的矛盾、富与富的矛盾、资与资的矛盾、商与商的矛盾等，都不是当前突出的社会矛盾，而且多数情况下并不是社会矛盾，而是个体矛盾。

引起这些矛盾的原因很多，其中根本原因就是公平正义的缺失，具体原因则是由于征地、拆迁、欠薪、就业、医疗、教育、司法等过程中的不公不义，这其中还包括社会管理滞后的问题。为此，中央提出了社会管理创新的要求，希望通过创新和完善社会管理，更有效地化解或缓和社会矛盾，降低社会风险，促进社会和谐稳定，保障

国家安全。

2004年6月，党的十六届四中全会就提出要“加强社会建设和管理，推进社会管理体制创新”。2007年，党的十七大报告进一步提出要“建立健全党委领导、政府负责、社会协同、公众参与的社会管理格局”，同时还提出了“完善社会管理”这一概念。在2009年底的全国政法工作电视电话会议上，“社会矛盾化解、社会管理创新、公正廉洁执法”被列为政法系统的三项重点工作。2010年“两会”期间，温家宝总理在政府工作报告中指出，要适应新形势，推进社会管理体制改革和创新，合理调节社会利益关系。到了2011年，社会管理创新成为中央特别强调的一项重要工作。2011年2月19日，胡锦涛同志在中共中央党校举行的“省部级主要领导干部社会管理及其创新专题研讨班”上发表讲话，强调要“扎扎实实提高社会管理科学化水平，建设中国特色社会主义社会管理体系”。在此后的“两会”期间，政府工作报告比以前都更充分地论述了“社会管理创新”问题。5月30日，中共中央政治局召开会议，研究加强和创新社会管理问题，并由此在7月份推出了《中共中央国务院关于加强和创新社会管理的意见》。2011年9月16日，在中央社会管理综合治理委员会第一次全体会议上，“中央社会治安综合治理委员会”正式更名为“中央社会管理综合治理委员会”。

中共中央和中央政府对加强和改善社会管理特别是创新社会管理的强调和重视，一方面是由于我国正处于社会矛盾凸显的特殊历史时期；另一方面是由于当前的社会管理不仅相对较弱，而且更有许多不适应新形势的地方，明显滞后于社会及社会矛盾的发展。正是社会矛盾凸显与社会管理滞后这对矛盾，催生了中共中央和中央政府加强和创新社会管理的决定。因此，我们可以说，创新社会管理直接来说是解决社会矛盾凸显与社会管理滞后这对矛盾的需要，从根本上来说还是弱化、化解、解决目前日益突出的各种社会矛盾的迫切需要。

为了解决目前突出的各种社会矛盾，社会管理创新必须落实到目标创新、观念创新、方法创新、机制创新等各方面。从目标上看，我们需要把以维护社会稳定为重要目标的社会治安工作，转变为以确立社会公平正义为根本目标的社会管理工作，同时把公平正义放到与发展速度同等重要，甚至比发展速度更重要的位置上。从观念上看，我们需要在管理中确立以人为本、以民为本的观念。从方法上看，我们必须重视管理的科学性、民主性，把科学管理特别是民主管理作为社会管理的根本方法，同时还要注意人性管理、软性管理、绿色管理。从机制上看，既要注意管理的硬件建设，更要注意管理的软件建设，使社会管理越来越多地从政府的外部管理变成民众的内部自我管理。

国家安全中的“国家”概念

（2013 年 1 月）

摘要：汉语“国家安全”的两种英语表达 state security 和 national security 各有长短，难以取舍，因而需要一个把 state 与 nation 很好地融合在一起的英语新词。依据汉语旧词“国家”能容纳英语 state、nation 和 country 的高度概括性，给英语造一个新词“guojia”，把“国家安全”在英语中表达为“guojia security”，便能把国家安全学理论要求的“国家”概念的普遍性、科学性与人文性、民主性很好地统一起来。

关键词：国家安全；State Security；National Security；汉语；英语

国家安全理论研究和学科建设中，首先需要把“国家安全”一词中所含的两个概念搞清楚，这就是“国家”与“安全”。多年前，在《国内关于“安全”是否具有主观性的分歧与争论》一文中，我们专门分析了“安全”概念，本文则专门讨论“国家”概念。

一、问题的提出

对于没有深入到国家安全学理论内部的旁观者来说，常常会觉得只要把政治学的“国家理论”直接引入国家安全学便可解决问题，然而对于稍稍接触和思考过英语世界中“国家安全”概念与中华汉语文化中“国家安全”概念的联系与区别的人来说，如果不是有意回避，那么就会在这里发现一个重要问题：汉语“国家安全”中的“国家”，在英语中的对应语词究竟是 state，还是 nation，抑或 country？进一步来说，国家安全学理论中的“国家”，究竟是当代国际关系理论中的“民族国家”（nation），还是普通政治学中具有普遍意义的“政治国家”（state），抑或当代中国讲到国家统一时提出的“一国两制”标准英译中的地理国家（country）？也许有人会说这要根据具体语境和具体情况来具体分析，但是在建立国家安全学理论体系时的一个最基本的逻辑要求是：必须有一个前后一致的“国家”概念，而不能在这个科学理论中根据所谓的具体情况来不断变换这个学科中最基本的概念“国家”，否则就会犯混淆概念甚至是偷换概念的逻辑错误，从而使“国家安全学”从一开始就丧失其应有的逻辑严密性和科学性。

为了说明这一问题的实际存在及其重要性，我们不妨先看一下中美两国官方文献中关于“国家安全”的两种不同表述。

在当代中国法律体系中，有一部《中华人民共和国国家安全法》，国务院法制办公室网站公布的标准英译是“National Security Law of the People's Republic of China”。除此之外，一些重要的学术网站，如北京大学法制信息中心的“北大法宝”网等，所采用的英文译名也都是这样。与此相对应的是，美国也有一部“国家安全法”，其英文名称是“National Security Act of 1947”。显然，在法律和法治的层次上，中美两国对“安全”主体或安全“指涉对象”的理解是不完全一样的。虽然这个主体或“指涉对象”的汉语表达都是“国家”一词，但在英语中却成为两个不同的语词，其中一个是“state”——这是中国法律的用词，另一个则是“national”——这是美国的法律用词。

此外，中美两国的中央政府机构中都有国家安全部门，它们的英文表达同样存在着这样的差别。中华人民共和国中央政府所属的“国家安全部”，官方英译是“Ministry of State Security”。英文“全球安全”网根据中国官方文件译中国国家安全部为“Ministry of State Security”。与此不同，美国“国家安全委员会”的英文表达只是“National Security Council”，美国“国家安全局”的英文表达也是“National Security Agency”。由此又可以看出，在中国官方表达的“国家安全”中，需要安全的“国家”是“State”，而在美国官方表达的“国家安全”中，需要安全的是“Nation”或“National”。那么对于国家安全学理论，安全的主体应该是哪个？是 state，还是 nation？

中美之间关于国家安全的主体或指涉对象的这种不同用语，是否关系到国家安全研究和国家安全学科建设？虽然许多中国学者特别是国际关系理论研究者对此不屑一顾，甚至认为这根本不是一个问题，但从 21 世纪初开始，我们就认为这是一个非常重要的基本理论问题，是关系到国家安全理论或国家安全学建立在一个什么样的“国家”概念基础上的根本问题。故此，我们在 2004 年政法版的《国家安全学》中就明确指出了这一问题，并提出了我们的解决方案。国际上颇负盛名的安全研究领军人物巴里·布赞，在剑桥大学出版社 2009 年出版的其与琳娜·汉森合著《国际安全研究的演化》一书中，也谈到了这个问题。该书写道：“如许多观察家所指出的，‘国家安全’用‘State Security’比用‘National Security’来指称更为恰当。”由此，该书也把这样一个概念问题提了出来。

显然，无论法律文本、政府部门，还是学术研究，都没有把 country 作为“国家安全”中安全主体合适的英文用词。排除 country 之后，在 state 和 nation 之间，我们应该选择哪个作为国家安全学理论中的安全主体的恰当用词？虽然巴里·布赞与琳娜·汉森在《国际安全研究的演化》一书中借用不确定的他人之口表示，用 state 作为“国家安全”的“指涉对象”更为恰当，但他们在其著作中还是更多地采用 National Security 一词，而不是 State Security 一词，而且在说“国际”时，无论是说“国际关系”“国际政治”还是“国际安全”，所用的也都是 international 而不是 interstate。

二、国家安全主体概念选用 state 的优与劣

如同巴里·布赞与琳娜·汉森在《国际安全研究的演化》中所说，我们也认为“国家安全”用“State Security”比用“National Security”来表达更为恰当，这是因为 state 是一个具有更广泛普遍性的政治科学概念，用这个概念来表达“国家安全”具有如下一些优势。

第一，符合人类社会发展的实际情况。自从人类社会出现国家之后，“国家”就有不同的历史形式，从而也形成了与这些不同形式相应的不同称谓，如在中国先秦时期有“诸侯国”，在古希腊有“城邦国”（polis），后来还出现了“王国”“帝国”“属国”等国家形式和称谓，再后来便在近代欧洲出现了“民族国家”（nation）。这些不同的存在形式和称谓，是“国家”在人类社会发展史上的不同表现。民族国家（nation）其实是近代欧洲的一种国家形式（即 nation-state），这就如同城邦国家（polis）只是古代希腊的一种国家形式（即 city-state）一样。所以，与 nation 比较起来，state 是一个更符合几千年国家发展史实际的一个概念。

第二，具有时空上的广泛可指性和普遍适用性。正是由于 state 更符合人类几千年来的国家发展史实际，因而它在时空上就能够用来指称古今中外一切形式的国家，因而具有广泛的指向功能，而不像 nation 那样只能用来指称近代以后的民族国家。反过来，把 state 用在国家安全研究中，由之形成的理论便具有适用于古今中外各种不同形式国家的普遍适用性。推而广之，具有全球史意义上普遍适用性的国际关系、国际政治等，也不仅仅是民族国家之间的关系，而应是古今中外一切形式和形态的国际关系、国际政治，因而在本质上应该用 interstate 来描述，而不是 international 来表达。

第三，与政治学原理中的基本概念一致。政治学是关于国家的科学，国家是其最基本的概念，而政治学研究的国家，并不是在近代欧洲形成的民族国家 nation，而是具有普遍概括性和适用性的政治国家 state。由此来看，包括国家安全学在内的任何涉

及“国家”的理论和科学，都应把 state 作为其基本概念。当国家安全学选择 state 作为表达安全主体的概念时，就与政治学原理相一致了。相反，当前在世界范围内广泛传播的国际关系学和国际政治学，由于其起源于西方，受美国英语的影响非常大，因而没有用 interstate 来表达“国际”，而是用 international 来表达“国际”，这就与作为这些学科之基础理论的政治学原理在概念使用上出现了差异。

因此，从科学性上讲，只能选择 state 来表达“国家安全”中的“国家”概念。

但是，这种选择在照顾到国家安全学理论科学性要求时，却弱化了国家安全学理论的人文关怀和民主精神，同时还造成了与国家安全理论原生语言环境的不相容，给相应的国际学术交流和政治对话造成语言上的障碍。

不同于民族国家 nation 与人性民主所具有的天然联系，state 由于其在起源后的相当长的时间里具有强烈的暴力性和血腥味，因而在被用来指称安全的主体时，就使国家安全无形中聚集了更多的暴力与血腥，而少了当代民主政治所具有的人文关怀和民主精神。这是 State Security 与 National Security 的一个巨大区别，也是用 state 指称国家安全主体的一个重要缺陷。

此外，由于现代国家安全学理论与一般的“安全研究”、国际政治学、国际关系学一样，都源于西方；“国家安全”概念也是在汉译英文 National Security 时形成的，因而从理论来源看，以汉语为工作语言研究国家安全问题时，理应把其理解为 National Security，而不应理解为 State Security。但是，英文 National Security 一旦译成汉语“国家安全”，就必然在汉语文化环境中被理解为汉语中的国家安全，而汉语“国家安全”中的“国家”则是指古今中外存在的不同形式的国家，即所有的 state，而不是特指欧洲近代形成的民族国家。这样一来，把汉语“国家安全”顺势解释为 State Security 时，就与其发源处的 National Security 不相一致了。

在国际学术交流和政治交往中，把汉语“国家安全”按其外延所指范围大小恰当地译成英文 State Security，虽然更为科学，但却无法与西方学者及政客常用的 National Security 相对应，这必然造成中国学者在不断地说 State Security，而英语世界的学者却在不断说 National Security；中国党政领导在不断讲 State Security，而西方政客则在不断重复 National Security，从而给中西方对话交流造成不应有的矛盾和摩擦。

那么，我们放弃 State Security 的译法，而把“国家安全”译成 National Security，这不就解决问题了吗？可惜答案是否定的，因为这又带来了一些新的问题。

三、国家安全主体概念选用 nation 的优与劣

民族国家 nation 是在近代欧洲人文主义迅速发展和民主观念迅速提升的过程中形

成的一个新概念，它的发展不仅伴随着“一个民族一个国家”社会政治理想，而且还不断累积和凝聚着人文精神、人道主义、民主政治等现代政治理念，因而英语把国家安全表达为 National Security，就很好地体现了具有时代特征的社会进步性、文明性，具体来说就是现代政治中的人文性和民主性。

但是，把国家安全表达为 National Security 也有其内在的缺陷，其中最主要的问题在于：nation 或 national 在国家安全、国际政治等领域的确切含义就是民族国家 nation - state，因而只能指称近代欧洲之后才形成的这种特殊形态的国家，而无法指称历史上存在过的其他类型的国家。把这样一个概念用到国家安全研究中，极大地限制了国家安全学理论的普遍概括性和普遍适用性，使其在时间上无法溯及古代国家，在空间上难以扩展到欧美之外的其他国家。这样一来，国家安全学就从根本上丧失了对全球不同文明区域曾经存在过的不同形式国家中的国家安全问题的解释力。这也就是说，在国家安全学理论中选择 National Security，必然使这一理论在顾及人文性、民主性的同时，失去任何科学理论都应有的普适性、科学性。

此外，在汉语环境中研究国家安全问题、建设国家安全学和国家安全理论时，汉语“国家”并不特指“民族国家”，因而把“国家安全”一词解释为特指“民族国家安全”没有汉语言学根据，也不符合汉语表达方式。同时，这样做也妨碍了国家安全理论和国家安全学对中国古代国家安全问题的追溯力和表达力。这一点其实也直接影响着汉语文化环境中的国际关系学、国际政治学研究。这是因为，汉语文化环境中的“国家利益”“国际关系”“国际政治”等，其语词本意和概念外延也不特指“民族国家利益”“民族国际关系”“民族国际政治”。

总之，在国家安全学理论中，如果选择 State Security 表达“国家安全”，必然造成这一学科理论在具有普遍性、科学性的同时，失去它当前理应具有的人文性、民主性；如果选择 National Security 表达“国家安全”，又必然使这一学科理论在具备人文性、民主性的同时，丧失了它作为一门社会科学应有的普遍性、科学性。

面对这样一种两难困境，我们是否有破解之法？这就需要我们跳出英语思维，以汉语特有的语词来表达汉语文化中的国家安全，进而把这种表达合理地推向在此问题上同样陷入困境的英语世界。

四、“国家安全”就是“guojia security”

无论在历史上还是在现实中，任何一种语言与其他语言比较起来，都会有自己的优势，同时也会有自己的劣势。世界上还没有一种集中了其他语种的优势而没有任何比较劣势的语言。汉语是这样的语言，英语也是这样的语言。与国家安全学理论相关的中英文优劣问题是：哪种语言中存在着能把古今中外不同形态国家都概括进去的语词。

在英语中，存在着一些能够从不同角度表达国家这一社会存在的名词，这就是state、nation、country，而汉语中不存在与它们相应的名词，有时为了对应这些名词，不得不造出“政治国家”“民族国家”“地理国家”这样一些难以顺畅使用的复合名词。这似乎是英语的优势与汉语的劣势。但是，在建立一种普遍的国家安全学理论时，英语的如上优势便转化为劣势，汉语的如上劣势反倒成了优势。这是因为，国家安全学理论要具有普遍的适应性和科学性，就不仅要在外延上把古今中外的不同类型国家的国家安全都概括进来，而且还要在内涵上把国家的政治性、民族性、人民性、地理性、领土性等都概括进来并表达出来。就这一点来说，英语中的 state、nation、country 都无法实现，倒是汉语中的“国家”一词能够顺利做到。英语 state 一词表达的国家概念虽然在外延上与汉语“国家”一词表达的“国家”概念基本一致，在内涵上既能够表现国家的政治性又能够表现国家的地理性、人口性，但却难以表达并包容汉语“国家”在内涵上能表达和包容的国家之人文性、人民性、民族性、民主性等。至于 nation 或 national，只能特指近代欧洲才形成的一种特殊形态的国家，即nation－state。

因此，在国家安全论域中，汉语中的“国家”一词所表达的概念，比英语中三个不同名词 state、nation、country 从不同角度所表达的不同内涵的三个“国家概念”，具有明显的优势。我们这些以母语汉语为工作语言的国家安全研究者，没有必要费力地把“国家安全”解释为与 state security、national security、country security 三个概念中的某一个相对应——因为它确实与其中的任何一个都不完全相同，而只需要以汉语“国家安全”作为国家安全学理论的基本概念来开展研究。

现在的问题是，国家安全研究和国家安全学科建设并非汉语文化和中华文明的专利，而是世界各国都在做的一项普世性科学工作，由此便出现一个如何在其他语言中，特别是在目前具有世界语作用的英语中，找到一个精确对应汉语“国家安全”的语词的问题。state security 不是这样的语词，national security 不是这样的语词，country security 更不是这样的语词。由于英语中缺乏这样一个与汉语“国家”完全对等的语词，因而就只能给它造新词，这个新词就是：guojia。由这个英语新词表达的英语“国家安全”，就是“guojia security”。

这种思路，在 2004 年政法版《国家安全学》中已初步形成。我们当时写道：“如果大胆地突破英语话语霸权的束缚，也完全可以在英语中创造一个新词 guojia 来表达汉语的‘国家’概念，并相应地把具有中国特色的‘国家安全’一词译作‘guojia security’。”

这样一种思路和建议，一直都没有引起人们更多的关注，更没有受到任何重视。但是我们现在越来越认为，在人们把英语作为科学研究的工作语言时，或者是在把其他语言中的相关概念翻译为英语时，如果遇到了找不到相应语词来表达相应概念的类似情况，完全可以通过给英语创造一个新词的办法来解决，而给一种语言创造新词的最轻省的办法，就是把其他语言中能够很好表达相应概念的语词直接照搬过来。当然，由中国人自己根据汉语特点和研究需要把汉语语词通过拼音方式推介到英语中去，使其成为一个英语新词，这既需要我们有比较强烈的文化自信和语言自信，更有待于中国国际地位的不断提高，以及中国文化全球影响力的大幅度提升。

2010 年 12 月在杭州参加“中国国家文化安全学术研讨会”时，本人说过这样一句话：“当我们能够用汉语为世界命名的时候，我们的文化安全就有了根本的保障。”中央民族大学把校名英译由过去的 Central University for Nationalities 改为 Minzu University of China，把汉语拼音的 Minzu 一词推向英语世界，就是这种自信的表现，这也给我们坚持向英语国家的安全研究领域推介“guojia security”一词以鼓励。

近年来，英语世界的安全研究和国际问题研究，在理论上也遇到了把“国家安全”表达为 national security 及把“国际关系”中的“国际”理解为 international 造成的困境。例如，在《国际安全研究的演化》一书中，作者不仅认为“如许多观察家所指出的，‘国家安全’用‘State Security’比用‘National Security’来指称更为恰当”，而且还进一步强调：“冷战时期的‘国家安全’概念是‘国家’（state）与‘民族’（nation）两项安全的‘融合’（fusion）”。但是，能够把 state 与 nation 很好融合在一起的“国家安全”，并不是 national security，而是 guojia security。汉语旧词“国家”和英语新词“guojia”所表达的“国家”概念，在外延上指向古今中外所有不同形式和类型的国家，在内涵上吸纳了现代民族国家出现后逐渐形成的人文性、民主性，因而能够很好地把国家理论及国家安全学理论的普遍性、科学性与人文性、民主性统一起来。这是我们要在英语表达中推出“guojia security”表达的根本原因。

五、国家的“曾是”“现是”及“所是”“应是”

当国家概念把传统国家的强制性、暴力性与现代国家的人文性、民主性统一到自己内涵中的时候，就不可避免地产生这样一个问题：国家到底是一种什么样的社会集团？

在回答这个问题之前，我们首先需要确立一个观念：国家是变化发展的，国家与国家并不一样。历史上不同时期的国家不一样，现实中不同性质的国家也不一样。历史上有诸侯国、城邦国、帝国、王国等，现实中有专制国家，也有民主国家。因此，国家曾经是那样一种社会集团，而今天又是这样一种社会集团，它有过去的“曾是”，也有当下的“现是”。

在此基础上，我们需要确立的第二点是：国家与国家又都是一样的，不同的国家有相同的地方，这是它们统一被称为“国家”、被放在“国家”这一概念外延中的原因。古往今来不同类型国家的共同点在于：任何国家都是阶级统治的工具，是暴力机器，同时又都是社会管理机构，发挥着社会管理的职能。这是所有国家的共同点。

第三，在不同历史时期，不同国家的暴力程度是不一样的，其社会管理职能发挥的程度也是不一样的。历史的发展和进步，使国家的暴力性不断弱化，国家的管理性不断强化。国家曾经更多的是对他者进行统治的暴力机器，现在则更多的是自我管理的自治机构。这种由“曾是”到“现是”的发展，是人类文明进步的重要表现。

第四，不同国家有进步与落后之分，有相对的好坏之别，其衡量的标准就是暴力性与管理性的比重。从历史发展和社会进步来看，“曾是”的专制国家相对于当下“现是”的民主国家来说，是落后的国家形态，而当下最文明进步的国家类型是民主国家。打个比喻来说，“曾是”的家天下专制国家相当于个体私有企业，而“现是”的公天下民主国家相当于大家公有的股份企业。由“曾是”的“一家私有独资国家”到“现是”的“大家公有股份国家”，是国家的重要进步。

第五，国家除了“曾是”与“现是”的区别外，还有“所是”与“应是”的区别。从本质上讲，任何历史时期、任何类型的国家，都是阶级统治的暴力机器，这一点是国家的“所是”，是国家无法改变的天然属性。但是，从人性和人类文明的发展进步来看，国家应该少一些暴力性、专制性，多一些人文性、民主性。这就是国家的“应是”。无论是研究国家安全问题，还是研究与国家相关的其他问题，以及在政治学上分析和界定国家概念，都既需要看到国家的“所是”，也需要重视国家的“应是”。只有客观地了解国家之“所是”，才能使理论具有扎实的基础和科学的结论；只有重视国家之“应是”，才能使理论具有更高的理想目标和实践价值。现实主义通常关注国家及国际社会的“所是”，理想主义则更重视国家及国际社会的“应是”，而无论国际问题研究还是国家安全研究，都需要把现实主义与理想主义很好地结合起来，既认真研究和对待国家本质上的“所是”，又积极构建并推进国家发展中的“应是”。

第六，国家与皇帝、皇家、朝廷、领袖、政府、政党等既有不同的联系，也有根本区别。它们既非天然一致，也非天然对立；它们既可能极度分离、对立，也可能很好地融为一体。因此，爱国不等于爱皇帝、爱皇家、爱朝廷、爱领袖、爱政府、爱某党，但也不等于反皇帝、反皇家、反朝廷、反领袖、反政府、反某党。在朝廷、政府与国家、国民高度一致时，爱朝廷、爱政府基本上等于爱国家；而在朝廷、政府与国家、国民不相一致时，爱朝廷、爱政府便不等于爱国家；如果朝廷、政府与国家、国民极端对立，那么爱朝廷、爱政府便等于反国家，爱国家则必然反朝廷、反政府。只有把这几种情况完全说明，才能全面把握“爱国家”与“爱朝廷”“爱政府”的真正关系。

参考文献

[1]刘跃进.国内关于“安全”是否具有主观性的分歧与争论[J].江南社会学院学报,2006(2).

[2]Security Law of the People's Republic of China[Z/OL].http://www.chinalaw.gov.cn/article/english/Regulations/Laws/200605/20060500013286.shtml.(访问日期:2012年8月16日)

[3] National Security Act of 1947. http://www.nsa.gov/http://zhidao.baidu.com/question/11355984.html.(访问日期:2012年8月16日)

[4]Global Security. Ministry of State Security[Z/OL].http://www.globalsecurity.org/intell/world/china/mss.htm.(访问日期:2012年8月16日)

[5]白宫网站. National Security Council[Z/OL].http://www.white house.gov/administration/eop/nsc/.(访问日期:2012年8月16日)

[6]美国国家安全局网站. National Security Agency. http://www.nsa.gov/.(访问日期:2012年8月16日)

[7]刘跃进.国家安全学[M].北京:中国政法大学出版社,2004.

[8]巴里·布赞,琳娜·汉森.国际安全研究的演化[M].余潇枫译.杭州:浙江大学出版社,2011.

[9]申志民,付饶.中央民族大学英译校名引争议[N/OL].http://edu.sina.com.cn/en/2012-07-22/084368378.shtml.(访问日期:2012年8月16日)

不成立的“非传统安全”一词

（2014 年 5 月）

摘要：由于英语“security”的多义性，当“traditional security”与“non-traditional security”用来表达两种不同的安全观念、安全因素、安全措施等含义时，是可以成立的英语表达。但是，由于汉语“安全”一词仅仅用来表达“不受威胁没有危险”的客观状态，并不表达任何观念、因素、措施，词义明确而确定，因而“传统安全”与“非传统安全”便成为两个不成立的汉语表达。这两个不成立的汉语表达之所以在汉语中流行，成为当前国际问题研究特别是安全研究中出现频率非常高的两个术语，一方面是由于英语主导的西方国家在相关研究中处于领先地位，另一方面则是由于不加区别地直译英语“traditional security”与“non-traditional security”两个术语造成的。在否定了“传统安全”与“非传统安全”这两个汉语语词之后，上述两个英语术语的翻译以及相应的安全问题，不仅可以在总体上用汉语表达为“传统安全问题”与“非传统安全问题”，而且更需要根据客观环境和语言环境的不同，分别表达为“传统安全要素”与“非传统安全要素”、“传统安全威胁”与“非传统安全威胁”、“传统安全保障”与“非传统安全保障”、“传统安全观”与“非传统安全观”等。

关键词：安全；传统；非传统；传统安全；非传统安全

由于汉语“安全”专一的具体含义，以及由此形成的语言和逻辑特征，因而不能用“传统”与“非传统”对其进行分类，硬性划分形成的“传统安全”与“非传统安全”是不合理的汉语表达和虚假的逻辑概念。但是，由于英语“security”的多义性，因而虽然不能在“不受威胁的客观状态”的含义上把其分为“传统”和“非传统”，但在其他众多含义上却可以把其分为“传统”与“非传统”，因而“traditional security”与“non-traditional security”则是可以成立的英语表达。在否定了“传统安全”与“非传统安全”这两个汉语语词之后，相应的问题不仅可以在总体上表达为“传统安全问题”与“非传统安全问题”，而且更要根据客观环境和语言环境的不同选择其他不同语词进行表达。

一、语言学分析与逻辑学类比

“冷战”结束以来，随着全球化速度的加快，“国际领域”出现了一系列新现象和新特征，从而引起了“国际问题研究”的一系列重大进展和变革。“安全领域”的变化就是“国际领域”众多新现象和新特征中比较重要的一个，而“安全研究”日渐成为“显学”特别是“非传统安全研究”的出现和迅速发展，则是“国际问题研究”一系列重大进展和变革中最不应被忽略的进展和变革之一。这一点，既表现在目前国际上的“国际问题研究”领域，也表现在目前国内的“国际问题研究”领域。——顺便说一句，我们在这里之所以用“国际问题研究”这一表达，是因为“国际问题研究”这一概念，可以把现今依然难以理清其关系的“国际关系”和“国际政治”都包括进去，甚至还能够包括这一领域本就十分丰富且目前还在不断丰富的其他一些复杂内容。

然而，出现在国内外“国际问题研究”领域但已超越这一领域的“安全研究”，特别是其中的“非传统安全研究”，其理论基础还很不扎实，基本概念还很不清楚，一些概念甚至达不到内涵的准确性、外延的唯一性、自身的不矛盾性等最基本的逻辑要求，而逻辑上的这些要求，则是包括“国际问题研究”“安全研究”“国家安全研究”“非传统安全研究”等在内的任何“研究”作为“学术理论”特别是成为“科学理论”的最基本的要求。

具体来说，作为国内“非传统安全研究”中最基本的一个语词，“非传统安全”这一汉语表述，是否合乎逻辑，是否具有科学性，非常值得怀疑。本文之所以用不成立的“非传统安全”一词作题，而没有写成“可疑的‘非传统安全’概念”，就是因为如果“非传统安全”果真是个概念，那么它就不可疑了；我们之所以说其可疑，则是因为通过下面的讨论可以证明，汉语“非传统安全”本身并不是一个概念，而仅仅是一个由不恰当的翻译而形成的一个不恰当的汉语新词，而且很可能也是一个不合汉语语法的语词。

正如有的语言专家指出的那样，“非传统安全”（non-traditional security）“是从英语中翻译过来的，要成为现代汉语的一个新词语，也有是否符合现代汉语构词特点与表述习惯的问题。”事实上，“非传统安全”及相应的“传统安全”这两个汉语语词不仅不符合汉语表达习惯，而且在逻辑上也不成立，因而难以成为一个合乎语法的汉语新词，更不能成为一个合乎逻辑的科学概念。在此，我们暂不讨论把英语 non-traditional security 翻译成汉语“非传统安全”时存在什么问题，而先按科学认识论和逻辑方法论揭示的科学认识过程，通过类比、旁证这样的经验性归纳，得出一个并非完全可靠的假定，然后通过原因探讨来初步论证这一假定，使其成为一个可以初步成立的结论。

在进行“逻辑类比”“权威旁证”“原因探讨”之前，我们先把“传统安全”和“非传统安全”更清楚更准确地解析为“传统的安全”和“非传统的安全”，并把它们呈现给熟练掌握和自如运用汉语的所有人，这时大家是否觉得这两个汉语语词有些别扭呢？如果一个人此前还没有接触过汉语环境中的“国际问题研究”特别是其中的“安全研究”，那么答案十有八九是肯定的，因为这就如同让他们在汉语中读出“传统的卫生”和“非传统的卫生”一样。本人在刚刚接触这种表达时，就有这样一种别扭的感觉，而这种感觉告诉我，这一汉语表达是不成立的。现在，我的语言感觉似乎已经习惯了“传统安全”与“非传统安全”的表达，但是我的理性却还在不断提醒自己，这样的习惯可能是一种对错误的习惯，它并不能否定对上述两个语词不成立的直觉。

因此，我们要从逻辑学提供的“类比”方法开始，对此直觉进行理性的讨论和合乎逻辑的论证。

多年来，在进行安全研究的过程中，我们通过论文、著作、会议等不同形式，多次提出过这样一个观点：汉语中的“安全”，无论在什么含义上，表达的都是一种“状态”，而且是一种客观状态。这样一种状态，不能用“传统”与“非传统”来划分，不能把其分为“传统安全”和“非传统安全”，而汉语中已经出现的“传统安全”和“非传统安全”的表达和语词，都是没有相应客观对象的“虚假概念”。[1]

虽然我们至今对此深信不疑，同时也得到少数同行的认可，但我们以前并没有找到相应的语言学和逻辑学根据。但是现在，我们准备先用逻辑学提供的“类比”方法，对上述观点做某种程度上的说明，然后再做进一步的论证。

我们用来类比的一个语词是“卫生”。在汉语中，当听到或看到“传统卫生”和“非传统卫生”（或“传统的卫生”与“非传统的卫生”）这样的表述或文字时，我们会有什么感觉呢？相信大多数人会感到这种表达有些别扭。这说明，汉语中的“卫生”不能分为“传统”和“非传统”，不能表述为“传统卫生”与“非传统卫生”。同样，对“健康”也不能用“传统”与“非传统”进行划分，既无法说“传统健康”，也无法说“非传统健康”。与此相反，和“卫生”“健康”相关的“医术”、“医疗”，则可以分为“传统的”和“非传统的”，从而形成“传统医术”与“非传统医术”、“传统医疗”与“非传统医疗”这样一些在汉语中能够成立的表述和概念。

以上事实的存在，说明“安全”肯定是一个与“卫生”“健康”具有某种内在逻辑相关性的概念，同时也是一个与“医术”“医疗”等不具有相应的内在逻辑相关性的概念。因此，我们可以通过“类比”初步认定：汉语语词“安全”，与“卫生”“健康”一样，不能从“传统”与“非传统”角度来划分。因此，与汉语中不存在合乎语法及逻辑的“传统卫生”与“非传统卫生”“传统健康”与“非传统健康”的表述一样，汉语中已经出现的“传统安全”与“非传统安全”，很可能存在着语法和逻辑方面的问题。

这里还需要指出是，“安全研究”领域出现较多的“传统安全威胁”与“非传统安全威胁”，以及“传统安全威胁因素”与“非传统安全威胁因素”，其中的“传统”和“非传统”所修饰或限定的都并非“安全”，而是“威胁”或“因素”，而“威胁”和“因素”在汉语中与“安全”不同，倒是与“医术”及“医疗”一样，可以分为“传统的”和“非传统的”，可以用“传统”和“非传统”来修饰限定，因而由此形成的“传统威胁”和“非传统威胁”（以及相应的“传统……威胁”和“非传统……威胁”）、“传统因素”和“非传统因素”（以及相应的“传统……因素”和“非传统……因素”），都是可以成立的汉语语词及概念。

反过来说，我们可以通过“安全”与“因素”“威胁”之间的“反类比”，说明与“因素”“威胁”不同的“安全”，不能像“因素”“威胁”那样分为“传统的”和“非传统的”，如此硬性划分后形成的“传统安全”和“非传统安全”两个语词，也不会如同“传统因素”和“非传统因素”、“传统威胁”和“非传统威胁”那样成为合乎汉语语法和习惯的语词。恰恰相反，所谓的“传统安全”和“非传统安全”，都是汉语语法上非常可疑的表述，是普通逻辑学上难以认可的虚假概念。

二、权威旁证与理论假定

除了上述“类比”之外，我们还可以提出一个“旁证”。

众所周知，无论是中共中央的文件，还是中央政府的文件，特别是中共中央在历次全国党代会上的报告，以及中央政府在历届全国人代会上的报告，其文本应该说是经过字斟句酌而比较准确的，因而在语言文字的运用方面具有一定的权威性。为此，我们力图在这些权威文本的相关论述中，寻找是否有“传统安全”或“非传统安全”之类表述，以及对相关问题又是如何表述的。

在进行如上工作时我们首先发现，10 多年来的中共中央和中央政府文件对“安全”和“国家安全”的论述，与国际国内安全形势的发展、大众安全观念的变化、学界安全研究的拓展，具有极高的共振和同步的增长。对此，我们曾通过比较1992年至2008年之间，“安全”和“国家安全”在历次全国党代会上的中共中央报告、历届全国人代会会议上的政府工作报告、国家图书馆历年藏书书名、“中国期刊全文数据库”历年收文题名中出现的次数，给予了比较充分的证明。

然而，就是在越来越多地论及“安全”和“国家安全”、大量引入学界通行的新旧安全术语、与学界形成如上高度共振的情况下，从1992年开始形成的中共中央5个党代会报告和2个相关文件，以及中央政府各年度的工作报告，都只是在“非传统安全威胁的因素”“非传统安全威胁”及其相应的“传统安全威胁的因素”“传统安全威胁”的表述中包含了相应的“字眼”，并没有把“非传统安全”及相应的“传统安全”作为独立术语来使用。

1992年中共十四大报告，“安全”一词共出现了4次，其中1次为“国家安全”，但没有出现“非传统”或“传统”与“安全”联系起来的表述；1997年的十五大报告，“安全”共出现6次，其中3次为“国家安全”，也没有出现“非传统”或“传统”与“安全”联系起来的表述；2002年的十六大报告，“安全”出现了14次，其中3次为“国家安全”，首次把“传统”及“非传统”与“安全”联系起来，表述为“传统安全威胁和非传统安全威胁的因素相互交织”；2007年十七大报告，“安全”出现23次，其中5次为“国家安全”，有“传统安全威胁和非传统安全威胁相互交织”的表述；2012年十八大报告，“安全”出现36次，其中4次为“国家安全”，与“传统”及“非传统”相关的表述依然是“传统安全威胁和非传统安全威胁相互交织”。

此外，2004年9月19日中共中央十六届四中全会做出的《关于加强党的执政能力建设的决定》，和2006年10月11日中共中央十六届六中全会做出的《关于构建社会主义和谐社会若干重大问题的决定》，也有把“传统”及“非传统”与“安全”连接起来的表述，分别为“针对传统安全威胁和非传统安全威胁的因素相互交织的新情况”“有效应对各种传统安全威胁和非传统安全威胁”。在此，如果从语言学和逻辑学的角度，分析十六大《报告》中“传统安全威胁和非传统安全威胁的因素相互交织”的表述，及十六届四中全会《决定》中“针对传统安全威胁和非传统安全威胁的因素相互交织的新情况”的表述，可以发现它们都包含了“传统安全威胁的因素”和“非传统安全威胁的因素”两个短语；而如果再分析这两个短语，对它们进行断句，那么则可以把它们分别表达为“传统（的）‘安全威胁的’因素”和“非传统（的）‘安全威胁的’因素”。由于这里的“安全威胁”其实就是“对安全的威胁”，所以如上两个短语可以分别翻译为“威胁安全的传统因素”和“威胁安全的非传统因素”。由此来看，“传统”和“非传统”在此修饰和限定的是“因素”，而非“安全”，由此构成的概念是“传统的威胁因素”和“非传统的威胁因素”，或者是“传统因素”和“非传统因素”，而绝非“传统安全”和“非传统安全”。

当然，如上《报告》和《决定》的“威胁因素”，完全可以简化为“威胁”。正因如此，在2002年十六大《报告》、2004年十六届四中全会《决定》之后不久，2006年十六届六中全会的《决定》以及2007年十七大《报告》和2012年十八大《报告》，相应表述中没有了“因素”二字，分别成了“有效应对各种传统安全威胁和非传统安全威胁”和“传统安全威胁和非传统安全威胁相互交织”。

这样更为简洁的表述，更明确地显示出，“传统”和“非传统”修饰和限定的并非“安全”，而是“威胁”，由此形成的概念不是“传统安全”和“非传统安全”，而是“传统威胁”和“非传统威胁”。

由于篇幅限制，我们这里不再详细分析中央政府（国务院）报告在这段时间内发生的相应变化和相关表述的准确运用，但结论却与上述对中共中央报告的分析完全一致。

这就使我们不能不问一句：这是为什么呢？为什么这些在语言文字方面也极具权威性的“中央文件”，把相关问题在事实上表述为“传统安全威胁因素”和“非传统安全威胁因素”，以及“传统安全威胁”和“非传统安全威胁”，而从来没有出现独立的“传统安全”和“非传统安全”的表述呢？

我们认为，在已经大量而深入阐述安全和国家安全问题时，这些“中央文件”之所以没有用“非传统安全”和“传统安全”表述，并不是因为没有相应的安全问题需要进行阐述，而很可能是因为这些权威文本的起草者和审阅者经过反复讨论、字斟句酌后，从汉语习惯和逻辑关系的角度，否定了国内大众传媒和学术论著中广泛存在的“传统安全”和“非传统安全”两个语词，而采用了合乎汉语语法和普通逻辑的表达——“传统安全威胁因素”和“非传统安全威胁因素”，以及“传统安全威胁”和“非传统安全威胁”。

毫无疑问，中共中央和中央政府在语言表达方面具有权威性的如上一些文本，对于安全和国家安全相关问题的如上表述，以及相应的理论概括，如果换作是某些学术论著，很可能会用甚至必然会用“传统安全”“非传统安全”。这种情况证明，这些“中央文件”是在有意避免和排除社会上及学术界已经广泛流行的“传统安全”和“非传统安全”这样的汉语表达，而这样做的原因，则是这些文本的起草者和审阅者认为，“传统安全”与“非传统安全”在汉语中是不正确（起码是不准确）的表达。我们完全可以将此作为旁证，来加强我们长期以来的直觉和观点：“非传统安全”一词（及相应的“传统安全”一词）在汉语中是不成立的。

借助“科学发现的逻辑”所认可的直觉、感悟，进一步通过逻辑方法中的“类比”、权威文本的“旁证”，我们已经从归纳逻辑的层次上初步论证了“安全”与“卫生”和“健康”等汉语语词和概念一样，不能用“传统”和“非传统”作为根据对其进行划分，不能把其分为“传统安全”与“非传统安全”，因而“非传统安全”的汉语表达是不成立的。

在此，虽然我们还没有更深刻地指出汉语中“卫生”“健康”与“安全”之间在逻辑上究竟有什么样的相关联系，以及“医术”“医疗”“因素”“威胁”与“安全”之间有什么样的相关区别，以至于我们不能对“卫生”和“健康”以及相应的“安全”做出“传统”与“非传统”的划分，不能说“传统卫生”与“非传统卫生”、“传统健康”与“非传统健康”、“传统安全”与“非传统安全”，而却能对“医术”“医疗”“因素”“威胁”做出“传统”与“非传统”的划分，能够合理运用“传统医术”与“非传统医术”、“传统医疗”与“非传统医疗”、“传统因素”与“非传统因素”、“传统威胁”与“非传统威胁”等表述，但是，上面的“类比”和“旁证”，都强化了我们先前语言感觉和逻辑直觉。

进一步来说，虽然“感觉”“直觉”“感悟”“类比”“旁证”等，都不足以完成对科学理论的最终论证，但却无疑已经帮助我们把“‘非传统安全’一词不成立”由“猜想”变成了“假说”，或者说已经使其成为当前西方国际问题研究中经常说的那种“假定”。

我们更知道，要使通过“直觉”“类比”“旁证”等个体经验和归纳方法得出的“假说”或“假定”成为科学理论，还必须运用更严格的演绎逻辑方法进行严格推理，起码要进行某种探索原因式的论证。但是，鉴于严密的演绎不仅对于多数社会科学来说目前还是“梦想”，而且对于许多自然科学来说也并非处处都能做到，因而我们认为下面还比较浅显的“原因探讨”，已经可以把我们的“假定”推进到“结论”了。

三、原因、症结与结论

其实，从前述类比和旁证所用例证出发，我们确实可以合理地提出如下两个相互关联的问题：

第一个问题：“安全”与“卫生”“健康”之间究竟在逻辑上有什么联系，从而不能用“传统”和“非传统”对其进行划分，不能形成“传统安全”与“非传统安全”、“传统卫生”与“非传统卫生”、“传统健康”与“非传统健康”这样的概念。

第二个问题：“安全”与“医术”“医疗”“因素”“威胁”之间究竟在逻辑上有什么区别，从而可以把“医术”“医疗”“因素”“威胁”划分为“传统的”和“非传统的”，形成“传统医术”与“非传统医术”、“传统医疗”与“非传统医疗”“传统因素”与“非传统因素”、“传统威胁”与“非传统威胁”这样一些概念，而把“安全”划分为“传统的”与“非传统的”，形成“传统安全”和“非传统安全”的汉语表达时，在语言和逻辑上却是不成立的。

通过初步思考和探索，我们发现，如果在一个汉语语词表达的概念前可以加上汉字“不”对其否定，并由此形成一个与原概念在逻辑上具有“矛盾关系”的“负概念”，那么就不能用“传统”和“非传统”作为根据对这个概念进行“二分法”式的划分，而硬性划分形成的汉语语词则不能表达任何真实概念；如果在一个汉语语词表达的概念前不能加上汉字“不”对其否定，不能由此形成一个与原概念在逻辑上具有“矛盾关系”的“负概念”，那么则可用“传统”和“非传统”作为根据对这个概念进行“二分法”式的划分，从而形成两个用汉语词语表达的新概念，而这两个新概念在逻辑上是“矛盾关系”。

由此来看，之所以如同汉语中不能说“非传统卫生”“非传统健康”等一样，我们也不能说“非传统安全”，其原因在于不能以“传统”与否对“卫生”“健康”及“安全”进行划分，而之所以不能做出这样的逻辑划分，则是因为汉语语词“安全”与“卫生”“健康”一样，都可以直接加上汉字“不”对其表达的概念进行否定，从而形成“不安全”“不卫生”“不健康”这样一些汉语语词及相应概念。

反过来说，正是因为“卫生”“健康”“安全”等汉语语词，可以用“不”字直接对其进行否定，从而在逻辑上形成与其所否定的原概念构成“矛盾关系”的负概念，即“不卫生”“不健康”“不安全”等，所以这些概念就不能用“传统”和“非传统”作为根据对其进行划分，而硬性划分后所形成的语词，如“传统卫生”与“非传统卫生”“传统健康”与“非传统健康”以及“传统安全”与“非传统安全”等，都只能说是一些“汉语语词”，却不能说是逻辑上能够成立的“科学概念”，而只是一些逻辑上不成立的“虚假概念”。

与此不同，如果一个概念的汉语语词不能直接用“不”字对其进行否定，不能由此形成一个逻辑上与其所否定的原概念具有“矛盾关系”的“负概念”，则就可以用“传统的还是非传统的”作为根据对其进行划分。“医术”“医疗”“因素”“威胁”等汉语语词，因为都不能通过在其前面直接加上“不”字来否定，不能由此形成逻辑上与原概念具有“矛盾关系”的负概念，即不能由此形成“不医术”“不医疗”“不因素”“不威胁”等概念，因而它们都可以根据“传统的还是非传统的”来划分，从而形成“传统医术”与“非传统医术”、“传统医疗”与“非传统医疗”、“传统因素”与“非传统因素”、“传统威胁”与“非传统威胁”等这样一些新的“汉语语词”和新的“科学概念”。当然，“不威胁”这个汉语语词在某种情况下是可以成立的，但当它作为一个能够成立汉语语词时，其中的“威胁”所表达的概念已经发生了变化，已经不是原来那个“威胁”概念了，而是另一个以同样的汉语语词“威胁”表达出来的新概念。对此，这里不能展开论述了。

汉语中不成立的“非传统安全”及相应的“传统安全”，为什么就会出现在汉语中呢？

原因很简单，这是由于英汉翻译（或更广泛地说是“西汉翻译”）时“食洋不化”所造成的。

汉语“非传统安全”及“传统安全”，是对英语“non-traditional security”及“traditional security”的翻译。但是人所共知，任何两种语言，它们的语词很少具有完全的一致性。不同语言中相关语词的不完全一致，从语言学理论看是因为同一个语词具有不同的义项，而从逻辑学理论看则是由于“同一个语词表达不同的概念”。正因如此，任何译者在面临相同的一个词语时，必须根据其所在语境及其他复杂的具体情况，决定究竟是将其翻译成另一语言中的相同语词，还是翻译成另一语言中的不同语词。对于英语“security”来说，它在语言学释词中有10多个义项，这也就意味着它表达了10多个不同的概念。在此，我们不准备把这些义项全部列出，而只指出如下几条：

Freedom from risk or danger；safety. 即“不受威胁或危险”“安全”，可直接译为汉语“安全”。Freedom from doubt，anxiety，or fear；confidence. 即“从疑问、焦虑、恐惧中解脱出来”“放心”，可直接译为“放心”或“安心”。Something that gives or assures safety. 即“给予或保证安全的设施”，可译作“安全设施”。A group or department of private guards. 即“一组私人警卫或一个私人警卫部门”，可译作“警卫”“保安”“警卫人员”等。Measures adopted by a government to prevent espionage，sabotage，or attack. 即“政府防止间谍、破坏或进攻而采取的措施”，可译作“保安措施”“安保措施”等。Measures adopted，as by a business homeowner，to prevent a crime such as burglary or assault. 即“公司或居民为防止犯罪行为如夜盗或攻击而采取的措施”，可译作“安保设备”等。

其实，在“国家安全”领域或“国际安全”领域，“security”可以指向的对象起码有：（1）不受威胁或没有危险的客观状态；（2）安全机构；（3）安全措施；

（4）安全活动；（5）安全人员；（6）安全感；（7）安全意识；（8）安全观。

但是在汉语中，“安全”只有一个义项，即“没有危险、不出事故”的客观状态。

这样一来，只有在“security”准确地表达其第一个义项时，即表达“不受威胁或没有危险”的客观状态时，才可以将其准确地译作汉语“安全”一词，而在其他情况下，则需要根据不同情况分别译作“安全机构”“安全措施”“安全活动”“安全人员”“安全感”“安全意识”“安全观”等。同时，如果“security”没有具体所指，或难以分析其具体所指，则可笼统译作“安全问题”。

由此说到“non-traditional security”及“traditional security”，则必须根据不同情况，分别译作“非传统安全要素”及“传统安全要素”、“非传统安全威胁”及“传统安全威胁”、“非传统安全措施”及“传统安全措施”、“非传统安全活动”及“传统安全活动”等，如果没有具体所指，则笼统译作“非传统安全问题”及“传统安全问题”。

汉语中不合理地出现“非传统安全”及“传统安全”，其原因就在于：（1）没有充分注意到英语“security”多重含义，特别是由此对翻译提出的具体要求，没有根据不同的具体情况，把“non-traditional security”及“traditional security”译成不同的汉语语词，或者笼统地将其译作“非传统安全问题”及“传统安全问题”；（2）没有注意到汉语“安全”只能够表达一种不受威胁或没有危险的客观状态，而这样的状态不能区分为“传统”和“非传统”；（3）没有注意到英语“security”表达一种不受威胁或没有危险的客观状态时，也不能区分为“传统”和“非传统”，而把“security”区别为“传统”和“非传统”时，它表达的就不是一种不受威胁的客观状态，而是其他的含义。

由于汉语“安全”的单纯性及其专一的具体含义，以及由此形成的语言和逻辑特征，因而我们不能用“传统”与“非传统”对其进行分类，而硬性划分形成的“传统安全”与“非传统安全”则是不合理的汉语表达和虚假的逻辑概念。但是，由于英语“security”的多义性，因而虽然不能在“不受威胁的客观状态”的含义上把其分为“传统”和“非传统”，但在其他许多含义上却可以把其分为“传统”与“非传统”，因而“traditional security”与“non-traditional security”则是可以成立的英语表达，同时在逻辑上也表达了多个不同的真实概念。

因此，我们既不能由英语中“traditional security”与“non-traditional security”的合理存在，而推出汉语中“传统安全”与“非传统安全”是两个可靠的语词和概念，同时也不能由汉语中“传统安全”与“非传统安全”是两个不成立的语词和概念，而推出英语中“traditional security”与“non-traditional security”也是不成立的语词和概念。

通过以上讨论，可以得出一个初步的结论：汉语中的“安全”一词及其表达的“安全”概念，由于可以在其前直接加上汉字“不”进行否定，从而形成“安全”和“不安全”这样一对在逻辑上具有“矛盾关系”的概念，因而不能用“传统的还是非传统的”作为逻辑根据对其进行划分，不能由此形成“传统安全”和“非传统安全”这样的概念，而目前汉语中已经广泛存在的“传统安全”与“非传统安全”，也仅仅是两个“汉语语词”，而且还是两个不合乎汉语语法的语词，而根本就不是两个“科学概念”，如果硬要说它们是概念，那么也只能是逻辑上所说的“虚假概念”，即没有确定的外延和内涵的所谓“概念”。

在否定了“传统安全”与“非传统安全”这两个语词之后，相应的问题不仅可以在总体上表达为“传统安全问题”与“非传统安全问题”，而且在具体的客观环境和语言环境中，还可以根据不同情况分别表达为“传统安全要素”与“非传统安全要素”、“传统安全威胁”与“非传统安全威胁”、“传统安全保障”与“非传统安全保障”、“传统安全观”与“非传统安全观”等。在此我们还要强调，所谓的“非传统安全观”，并不是只关注和研究非传统安全问题的观念和理论，而是以非传统的安全思维来全面认识和研究非传统安全问题及传统安全问题的观念和理论，它对传统安全观是一种扬弃，对传统安全观是在更高层次上的容纳。只有这样的表达，才更为准确、更为科学。

参考文献

[1]靳宜萍．另眼看国际关系学关键词语“非传统安全”[J]．现代语文,2009(7).

[2]刘跃进．国家安全学[M]．北京:中国政法大学出版社,2004.

[3]子杉．国家安全选择与安全——全球化进程中国家安全观的演变与重构[M]．上海:上海三联书店,2006.

[4]刘跃进,关注自然因素对国家安全的影响——在传统安全观与非传统安全观之外[J]．新视野,2005(1).

[5]LIU Yuejin. Policy guidance for security studies in China[J]. Contemporary International Relations, 2009(3).

[6]刘跃进．中国“国家安全研究”的政策导向分析[M]．北京:时事出版社,2009.

[7]江泽民．全面建设小康社会开创中国特色社会主义事业新局面——在中国共产党第十六次全国代表大会上的报告[M]．北京:人民出版社,2002.

[8]胡锦涛．高举中国特色社会主义伟大旗帜　为夺取全面建设小康社会新胜利而奋斗——在中国共产党第十七次全国代表大会上的报告[M]．北京：人民出版社，2007.

[9]胡锦涛．坚定不移沿着中国特色社会主义道路前进　为全面建成小康社会而奋斗——在中国共产党第十八次全国代表大会上的报告[M]．北京：人民出版社，2012.

[10]中共中央关于加强党的执政能力建设的决定[M]．北京：人民出版社，2004.

[11]中共中央关于构建社会主义和谐社会若干重大问题的决定[M]．北京：人民出版社，2006.

信息安全、网络安全、国家安全之间的概念关系与构成关系

（2014 年 5 月）

一、信息与信息安全

虽然在“信息安全”“信息技术”等概念中，“信息”是一个狭义概念，特指存在于计算机、计算机网络、存储器、服务器之中的信息，但“信息”概念并非只有这样一种狭义用法。

事实上，信息并不是计算机和当代信息技术出现后才出现的新事物，而是早已广泛存在于自然、社会和人类思维中的普遍现象。

第一，生命没有出现或没有生命存在的自然物理世界，已经存在着信息。两块石头互相碰撞后在对方留下的物理痕迹，是自然界最早的信息。按照亚里士多德哲学，痕迹记录的是事物的“形式”，而不是事物的“质料”。这种事物形式其实就是事物存在的客观逻辑。当形式与质料完全统一为一体时，形式是决定事物存在和运动的客观逻辑，而当形式在事物相互作用中被记录在其他事物上的时候，这种脱离原事物质料的“纯形式”，就是自然界最原始、最粗糙、最简单、最表面的信息。这种作为事物客观逻辑之表面记录的信息，虽然浅显易懂，但在人类出现之前却无物能懂，无物能够读出，因而是人类出现之前不能被复制也不能被理解的信息。

第二，随着生命的产生，自然界出现了一种可以被理解和复制的信息，即存在于生物基因中的遗传信息。基因信息之所以能通过遗传而在另一个生命中得到复制，关键在于它能够被另外的生物细胞“理解”。理解了基因信息的生物细胞不仅能够根据这些信息并利用生物“质料”制造出新生命，而且能够把这些信息复制在新生命的基因中，成为新的基因信息。比起记录在事物表面的痕迹信息，基因信息要全面、深入、复杂得多，因而是事物自身客观逻辑更全面、更深入、更复杂的表达和记录。如果说痕迹信息是记录其他事物形式与逻辑的“对象信息”，那么基因信息便是记录生物自身结构和逻辑的“自体信息”。

第三，随着生物神经细胞与神经系统的出现和发展，信息又有了一种新形态，即神经信息和神经网络信息。如此一来，生物界不仅有存在于基因载体（染色体）中的基因信息，而且有了存在于生物神经和神经网络载体中的神经信息。如果说基因信息记录的是生物体自身的客观逻辑，那么神经信息则不仅记录和反映生物体自身的自体逻辑，而且还记录和反映生物体生存环境的对象逻辑。因此，神经信息既包括与痕迹信息一样的“对象信息”，也包括与基因信息一样的“自体信息”，是“对象信息”与“自体信息”的统一。当然，与物理痕迹信息相比，生理神经记录和反映的对象信息已经不是事物表面形式，而开始深入到了事物内部，记录的是更深入、更全面、更复杂的事物形式。同样，与基因信息相比，神经信息对事物自身状态与逻辑的记录和反映也更为复杂、更为灵活、更具有能动性。

第四，随着神经系统的发展，在动物躯体中形成了中枢神经系统和大脑，从而又出现了不同于生物信息、生理信息的心理信息、精神信息或意识信息。基本为人类特有的意识信息和精神信息，不再是对对象逻辑和自身逻辑的机械性记录和反映，而是对客观世界的再造性和创造性的记录和反映，或者叫作“能动反映”。这正如列宁所说，意识不仅反映世界，而且创造世界。这里的反映世界，是把对象和自身的逻辑形式记录为信息；这里创造世界，首先是创造一个以纯逻辑形式存在的信息体系，然后在“质料”和条件具备时再“外化”为现实，成为人类创造的现实存在物。人类大脑信息系统与自然物理信息、生物基因信息、生物神经信息的根本区别，就在于记录和活动于大脑中的不仅有大量的“记录性信息”，而且有大量的“创造性信息”。早期人类神话及后来人类童话、小说、个人计划、社会规划（包括乌托邦式的社会理想）中存在的信息，就是计算机和信息技术出现之前的“虚拟世界”。因此，“虚拟世界”并非计算机和信息技术出现后才有的新生事物。显然，创造性信息不同于痕迹信息、基因信息、神经信息，不是记录和反映客观世界存在的客观逻辑，而是创造客观世界还不存在的事物的设计逻辑。

第五，随着语言文字的出现，特别是记录语言文字的纸墨书写和印刷技术的出现，信息又有了新载体。这些新载体大大促进了人类精神信息的扩充和发展。几千年的人类文明史，就是一部精神信息不断扩张和发展的历史。如果说普通工具的制造和使用，是人类肢体和体力的延伸和强化的话，那么，语言文字及纸墨载体的出现和使用，则是人类大脑和脑力的延伸和强化。以书写和印刷技术为核心的古代信息技术，已经向人们展示了信息技术进步的巨大力量。

第六，随着计算机和现代信息技术的出现和迅猛发展，纸墨载体不再是人类精神信息的主要载体和传播媒介。以计算机为核心的磁盘、光盘、网络和终端机、服务器等，已经成为当代人类精神信息的主要载体和主要传播媒介。信息技术革命，本质上是信息载体、信息处理载体和信息处理方式的革命，这一革命又使人类大脑和脑力得到了一次无与伦比的延伸和强化。

通过上述考察可以看出，最广义的信息，就是存在于一定载体上的事物逻辑，其中既包括记录和流动于各种载体上的现实世界的客观逻辑，也包括人类精神创造出来的虚拟世界的设计逻辑。信息的本质是逻辑，是逻辑形式，而且是脱离“质料”寄存和流动于一定载体上的纯逻辑、纯形式。因此，最广义的信息安全，就是存在于载体上的事物逻辑的安全。

显然，这个广义信息和广义信息安全，并不是今天人们通常所讲的信息和信息安全。

人们今天所说的信息和信息安全，是狭义的信息和信息安全，而且是特定的狭义信息和狭义信息安全，其中的信息特指存在和流动于当代信息技术创生载体上的信息，信息安全也特指存在和流动于当代信息技术创生载体上的信息的不受威胁和侵害。

因此，不借助当代信息技术而普遍存在于自然界的各种信息，如物理痕迹信息、生物基因信息就不是“信息安全”中“信息”概念的外延。不借助信息技术而普遍存在于社会中的各种信息，例如人们口口相传、街谈巷议中的海量信息，以及在纸墨载体中存在和流动的信息，也不在“信息安全”中“信息”概念的外延之内。还有个人大脑中存在和流动的神经信息、精神信息，也不是“信息安全”中的“信息”。

我们之所以认定“信息安全”中的“信息”只是存在和流动于当代信息技术创生载体中的信息，是根据“信息安全”概念实际使用情况得出的。本文虽然无法对“信息安全”概念进行语用学上的统计分析，但作为一个生活于当代信息社会中的人，特别是作为一个在国家安全学理论和实践研究中经常关注信息安全问题的研究人员，“信息安全”一词的语用经验和日常观察，已经足以让我们得出上述结论。

因此，信息安全中的信息，就是存在和流动于当代信息技术创生载体中的客观逻辑和设计逻辑。这个定义既准确提示了狭义信息概念的内涵——“存在和流动于当代信息技术创生载体中”，这是它与广义信息概念及其他狭义信息概念的区别所在，反映了这个对象的特有属性；同时明确了这个狭义信息概念的外延——所有存在和流动于当代信息技术创生载体中的信息，而不包括任何在此之外的信息。

“当代信息技术创生的载体”自然不包括生物染色体，也不包括石头和纸张，主要指计算机、磁盘、光盘和网线，同时还可以把旧式磁带、唱片等概括进去。就人类信息技术目前的发展现状来看，只有存在和流动于这些电磁载体上的信息，才是“信息安全”所指的“信息”。当然，如果人类今后在信息载体方面取得重大突破，发明并实际使用了某种非物理性电磁载体，如生物载体，那么这样的载体自然也就被包括在“当代信息技术创生载体”中了。因此，我们用“存在和流动于当代信息技术创生载体中”限定“信息安全”中的信息，并不会由于新生信息载体的出现而失灵。

有了如上分析，我们便可以给“信息安全”一个更详细的定义：信息安全就是以不同形式存在和流动于计算机、磁带、磁盘、光盘和网络上的各种信息的不受威胁和侵害。

但是，“信息安全”一词有时也被扩展为“信息安全问题”，即不仅指信息不受威胁和侵害的状态，而且指与信息不受威胁和侵害相关的一切问题，其中既包括各种信息载体的安全，也包括影响信息安全的各种因素，还包括信息安全的维护和保障等。即便在当代信息技术领域，信息安全也有另一种广义与狭义的区别。狭义的“信息安全”就是上述所说的“以不同形式存在和流动于计算机、磁带、磁盘、光盘和网络上的各种信息的不受威胁和侵害”，广义的“信息安全”不仅包括狭义信息安全，即信息不受威胁和侵害的状态，而且包括影响、威胁和危害信息安全的因素问题，包括信息安全的维护和保障问题，及其信息载体安全问题。这种广义“信息安全”，在汉语中其实更应准确称之为“信息安全问题”。只是由于英语特别是美式英语的影响，“信息安全”一词在当前的汉语中常被用来指“信息安全问题”。正因为有这样两种不同用法，因而在当前汉语中遇到“信息安全”一词时，就要注意它究竟是什么含义，是狭义还是广义。如果是广义信息安全，那么就包括了另一个与信息安全概念关系非常密切的概念——网络安全。

二、网络安全及其与信息安全之间的概念关系、构成关系

与信息一样，网络本来也不是当代信息社会才出现的新现象，而是普遍存在于自然和社会领域的古老事物，可以泛指各种网样的东西或网状系统，例如“蜘蛛网”“电网”“物流网”“铁路网”等。但是非常明显，这些网络及其安全问题，并不是今天人们常说的网络和网络安全。

今天人们常说的“网络”和“网络安全”，是与当代信息技术和信息安全相关的网络及网络安全，具体指由计算机、服务器、线路和其他信息设备组成的信息负载和流动网络，以及它们的安全问题。为此，可以下个准确定义：网络就是由计算机、服务器、网线及其他载体构成的信息存储和流动体系；网络安全就是作为信息存在和流动载体的计算机、服务器、网线及其他物理设施的安全。

如果狭义理解信息安全，即把信息安全理解为信息本身不受威胁和侵害的状态，

那么网络安全与信息安全就是两个内涵与外延都完全不同的概念，即两个外延全异的概念（如图1所示）。

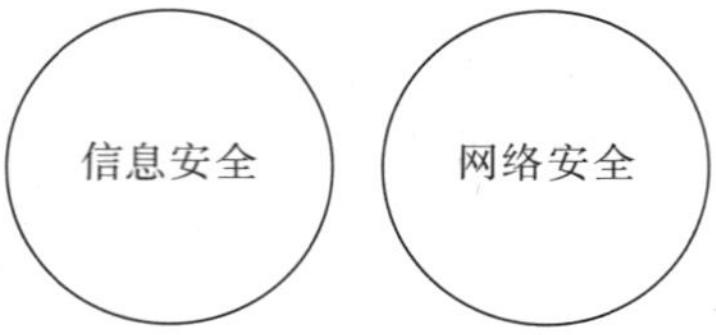

图1　信息安全与网络安全的概念关系

同时，由于网络安全只是一种信息载体安全，信息载体还有很多，如磁盘、光盘、手机等，因而网络安全与信息载体安全便是外延上具有种属关系的两个概念，其中“网络安全”是种概念，“信息载体安全”是属概念（如图2所示）。

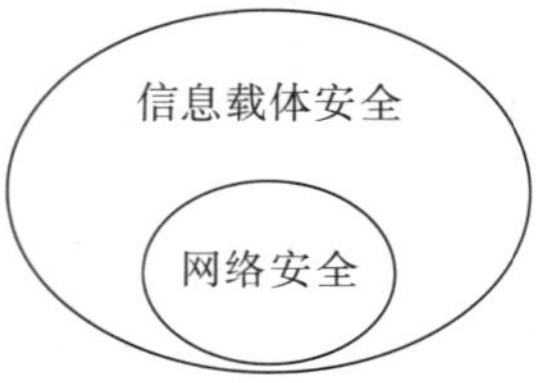

图2　网络安全与信息载体安全的概念关系

但是，当人们在广义上把“信息安全”理解为“信息安全问题”时，那么无论是信息本身的安全，还是信息载体的安全，以及作为信息载体安全之一类的网络安全，便都被包括在“信息安全（问题）”这个概念中了，都是“信息安全（问题）”中的一个问题，因而也都是其下属的种概念（如图3所示）。

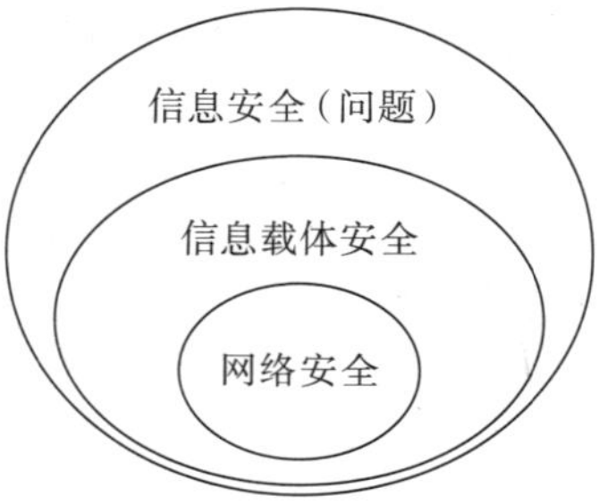

图3　信息安全（问题）、信息载体安全、网络安全三概念间关系

由此可见，广义信息安全是一个包括信息本身安全（信息内容安全）、信息载体安全（包括网络安全）、信息程序安全，以及影响和危害信息安全的因素和信息安全保障维护等在内的内容广泛的信息安全问题。网络安全只是一种信息载体安全，是信息安全（问题）的一种，也是信息安全（问题）的一个方面。当然，在信息存在和流动越来越依赖网络的今天，网络安全不仅是信息安全（问题）的一个方面，而且是信息安全（问题）的一个非常重要的方面，同时也是信息本身安全的重要保障和条件。

三、当代国家安全体系中的信息安全与网络安全

信息技术最初只是一项被美国人运用于军事工业领域的科研工具和新军事技术，但发展到今天已经远远超出原有范围，扩展到了全球所有国家和地区的科学研究、技术开发、企业管理、金融服务、政治角力、军事斗争、新闻传播、文学创作、艺术表演、游艺娱乐、私人联络等人类社会生活中，几乎成了每个人每一刻都离不开的一件得力工具。无论是知识产权、商业秘密、金融资料，还是政治内幕、军事装备、新闻报道，以及家庭财产、个人隐私、社会关系，几乎没有一项不被信息化而存储和流动于各种信息载体上。

为此，信息安全已经成为关系到全球每个国家、每个地区、每个组织，以及每个人的事情。国家有国家的信息安全问题，企业有企业的信息安全问题，个人也有个人的信息安全问题。这其中每个方面的信息安全问题，都是一个非常复杂的问题，其中既有各种还未从根本上解决的老问题，更有许多不断涌现出来的更复杂的新问题。这就使信息安全研究领域变得非常广泛。

在此，我们既不可能讨论如上广泛的信息安全问题，也不可能对国家安全领域的信息安全问题作全面论述，而只想简单说明一下信息安全、网络安全与国家安全的概念关系和现实关系。

如同信息安全本身与网络安全在外延上是两个全异关系的概念一样，严格意义上的国家安全与信息安全、网络安全在概念外延上也是全异关系（如图4所示）。

图4　信息安全、网络安全、国家安全三概念间关系

显然，这里的"国家安全"概念，是汉语"安全"一词严格意义上的"国家安全"，而不是美式英语"national security"所包含的具有多种含义且最广泛含义是"国家安全问题"的概念。在汉语严格意义上，国家安全就是一个国家处于没有危险的客观状态，也就是国家既没有外部的威胁和侵害，也没有内部的混乱和疾患的客观

状态。作为这种客观状态的“国家安全”概念，其上位属概念是“安全”，下位种概念是“中国国家安全”“美国国家安全”“俄罗斯国家安全”等，而“信息安全”“网络安全”等，既不是“国家安全”概念的上位属概念，也不是“国家安全”概念的下位种概念，而是与“国家安全”一样，只是“安全”概念的下位种概念，且与“国家安全”在外延上是全异关系（如图5所示）。

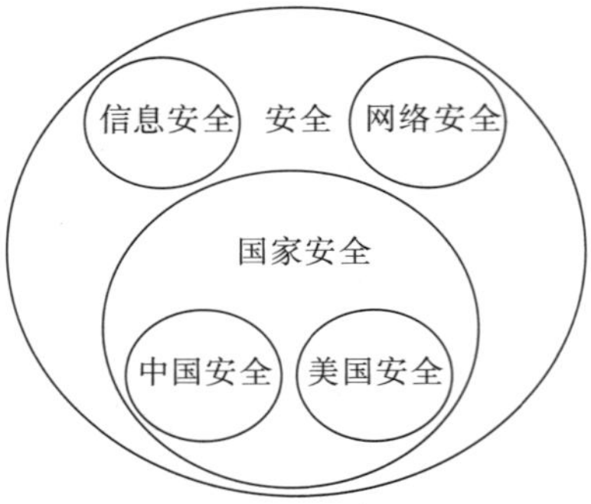

图5　“安全”及“国家安全”等概念间的关系

但是，如果广义理解“安全”和“国家安全”，即把“安全”理解为“安全问题”，把“国家安全”理解为“国家安全问题”，那么在概念关系上，“信息安全”“网络安全”“国家安全（问题）”便都是交叉关系，而“中国安全”“美国安全”等依然是“国家安全（问题）”的下属概念（如图6所示）。

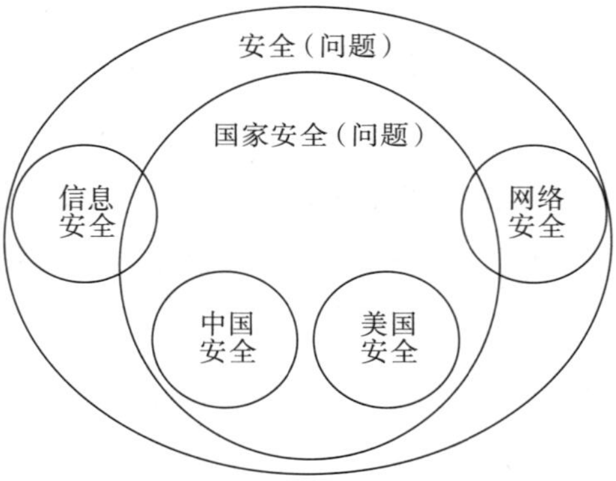

图6　“安全（问题）”及“国家安全（问题）”等概念间关系

由此可见，虽然在严格意义上，只能说“中国（的）安全是国家安全”“美国（的）安全是国家安全”，而不能说“（有些）信息安全是国家安全”“（有些）国家安全是信息安全”，但是在不严格的意义上，当我们把“安全”和“国家安全”理解为“安全（问题）”和“国家安全（问题）”时，便可以说“（有些）信息安全是国家安全（问题）”“（有些）国家安全（问题）是信息安全”。

如果也广义看待“信息安全”，即把其理解为“信息安全（问题）”，那么不仅“国家安全（问题）”与“信息安全（问题）”是两个交叉关系的概念，而且“信息安全（问题）”还是“网络安全”的上位属概念（如图7所示）。

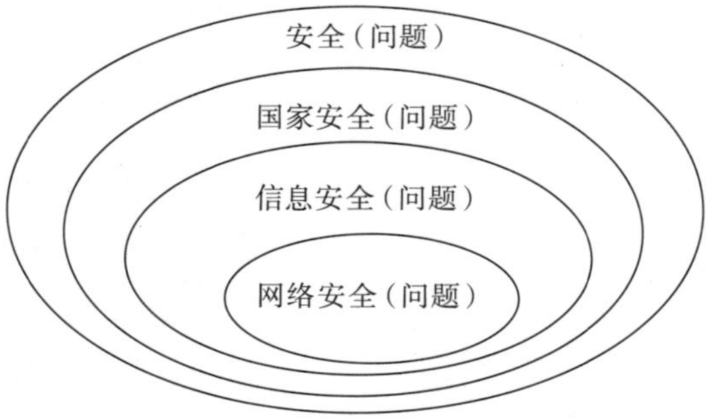

图7　作为问题的安全、国家安全、信息安全、网络安全等概念间关系

这就是说，虽然在“安全”概念的严格意义上，“信息安全”与“网络安全”是两个全异关系的概念，因而“并非有些网络安全是信息安全”“并非有些信息安全是网络安全”，即“所有网络安全都不是信息安全”“所有信息安全都不是网络安全”，但是，在“安全（问题）”的意义上，“信息安全（问题）”与“网络安全”便是图7所示的属种关系，“信息安全（问题）”是“网络安全”的上位属概念，“网络安全”是“信息安全（问题）”的下位种概念，因而可以说“所有网络安全都是信息安全（问题）”“有些信息安全（问题）是网络安全”。不仅如此，比“网络安全”含义广泛的“网络安全（问题）”，也是“信息安全（问题）”的下位属概念，因而也可以作出上述相似的陈述。

更重要的是，当我们不是从概念外延间的关系，而是从现实中的整体与部分考察时，国家安全就是一个包括了信息安全、网络安全等构成要素的整体（这当然不是把所有信息安全和网络安全都包括进去），信息安全、网络安全则是国家安全的构成要素，其中信息安全是国家安全的一级构成要素，网络安全是国家安全的三级构成要素。这就是说，虽然在概念外延上，严格意义上的信息安全与国家安全是全异关系，但在现实的整体与部分关系上，当代国家安全包括了信息安全，信息安全是当代国家安全的基本构成要素之一（如图8所示）。

十年前，在2004年版《国家安全学》中，本人把国家安全构成要素分为10个，分别是国民安全、国土安全、经济安全、主权安全、政治安全、军事安全、科技安全、文化安全、生态安全、信息安全。经过十年探索，在2014年1月出版的《为国家安全立学》中，国家安全构成要素已扩展为12个（见图8），其一是把原来置于经

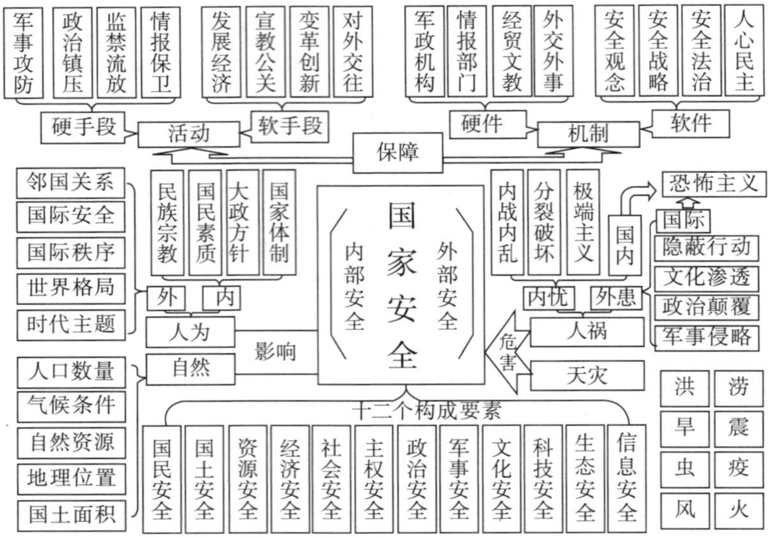

图8　当代国家安全体系

济安全之下的国家安全次级构成要素资源安全，提升为独立的国家安全一级构成要素，其二是增加了十年前已经想到但由于不清楚其具体内容而没有列出的社会安全。此外，我们还把原来的“国土安全”修订为“国域安全”，从而不仅可以概括传统的领陆安全、领水安全、领空安全和底土安全，而且还可以概括非传统的天域安全、网域安全、经济海域安全。

但是，这里新出现的“网域安全”，与“网络安全”又是什么关系呢？如果对此深入分析下去，也许还有许多问题出现，因而我们暂且不予深究，而把“网域”和“网络”看作外延完全相同而内涵略有不同的两个概念，即两个具有全同关系的概念，其中“网域”在内涵上侧重“空间”，即指“网络空间”；“网络”在内涵上侧重“实体”，即指“网络实体”。这样一来，在当代国家安全体系中，信息安全等不是作为国家安全的种概念上属于国家安全，而是作为国家安全整体中的一个组成部分或构成要素被包括在国家安全之中。同样，网络安全也不是作为信息安全的种概念上属于信息安全，而是作为整个信息安全之下的载体安全的构成要素包括在信息安全之中，从而成为国家安全的三级构成要素。与此不同，作为国域安全的一个构成要素，网域安全是国家安全的二级要素（如图9所示）。

我们之所以在“网络安全”概念之外，又提出一个“网络空间安全”即“网域安全”，是因为近年来无论是官方文件中，还是学者论文里，都不断出现“网络空间安全”这一概念，而且也有学者早已把其概括为“网域安全”。例如在中共十八大报告中，不仅提到了“信息安全”“网络安全”这两个概念，指出当今世界“粮食安全、能

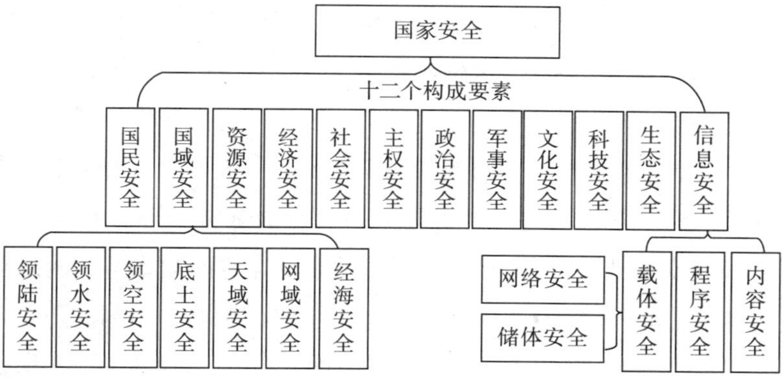

图9　当代国家安全体系的信息安全、网络安全和网域安全

源资源安全、网络安全等全球性问题更加突出”，要“健全信息安全保障体系”，而且提到了“网络空间安全”这个概念，要求“高度关注海洋、太空、网络空间安全”。

我们之所以把信息安全、网络安全等放在国家安全体系之下讨论，也是因为从2013年年底决定设立国家安全委员会，到2014年年初国家安全委员会正式设立，再到最近习近平总书记提出总体国家安全观，中国新一届最高领导越来越频繁地讲到国家安全体系及其构成要素问题。例如，在2014年4月的中央国家安全委员会第一次会议上，习近平在论述总体国家安全观时，不仅讲到“必须坚持总体国家安全观，以人民安全为宗旨，以政治安全为根本，以经济安全为基础，以军事、文化、社会安全为保障，以促进国际安全为依托，走出一条中国特色国家安全道路”，不仅要求“既重视国土安全，又重视国民安全”，而且提出了“构建集政治安全、国土安全、军事安全、经济安全、文化安全、社会安全、科技安全、信息安全、生态安全、资源安全、核安全等于一体的国家安全体系”的重要任务。这其中既涉及国家安全的12个构成要素，即国民安全、政治安全、国土安全、军事安全、经济安全、文化安全、社会安全、科技安全、信息安全、生态安全、资源安全、核安全，又提出了“国家安全体系”这一概念。这正是本文把信息安全、网络安全、网络空间安全等概念放在当代国家安全体系下讨论的重要原因。

如前所述，早在十年前出版的《国家安全学》一书中，我们就提出了国家安全体系问题，而且认为当代国家安全体系包括了国民安全、国土安全、经济安全、主权安全、政治安全、军事安全、科技安全、文化安全、生态安全、信息安全十大构成要素。经过十年探索，在2014年1月出版的《为国家安全立学》中，我们把当代国家安全的构成要素扩展为12个，增加了资源安全和社会安全，并且把原来的“国土安全”修订为“国域安全”。显然，我们对当代国家安全构成要素的概括，与习近平总书记论述中对国家安全体系构成要素的列举，基本相同，所不同的是，在我们构建的当代国家安全体系中，国家安全的一级构成要素没有核安全，多了主权安全。不把主权安全作为国家安全的一级构成要素，而把其归在政治安全之下作为国家安全的二级要素，未尝不可，但把主权安全单列为当代国家安全的一级要素，似乎在学理上更符合政治学把人口、土地、主权、政府作为国家四要素的基本原理。此外，把“国土安全”修订为“国域安全”，也更能够反映当代国家生存空间向太空、网络空间和专属经济区扩展的事实。至于核安全，从逻辑和学理上讲，都是一个与其他要素不同级的国家安全要素。我们构建的当代国家安全体系图中，没有出现核安全，但这并不说明国家安全学体系中没有核安全的位置，只说明核安全不是一个与上述 12 个安全要素同处一级的国家安全构成要素，而是一个国家安全的次级构成要素，分别处于资源安全、军事安全、科技安全之下。首先，核作为一种自然资源和能源，它的安全是资源安全下的能源安全中的一种特殊能源安全，是国家安全的三级要素。其次，核武器作为一种现代军事装备，它的安全又是军事安全所必然包括的内容，是军事安全下军事装备安全的构成要素，因而是国家安全的三级要素。再次，核技术作为一种现代科学技术，它的安全是科技安全的内容，属于“科技应用安全”的范畴，这同样是国家安全的三级要素。因此无论从哪个方面说，核安全都不是国家安全的一级要素，而是国家安全的三级要素。

显然，无论在十年前的国家安全体系图中，还是在十年后的国家安全体系图中，信息安全都是国家安全的一个基本构成要素，网络安全是居于信息安全之下的“载体安全”之一，因而是当代国家安全的三级要素；网络空间安全则是国域安全的构成要素，因而是当代国家安全的二级要素。这正是信息安全、网络安全、网络空间安全与国家安全之间的一种事实关系。

参考文献

[1]胡锦涛．坚定不移沿着中国特色社会主义道路前进,为全面建成小康社会而奋斗:在中国共产党第十八次全国代表大会上的报告[EB/OL]. http://www.xj.xinhuanet.com/2012－11/19/c_113722546.htm.

[2]习近平．坚持总体国家安全观,走中国特色国家安全道路[EB/OL]. http://news.xinhuanet.com/2014－04/15/c_1110253910.htm.

[3]刘跃进．国家安全学[M]. 北京:中国政法大学出版社,2004.

[4]刘跃进．为国家安全立学:国家安全学的探索历程及若干问题研究[M]. 长春:吉林大学出版社,2004.

第三编

国家安全史研究

论国家安全的基本含义及其产生和发展

（2001 年 10 月）

摘要： 国家安全就是国家处于没有危险的客观状态，也就是国家既没有外部的威胁和侵害又没有内部的混乱和失序的客观状态。国家安全产生于国家的出现。人口、领土、主权、政府、经济、军事等，都是国家存在的必备要素或必要条件，因而国民安全、领土安全、主权安全、政治安全、军事安全、经济安全是在国家产生时已经存在的国家安全"源生内容"。后来在社会历史发展中，又逐渐出现了文化安全、科技安全、生态安全、信息安全等国家安全"派生内容"。

关键词： 国家安全；历史；发展

一、"国家安全"的不同定义与基本含义

对于"国家安全"这一概念，人们存在着不同的认识，下过许多不同的定义。

英国学者曼戈尔德（Peter Mangold）在《国家安全与国际关系》一书中指出，从词源上讲，国家安全是一个美国概念，尽管在第四任美国总统麦迪逊的著作中可以找到有关的思想，但它的出现只是近几十年的事。据他的考证，"国家安全"的现代用法最早出现在美国报纸专栏作家李普曼 1943 年的著作《美国外交政策》中，第二次世界大战结束后，这个提法才构成国际政治中的一个常用标准概念，成了诸如军事事务、外交政策、外交事务等较陈旧语词的代用品。

在国际学术界，对于"国家安全"的定义一直存在着争论，其中的首要问题是"国家安全"是否有确切的含义，我们能否确切地界定或定义"国家安全"。有一些著名学者，诸如布赞（Barry Buzan）、费雷（Daniel Frei）、杰维斯（Robert Jervis）等，由于否认"安全"有确切的定义，认为它不过是一个模糊的象征，所以更无法给"国家安全"下定义了。他们认为，不同的行为体，不同的场合，不同的时代，面对不同的问题，人们会对"国家安全"作出不同的解释，任何一个概念的界定，都难免以偏概全，因而难以给"国家安全"下一个普遍适用的定义，而只能联系具

体的情况来解释“国家安全”。美国学者卡尔·多伊奇也认为安全没有确切的含义，并明确指出：“安全意味着和平与和平的维护，但是，由于安全作为一种价值，同时享受其他许多价值的方式和条件，所以它的含义往往是不明确的。”美国学者小霍姆斯认为，安全是一种活生生的外皮（skin），它所应用的时间和环境不同，它的色彩和内容就截然不同。基于对安全没有确切含义这样一种观点，有的学者认为，不必去追究什么概念的定义，也可以直接讨论有关这个概念的问题。

虽然在难以定义一个概念时可以暂时不去考虑定义而去研究具体问题，但回避基本概念的定义对于科学研究来说并不表明研究的完善，而只能表明认识的欠缺，因而对科学理论中的基本概念给出明确定义，哪怕是一个有缺陷的定义，则是必要的。因此，国际关系理论研究中的另外一些学者还是不畏艰难，从不同的认识角度和层面上给“国家安全”下了一些不同的定义。他们在认为或承认可以给“国家安全”下定义的前提下，给出的“国家安全”定义是五花八门的。布朗在《思考国家安全》一书中认为：“国家安全是一种能力；保持国家的统一和领土完整，基于合理的条件维持它与世界其他部分的经济联系，防止外来力量打垮它的特质、制度和统治，并且控制它的边界”；美国出版的《国际社会关系百科全书》在解释“国家安全”时写道：“现代社会科学家谈到这个概念时，一般是指一个国家保护它的内部社会制度不受外来威胁的能力。”日本警视厅在解释日本的国家安全时认为，“所谓我国的国家安全，应该理解为用军事以外的手段保卫我国的领土，国民的生命、身体和财产不受侵犯，或者指我国的基本政治组织的永存。”苏联出版的《大百科全书》指出：“保卫国家安全，即保卫现行国家制度、社会制度、领土不可侵犯和国家独立不受敌对国家的间谍特务机关以及国内现行制度的敌人破坏所采取的措施的总和。”

由此可见，对于“国家安全”的定义，一种是从国际关系理论出发给出的，另一种是从特定意义上的国家安全工作（即隐蔽战线的情报与反间谍工作）出发给出的。这些定义虽然在这方面或那方面对我们认识国家安全都会有所帮助，但从科学定义的严格要求来说，又都是有局限性的。

第一，对于“国家安全”概念的认识不能只从国际关系理论出发，仅仅相对于外部威胁来定义国家安全，而必须同时看到国家安全还具有对国家内部的要求。同时也像我们前面考察“安全”的特有属性时已经指出的那样，国家安全虽然必然包括没有外部威胁这样的属性，但没有外部威胁只是国家安全的必要条件或必备属性，而不是国家安全的充分条件和特有属性，仅仅是没有外部威胁并不等于国家安全，在没有外部威胁而仅有内部混乱及其他内部失序的条件下，同样可以没有国家安全。

第二，虽然许多国家常常用“国家安全”来命名隐蔽战线上的情报与反情报部门，从而有“国家安全委员会”“国家安全局”“国家安全部”等相应的情报与反情报部门，但从本质上看，“国家安全”在这种情况下都不过是个掩护名称，并不能完全包容国家安全和国家安全工作的丰富内容，国家安全和国家安全活动具有非常广泛的内容。

第三，国家安全与国家安全活动、国家安全工作、国家安全机构等不同，无论是对于隐蔽战线上狭义的国家安全工作来说，还是对于完整的国家安全和广义的国家安全工作来说，“国家安全”与“国家安全活动”“国家安全工作”“国家安全机构”等概念之间都是内涵及外延完全不同的全异关系。

我们认为，国家安全是安全这一属性与国家这一实体的结合，是以国家为主体的安全。根据国家理论和安全理论，国家安全就是一个国家处于没有危险的客观状态，也就是国家既没有外部的威胁和侵害又没有内部的混乱和失序的客观状态。这是国家安全的基本含义。

首先，国家安全是国家没有外部的威胁与侵害的客观状态。

其次，国家安全是国家没有内部的混乱与失序的客观状态。

第三，只有在同时没有内外两方面的危害的条件下，国家才安全，因此只有这两个方面的统一，才是国家安全的特有属性。

当然，如果深入研究下去，还需要进一步指出从外部危害国家的具体方式，如军事入侵与战争、经济制裁、政治宣传、文化渗透等；需要研究国家内部失序的表现形式，如内战、内乱、犯罪，以及造成国家失序的原因，如天灾、外侵、经济危机、政治危机、军事政变、法律危机等；需要区别公开危害与隐蔽危害等不同手段；需要研究实力性危害与机制性危害对国家安全造成的不同影响。如此等等，都不是在一个简单的定义中就能完成的，也没有必要在以区别对象为根本目的的定义中把这些问题都回答了。

二、国家安全的产生与发展

1. 奴隶社会的国家安全与国家安全的源生内容

国家安全是随着国家的产生而产生的。就像任何事物包括人类及个人一经存在于世便有了自身的安全问题一样，国家一经产生，也便有了国家安全问题。这并不取决于人们是否意识到国家安全问题的存在，不取决于人们是否已经使用了“国家安全”语词和概念。从历史起点上看，原始社会不存在国家，国家是随着奴隶社会的出现而出现的。因此，国家安全也只能随着奴隶社会的形成、国家的出现而产生。早期奴隶制国家的人们虽然还没有使用“国家安全”这样的语词，甚至还没有真正的国家理论，但当奴隶制国家作为人类社会发展中的第一种国家形态出现于世时，国家安全的问题便出现了。奴隶制国家是人类历史上第一个国家类型，奴隶社会的国家安全是人类历史上第一个国家安全类型。

奴隶制国家在维护自身安全时的防卫对象包括四个方面：第一，原始民族的外部威胁和侵犯；第二，其他奴隶制国家的外部威胁和侵犯；第三，已经发展到封建制阶段的封建国家的威胁和侵犯；第四，国家内部奴隶阶级的反抗及包括奴隶主阶级在内的其他内部力量的斗争。在奴隶制国家中，已经建立起了一定的国家安全保障机构和机制。军队、警察、法庭等国家机器已经出现，战争、外交、情报等维护国家安全的手段已经广泛运用，并开始有机结合起来。

2. 封建社会的国家安全及国家文化安全的派生

在东西方封建社会时代，封建制国家安全的基本内容并没有比奴隶制国家扩展多少，基本上还是人口、领土、主权、政治、军事、经济几个方面，但在抵御其他国家的威胁和侵犯时，特别落后的东方封建国家在近代抵御先进的西方资本主义国家的威胁和侵犯时，开始注意到了自身文化传统的安全问题。虽然人们还没有提出“文化安全”的概念，没有这样的概括，但在国家之间的交往中已经有意识地注意到了自身文化的安全问题，特别是在中国、日本等东方国家的封建社会晚期，都已经注意到了自身文化传统与西方文明之间的巨大差异，在抵抗西方国家军事侵略的过程中，开始注意抵抗西方国家的文化侵略，其中最典型的形式是抵抗西方宗教的传入及其在本国发展，有时也抵抗西方先进的科学技术、社会政治思想和社会政治制度。虽然这种抵抗经常是以落后抵抗先进，以消极的拒斥为主要特征，抵抗的方式方法和结果都难以给予肯定，但无论如何，东西文化在近代的这场冲突，已经把国家的文化安全的问题摆在了世人面前。文化安全因此也成为国家安全的内容之一。但是，文化安全并不是国家安全的“源生内容”，而是国家安全发展到封建时代派生出来的派生内容。

当然，封建制国家安全与奴隶制国家安全的更为重要的不同在于，封建制国家安全所要防范的对象已经不同于奴隶制国家。在封建制国家产生的初期，它为了自身安全，主要防范的对象既包括外部的奴隶制国家，又包括内部的奴隶制残余势力。在封建制国家已经普遍建立，国内奴隶制残余已经不存在，封建社会处于鼎盛时期，它的主要防范对象便是其他封建制国家的威胁，以及国内不同势力的斗争。到了封建制国家的晚期，特别是资本主义国家已经出现之后，它的主要防范对象便是国内代表新生产力和生产关系的资本主义和资产阶级，以及后来出现的新兴的资本主义国家。中国的晚清时期，其防范的对象主要就是国内新兴资本主义势力和西方资本主义国家的威胁和侵犯。同时，国家安全保障体制在封建时代也随着国家机器的完善进一步完善。但是，由于战争是实现国家安全的主要手段，而且军事力量还常常被放到社会活动的目的性位置上，因而军事和战争在这一时期的国家安全和国家安全活动中，依然占据着主导地位。

3. 资本主义时代的国家安全与科技安全的派生

由于资本主义国家的经济基础和上层建筑已经不同于封建国家，所以资本主义国家所要保障的经济安全和政治安全的具体内容便成了资本主义的经济基础和资本主义的上层建筑，它要防范的对象在最初主要是封建制国家的威胁和侵犯，以及内部封建势力的复辟，后来也包括其他资本主义国家的外部威胁和侵犯，以及国内以本国无产阶级为基础的社会主义力量，最后在社会主义国家产生时，其防范的主要对象便成了外部社会主义国家的“威胁”和“侵犯”，以及内部日成气候的社会主义势力。

从手段上讲，一直到资本主义发展到帝国主义阶段，人类一直把战争作为获得财富的重要手段之一，在条件允许的情况下总是不放弃通过战争手段进行掠夺，获取暴利。在近代发展起来的帝国主义各国，就曾为了在包括中国在内的一些落后国家获得财富和利益，而对这些国家一次又一次发动侵略战争。同时，帝国主义国家之间，也经常通过战争手段进行利益争夺。上一世纪人类经历的两次世界大战，就是一些国家为了扩大或者维护自己的利益和安全而进行的。“冷战”不是直接的大规模交火，但此期间世界范围内的军事竞争和军备竞赛却达到了历史从来没有达到过的规模，两个超级大国所装备的核武器达到了把整个人类毁灭若干次的程度。军事安全因此依然是国家安全的最主要的保障，军事安全依然占据着第一性的重要地位。

然而，资本主义国家在近代西方的出现，也进一步拓展了国家安全的内容，在促生近代科学技术产生及迅速发展的过程中，派生出了国家科技安全这一崭新的内容。

真正意义上的自然科学是在近代资本主义形成的过程中形成的，它与资本主义生产方式互相作用，互相促进，在给资本主义大工业生产带来巨大利润的同时，也刺激了资本主义大工业对科学技术的巨大需求，使资本主义国家和资本家在发展科学技术方面不遗余力。由科学技术促成的工业革命，使人类从农业社会进入工业社会，科学技术在经济、军事、社会生活各个方面的作用日益显示出来，科技安全逐渐成为国家安全的一方面内容。虽然在近代资本主义国家中，人们还没有明确提出“科技安全”的概念，对科技安全也还没有像对待军事安全、政治安全那样重视，但科技安全确实已经成为国家安全的一项内容。这表现在，资本主义国家在外贸出口、经济交流、国际交往等活动中，开始注意保护自己国家的科技秘密和科技人才的安全。科技安全因此成为国家安全的内容之一。

4. 社会主义革命时代的国家安全和意识形态安全的派生

社会主义思潮在世界的出现，特别是社会主义国家的出现，使国家安全的内容在世界范围内发生了重大变化。当社会主义还仅仅是一种思潮和运动存在于资本主义国家内部时，就开始受到资产阶级国家机器的压制甚至镇压，而当社会主义国家作为一种现实的社会形态出现时，立即引起了资本主义国家的恐慌和联合进攻。社会主义国家一开始就面临着资本主义国家的外部威胁和侵犯，以及社会主义国家内部封建的、资本主义的因素和势力的威胁和进攻。这就是苏联作为第一个社会主义国家出现时的国家安全形势。第二次世界大战后，当大批社会主义国家在世界上出现后，社会主义与资本主义两大阵营冲突更趋尖锐和复杂，世界开始进入“冷战”时期。

社会主义与资本主义两种意识形态及两种社会制度的冲突，成为社会主义革命时期国家安全的重要特征，使得意识形态的安全以及与此相适应的社会制度的安全成为国家安全的十分重要的内容。社会意识形态对于整个社会和世界的重要作用是在这个时代显示出来的，由具有十分强烈意识形态特征的马克思主义催生的社会主义国家，不仅在其起始阶段猛烈地冲击着资本主义体系，影响着资本主义国家的安全，而且同时也受到资本主义国家的联合进攻。由于思潮意识形态在国家安全中的重要地位，意识形态安全也开始成为国家安全的重要内容。社会主义的胜利是马克思主义意识形态的胜利，社会主义国家因此要防止旧的资本主义意识形态对新型国家的冲击，因而便出现了在苏联和中国及其他一些社会主义国家都曾经出现过的各种形式的思想改造和“意识形态领域的革命”。社会主义者需要防止来自国外和国内两个方向上的资本主义意识形态对社会主义国家的冲击，以此维护社会主义国家的安全，保证社会主义国家千秋万代永不变色。同样，资本主义国家也十分清楚意识形态对社会主义国家的重要性，因此企图通过传播资本主义意识形态来对社会主义国家实行“和平演变”。

意识形态安全不仅在社会主义国家出现之后逐渐成为国家安全的派生内容之一，而且在冷战时期变成了国家安全最为重要的基本内容之一。

“冷战”初期，“两大阵营”的国家利益与安全的冲突非常明显，国家安全在世界范围内进入有史以来最为明显的以政治制度及意识形态划界的时代。“冷战”中后期，随着社会主义阵营的解体及国家利益对社会性质的超越，国家利益及国家安全的复杂化，民族利益开始超越意识形态成为各国考虑国家安全的根本依据，但这种民族利益的重点依然在政治和军事方面。

5. “后冷战”时期的国家安全与生态安全、信息安全的派生

“冷战”结束后，世界无论在政治、军事、意识形态方面，还是在经济、科技、文化领域，都开始出现许多以往没有的新特征。由于一时还难以用一个准确的词语来描述这个时代，人们只好用“后冷战”这样一个只能表示旧时代的结束而无法描述新时代任何实质性特征的词语来指称新时代。

当然，“后冷战”首先是一个以政治标准划分时代而出现的术语，它不能面向未来给人们作出什么准确的描述，但却能够针对过去准确地告诉人以两极对抗为特征的“冷战”已经结束。“冷战”结束，苏联解体，世界上只剩下一个超级大国。但是，其他国家特别是一些世界性大国，对于突然间成为现实的美国独霸的单极世界并不满意，而是希望自己能够在世界体系中占据一定地位，因而希望世界的多极化，并且也在努力推动世界向多极化方向发展。这样，在国际政治体系中，当相对简单的两极世界被单极现实和多极化趋势所取代后，在美国力保单极霸权地位与其他大国争取多极世界之间存在的矛盾，使世界安全形势变得更为复杂，国家之间的利益冲突，以及由此形成的暗中较量，已经不再局限于军事、政治、意识形态等领域，军事安全、政治安全、意识形态安全等在整个国家安全体系中相对来说已经不如以前那么重要，已经失去了昔日无与伦比的地位。

与此不同，在科技革命继续迅速发展的推动下，在综合国力竞争取代了军备竞赛的新时代，以往已经出现的科技安全、经济安全、文化安全等在国家安全体系中的地位迅速上升，甚至有取代军事安全、政治安全而占据主导地位的趋势。同时，工业社会几百年发展积累下来的各种矛盾和遗患开始逐渐浮出水面，在新技术革命中一直处于领导地位的计算机技术的迅速发展及其在社会生活各方面迅速渗透，也向各国提出了一些新的问题。生态安全和信息安全就是在这样的背景下在国家安全体系中突出出来的。对于整个国家安全来说，军事对抗依然存在，不过已经大大缓和；意识形态和政治的冲突依然存在，但人们更为关注国家的经济利益；工业社会带给人类的生存环境的恶化和生物多样性的危机，使生态安全十分突出地摆在了世界人们面前；计算机技术以及与此相关的网络技术的迅速发展和在全世界的蔓延，使得信息安全成为关系到整个国家安全的重要一环。生态安全和信息安全的派生出现，又一次拓宽了国家安全的基本内容。

参考文献

[1]李少军. 国家安全警示录[M]. 北京:金城出版社,1997.

[2]孙晋平. 国际关系理论中的国家安全理论[J]. 国际关系学院学报,2000(4).

[3]恩格斯. 反杜林论[A]//马克思恩格斯全集,第20卷. 北京:人民出版社,1971.

[4]恩格斯. 家庭、私有制和国家的起源[A]//马克思恩格斯选集. 第4卷. 北京:人民出版社,1972.

[5]刘跃进. 建立“国家安全学”初探[J]. 国家安全通讯,1999(1).

当代国家安全理论视角下的中国古代国家安全思想

（2013 年 6 月）

摘要：国家安全思想是中国古代思想史的重要主题，治国安邦之论是中国古代国家安全思想的重要内容。运用当代国家安全理论框架来分析，中国古代思想家在构成国家安全的诸多要素中，始终把政治安全放在第一位，一切以维护统治者的政权安全为转移；在思考影响和危害国家安全的因素时，既重人祸也讲天灾，既讲外患更重内忧；在思考国家安全保障问题时，非常重视一些重要关系的处理，例如在备与患、预与立的关系上重视未雨绸缪、有备无患、有预而立；在文与武、礼与兵的关系上强调文武并举，更倡导先礼后兵，个别情况下还走向了修文偃武的极端；在安内与攘外的关系上注意内外兼顾，但也有“守内虚外”的传统；在进攻与防御的关系上具有以防御为主导的特征；在用兵与用间的关系上强调军事行动要知己知彼，重视情报的运用；在刚柔、软硬、宽猛等关系上，既讲究刚柔相济、软硬兼施、宽猛交用，更强调礼治、仁治、德治等柔性政策的根本性作用。

关键词：国家安全理论；中国古代；思想史；国家安全思想

在多年的国家安全研究中，我们把整个国家安全问题分为国家安全构成要素、影响国家安全的因素、危害国家安全的因素、国家安全保障体系四个方面来认识，由此建立起一个基本的国家安全理论体系和分析框架[1-2]。按照这个理论体系和分析框架，本文从国家安全构成要素、影响和危害国家安全的因素、国家安全保障措施三个方面，对中国古代国家安全思想略做归纳和分析，以求对当前我国的国家安全理论研究和实践活动有些批判性借鉴作用。

一

自《诗经》开始，中国历代文人都信奉一个道理：“普天之下，莫非王土；率土之滨，莫非王臣。”[3]但凡有点学问和本事的人，想的都是“学成文武艺，货于帝王家。”[4]对于帝王家来说，最大的事莫过于维护其一姓天下的万世永存。秦王嬴政统一天下后，自称“始皇帝”，想的就是嬴家天下“二世三世至于万世，传之无穷。”[5]及至1908年，清王朝已摇摇欲坠，但统治者颁布的《钦定宪法大纲》首条仍然写着：“大清皇帝统治大清帝国，万世一系，永永尊戴。”[6]即便在辛亥革命已经爆发的情况下，清政府还在1911年11月3日颁布的《宪法重大信条十九条》第一条写道：“大清帝国之皇统，万世不易。”[7]

在这种情况下，作为附于皇家“皮”上的“毛”，中国古代文人士子只有为皇家服务、为皇权论证、为皇帝出谋，才能走上“学而优则仕”的坦途，才能实现“治国平天下”的理想，也才能得到“千钟粟”“黄金屋”“车马簇”“颜如玉”等的丰厚回报。无论是科场八股，还是朝堂策对，甚至是诗词歌赋，总有一个重要主题，就是表现忧国忧民之情、精忠报国之志、治国安邦之才。以皇权为轴心的治国安邦思想，由此成了中国古代思想史的重要主题，而这些治国安邦思想，便是中国古代的国家安全思想。治国在于安邦，安邦便是安国，也就是现在人们说的国家安全。

因此，如果不是看名称而看实质，先秦的诸子百家各个学派以及后来的经史子集各门学问，大多是治国安邦的国家安全之学，那些为民众日常生活服务的技术和学说少之又少，即使农医技工等可以直接服务民众的学问，最终也被引入维护统治者权位安全的轨道。脱离国家政治和国家安全（当时主要是皇家政治和皇家安全）的思想和学说，在中国古代从来没有成为主流。虽然民间社会在中国古代也存在，甚至有一定的独立性，但它在总体上还是依附于政治社会的，是以皇家为核心的政治社会的边缘性组成部分，而且在很大程度上也被皇家化、政治化、安全化了。以“治国平天下”为己任的文人士子，在皇家功名利禄的引诱下，无不“尽入彀中”，难以逃脱为皇家维护统治出谋划策的藩篱和死谏死战的命运。

由此一来，便形成了中国古代国家安全思想的一个重要特点：在国家安全构成要素上，始终把政治安全特别是统治者的政权安全放在第一位，一切以维护统治者统治地位的安全即政权安全为转移。

维护政权稳定和长存，是封建专制时代一切国家安全活动最根本的目的。为了一家一姓的宗庙社稷，当权者有时候也会执行一些怀柔政策，也会一定程度上让利于民，也会讲一些爱民的道理，表演一些爱民的节目，但这本质上都是为维护其统治地位服务的。如果危害到其统治地位和政权安全，任何受民惠民的政策和措施就都会消失无迹。

在统治者这种政治立场的引导下，文人士子只能在维护至少是不危害统治者统治地位的前提下，有限制地论述民生问题的重要性。古今文人津津乐道的孟子“民贵君轻”说，其出发点、落脚点和目的，其实都是统治者的政权巩固和江山永存。在

“民为贵，社稷次之，君为轻”之后，孟子紧接着便说：“是故得乎丘民而为天子。”[8]显然，“贵民”只是手段，“为天子”才是目的。这一点在孟子另一段话中得到了证实：“乐民之乐者，民亦乐其乐；忧民之忧者，民亦忧其忧。乐以天下，忧以天下，然而不王者，未之有也。”[9]这里之所以要帝王们乐民忧民，根本目的并不在为民，而在成王、称王、万世为王。

与“民贵君轻”论一样常被人们提及的还有更早的“载舟覆舟”论。依战国末期赵国思想家荀子所言，“载舟覆舟”论源于春秋时孔子，一是孔子所做《易传》，二是孔子答鲁哀公问时所说。存于《荀子》的两段相关文字，一段出自公认是荀子原作的《王制篇》，另一段出自后人质疑的《哀公篇》。《荀子·王制》中的原文是：“马骇舆，则君子不安舆；庶人骇政，则君子不安位。马骇舆，则莫若静之，庶人骇政，则莫若惠之。选贤良，举笃敬，兴孝悌，收孤寡，补贫穷，如是，则庶人安政矣。庶人安政，然后君子安位。传曰：‘君者，舟也；庶人者，水也。水则载舟，水则覆舟。’此之谓也。”[10]在《荀子·哀公》中，孔子在回答鲁哀公关于如何统治国家的询问时说到“载舟覆舟”。及至唐初，魏征还用“载舟覆舟”论劝时皇李世民体恤百姓：“臣又闻古语云：‘君，舟也；人，水也。水能载舟，亦能覆舟。’陛下以为可畏，诚如圣旨。”[11]这一比喻性说法，非常明显是把君像舟一样作为目的，把民像水一样作为手段和工具。

因此，中国古代的“贵民”“重民”思想，根本目的不是“为民”，而是“牧民”，最终目的是“成王”“称王”和“君子安位”。两千多年的封建时代，没有任何思想家能够逃脱这一窠臼。这与“民有、民治、民享”现代民主思想、民主理论格格不入，与建立在现代民主理论基础上的民主化国家安全理论相差甚远，没有也不可能像现代国家安全理论那样，把国民安全作为国家安全构成要素中的核心要素和国家安全活动的根本目的[12,2]。所以，对于这样的古代思想，今人只能从历史教训方面加以批判性借鉴。

虽说中国古代思想家把政治安全作为国家安全的一个基本构成要素，把政权安全作为政治安全的首要问题，迄今依然，但国家安全的核心要素已由“政治安全”演进为“国民安全”；政权安全及其权属安全也已由“君权安全”演进为“民权安全”。因此，当前维护国家安全特别维护政治安全，最根本的是要维护人民当家作主的政权安全，维护“一切权利属于人民”的宪定“权属”安全。

二

在构建当代国家安全理论体系时，我们不仅把政治安全作为国家安全的基本要素之一，把政权安全作为政治安全的重要内容，而且把影响国家安全的因素具体分为自然因素和社会因素，把危害国家安全的因素具体分为天灾和人祸，继而又把人祸分为内忧与外患。在这方面，中国古代思想家则是既讲社会因素也讲自然因素，既讲人祸也讲天灾，既讲外患也讲内忧，而且特别重视内忧问题。

管子认为，“国有四维”，“一曰礼，二曰义，三曰廉，四曰耻”，“四维不张，国乃灭亡”。他还具体描述说：“一维绝则倾，二维绝则危，三维绝则覆，四维绝则灭。倾可正也，危可安也，覆可起也，灭不可复措也。”[13]如果说这是管子关于社会因素影响国家安全“四维论”，那么他对于自然灾害危害国家安全的论述则以“五害论”最著名。管子指出：“善为国者，必先除其五害。”他具体解释说：“水，一害也；旱，一害也；风雾雹霜，一害也；厉，一害也；虫，一害也。此谓五害。五害之属，水最为大。”他还特别推论道：“水妄行则伤人，伤人则困，困则轻法，轻法则难治，难治则不孝，不孝则不臣。”[14]水患这一天灾由此危害到国家安全。

墨子的“七患论”，从多方面论述了人祸对国家安全的危害。他说：“国有七患。七患者何？城郭沟池不可守而治宫室，一患也；边国至境，四邻莫救，二患也；先尽民力无用之功，赏赐无能之人，民力尽于无用，财宝虚于待客，三患也；仕者持禄，游者爱佼，君修法讨臣，臣慑而不敢拂，四患也；君自以为圣智而不问事，自以为安强而无守备，四邻谋之不知戒，五患也；所信者不忠，所忠者不信，六患也；畜种菽粟不足以食之，大臣不足以事之，赏赐不能喜，诛罚不能威，七患也。以七患居国，必无社稷；以七患守城，敌至国倾。七患之所当，国必有殃。”[15]

仔细分析不难发现，管子“四维论”关于社会因素影响国家安全的论述，以及“五害论”关于天灾危害国家安全的论述，论到的主要是内部因素或内忧，而墨子“七患论”所论七患，则涉及了内部因素与外部因素、内忧与外患两个方面，同时还把内忧看成导致外患的根源。“七患论”中的“治宫室”“民力尽于无用”“君自以为安强”“畜种菽粟不足以食之”等，讲的都是内忧；相反，其中的“城郭沟池”“边国至境”“四邻谋之”等，涉及的主要是外患问题；而“以七患守城，敌至国倾”，则在很大程度上强调了内忧是招致外患的根源。

总的来看，中国古代思想家经常是内因与外因、内忧与外患并提，而且更重视内因和内忧问题。《左传》说“国家之败，由官邪也”[16]，就是把政府内部官员的邪恶与贪腐，视为国家败亡的重要因素。在对待国民的问题上，“家天下”的统治者及其御用文人虽不会把“民”作为核心和目的，但却非常重视“民”作为手段与工具对其家国的极端重要性。《尚书》的“民惟邦本”说，《孟子》的“民贵君轻”论，从古至今代代相传的“得民心者得天下”之言，以及历朝历代各种相近说法，都是把“民”特别是

“民心”看作是影响国家安全的重要因素。“宋初三先生”之一的石介，在给宋仁宗所上《论根本策》的奏议中写道：“善为天下者，不视其治乱，视民而已。民者，国之根本也。天下虽乱，民心未离，不足忧也。天下虽治，民心离，可忧也。”[17]

三

虽然中国古代思想家没有条件像当今学界政界这样系统地思考和构建国家安全保障体系，但他们也从多方面思考了国家安全保障问题，对涉及国家安全保障的备与患、预与立、文与武、礼与兵、安内与攘外、进攻与防御、用兵与用间，以及刚柔、软硬、宽猛等一系列关系进行了不同程度的探讨，提出了许多对今天依然有益且值得借鉴的思想。

首先，在涉及国家安全保障战略的备与患、预与立的关系上，中国古代思想家具有强烈的忧患意识和预备意识，强调有备无患、有预而立。生活于春秋末年的老子，最早从哲理的高度和治国的角度指出：“为之于未有，治之于未乱。”[18]孔子明确指出：“危者，安其位者也；亡者，保其存者也；乱者，有其治者也；是故君子安而不忘危，存而不忘亡，治而不忘乱，是以身安而国家可保也。”[19]这种有预而立、有备无患的国家安全保障思路，墨子在《七患》中结合桀纣失国的历史教训，做了更详细的论述：“仓无备粟，不可以待凶饥；库无备兵，虽有义不能征无义；城郭不备全，不可以自守；心无备虑，不可以应卒……夫桀无待汤之备，故放；纣无待武之备，故杀。桀纣贵为天子，富有天下，然而皆灭亡於百里之君者，何也？有富贵而不为备也。故备者，国之重也。”[20]成书于西汉时期的《礼记》强调：“凡事预则立，不预则废。言前定则不跲，事前定则不困，行前定则不疚，道前定则不穷。”[21]

其次，在涉及国家安全保障手段的文与武、礼与兵的关系上，古代思想家强调文武并举、先礼后兵，但也有重文轻武的传统，甚至有人主张修文偃武。孔子强调仁政礼治，但在其为官当政时，却也不忘武备。孔子摄相事时曾说：“有文事者必有武备，有武事者必有文备。”[22]孔子兴学，不仅授人以礼、乐、书、数四种文艺，而且教人以射、御两种武艺，合称“六艺”。讲武谈兵的《孙子兵法》，虽强调“兵者国之大事”，但反对穷兵黩武，甚至把用武力手段解决问题放在“次之”的地位，认为“上兵伐谋，其次伐交，其次伐兵，其下攻城。攻城之法，为不得已。”[23]孙武强调，将帅用兵要“令之以文，齐之以武”[24]。后来的思想家和政治家多强调文武并用，认为“文武并用，长久之术。”[25]但在对待文武的关系上，许多人往往更强调“文”的重要性，认为治国安邦要“以武为植，以文为种；武为表，文为里。”[26]赵宋王朝，以兵变开国，因而特别害怕他人兵变夺取自己的天下，同时也汲取了唐末以来藩镇割据和宦官乱政的教训，采取了重文轻武、修文偃武的治国安邦方略。这一国策的实施，在内部安全方面取得了突出成效，国内没有出现严重的宦官乱政和地方割据现象，兵变、民乱规模小，次数也少，但却难以抵御外敌的骚扰和入侵，结果在1127年徽、钦二帝被金人掳去，宋室被迫南迁，后来更导致1276年忽必烈蒙古军攻破宋都临安，继而于1279年在崖山亡国。

第三，在涉及国家安全保障内容的安内与攘外的关系上，主流思想一直是内外兼顾，但也常常强调“守内虚外”“攘夷必先安内”，把安内放在更重要的地位上。先秦时期，齐桓公提出的“尊王攘夷”，是一种先“安内”而后“攘外”的战略。秦朝统一六国后，把主要兵力放在南北边防上，事实上形成了一种重攘外而轻安内、“守外虚内”的安全格局。西汉时期，景帝老师和智囊的晁错，认为“攘夷必先安内”，力主削藩，去除内忧。但汉朝在守内、安内的同时，并没有虚外，而是安内攘外兼备。到赵宋一朝，曾给宋太祖赵匡胤出谋划策，使其“黄袍加身”“杯酒释兵权”的名宰赵普，后来上书宋太宗赵光义说：“中国既安，群夷自服。是故夫欲攘外者，必先安内。”在赵匡胤西巡洛阳时“画地十策”后又辅佐过赵光义、赵恒并二度任宰相的张齐贤，也在上疏中说：“圣人举动出于万全，必先本后末，安内方可攘外。”[27]明朝时，于谦提出：“疆兵以足食为本，攘外以安内为先。”[28]明神宗宰相张居正也说：“欲攘外者必先安其内。”[29]崇祯九年出任兵部尚书的杨嗣昌，面对明王朝内外交困的局面，从整体上提出了三大方针：“必安内方可攘外，必足食然后足兵，必保民斯能荡寇。”[30]这样的观点在理论上应该说是不错的，但在实践中有时却走向了极端，例如在北宋时就促成了一种文臣将兵、兵不知将、将不知兵、守内虚外的制度，结果长期被动挨打，只能通过向外敌输送岁币以保国家安全。历代统治者之所以这样处理“安内”与“攘外”的关系，除受中国传统文化强调“治安中国而四夷服”[31]的影响之外，主要是因为他们从心底认为，内忧威胁的是其一家一姓的政权，必须彻底铲除，而外患只是想得到些土地、钱财和美女，可以通过“和亲”“岁币”等让步措施来缓解。清朝晚期，统治者把外敌的欺凌入侵看作是肘腋之疾，把国内人民的反抗视为心腹之患，采取“宁赠友邦，不与家奴”的政策，更淋漓尽致地突出了这一点。历史上虽然有人提出过“内事文而和，外事武而义”[32]的对策，但在视一姓政权为最高利益的封建时代，特别是在国势较弱的情况下，许多统治者实际上是“内事武而威，外事文而弱”。

第四，在对外安全保障的进攻与防御关系上，中国古代主流思想和做法是固防限攻，具有以防御为主导的特征。春秋战国五百多年弱肉强食式的征伐，曾被孔孟等思想家斥为“天下无道”[33]，后人也说“春秋无义战”[34]。虽然墨子在“库无备兵，虽有义不能征无义”[35]的论述中潜在地肯定了对外“义战”的合理性，但秦统一中国后，特别是在汉民族执掌政权的朝代，对外征伐并不太多，而且少有的对外战争也都是有限的，达到目的后就班师还朝。例如，秦统一六国后，没再继续扩张，而是在北方完善战国时期秦、赵、燕等就有的长城，并修筑新的长城，抵御匈奴等北狄的南犯。汉初，匈奴不断进入长城以内掳掠，高祖、惠帝、文帝、景帝都被迫采取和亲政策，嫁公主给单于为阏氏（王后），并赐予大量的财物，以保平安。汉武帝虽数次出兵大破匈奴、吞并朝鲜，并遣使出使西域，但晚年又发布《罪己诏》，改变了对内对外的政策。昭帝继位后，辅政大臣霍光延续了武帝晚年与民休息的政策，对外一方面加强北方戍防，打击匈奴进犯等，另一方面又重新与匈奴和亲，改善关系。唐太宗时，有人建议行“霸道”，以“震耀威武，征讨四夷”，但魏征劝李世民行“王道”，认为“偃武修文，中国既安，四夷自服”。李世民采纳了这一建议，并说：“昔人谓御戎无上策，朕今治安中国，而四夷自服，岂非上策乎?”[36]对此，有学者指出，秦汉以来，历朝历代对北方游牧民族的防御，随国力的升降而在积极防御和消极防御之间变化，积极防御中的进攻总是在取得一定的胜利后便适可而止，收兵凯旋，这说明中原王朝的战略重点始终是确保长城以内广大农耕区域的安全，而不是向外拓张领土。自郑和下西洋活动终止后，明清两朝的海洋战略基本上也是防卫战略，海上力量建设始终局限于沿海或近海海军，核心是防范敌寇从海上侵犯大陆[37]。

第五，在国家安全保障的用兵与用间关系上，古代思想家特别重视军事行动中的用间与情报的作用。《孙子兵法》不仅全文多处涉及间谍情报问题，而且还用最后一篇的内容专门系统性地讨论间谍情报活动。在《谋攻》《地形》等篇中，孙武说明了情报的重要性，指出“知己知彼，百战不殆；不知彼而知己，一胜一负；不知彼不知己，每战必败”[38]；“知彼知己，胜乃不殆；知天知地，胜乃可全。”[39]在最后一篇《用间》中，孙武先论述了间谍情报重要性，接着对间谍作了分类，并研究了用间的原则和方法等。当然，研究间谍情报问题的并非孙武一人，在孙武之前、孙武同时、孙武之后，中国古代的军事家、政治家、思想家从多方面讨论过间谍情报问题，形成了极为丰富的用间思想。清朝咸丰年间的朱逢甲，还专门撰写了一部《间书》，对中国古代的用间活动和用间思想作了概括、总结和评说，从而成为中国第一本也是世界第一本研究间谍问题的专著。

除上述各方面思想之外，古人在论述刚柔、软硬、宽猛等关系时，也有很多是从治国安邦的国家安全角度思考的，也多主张刚柔相济、软硬兼施、宽猛交用，同时强调礼治、仁治、德治等柔性政策的持久性作用。

参考文献

[1]刘跃进.试论国家安全学的对象、任务和学科性质[J].山西师大学报:社会科学版,2003(2).

[2]刘跃进.国家安全学[M].北京:中国政法大学出版社,2004.

[3]诗经·小雅·谷风之什·北山.

[4](元)无名氏.马陵道·楔子.

[5](汉)司马迁.史记·秦始皇本纪.

[6]清政府.钦定宪法大纲.

[7]清政府.宪法重大信条十九条.

[8]孟子·尽心下.

[9]孟子·梁惠王下.

[10]荀子·王制.

[11](唐)吴兢.贞观政要·论政体.

[12]刘跃进.国民安全与国家安全[J].国家安全通讯,2000(9):34-36.

[13]管子·牧民.

[14]管子·度地.

[15]墨子·七患.

[16]左传·桓公二年.

[17]宋文鉴·策.

[18]老子·六十四章.

[19]周易·系辞下.

[20]墨子·七患.

[21]礼记·中庸.

[22](汉)司马迁.史记·孔子世家.

[23]孙子兵法·谋攻.

[24]孙子兵法·行军.

[25](汉)司马迁.史记·郦生陆贾列传.

[26]尉缭子·兵令上.

[27]樊树志.晚明史[M].上海:复旦大学出版社,2003:991.

[28](明)于谦.急处粮运以实重边以保盛业疏.

[29]张舜徽.张居正集(一)[M].武汉:荆楚书社,1987.

[30](明)杨嗣昌.犬马十年遇主疏[M]//杨嗣昌集(卷九).长沙:岳麓书社,2005:200.

[31]资治通鉴·唐纪·太宗贞观三年十二月.

[32]逸周书·武纪.

[33]论语·季氏.

[34]孟子·尽心下.

[35]墨子·七患.

[36](宋)司马光.资治通鉴·卷第一百九十三.

[37]钟少异.安邦大略——中国历代国家安全战略思想论析·导言[M].北京:军事科学出版社,2007:3-4.

[38]孙子兵法·谋攻.

[39]孙子兵法·地形.

第四编

国家安全现实问题研究

当前国际形势下的国家安全问题

（1999 年 11 月）

摘要：在经济全球化浪潮中，国家安全问题显得尤为突出；传统意义上的国家安全在当代被赋予越来越广泛的内涵，具有强烈的时代特征；维护国家安全必须增强综合国力，壮大国防力量，实行独立自主的和平外交政策，强化国家安全意识；维护国家安全绝不能走闭关锁国的老路。

关键词：和平与发展；全球化；国家安全；经济安全；综合国力；国防力量

一

美国出版的《国际社会关系百科全书》在解释“国家安全”时写道：“现代社会科学家谈到这个概念时，一般是指一个国家保护它的内部社会制度不受外来威胁的能力。”日本警视厅在解释日本的国家安全时认为，“所谓我国的国家安全，应该理解为用军事以外的手段保卫我国的领土，国民的生命、身体和财产不受侵犯，或者指我国的基本政治组织的永存。”苏联出版的《大百科全书》指出，“保卫国家安全，即保卫现行国家制度、社会制度、领土不可侵犯和国家独立不受敌对国家的间谍特务机关以及国内现行制度的敌人破坏所采取的措施的总和。”

应该看到，把这些论述都说成是“国家安全”的定义是不准确的，而且就其论述本身来说，有的还混淆了“国家安全”和“维护国家安全”“国家安全工作”“反间谍工作”这些不同的概念。此外，专家学者对“国家安全”下的定义更是多种多样，对国家安全的本质也从各个不同角度作了种种论述。对此，我们没有必要一一引证。但是无论如何定义“国家安全”，谁都无法否认，国家安全最根本的内涵在于一个国家的存在与发展不受外部力量的威胁与侵害。

就像国家形态在历史上是发展变化的一样，也像人们对国家安全的认识在历史上是发展变化的一样，人们对国家安全所包括的内容及其在国家安全中的地位和作用的认识也是不断发展的。

传统意义上，国家安全主要被看作是国家的政治安全和军事安全。在当代，国家安全被赋予了越来越广泛的内容，既包括传统上所关注的主权安全、领土安全、政治安全、军事安全等，又包括在当代日显重要的经济安全、科技安全、文化安全等，还包括信息时代才被人们注意到的信息安全、生态安全等。当然，除此之外的外交安全、外事安全、国民安全、侨民安全、首脑安全等等，也是国家安全所包括的内容。

在国家安全包括的众多内容中，主权安全和领土安全不仅在现代国家理论产生之后就一直被国际政治学家和各国领导人所重视，而且在当代依然具有头等重要地位。一个处于他国占领下、殖民统治下的国家，是不可能有任何安全可言的。对于中国这样一个在近代长期遭受帝国主义侵略的国家来说，主权安全和领土安全之重要更是不言而喻的。因此，邓小平曾指出："国家的主权、国家的安全要始终放在第一位。"不久前，江泽民主席针对以美国为首的北约对南斯拉夫的空中打击和对中国驻南使馆的导弹袭击，更进一步强调要"坚决维护国家的主权和安全"。这都说明，主权安全和领土安全是整个国家安全的核心。

由于经济在社会历史发展中的基础性决定作用，经济安全应该说也是整个国家安全的基础。但是，由于在马克思主义产生之前人们总是强调思想而忽略物质，强调政治忽略经济，也由于以往的历史使得经济利益常常被罩上政治意识形态或宗教的外衣，所以人们一直没有能看到经济在整个社会历史发展中的基础性地位和作用，没有认识到经济安全在整个国家安全中的基础性地位和作用。马克思主义的唯物史观虽然在19世纪中期就正确地阐明了经济与政治的关系，但这一点却常常被人们忽视，甚至被我们一些自称为马克思主义者的人忽视。然而，当代社会发展和国家安全形势，特别是"综合国力"概念的提出，使我们进一步认识到了经济的基础性决定作用，认识到了经济是综合国力的基础，认识到了经济安全在整个国家安全中的基础性地位和作用。从根本上讲，只有经济发展了，综合国力才会提高，国家才会强盛，国家安全才有最根本的保障。马克思主义的唯物史观，邓小平"以经济建设为中心"的思想，对我们正确认识国家安全问题，正确处理国家安全诸要素之间的关系，具有重要的指导作用。

"科学技术是第一生产力"使得经济发展越来越依赖于科技进步，科技日益成为生产力和经济的重要组成部分，其对经济发展的贡献率越来越高，因而经济安全必然地包括了对科技安全的要求。当然，科学技术并不仅仅存在于经济之中，不仅仅是"第一生产力"，而是广泛地渗透于整个社会之中，它还是"第一战斗力""第一文化力""第一社会力"。因此，科技安全是国家安全中的一个相对独立组成部分。就像军事既是国家安全的内容又是维护国家安全的手段一样，科学技术也既是国家安全的内容，同时又是维护国家安全的重要手段。

随着信息时代的到来，信息安全已经成为人们谈论的越来越多的一个话题。“信息安全”主要指信息在生产、传递、存贮、管理和使用中不被遗失、泄露，特别是不受外人的非法侵入、破坏和掠夺。对于企业来说，信息安全是企业生存和发展的重要保障；而对于国家来说，信息安全则是国家安全的全新内容。这些年来，无论是国外还是国内，由于信息安全受到破坏而给国家安全利益造成损失的情况屡屡出现。“黑客”入侵，“病毒”发作，“千年虫”发作，其威胁的不仅是个人电脑或商家企业，更重要的是政府、军队、警察、情报等重要机关的信息设备、网络和资源。无论是电脑黑客，还是情报人员，都可能通过入侵和破坏一个国家信息系统，窃取和泄露一个国家的重要信息，对一个国家的安全造成直接威胁。因此，发达国家早就开始把信息安全纳入国家安全中来考虑，把信息安全作为国家安全的重要内容来对待。我国信息化过程虽然晚于发达国家，整体水平与发达国家也有一定距离，但随着信息化的发展，如上问题也已经出现。这就要求我们把信息安全作为国家安全的重要内容来认识，制定出保障我国信息安全的具体措施，确保国家信息安全。

二

国家安全不仅古已有之，而且从来都十分重要。它不仅对于统治阶级来说很重要，而且对一般国民来说也很重要。古今中外，人们对国家安全的具体内容的理解可能有多种区别，但没有哪一个国家不重视自己的安全。

国家安全的重要性首先体现在它是一个国家生存的最基本的保障。虽说一个国家只有存在才会有其安全问题的产生，但国家一旦存在，安全就成了其继续生存下去的最基本的保障。如果一个国家不安全，那么不管它是新生国家，还是具有悠久历史的古老国家；也不管它是一个小国，还是一个大国，都有可能因此走向衰落，走向灭亡。一个国家的主权旁落，领土不保，也就是其最基本的安全受到侵害，这必然使其生存成为严重问题。这时，如果国民不再通过包括民族解放斗争在内的各种手段去争取主权独立和领土完整，那么这个国家就可能在不远的将来成为一个仅仅存在于历史教科书里的“历史国家”，而不再是活动于国际社会中的“现实国家”。因此可以说，国家安全是直接关系到国家生死存亡的大问题。一个国家有了基本的安全，它的生存就得到了保障；而一个国家失去了安全，它的生存也就失去了基本保障，它就可能由强而弱，由盛而衰，由生变死，由有变无。悠悠万事，唯此为大。

国家安全不仅能够为国家生存提供最基本的保障，而且还是国家发展的最起码的前提条件。对于国家甚至其他的任何社会组织来说，生存虽然都是其最基本的需求，但却不是也不可能是其全部的需求。任何国家要存在于国际社会之中，首先考虑的都是生存问题，但一个国家如果仅仅满足于生存，以生存求生存，那么它的生存便不可能长久。相反，只有“以发展求生存”，国家的生存才会长久。但是一个国家要发展，也必然有起码的安全保障。国家安全的丧失，不仅会使国家的生存受到直接威胁，而且必然使国家的发展成为不可能，甚至使国家在各个方面发生严重倒退。由于受到以美国为首的北约的空中打击，南斯拉夫的国家安全遭到破坏，这不仅使其生存状态严重恶化，而且使其发展受到严重破坏，社会经济和社会生活的各个方面都发生了严重倒退。在这样一种国家安全环境中，发展是根本谈不到的。当然，国家安全与国家发展是辩证统一的，一个国家只有保持基本的安全，才可能得到稳定的发展；一个国家也只有持续不断的发展，其安全才能不断得到加强。

国家安全最直接的目的是维护国家的生存与发展，但就其最根本意义而言，则是为生活于国家中的国民服务的。国家安全是国民安全的基本条件。这是国家安全最根本的目的，也是国家安全重要性的最根本的体现。国家安全直接保护的虽然不是某一个具体的国民，但根本的目的则在于保护每一个国民，起码在客观上如此。从哲学的高度来看，任何社会组织的建立，其根本目的都是为了人。人是为了人而建立社会组织的，而不是为了建立社会组织而建立社会组织，更不是为了树立一个统治人的偶像而建立社会组织。虽然历史上不乏由人建立起的社会组织（包括国家）变成了统治大多数人的偶像，但这被哲学家视为“异化”，并被现代文明所否定。现代国家应该是为国民服务的，而不是为了统治国民的。因此，如果说在国家“异化”的时代，国家安全对国民来说都具有非常重要性的话，那么在走向民主的时代，国家安全对国民来说则具有更直接的重要性。历史上，每当一个国家受到其他国家的侵略或威胁时，国内的被统治者之所以能够与统治者联合起来一致对外，就是因为多数国民认识到，如果国家不存在了，那么自己就会沦为“亡国奴”，其安全就会更没有保障，其本身就会处于一种更悲惨的境地。

在此我们必须注意的是，国家安全虽然随着时代的发展而不断变化，但其变化的只是某些具体内容及其表现形式，而不是其重要性。和平与发展的时代主题，并没有使国家安全变得无足轻重。冷战结束后，由于世界出现多极化倾向，和平与发展的趋势明显加强，这使一些人对国家安全重要性的认识模糊了。

时代不仅没有使主权、领土等传统国家安全内容的重要性降低，相反还提出了一些重要的国家安全新课题。信息安全是这样一个新课题，生态安全也是这样一个新课题。时代的发展，形势的变化，迫切需要我们重新认识国家安全的重要性，研究国家安全的新课题。

三

国家安全是关乎国家生死存亡的大问题，因而从古到今，各国都采取各种措施，通过各种手段来维护国家安全，确保和提高国家的基本安全状态。军官与士兵的疆场拼杀，说客与外交官的纵横捭阖，间谍与反间谍人员的暗中较量，在人类历史上演绎出一幕幕雄伟悲壮的史诗。从广义上讲，这些都是以维护“国家安全”为目的的“国家安全工作”。这也说明，反映一个国家生存状态的“国家安全”，与维护国家安全的“国家安全工作”，不是同一个概念。如果说“国家安全”是国家在主权、领土、政治、军事、外交、外事、经济、科技、资源、文化、信息、国民、首脑等各个方面存在，权力和利益的不受威胁和侵害，那么“国家安全工作”则是维护国家安全的各种活动。按照社会分工，国家安全工作涉及不同部门，其中既包括军事国防部门、外交外事部门，又包括情报、反谍、保密部门等。这些不同部门，在维护国家安全中起着各自不同的作用，有的是通过武装力量或军事行动维护国家安全的，有的是通过和平手段维护国家安全的；有的是通过公开活动维护国家安全的，也有的是通过秘密手段维护国家安全的。军事国防部门通过武装力量的公开活动维护国家安全，外交外事部门通过正常的国际交往维护国家安全，情报部门通过秘密情报工作或反间谍侦察工作维护国家安全，保密部门通过内部保密工作维护国家安全。通观国际斗争，包括美国在内的许多西方国家都不仅有强大的军事力量、严密的警察机构、完整的外交工作，而且还都有庞大的情报机构和反谍保密机构。它们正是通过这些部门维护其国家安全的，有时也还由于把自己的国家安全线不适当地扩展到其他国家和地区，从而使这些部门成为威胁他国安全的外部力量。

中国是一个发展中国家，长期奉行和平共处的外交政策，从来不干涉别国的内政，现在不对将来也不会对任何国家构成威胁。所谓的“中国威胁论”，纯粹是由一个在经常威胁他国的国家臆造出来的。但是，作为一个发展中国家，特别作为一个在历史上长期遭受列强侵略和干涉的国家，中国却不应忽视本身的安全问题，不能对国家安全掉以轻心。我们不会威胁别国的安全，但是也绝不允许别国威胁我国的安全。美国对中国驻南斯拉夫大使馆的导弹袭击，再一次给中国人民敲响了警钟。我们必须像邓小平同志所说的那样，像江泽民主席要求的那样，始终把国家安全，特别是国家主权的安全，放在第一位，坚决维护国家的主权与安全。

维护国家安全首先需要具有一定的国防力量。没有一定的国防力量，维护国家安全就会成为一句空话。但是，国防力量的发展程度必须有一定的限度，一方面必须根据国际形势作出具体安排，另一方面则必须与综合国力相适应。正是在对国际形势正确判断的前提下，中华人民共和国才在80年代作出了裁军一百万的决定，后来又进一步裁减军队数量。我们不会因此而走上扩军备战之路，更不会因此而放弃以经济建设为中心的基本路线。在当前，要维护国家安全，一方面需要我们加强国防意识，提高国防现代化水平，使我们具有在任何情况下抵御威胁我国安全之外部力量的能力；另一方面则要继续发展经济，改革政治，把我国建设成为一个富强民主的社会主义国家。前一点，是维护国家安全的基本条件；后一点，是保障国家安全的长久之计。

维护国家安全还需要做许多具体的工作。我们需要进行国家安全的宣传教育，强化全民族的国家安全意识。应该看到，虽然由于中华人民共和国的日益强大，西方国家再难以像20世纪初的八国联军那样明目张胆地对中国进行武装侵略，也难以像30年代的日本那样不断地蚕食中国领土，侵害中国主权，但某些国家仍在暗中继续对中国进行各种情报活动，运用秘密手段威胁我国的国家安全。对此，我们必须有足够的认识，保持必要的警惕。

与过去没有全面的综合性国家安全战略一样，我们过去也没有从科学理论的高度来研究国家安全问题，没有建立起科学的国家安全学和国家安全学科体系。然而，在人类已经不再只是依靠经验办事，而是依靠科学决策的现代社会，只有通过科学的研究，才能科学全面地认识国家安全问题，认识我国的国家安全现状，从而制定出合乎国情、直面世界的中国国家安全战略。现在的国际形势进一步说明，建立国家安全学，研究国家安全的各个方面及其相互关系，探讨维护国家安全的基本规律和方式方法，对于维护我国国家安全来说，是一项十分重要而且十分迫切的重要任务。

最后，我们还必须特别注意的是，维护国家安全绝不能走闭关锁国的老路。即使美国袭击了我们的大使馆，我们也没有理由拒绝美国先进的科学技术及其创造的一切积极有用的文明成果。自我封闭在过去没有出路，在今天更没有出路。“抵制美货”在今天只能是一种不会有良好结果的良好愿望。在经济全球化的今天，自我封闭不仅不能维护国家安全，相反只能使国家更加不安全。中国近代历史，既是与帝国主义、殖民主义不断斗争的历史，也是向西方各国不断学习的历史。过去，我们通过向西方学习掌握了马克思主义，掌握了现代科学技术，建立了社会主义，发展了民族经济。现在，我们还要通过向西方学习掌握现代的经营管理，建立起与社会主义市场经济相适应的现代企业制度。事实上，我们今天需要向包括美国在内的西方国家学习的东西还很多。只有向它们学习的越多，我们的国家才会越强大，也才会越安全。借口维护国家安全而拒绝向西方国家学习，不加分析地排斥“洋货”，这不仅不能维护国家安全，相反只能使我们的国家越来越不安全。对此，我们必须有清醒的认识。

制定国家安全战略势在必行

(2000 年 1 月)

在新世纪来临之际，一切爱好和平的人们都渴望世界的持久和平。但是，“冷战”后形成的“一超多强”的世界格局正在发生微妙的变化，美国的霸权优势更加凸显，对世界安全构成了严重威胁。世界人民同强权政治、霸权主义的斗争将是一个长期而复杂的过程。为确保我国的主权、领土，以及经济、科技、信息、生态等领域的安全，笔者认为有必要制定中国国家安全战略。

一、制定国家安全战略是适应国际新形势的需要

“冷战”结束后，世界开始向多极化的方向发展，和平与发展成为时代的两大主题，人们觉得从此逃脱了大战、核战的阴影，国家和人身的安全获得了更大的保障。但是不久人们发现，多极化的客观趋势并没有使世界上唯一的超级大国放弃称霸世界的野心，冷战心理借助历史惯性继续延存，和平的祥云常在一些地区和国家演变成战争的阴云，第三世界谋求发展的愿望受到种种因素的干扰，局部战争、核料泄漏、金融危机、北约东扩、间谍特务的渗透策反，不断给一些国家和人民的安全造成威胁甚至侵害。人们发现，国家安全并没有因为国际形势和世界格局的变化而得到根本的改善，它还需要人们给予高度的重视。

事实上，在和平与发展成为世界两大主题的今天，国家安全不是变得无足轻重，而是变得更加复杂。这是因为，不仅许多关系到国家安全的传统问题没有得到根本解决，而且大量影响国家安全的新因素不断产生。传统的国家主权安全、领土安全、军事安全等，在世界范围内并没有得到根本的解决，一些国家的领土完整仍得不到保障，一些国家的主权还在受到霸权主义的威胁和侵害，一些国家的军事力量甚至受到他国的沉重打击。如何在信息时代保护国家秘密不受侵害，如何防止他人从网络上干扰甚至打击本国的经济、政治、军事活动，如何防止生态破坏给国家安全和人民生命造成不可逆转的损害，如何在全球化的形势下重新定位国家利益，都需要人们认真考虑。此外，诸如政要名流的安全问题、科学技术的安全问题、传统文化与意识形态的安全问题、民族及宗教与国家安

全的关系问题、国际恐怖主义与国家安全的关系问题、跨国犯罪与国家安全的关系问题等，经济安全、信息安全、网络安全、生态安全等，既是世界安全面临新的挑战，也是每一个想在新世纪国际舞台上争得一席之地的国家不能不认真对待的。

对此，世界上许多国家纷纷制定相应的对策。美国一直十分重视本国的安全问题。一方面，“冷战”的威胁已经消失，另一方面认为其面临的危险更加多种多样，因此依然把“保卫我们国家的安全——我们的人民、我们的国土和我们的生活方式”作为“政府的主要任务和宪法规定的责任”。1998 年 12 月 1 日发表的克林顿政府执政以来的第 5 个国家安全战略报告认为，美国所处的安全环境变化不定，充满着威胁和挑战。“无法无天国家”、民族冲突、大规模毁灭性武器扩散、恐怖主义、毒品走私、有组织犯罪、环境破坏等情况，对美国构成了地区的、跨国的和技术扩散等方面的威胁。根据这一分析，报告阐述了美国国家安全战略的指导思想、目标、任务和手段，以及对于威胁、危机及地区问题的政策。当然，美国对国际形势的估计和分析，对美国家安全利益的认识，是以自我为中心的，表现了其霸权主义的本质。但是，它对国家安全的重视，在对国际和自身安全形势分析的基础上制定国家安全战略的做法，对其他安全程度更低的国家来说并非没有值得借鉴之处。

在复杂多变的国际新形势下，面对霸权主义的所作所为，我们不能不由彼及此，估价自身的安全形势，制定出适合中国国情的安全战略，坚决维护自己的安全。中国作为一个发展中大国，作为一个在历史上长期遭受侵略和欺侮的国家，更需要严密关注国际形势的发展变化，并根据这种变化来制定或调整自己的国家安全战略。

二、制定国家安全战略是适应中国安全形势的需要

瞬息万变的世界安全形势，经常会通过各种方式间接或直接地影响中国的安全。在中国之外发生的不可预测的金融危机、此起彼伏的局部战争、纠缠不清的民族矛盾、邪正难分的宗教暴力、背景复杂的文化争论、是是非非的文明冲突、高深莫测的黑客行动、恐怖分子的为所欲为、超级大国的霸道行径等，中国即使主观上想置身于外，客观上也难完全摆脱其对自己的影响和干扰。有时，这些外部事件还会直接威胁甚至侵害到中国的安全。如果美国可以把世界某个地区的不安全作为对它自身安全的威胁的话，那么其他在实力上比美国要差很多倍的国家就更有必要树立这样的观念了。我们不能因为坚持“不干涉别国内政”的政策，而认为世界上其他地区发生的安全问题与自身的安全无关。

历史不能忘记，现实更不能漠视。近代以来饱受帝国主义侵略之害的中国，没有

任何理由在自身的安全问题上掉以轻心。中国需要从战略的高度上认真思考和研究自身的安全问题。党和国家的领导人也特别强调国家安全的极端重要性，特别是强调国家主权安全的极端重要性。邓小平同志早就指出：“国家的主权、国家的安全要始终放在第一位。”笔者认为，为了维护国家安全，我国政府既需要继续坚持改革开放，同时也需要重新审视国际形势和我国的国家安全形势，制定直面世界且符合国情的国家安全战略，全方位维护我国的国家安全。

三、制定国家安全战略是安全问题日益复杂化的客观要求

改革开放20多年来，我国的综合国力极大地增强，国防现代化也有了长足的进步，国家的安全形势有了明显的改善。但是，中国人历来强调居安思危。过去，在战争的情况下，国家处于直接的危险之中，安全问题明显地体现在军事力量上，国家安全问题主要依靠军事力量通过战争来解决。“冷战”时期，安全问题也明显地体现在政治和军事上，维护国家安全最重要的目标就是维护国家的政治安全和军事安全，军事力量是维护整个国家安全的第一要素。然而到了“冷战后”时代，除了依然存在的政治安全、军事安全问题之外，国家的经济安全、科技安全、环境安全、生态安全、信息安全等也突出地展现在人们面前，其重要性有时表现得比政治安全和军事安全还要突出。此外，像民族、宗教、文化，跨国犯罪，恐怖主义等，也越来越成为作用于国家安全的重要因素，在越来越广泛和深刻的程度上影响着整个国家的安全。

在国家安全已经不再是战争年代的临时问题而成为和平时期的长久问题，不再是国家政治和军事两个方面的问题而成为与国家的方方面面都密切相关的整体问题的情况下，要维护国家安全，也就不能从临时性和局部性来思考问题了。这也就是说，在当代，维护国家安全既不能立足于应付突发性临时事件，也不能定位于满足部门性局部需要，而必须从长期发展和整体利益上对与国家安全相关的各种复杂因素进行全面细致的分析研究，制定出能够指导整个国家安全工作和国家生存发展的国家安全战略。为了有效地维护我国的国家安全，中央政府应根据当前的国际形势和我国的国家安全状态，制定出我国的国家安全战略，以指导各项维护国家安全的具体工作。

由于国家安全战略必须从全面长期维护我国国家安全的需要出发，必须建立在对国际形势和国家安全状态的科学全面认识的基础上，因而只有这样的战略规划才能够避免国家安全工作中的短视和片面，才能全面、长远、有效地依靠综合国力、国防建设、外交外事、保密防谍等方面的具体工作来维护包括政治安全、经济安全、军事安全、科技安全、生态安全、外交外事安全等在内的国家安全。

试论当代国家安全的十个方面

（2001 年 11 月）

一

国家安全是指国家没有危险的客观状态，也就是国家既没有外部的威胁和侵犯又没有内部的混乱和失序的客观状态。国家安全产生于国家的出现。人口、领土、经济、主权、政府、军事是国家存在的必备要素或必要条件，因而国民安全、领土安全、经济安全、主权安全、政治安全、军事安全，是国家产生时就已经存在的国家安全的“源生内容”或“源生要素”。其中人口、领土、经济三要素，是人类社会生存的必要条件，在国家产生之前就已经存在，因此可以说，国民安全、领土安全、经济安全这三个方面是国家安全的“史前内容”或“史前要素”。同时，由于主权、政府、军事是随着国家的出现而出现的，主权安全、政治安全、军事安全这三方面可以说是国家安全的“伴生内容”或“伴生要素”。随着社会历史的发展和进步，在国家安全系统中，又逐渐形成了文化安全、科技安全、生态安全、信息安全这样一些“派生内容”或“派生要素”。时至今日，国家安全的内容日益丰富，包括了国民安全、领土安全、经济安全、主权安全、政治安全、军事安全、文化安全、科技安全、生态安全、信息安全这样十个方面或十大要素。

二

按照通行的政治学理论，构成国家的有四个基本要素，即人口、领土、主权、政府。然而在谈起国家时我们不能忘记的还有两个要素：经济和军事。其中，经济是任何国家生存都必需的基础性社会存在，军事则是政治的必然产物，是政治的一种特殊表现，或者说是政治的继续。因此，国家一经产生，人口、领土、经济、主权、政府、军事等就是构成国家的基本要素，相应的国民安全、领土安全、经济安全、主权安全、政治安全、军事安全六个方面，也就成了国家安全的基本的“源生内容”。

按照马克思主义唯物史观，经济是一切社会存在与发展的基础，经济安全也就成为任何时代任何国家获得安全的战略性基础。但是，早期国家的经济利益经常通过战争手段取得，并且需要运用军事手段维护。战争既为早期的国家取得基本的劳动力人口（奴隶），又为国家取得基本的生产资料（以土地为主）。同时，战争虽然是政治的继续，但在国家产生的初期阶段，战争几乎成了唯一的政治或政治的主要手段。军事既是早期安全的最重要的保障手段，同时又是早期国家安全的最重要的内容，甚至被当作了国家安全的根本目的。

在以农业进步为主要特征的封建时代，国家安全的基本内容没有扩展多少，基本上还是国民、经济、领土、主权、政治、军事六个方面，但在抵御其他国家的威胁和侵犯时，特别落后的东方封建国家在近代抵御先进的西方资本主义国家的威胁和侵犯时，开始注意到了自身文化传统的安全问题。虽然人们还没有提出“文化安全”的概念，但在国家之间的交往中已经注意到了自身文化的安全问题，特别是在中国、日本等东方国家的封建社会晚期，都已经注意到了自身文化传统与西方文明之间的巨大差异，在抵抗西方国家军事侵略的过程中，开始注意抵抗西方国家的文化侵略，其中最典型的形式是抵抗西方宗教的传入及其在本国发展，有时也抵抗西方先进的科学技术、政治思想和社会政治制度。虽然这种抵抗经常是以落后抵抗先进，以消极的拒斥为主要特征，抵抗的方式方法和结果都难以给予肯定，但无论如何，东西方文化在近代的冲突，已经把国家的文化安全问题摆在了世人面前。文化安全因此也成为国家安全的内容之一。但是，文化安全并不是国家安全的“源生内容”，而是国家安全发展到封建时代派生出来的“派生内容”。

与工业革命相伴随的资本主义在近代西方的出现，进一步拓展了国家安全的内容，在近代科学技术产生及迅速发展的过程中，派生出了国家科技安全这一崭新的内容。真正意义上的自然科学是在近代资本主义形成的过程中形成的，它与资本主义生产方式互相作用，互相促进，在给资本主义大工业生产带来巨大利润的同时，也刺激了资本主义大工业对科学技术的巨大需求，使资本主义国家和资本家在发展科学技术方面不遗余力。由科学技术促成的工业革命，使人类从农业社会进入工业社会，科学技术在经济、军事、社会生活各个方面的作用日益显示出来，资本主义国家在外贸出口、经济交流、国际交往等活动中，非常注意保护自己国家的科技秘密和科技人才的安全。科技安全因此成为这一时期国家安全的“派生内容”，而且直到今天仍然是国家安全的重要的基本内容。

三

“冷战”结束以来，世界无论在政治、军事、意识形态方面，还是在经济、科技、文化领域，都开始出现许多以往没有的新特征。当今，世界上只剩下一个超级大国。但是，其他国家特别是一些大国，努力推动世界向多极化方向发展。这样，在国际政治体系中，当相对简单的两极世界被单极现实和多极化趋势取代后，美国力保单极霸权地位与其他大国争取多极世界之间存在的矛盾，使世界安全形势变得更为复杂，国家之间的利益冲突，以及由此形成的或明或暗的较量，已经不再局限于军事、政治、意识形态等领域。

在科技革命迅速发展的推动下，在综合国力竞争取代了军备竞赛的新时代，以往已经出现的经济安全、文化安全、科技安全等在国家安全体系中的地位迅速上升。同时，工业社会几百年发展积累下来的各种矛盾和遗患日益显现出来，在新技术革命中一直处于领导地位的计算机技术的迅速发展及其在社会生活各方面迅速渗透，也向各国提出了一些新的问题。生态安全和信息安全在这样的背景下被突出出来。对于整个国家安全来说，军事对抗依然存在，不过已经大为缓和；意识形态和政治的冲突依然存在，但人们更为关注国家的经济利益；工业社会带给人类的生存环境的恶化和生物多样性的危机，使生态安全十分突出地摆在了世人面前；计算机技术以及与此相关的网络技术的迅速发展，使得信息安全成为关系到整个国家安全的极为重要的一环。国家生态安全和国家信息安全在这一时期的突兀出现，又一次拓宽了国家安全的基本内容。

四

国家安全的构成内容在国家发展的不同阶段是不同的。从国家安全产生过程来看，国家最初形成时就已经存在的国家安全“源生内容”包括国民安全、领土安全、经济安全、主权安全、政治安全、军事安全六个方面。后来，在社会历史发展的过程中，又陆续出现了文化安全、科技安全、生态安全、信息安全四大方面的基本内容。因此可以说，当代国家安全包括上述十个方面的基本内容。

但是，当代国家安全的十个方面不是机械地被“综合”在一起的，而是互相联系、互相作用、不断变化的，并且在动态联系中占据着各自不同的位置，发挥着各自不同的作用，通过相互作用影响着整个国家安全系统。大致来说，在当代国家安全系统中，国民安全是国家安全的核心和国家安全活动的根本目的，领土安全是国家安全的自然基础，经济安全是国家安全的社会基础，主权安全是国家安全的基本标志，政治安全是国家安全的制度保障，军事安全是国家安全的武力屏护，文化安全是国家安全的深层根系，科技安全是当代国家安全的关键，信息安全是当代国家安全的无形领域，生态安全是当代国家安全必要的自然条件。

在由经济全球化带来的社会生活各方面全球化的浪潮中，国家安全已经成为世界安全的一部分，与他国安全、地区安全、国际安全、世界安全等紧密联系在一起，这就要求我们在与世界安全、国际安全、地区安全、他国安全的联系中认识和研究国家安全问题，而不能孤立地认识和研究一个国家的国家安全。另外，由于安全是一种利益，国家安全因而就是一种国家利益，包括在国家利益大系统之中，并且与国家利益一起是国家的构成要素，包括在国家这样一个更大的系统中。

面对日益丰富的国家安全内容，和日益复杂的国家安全形势，我们需要运用马克思主义的辩证唯物主义的世界观和方法论，以及系统科学提供的系统方法来观察研究国家安全问题，认清国家安全各要素之间的系统性联系，确立一种科学的系统安全观。

“三个代表”与国家安全

（2003 年 12 月）

摘要：“三个代表”理论对我们确立以经济安全为基础，以文化安全为命脉，以国民安全为核心的系统安全观，具有重要的指导作用。在当代国家安全系统中，经济安全依然处于基础地位，科技安全开始发挥关键作用。因此，要保障国家安全，就必须保障国家的经济安全，而要保障国家的经济安全，就必须保障国家的科技安全。这就要求我们的国家安全工作必须把经济安全放在整个国家安全的基础地位上，认清科学技术是经济和社会发展的“第一生产力”，高新科学技术是当代最先进的社会生产力，从而自觉自愿地代表中国先进社会生产力的发展要求，坚持围绕经济建设这一战略性中心任务开展各项具体工作，高度重视国家科技安全在经济安全及整个当代国家安全中的关键作用，把国家安全工作的重心切实转移到为经济建设服务上来，重点搞好经济安全和科技安全工作。

关键词：“三个代表”；国家安全；经济安全；科技安全；文化安全；国民安全

国家安全与社会生活的其他方面一样，随着社会历史的发展和进步，其内容也在日益丰富。在当代，除了与国家同时产生的国民安全、经济安全、领土安全、政治安全、主权安全、军事安全等内容之外，国家安全还包括在人类历史发展中逐渐形成的文化安全、科技安全、生态安全、信息安全。当然，国家安全所包括的这十大方面，不是机械地综合在一起的，而是辩证地、有机地、系统地联系在一起的，并且在整个国家安全系统中占据着不同的地位，发挥着不同的作用。这就要求我们运用辩证唯物主义的世界观，系统科学的方法论，来认识和研究国家安全的这些具体内容及其地位、作用和关系，确立系统国家安全观。“三个代表”重要思想为我们确立这样一种以经济安全为基础，以文化安全为命脉，以国民安全为核心的辩证唯物主义的系统安全观，具有重要的指导作用。

第一，在当代国家安全系统中，经济安全依然处于基础地位，科技安全开始发挥关键作用。因此，要保障国家安全，就必须保障国家的经济安全，而要保障国家的经济安全，就必须保障国家的科技安全。这就要求我们的国家安全工作必须把经济安全放在整个国家安全的基础地位上，认清科学技术是经济和社会发展的“第一生产力”，高新科学技术是当代最先进的社会生产力，从而自觉自愿地代表中国先进社会生产力的发展要求，坚持围绕经济建设这一战略性中心任务开展各项具体工作，高度重视国家科技安全在经济安全及整个当代国家安全中的关键作用，把国家安全工作的重心切实转移到为经济建设服务上来，重点搞好经济安全和科技安全工作。

经济是整个社会的基础，经济安全是整个国家安全的基础。无论在什么时候，什么年代，也无论国家安全的内容如何发展和丰富，其中占基础地位的永远是经济安全。这一点虽是历史上早已存在的客观事实，但只有随着马克思主义唯物史观的产生，才使人们能够从哲学和科学理论的高度清楚地认识到这一点。人类社会要存在，要发展，就必须首先有一定的经济基础。人类社会要获得一定程度安全，就必须具有一定的经济基础，必须保证一定经济基础的安全。同样，一个国家想获得一定程度的安全及生存与发展，首先也必须具有一定的经济基础，必须保证经济基础具有一定安全度。没有经济基础，社会生活就失去了存在的根基；没有经济安全，也就不可能有国家其他方面的安全。

但是，在历史发展的不同阶段上，经济发展的水平是不相同的。在存在着不同国家的人类社会中，经济发展水平也存在着不同程度的差别。不同的经济发展水平和经济规模，对国家的安全程度具有基础性的决定作用。只有基于先进生产力的经济基础，只有符合先进生产力发展要求的经济基础，才是先进的经济基础，而只有建立在先进的经济基础之上的上层建筑，才能够对社会的发展起积极的推动作用，也才能够合理合法地存在下去；只有建立在先进生产力基础上的社会和国家，才能具有较高的安全度。

从历史发展过程来看，社会主义是先进的上层建筑，但如果没有先进的生产力作基础，那么社会主义就根本无法生存。苏联东欧和我们自己的经验教训，已经很好地说明了这一点。如果没有先进的生产力，没有以先进生产力为基础的经济，那么就不可能使先进的社会制度长期存在下去，人为地在历史发展的某些阶段建立起来的先进社会制度也会由于经济基础不巩固而走向灭亡。在这种情况下，无论我们有多么强大的国家机器，无论我们有多么强大的国家安全机构和多有效的国家安全工作，都不可能真正保证国家的长治久安。苏联的国家机器不能说不强大，国家安全机构不能说不强大，国家安全工作也不能说不努力，但苏联最终还是解体了。这虽然有很多方面的原因，但其中一个重要的原因就是没有解决好经济问题，没有代表先进生产力的发展要求。

因此，从长远的战略性高度看，一个国家如果没有先进的生产力，就不可能有雄厚的经济基础，而没有雄厚的经济基础，就不可能长治久安。

那么，当代社会的先进生产力是什么呢？我们认为，是高新科技。在当代社会，科学技术早已成为第一生产力。经济的发展，以及建立在经济发展基础上的整个社会的发展进步，都离不开科学技术的发展。在当代社会，如果没有科技的发展，就不可能有经济的发展，而如果没有经济的发展，就不可能有整个社会的发展进步。科学技术对经济和社会发展起着关键性的推动作用。然而，科学技术也是不断发展的，也有先进与落后之分。能够作为第一生产力对经济和社会发展起推动作用的科学技术，当然是能够与生产力紧密结合的先进科学技术。在当代，这就是人类社会不同领域生产力发展所要求的高新科学技术。因此，我们的国家安全工作要代表中国最先进的生产力，首先就要高度重视国家经济安全，并做好经济安全工作，而要把经济安全工作做好，在科技发展日新月异的今天，在经济增长越来越依赖于科技进步的今天，还必须重视科技安全问题，做好科学技术安全工作，特别是高新科学技术的安全工作，在情报与反情报、间谍与反间谍、窃密与反窃密的国际斗争中，确保我国科技的安全和发展，特别是高新科技的安全与发展。

从长远的战略性高度看，要使我们的国家安全工作始终代表我国社会先进生产力发展的要求，就必须长期围绕经济建设这一党和国家的中心工作，把党和国家的中心工作当作我们国家安全工作的中心任务，重点搞好国家经济安全和科技安全工作，积极开展经济与科技方面的情报与反情报斗争。事实上，自“冷战”结束以来，世界各国就已经把情报与反情报斗争的重点逐渐转向了经济以及为经济发展提供动力的科技领域。围绕高科技展开的间谍情报战，事实上就是先进生产力的争夺战。我们的国家安全工作要代表先进生产力，必须高度重视以高科技为目标的科技经济情报斗争。

第二，为了维护我国的文化安全，我国国家安全工作必须代表中国先进文化的前进方向，在认清保持文化的民族性是国家文化安全的本质的同时，进一步认清代表文化的先进性是保障国家文化安全的关键，在实际工作中处理好文化的民族性与文化的先进性之间的关系，通过促进文化建设不断沿着先进性方向发展来确保我国文化安全。

在当代国家安全系统中，文化安全是一个重要方面，是国家安全的深层次问题。对于相对落后的国家和民族来说，文化安全具有比发达国家更为重要也更为现实的意义。近代以来，一些发达的资本主义国家凭借其先进的生产力和强大的经济基础、政治军事优势，不仅对相对落后的国家进行军事侵略和政治压迫，而且同时也进行文化渗透，搞文化霸权。这就迫使落后的国家不得不考虑自己国家的文化安全问题。虽然我们不知道在近代史上人们是否已经使用了“文化安全”这样的语词，也不知道是否已经提出了“保障国家文化安全”的问题，但是我们完全可以肯定的是，文化安全问题在近代确实已经非常明显地摆在了人们的面前，特别是摆在了遭受列强侵略欺凌的落后国家的人民面前，人们也确实对此作出了理论上和实际上的不同回答。中国清朝末年“帝党”与“后党”之争，“洋务派”与“守旧派”的对立，以及五四前后发生的新文化运动中的各种观点的争论，各种人物和党派的政治活动，都不仅直接涉及当时中国的政治安全、军事安全、经济安全等，而且同时也涉及了文化安全问题，人们已经开始从不同的角度回答着如何保障民族文化安全的问题。

在中国近代发生的文化争论中，有些人站在“国粹”的立场上，认为老祖宗留下的东西都是好的，不仅排斥以西方为代表的任何外来文化，而且不容许任何文化变革。持这种思维方式和行为模式的人，有意无意都是认为，只有坚定地维护老祖宗留下的东西才能保障中国的文化安全。其实，这种既排斥外来先进文化，又不容许变革民族的传统文化以求创新的思想和做法，不仅不能保障国家的文化安全，而且必然把中国传统文化甚至整个中华民族推向危险的境地，甚至可能由于自身的落后而国破家亡，中国传统的民族文化由此失去生存的可能性，变成后人考古挖掘的历史遗存或探索研究的素材和对象。事实上，这种守旧拒变的“国粹主义”，在近代中国反对外族文化侵略时，根本无力维护国家的文化安全。就像长矛大刀敌不过坚船利炮一样，孔孟之道最终也败给了科学民主。

与此不同，在中国不断遭受列强侵略欺凌的现实中，一些觉醒较早的先进分子开始思考中国落后挨打的原因所在，逐渐认识到变革中国现实及老祖宗留下的传统文化的重要性，认识到要战胜侵略欺凌自己的列强，就必须向列强学习，学习其先进的科学技术，学习其先进的社会制度，学习其先进的文化文明。也就是说，要想不受先进发达国家的欺负，就必须向先进发达的国家学习，学习其先进的科学文化、制度文化、思想文化、语言文化。在这个过程中，由于对中国的落后极端悲愤，出于一种恨铁不成钢的主观愿望，一些人走向了“全盘西化”的歧途。但无论如何，这种倾向的主流代表着向先进文化学习的方向，期望在这种变革图强的探索中，找到古老中国的现代出路，找到古老中华民族文化的安全出口和新的生长点。

事实上，正是在追寻先进的方向上，在五四新文化运动中，中国先进的知识分子把中国的出路定位在“向俄国学习”上，从而产生了以俄国为榜样的中国共产党。虽然在中国共产党80多年艰难曲折的行程中也曾出现过这样或那样的偏差，但中国共产党在文化建设上的基本经验却是正确的，那就是既批判地继承中国传统的民族文化，又批判地汲取西方新生的先进文化。“三个代表”所阐述的“代表先进文化的前进方向”，对我国当前的文化安全问题和文化安全工作的重要指导意义就在于，我们不能把文化安全仅仅定位于维护中国传统文化的安全，而应该更加重视在全球的范围吸纳当代先进文化成果，通过用先进文化改造传统文化来保障我们的文化安全。就像只有建立在先进生产力基础上的经济才可能获得真正的安全一样，也只有体现时代精神的先进文化才具有强大的生命力，才能获得最持久的安全。近代以来的历史说明，无论是面对赤裸裸的文化侵略，还是面对掩藏在文化交流中的文化霸权，落后国家的文化安全只有一条出路，就是吸纳先进，摈弃落后，变革传统，塑造和体现代表先进性的新的民族文化。

从表面上看，国家文化安全就是保障国家现有文化，包括民族传统、价值观念、社会意识等免受外来文化的冲击与破坏。但是从本质上讲，民族传统、价值观念、社会意识等一切文化形式，在历史上都不是一成不变的，而是不断发展变化的，这种发展变化虽然脱离不了前人留下的各种各样的遗产，并且根植于本民族的社会经济基础之中，但同时也受到其他国家和民族文化的深刻影响。从历史上看，产生于古印度的佛教曾深刻地影响了中国文化，而且现在早已成为中国传统文化重要的组成部分；中国文化也曾深刻地影响了日本文化，而且也已经成为当代日本文化的重要组成部分。更重要的是，当代在中国占主导地位的文化，早已经不是纯而又纯的中国传统文化，它不仅蕴含着中国土生土长的儒家传统，而且更体现着当今中国的经济基础，并且已经越来越多地包含了各种各样的西方近现代文化，特别是产生于西方的近现代科学技术和社会意识形态，其中占主导地位的当然是马克思主义。一种外来文化之所以能够在本民族开花结果，无论如何都说明它相对本民族的相应文化来说具有一定的优越性，具有不同程度的先进性。正是由于马克思主义集中体现了资本主义时代无产阶级革命和共产主义理想这一时代精神，所以它不仅比中国传统的儒家文化先进、优越，而且在现代中国的文化之争中击败了中国传统文化，成为中国革命和建设的主导文化。如果把文化安全定位于民族文化免于外来文化的影响渗透，那么马克思主义在中国的传播与重要结果，岂不是破坏了中华民族的文化安全了吗?

因此，维护国家文化安全并不是维护传统文化和现存文化的纯洁性，也不是拒绝外来文化的影响和渗透，而是保障和促进传统和现存的民族文化沿着先进性的方向发展。拒绝接受外来文化，拒绝原有文化的更新改造，不仅在过去没有成为维护文化安全的有效手段，而且在今天更不可能真正维护国家文化安全。在全球化浪潮汹涌澎湃的当今世界，无论是要维护经济科技的安全，还是要维护政治军事的安全，抑或要维护文化安全，都不可能拒绝接受外来的东西，都不可能拒绝对现有的东西进行更新改造。一个国家只有在与其他民族，特别是发达国家的文化交流中，在不断吸收世界先进文化并改造民族文化以保持自身文化具有一定程度的先进性的基础上，才可能真正获得自身的文化安全。保持文化一定程度的先进性，是保障国家文化安全的关键。文化的先进性程度越高，文化的安全度也就越高。

当然，在具体的国家文化安全工作中，还有许多具体问题需要深入研究和探讨。我们需要探讨什么方面的文化具有先进与落后的区别，什么方面的文化没有先进与落后的区别，探讨在具有先进与落后之别的文化领域如何从本质上和实际操作中区别先进文化与落后文化，如何科学认识并谨慎处理文化先进性与文化民族性及文化多样性的关系。如此等等，都是在国家安全工作中落实“代表中国先进文化的前进方向”所必须解决的。

那么，什么是在今天我们依然可以继承的中华民族的优秀文化呢？我们的传统民族性中还有一些什么可以保留，什么应该保留，什么必须保留？什么对我们今天来说没有危害性，什么具有积极作用，什么是我们十分需要的？同时，什么是先进文化，如何判断文化的先进性，对于当代中国来说，先进文化究竟包括什么具体内容？这是我们在考虑国家文化安全时首先必须解决的。不解决这些问题，我们就可能在维护国家文化安全的口号下，以“维护国家文化安全”的名义，干出阻碍文化沿着先进性方向发展，甚至阻碍中国社会进步的事情。

国家文化安全的本质是保障文化民族性的延续，而国家文化安全的关键是如何把文化的先进性融入文化的民族性之中，使国家的文化建设始终走在时代的前列。民族文化只有具备了先进性，才能生存，才能发展；先进文化只有融进民族性，才能在一个国家生根结果。

先进文化来源于两个方面，一是土生土长，二是舶来引进。对于土生土长的先进文化，由于其是在原土著文化基础上发展起来的，因而只要其原有文化没有完全丧失自我更新的要求与能力，那么还是比较容易存活生长的。例如，中国的先秦文化，可以说就是在不断自我更新的过程中发展起来的，其中先进的文化在不断替代落后文化。但是对于外来的先进文化来说，情况就不一样了。外来先进文化，是要嫁接到土著文化之上，所以必然受到土著文化的不同程度的抵抗。如果这时的土著文化依然具有发展的要求，那么它就可能比较容易吸收外来的先进文化，而如果土著文化已经成为一个缺乏发展要求的封闭系统，那么它就难以吸收外来的先进文化。近代日本与中国两种不同民族文化对外来文化的不同态度，可以说就是这两种情况的反映。由于特殊的地理位置、历史进程、文化传统，日本土著文化在近代还在寻求新的发展途径，从而就比较容易地接受了西方的近代文化，促进了日本在近代的社会变革和发展。这就像其在古代为了发展自身文化而广泛吸收大量中国的先进文化一样。但是对于近代的中国来说，情况便不一样了。也是由于特殊的地位条件、历史背景、文化传统，与中国封建王朝已经养成一种狂妄自大、唯我独尊的心态一样，中国文化在近代也是目中无人，唯我独尊，不求发展，从而对外来的先进文化采取了一种极端的抵抗态度。无论是西方近代的科学技术，还是哲学艺术，抑或政治理念，一概被中国多数文人所拒绝。

当代的先进文化是什么？它可能包括许多方面的内容，但最基本的还是五四时期提出来的科学与民主。科学是最先进的改造自然的文化，民主是最先进的人文精神，这两种先进文化的典型代表，还没有在中国真正扎下根来，还常受到各种反科学、反民主的文化的冲击。

事实上，从近代以来我们就展开了文化先进性与民族性的争论，无论是“中体西用”之争，还是“全盘西化”之论，拟或“儒学兴国”之建议，问题的关键都是如何处理好文化的民族性与先进性问题。对于国家安全工作来说，这也是摆在我们面前的一个具体的但具有战略性的重大问题。

第三，我国的国家安全工作要始终代表中国最广大人民的根本利益，把中国人民的利益和安全作为整个国家安全的核心和国家安全工作最终的根本目的，在国家安全工作中全面贯彻党的群众观点和群众路线，坚持“以民为本”，忠于人民，全心全意为人民服务。

国家安全的一切方面，一个国家的任何一个方面的安全，无论是作为基础的经济安全，作为关键的科技安全，还是在国家安全中一直占据重要地位的政治安全、军事安全，最终都必须而且必然落脚到国民利益与国民安全上。从主观应然性上讲，只有符合国民的根本利益与安全要求的经济、政治、文化、科技，人们才应该也才会去维护或保障其安全，相反，如果现存的经济、政治、文化、科技等方面不符合国民的利益和安全，甚至与国民的利益和安全背道而驰，那么它就不仅没有必要获得安全，而且还应该加以清除，以便被符合国民利益与安全要求的经济、政治、科技、文化等取而代之。从客观必然性上讲，也只有符合国民的根本利益和安全要求的经济、政治、文化、科技等，才能具有获得安全的客观基础，才具有强大的生命力，也才可能获得安全。只有自觉自愿地代表广大人民群众的根本利益的政党和政府，才可能自觉自愿地代表先进生产力的发展要求，努力发展经济，不断满足和提高人民群众物质生活需要，才可能自觉自愿地代表先进文化的前进方向，努力搞好文化建设，不断满足和提高人民群众的精神生活需要。反过来说，要使代表广大人民群众的根本利益和安全需要不至于沦为一句空话，虽然从根本上讲是要有合理的社会制度予以保障，使政党和政府所宣称的人民群众的根本利益和安全需要真正反映人民意愿，体现人民的要求，但最终落到实处则必须要发展和保护建立在先进生产力基础上的经济及其安全度，搞好和保护体现先进性的文化及其安全度。

就像“三个代表”的根本一点是要代表广大人民的根本利益，代表先进生产力发展要求和代表先进文化前进方向最终都要落实到代表广大人民的根本利益上一样，我们的国家安全工作最根本的一点，也是要代表广大人民的根本利益，把广大人民的根本利益和安全需要作为国家安全的核心和国家安全工作的根本目的，把经济安全、科技安全、文化安全以及国家安全和国家安全工作的其他方面，都看成是为国民利益和安全服务的，通过保障国家的经济安全、科技安全、文化安全等方面的工作，达到保障国民安全和利益的根本目的。无论是先进的生产力，还是先进的文化，最终都是为满足人的需要服务的。离开了人，离开了广大人民群众的利益和安全，国家安全工作就没有任何价值和意义，也就从根本上失去了任何价值和意义。因此，就像各行各业都在强调“以人为本”一样，我们要真正在国家安全工作中落实“三个代表”重要思想，也必须坚持“以人为本”，特别是“以民为本”的工作理念，时时事事都要忠诚于人民，忠诚于国民。这也就是要“全心全意为人民服务”。国家安全工作是人民需要的工作，是为人民服务的工作。如果没有人民的需要，我们的国家安全机关和国家安全工作就没有存在的必要。如果不为人民服务，我们的国家安全机关和国家安全工作就失去了存在的必要性。

“国以民为本”。国民不仅是构成国家最基本的要素，而且更是国家存在的客观目的。没有国民，国家就不复存在，而且国家从根本上来说必然要代表国民的根本利益。无论是一个政党，还是一个政府，如果不代表国民的根本利益，它就没有必要存在，即使存在了也不可能长久。客观上说，一个政党在取得执政地位后，也必须以国民的利益为自己的利益，以国民的安全为自己的安全。只有这样，政党才能存在下去。对于中国共产党来说，更是如此。除了中国人民的根本利益之外，中国共产党没有也不应该有自己的特殊利益。只有代表全中国人民的根本利益，才能代表整个中国，也才能保障国家的安全和党的生命力。作为中国共产党领导下的国家执法和行政部门，我们的国家安全工作，必须也只能以国民的利益和安全作为最高的要求，最终的目的。

在一定程度上，从不同的角度看，我们既可以说“改革才安全”“开放才安全”，也可以说“发展才安全”“先进才安全”，但是从根本上讲，我们必须认识到，只有代表人民群众的根本利益才安全。政党只有代表人民的根本利益才安全，政府只有代表人民的根本利益才安全，国家也只有代表人民的根本利益才安全。但是，人民的根本利益不是一成不变的，随着生产力的发展，时代进步，人民的根本利益和安全需求是不断提高的。因此，国家安全部门要始终代表人民的根本利益，就必须与时共进，不断寻求处于发展中的广大人民的根本利益之所在，并以此为最终标准来不断改进和完善自己的工作。

“三个代表”重要思想对我党我国的各项工作都具有重要的指导意义，对于我们的国家安全工作同样也具有重要的指导意义。当前我国的国家安全工作，必须代表中国先进社会生产力的发展要求，保障和促进以高新科技为明显标志的先进生产力的发展，而不能维护落后的生产力；必须代表以科学与民主为重要方面的先进文化的前进方向，而不能维护落后的文化；必须代表以不断增长的物质文化需要为基本内容的最广大人民的根本利益，而不能维护少数人的特殊利益。概括来说，要把“三个代表”重要思想贯彻到具体的国家安全工作中去，我们必须确立一种以经济安全为基础，以文化安全为命脉，以国民安全为核心和目的的系统的国家安全观。

论保障我国国家安全的五项战略性需要

（2005 年 3 月）

摘要：为了应对“传统安全威胁和非传统安全威胁的因素相互交织”的安全形势，保障我国国家安全，我们需要全方位的观念——系统的国家安全观；需要全方位的法治——真正的国家安全法；需要全方位的谋划——完整成文的国家安全战略；需要全方位的保障——统领全局的国家安全机构；需要全方位的研究——科学创新的国家安全理论。

关键词：国家安全观；国家安全法；国家安全战略；国家安全机构；国家安全理论

“冷战”之后，战争的危险似乎远离了我们，但我们对“国家安全”四个字谈论得却越来越多，这可能是因为人们“居安思危”，但一个更根本的原因在于，如今只重视军事、国防、外交、情报等传统安全问题，而忽略经济、文化、科技、生态、信息等非传统安全问题，只对包括“传统”和“非传统”在内的各种安全因素进行分门别类或各自为政的讨论，而不将这些复杂多样的因素综合起来进行系统性研究，已经无法应对日益复杂化、综合化、整体化、系统化的现实安全问题。这也就是说，只有同时重视传统安全问题和非传统安全问题，只有把传统安全问题和非传统安全问题涉及的方方面面都综合起来作整体性的系统思考和研究，才能应对当前的安全形势和安全挑战。在语词和概念上，能够把这些复杂多样的因素综合到一起的，只有“国家安全”四个字。

正是在这种背景下，十六大报告在党的历史上首次多处提到“国家安全”一词，并且对“国家安全”作了比以往任何党代会报告都更深刻的论述。这份报告在总结“过去五年的工作和十三年的基本经验”时指出，“我们从容应对一系列关系我国主权和安全的国际突发事件”，[1]“始终把国家的主权和安全放在第一位”；[1]在论述“经济建设和经济体制改革”时指出，“关系国民经济命脉和国家安全的大型国有企业、基础设施和重要自然资源等，由中央政府代表国家履行出资人职责”，[1]“在扩大对外开放中，要十分注意维护国家经济安全”；[1]在论述“政治建设和政治体制改革”时指出，“加强国家安全工作，警惕国际国内敌对势力的渗透、颠覆和分裂活动”；[1]在论述“国防和军队建设”时指出，“建立巩固的国防是我国现代化建设的战略任务，是维护国家安全统一和全面建设小康社会的重要保障”；[1]更重要的是在论述“国际形势和对外工作”时，超越纯外交和纯国际的范畴，指出“影响和平与发展的不确定因素在增加”，“传统安全威胁和非传统安全威胁的因素相互交织，恐怖主义危害上升”，[1]强调“安全上应相互信任，共同维护，树立互信、互利、平等和协作的新安全观，通过对话和合作解决争端，而不应诉诸武力或以武力相威胁”。[1]

也正是在前面所说的背景下，党的十六届四中全会做出的《关于加强党的执政能力建设的决定》，进一步强化了对国家安全的论述，不仅指出要“促进新安全观的树立”，[2]而且提出了“国家安全战略”问题和“国家安全机制”问题，明确指出：“始终把国家主权和安全放在第一位，坚决维护国家安全。针对传统安全威胁和非传统安全威胁的因素相互交织的新情况，增强国家安全意识，完善国家安全战略，抓紧构建维护国家安全的科学、协调、高效的工作机制。坚决防范和打击各种敌对势力的渗透、颠覆和分裂活动，有效防范和应对来自国际经济领域的各种风险，确保国家的政治安全、经济安全、文化安全和信息安全。”[2]

由此可见，在日益复杂的国家安全形势下，如何切实保障我国国家安全，已经成为摆在党和政府议事日程上的重大问题，也已经成为全国人民所普遍关注的现实问题。

就小事来说，保障国家安全我们需要做的太多了；就大事来说，保障国家安全我们需要做的也很多；但是从战略的层面上看，要保障国家安全，我们最需要的则是：树立全方位的安全观念、实行全方位的安全法治、做出全方位的安全谋划、开展全方位的安全保障、进行全方位的安全研究。

一、全方位的观念——系统的国家安全观

“冷战”结束前后，国际社会开始探索能够应对日益复杂和多变的安全形势的新观念，形成了各种各样的“新安全观”或“新国家安全观”，其中包括“共同安全观”“合作安全观”“综合安全观”等，中国政府也从对外政策和国际关系的视角提出了以“互信、互利、平等、协作”为核心的新安全观。

但是，在安全问题已经超出外交和国际关系而涉及国内问题，已经超出军事、政治而涉及经济、文化、科技、生态、信息等方面，已经不再专属安全部门管辖而需要政府各部门甚至全体国民以至全人类共同协调解决的情况下，应对这一复杂多变的新

安全形势的新安全观，就不能仅仅只有一个军事的视角，也不能仅仅只有一个外交或国际的视角，甚至也不能停留于仅仅只考虑军事、外交、政治、文化、科技等方面的“多视角”，而必须有一个能够对安全问题各个方面各种因素给予全面观察和思考的“全视角”“全方位”。这就是说，我们需要一种能够全视角关照各种安全因素的全方位的安全观——系统的国家安全观。

之所以要确立系统的国家安全观（亦可称“系统安全观”），首先是因为国家安全在客观上已经成为一个包括各种传统安全因素和非传统安全因素在内的复杂的社会系统；其次是因为要有效地开展国家安全工作，就必须把国家安全工作或国家安全活动作为一项需要各方面分工协作才能完成的复杂的社会系统工程来对待。只有系统安全观，才是一种全方位的安全观，才是一种能够有效应对“传统安全威胁和非传统安全威胁的因素相互交织的新情况”的科学合理的安全观。根据系统安全观的要求，我们在解释和解决现实安全问题时，必须要有复杂性思维、辩证性思维、综合性思维、系统性思维，全面考虑构成国家安全本身的各种要素、影响和威胁国家安全的各种因素，运用一切方式和手段来全方位保障国家安全。

这种与复杂多变的安全形势相适应的系统安全观，正是中国在应对当前复杂多变的国际国内安全问题时所迫切需要的。对于这种新安全观的主要内容，笔者在发表于2001 年第 2 期《国际关系学院学报》上的《系统安全观及其三层次》中已经做过初步的论述。

二、全方位的法治——真正的国家安全法

在以军事、政治为显著特征的传统安全思维时代，“国家安全”一词并没有被用来表达包括了各方面安全问题的整体性国家安全，而是多被用来表达某些方面的安全问题或国家安全的某些要素，其中最突出的是用来指称情报机构及其活动，包括反间谍、反情报机构及其活动。例如，美国的国家安全局，本来只是从事电子侦察的情报机构，但却戴了“国家安全”这样一顶大帽子。中国的国家安全部在用词方面也是这样。

正是由于“国家安全”一词常被用来指称情报机构和情报活动，因而在不少国家，许多被冠以“国家安全”之名的法律，其实并不是涉及整体国家安全的真正的国家安全法，而是只涉及间谍情报或反间谍反情报领域的情报法或反情报法、反间谍法。1993 年颁布实施的《中华人民共和国国家安全法》，情况就是这样。

仔细研究我国现行的《国家安全法》，人们就会看到，它虽然名称上和内容中多

次用到“国家安全”一词，但具有实质性的可操作性内容所涉及的却不是整体的国家安全，甚至没有把传统安全问题中最重要的军事领域包括在内。因此，这部被冠以“国家安全”的法律，实质上只是一部反间谍侦察法，而不是完整意义上、真正意义上的国家安全法。

在国外，一些国家的国家安全法虽然有其所长，甚至对我们还具有一定的借鉴意义，但也都难以称得上是真正意义上的国家安全法。例如，出台于1947年的《美国国家安全法》，已经超越了间谍情报领域，广泛涉及了当时美国国家安全的一些主要方面。该法“规定了国防部长、国家军事体制、陆军部、海军部和空军部的条款，调整国家军事体制和有关国家安全的政府各部、局的活动”，是一部包括了军事与情报活动的国家安全法。如果站在历史的坐标中，从传统安全观来看，它可以说是一部真正意义上的国家安全法了。但是，如果站在当代世界的坐标中，从非传统安全观特别是从系统安全观来看，它还不是一部符合当代安全现实的、具有完整形态的真正的国家安全法。

在各种非传统安全威胁因素越来越突出，各种软力量在保障国家安全方面发挥的作用越来越大，安全问题日益复杂化、综合化、系统化、整体化的今天，不仅那些以情报或间谍领域为限的法律不可能称为真正意义上的国家安全法，而且仅仅包括情报、军事、政治等传统安全领域在内的法律也不可能称为真正意义上的国家安全法。任何一部真正意义上的国家安全法，都不仅要涉及传统安全领域，而且必须涉及非传统安全领域，必须是一部能够同时规范传统安全领域和非传统安全领域的法律。

对中国来说，当前，政治文明建设和民主法治建设已经成为一项十分重要的政治任务，这就不仅需要反间谍侦察工作的法治化，而且需要整个国家安全及国家安全活动的法治化。为此，我们既需要在国家安全的方方面面确立法治体系，更需要首先在整体上确立一种宏观的国家安全法治体系。这就需要一部能够规范国家安全及国家安全活动方方面面的、与国家安全的时代含义相符的、具有完整形态的真正意义上的国家安全法。

这样一部真正的国家安全法的制定出台，将使我国国家安全各个领域全面步入法治化轨道。这不仅对保障我国国家安全具有十分重要的现实意义，而且也是我国社会主义民主法治建设和政治文明建设不可或缺的重要一环。

三、全方位的谋划——完整成文的国家安全战略

在当今世界，许多国家，特别是一些在国际格局中占有重要地位的国家，通常都

有自己成文的国家安全战略。

美国是制定出完整成文的国家安全战略最早的国家。早在“冷战”初期的1950年，美国国家安全委员会就出台了名为《美国国家安全的目标和计划》的第68号文件，把后来长期发挥作用的“遏制战略”作为其核心内容。这可以说是美国史上也是世界史上第一个成文的国家安全战略。到“冷战”后期的1986年，在美国国会通过的《戈德华特—尼科尔斯国防部改组法》中，又明确规定“总统应每年向国会递交一份综合性的美国国家安全战略报告”，并对递交报告的时间和报告必须包括的基本内容做出了明确要求。根据这一法案，里根于1987年向国会递交了美国历史上第一份完整成文的《美国国家安全战略报告》。此后，美国总统虽然没有严格地按照要求每年都向国会递交国家安全战略报告，例如早期的1989年、1992年、1993年以及最近的2001年、2003年都没有这样的报告，但基本上隔一两年就会有一份这样的报告出台。

苏联虽然在“冷战”时期是世界上唯一能够与美国抗衡的另一个超级大国，但却一直没有完整成文的国家安全战略，只是到了1990年5月，最高苏维埃国防与国家安全委员会才提出要制定“国家安全构想”，但还没有等到这一构想形成，它就在1991年解体了。但是，它没有完成的制定“国家安全构想”的想法，其继承者俄罗斯把它完成了。1996年4月，俄罗斯总统签署了《俄罗斯联邦国家经济安全战略》；同年6月向俄罗斯联邦委员会提交了《国家安全咨文》；1997年底又签署了俄罗斯独立以来第一份《俄罗斯联邦国家安全构想》。至此，俄罗斯形成了自己成文的且比较完整的国家安全战略。

但是，在我国，一直都还没有一份完整成文的国家安全战略。正因如此，党的十六届四中全会提出了“完善国家安全战略”[2]的任务。这一提法，既间接肯定我国以往有国家安全战略，同时又明确指出我国以往的安全战略是不完善的。所谓“有”，是指党和政府在不同时期对国家安全有不同程度和不同形式的战略性谋划，这些谋划一般存在于党的代表大会的报告和政府工作报告中，存在于党和政府及各相关部门的对内对外文件中，有时也存在于党和国家领导人的批示、指示中。所谓“不完善”，当然包括了内容方面的不完善，即对国家安全的谋划缺乏完整性和系统性，但其最明显的表现却是在形式上，即在形式上“没有成文”。所谓“没有成文”，是指以往涉及国家安全的各方面的战略性安排，虽然在某些部门或领域可能有成文的材料，但在国家安全的整体层次上却一直没有形成一个正式的文本。没有文本化的国家安全战略，肯定是不完善的国家安全战略。因此，从成文的意义亦即文本的意义上讲，可以说我国一直都还没有国家安全战略。

比形式上“不成文”更突出的问题是，我国以往的国家安全战略基本上是分散的、没有统合的。所谓“没有统合”，是指以往涉及国家安全的战略在某种程度上是“各自为战”的战略，缺乏从安全整体的角度对军队、公安、“安全”、外交等领域，以及与国家安全有不同方面联系的经济、科技、文化、教育等领域的统一思谋，也就是缺乏对整体国家安全的统一谋划和安排。

如果说这种情况是历史造成的，那么在今天，特别是在未来，这种情况则没有理由继续下去了。要应对当前复杂多变的客观安全形势，必须从长计议，统筹安排，对国家安全做出全方位的谋划，制定出一套完整的——亦即把传统的和非传统的各种安全问题全面包容其中的、成文的——亦即具有文本形式的国家安全战略，并使之在实践中不断得到充实和完善。

四、全方位的保障——统领全局的国家安全机构

国家安全的日益综合化的客观趋势，在要求与之相适应的系统的国家安全观、真正的国家安全法、完整成文的国家安全战略的同时，客观上也要求我国政府设立能够协调国家安全各相关机构甚至能够统领国家安全全局的权威性安全机构，从而为“构建维护国家安全的科学、协调、高效的工作机制”奠定坚实的组织基础。虽然我国目前还没有这样的机构，但世界上不少国家都存在着这样的机构，并常常冠以“国家安全委员会”之名。

美国和苏联是世界上成立国家安全权威机构较早的国家。1947 年颁布的《美国国家安全法》，在第一章“国家安全的协调”下，第一条（即 101 条）就提出了“建立国家安全委员会”的要求，并规定“美国总统主持委员会会议；总统不能出席时，他可指定委员会的一名成员代替其职务”；“委员会的任务是向总统提出有关国家安全的内政、外交和军事政策的综合意见，以便能够使这些军事机构和政府各部门在国家安全事务方面更有效地协调”；委员会由总统、副总统、国务卿、国防部长、共同安全局局长、国家安全资源委员会主席以及由参议院建议并批准（由总统指定）的各行政部门和军事部门的部长或副部长、军械局局长、研究与发展委员会主席等人员组成。1954 年 3 月，苏联在情报和反间谍机构的基础上，正式建立了一个称作“部长会议国家安全委员会”的机构，隶属于部长会议，行使国家部一级的权力。1977 年，该机构改称“国家安全委员会”。苏联解体后，俄罗斯设立了国家安全委员会。此外，巴西、智利、南非、土耳其、泰国和马来西亚等国早就设有国家安全委员会。近年来，还有一些国家在陆续设立自己的国家安全委员会。

但是，在我国，虽然有中央军事委员会、国防部、外交部、公安部、国家安全部等机构或部门，却没有一个从全局上统领整个国家安全工作或国家安全活动的专门性权威机构。这一局面，已经难以适应当前日益复杂化、综合化、系统化的国家安全的客观形势了。

在当前的国家安全形势下，保障国家安全的任务已经很难由单独的一个部门或几个部门完成，即便是军队、警察、情报、外交等专职性机构，也无法完成对国家安全的全方位保障。例如在SARS突然袭来时，在患艾滋病人数不断扩大的情况下，在文化霸权、金融危机、生物入侵、水资源短缺、三农、失业、矿难等非传统安全因素出现在人们面前的时候，仅仅依靠传统的强力部门，已经难以全面保障国家安全了。在当今时代保障国家安全，不仅需要军队、警察、情报、外交等专门性机构的专门工作，而且需要文化、教育、卫生、环保等非专门性机构的积极配合；不仅需要采取各种硬手段，而且需要采取各种软手段；不仅需要各部门各机构各司其职，而且更需要不同机构不同部门协同作战。但是，我们过去的任何一个政府机构，都无法在保障国家安全中承担起协调的任务。

因此，设立一个能够从战略高度统领国家安全全局、协调各部门相关工作的权威机构，已经成为当前形势下全方位保障我国国家安全的迫切需要。

首先，中央政府（国务院）有必要设立一个由国家领导人牵头，以国防、外交、公安、安全等传统安全部门的高层领导为主体，同时吸纳科技、信息、教育、文化、环保等非传统安全领域权威人士参加的国家安全委员会，由其统一领导或指导国家安全战略的制定，领导或指导国家安全战略的实施，并协调各方面的国家安全工作。

其次，为确保国家安全战略制定的科学性和实施的有效性，全国人大和全国政协也应分别设立由具有政治、军事、外交、外事、安全等方面的工作经验或具有国际政治、国际关系、军事理论、科学技术、文化教育、生态环境等方面的专业知识的委员组成的国家安全委员会，以讨论和审定国家安全战略，并监督国家安全战略在中央、地方及各个部门中的具体实施。

五、全方位的研究——科学创新的国家安全理论

由于国家安全现实日益复杂多变，因此国家安全工作不能再建立在自己的或他人的经验之上，而必须要有科学理论的指导。但是令人遗憾的是，我国有关国家安全的科学理论目前还比较匮乏，把国家安全作为一个整体来研究的科学理论更为匮乏，尤其是具有中国特色的创新性国家安全科学理论严重匮乏。过去，我们既没有从科学理

论的高度来认识和研究过完整意义上的国家安全，更没有建立起科学完整的国家安全学科体系。这一点，既不能适应当前的国家安全形势，更难以满足全方位保障我国国家安全的迫切需要。在依靠科学决策的现代社会，只有通过科学的研究，建立科学创新的国家安全理论，才能科学全面地认识国家安全问题，认识我国的国家安全状态，从而制定出合乎国情、直面世界的中国国家安全战略。

不可否认，在中国历史上，在国际理论界，已经有不少关于国家安全的学术成果。但如果仔细分析，我们就会发现，这些成果多数都是局限于国家安全的某个方面或某些方面的，或者只是对特定时期或特定国家有某些特定作用的。目前还缺乏从整体上对国家安全的全方位研究，缺乏一种全方位的综合性系统性的国家安全科学理论。笔者在公开发表于1999年第1期《国家安全通讯》上的《建立“国家安全学”初探》一文中，提出了建立国家安全学的任务，后来还主编出版了《国家安全学》（中国政法大学出版社2004年5月出版）一书，但这些设想和研究都还是非常初步的，只是建立完整和完善的国家安全学科体系的一个开头，其现实意义还有待于检验。

在这种情况下，为了适应当前的国家安全形势，特别是为了能够从战略高度科学地全面认识和保障我国国家安全，提出一种具有综合性、系统性的国家安全科学理论就成为迫切需要。首先，这种理论要科学，即要用科学的态度、科学的方法、科学的程序来研究国家安全，得出科学的结论。其次，这种理论要创新，这不仅是因为过去缺乏这样的科学和理论，更重要的是因为当前的国家安全现实是全新的和不断发展变化的，为此就必须进行新探索、新思考，提出新概念、新观点、新理论。再次，这种理论要全面，这是因为当前的国家安全已经超出传统安全领域，各种非传统安全领域的安全问题越来越多地摆在了人们的面前，因此必须全方位研究既包括传统领域也包括非传统领域在内的各种国家安全要素，形成系统的国家安全理论，甚至建立系统的国家安全学以及国家安全学科体系。最后，这种理论还要实用，即能够解释和解决现实中的国家安全问题，特别是能够对保障我国国家安全起到科学指导的作用。这才是中国国家安全所需要的科学理论。

此外，为了加强国家安全科学研究，特别是为了发挥国家安全科学研究的实际作用，有必要在某些科研院所和高等院校设立一些国家安全理论、战略研究或咨询机构，在开展国家安全方面的科学研究的同时，以“智囊团”的角色对中央政府国家安全战略的制定和实施提供咨询服务，进行评价和研讨，提出建议和意见，以便进一步保障国家安全战略能科学有效地制定和实施，正是基于这种认识，国际关系学院在2001年成立了一个以国家安全研究为主的“国际战略发展研究所”，2004年又在此基础上正式成立了“国家安全战略研究中心”。据我们了解，中国人民大学目前设立有“国防与国家安全研究所”，清华大学设立有“国家经济安全研究室”，武汉大学也于2005年3月26日成立了“国家安全研究所”。另外，一些高校，如国际关系学院、西南政法大学、国防科技大学等，已经为本科生、研究生、MPA课程班等开设了国家安全学课程。这应该说是一个很好的开端，但接下来要走的路还很长、很艰难。

参考文献

[1]江泽民.全面建设小康社会,开创中国特色社会主义事业新局面——在中国共产党第十六次全国代表大会上的报告[M].北京:人民出版社,2002.

[2]中共中央关于加强党的执政能力建设的决定[M].北京:人民出版社,2004.

国家安全法的名与实

——关于修订我国《国家安全法》的一点建议

（2006 年 8 月）

摘要：我国现行的《国家安全法》是一部名实不副的法律。在《国家安全法》的修订中要做到名副其实，一方面应该根据现行《国家安全法》的内容之“实”，以及这些年专家学者关于这部法律修订的意见和建议，把其定“名”为《反间谍法》，另一方面应该根据“国家安全”之“名”，以及当代国家安全现实和国家安全理论研究新成果，制定一部与名相符的真正的《国家安全法》。

关键词：国家安全；国家安全法；法律修订；反间谍法；名实关系

关于国家安全法修订的讨论时间已经不短了，专家们已经提出了不少值得立法者思考甚至采纳的建议和意见，但我觉得还有一个问题需要提出来，这就是国家安全法的名与实问题。中国人自古就强调名实相符的重要性，有所谓“名不正则言不顺”的说法，也有“以实责名”和“以名责实”的要求。因此，从名与实的角度考察国家安全法的修订，是完全必要的。

一、现行《国家安全法》是一部名实不副的法律

我们首先要说的是，现在实施的《中华人民共和国安全法》是一部名实不副的法律，是一顶大帽子戴在了一个小个子的头上，或者说是小个子戴了一顶极大的大帽子。

之所以如此说，是因为“国家安全”之名在今天所指称的范围，要比现今的《国家安全法》涉及的范围广泛得多。

现今的《中华人民共和国安全法》是 1993 年 2 月 22 日第七届全国人民代表大会常务委员会第三十次会议通过并颁布实施的，其内容涉及的仅仅是或者说主要是反间谍侦查问题。但是，无论是从传统安全观看，还是从各种非传统的新安全观来看，反间谍侦查都不是国家安全的全部内容，甚至并不是国家安全的主要方面，它在全部国

家安全领域所占比例明显要低于军事国防问题，重要性也不及军事国防工作。退一步讲，反间谍侦查也不是狭义国家安全领域的全部，狭义国家安全领域还包括有情报、保密、保卫等方面的问题。虽然现行《国家安全法》有某些地方涉及了保密和对泄密事件的侦查处理问题，但是隐蔽战线的情报工作、保卫工作则基本没有涉及。

在今天，“国家安全”不仅作为普通名词已经成为一个遮盖许多社会领域的大帽子，而且作为科学概念在外延上既包括了反间谍侦查问题，也还包括军事、国防、外交等对外安全方面，以及像社会治安这样的内部安全问题，甚至还涉及达到一定程度的自然灾害、公共卫生等方面的问题。即使是从传统安全观来看，不把社会治安、经济发展、自然灾害、公共卫生等放在国家安全的范围内，“国家安全”一词也不是用来专指反间谍侦查的，而是还包括军事、政治、外交、保卫等；国家安全的重点更不是反间谍侦查问题，而是军事国防问题。

由此来看，现行《中华人民共和国安全法》是一部名为“国家安全”，实为“反间谍侦查”的法律，因而是一部名实不副的法律，具体来说是一部“名”大“实”小的法律，形象地说是一顶超级大帽子戴在了一个小个子的头上。

或许有人会说，把“国家安全”之名用于包括反间谍侦查在内的隐蔽战线领域，是世界各国通行的做法，许多国家不仅把情报与反间谍类法律命名为“国家安全法”，而且还用“国家安全”来命名各种从事情报与反间谍活动的机构，因而没有必要责难这种世界通行的普遍做法。或许还有人会说，这种名实不副的情况对实际工作并没有影响，也不影响国家安全大局，因而没有必要对此大惊小怪，更没有必要对这个问题揪住不放。

但是我们必须指出：

第一，并非世界上所有国家的情报与反间谍机构和法律都冠以“国家安全”之名。

我们承认，世界上冠以“国家安全”之名的情报与反间谍机构和法律不在少数，在“国家安全法”名下而内容只涉及国家安全其他个别方面的法律更可以举出许多例子。例如，巴西于1942年颁布的《巴西国家安全法》（不同于其于1953年颁布的新《巴西国家安全法》），主要是对战时军事方面的犯罪包括间谍罪的特别刑法规定，这在当时虽然是国家安全的主要方面，但却不是国家安全的所有方面。再如，美国于1952年成立的“国家安全局”，其实只是负责世界范围内信号监听的情报机构，后来于1959年公布的《美国国家安全局法》，涉及的也只是以信号监听为主要工作内容的美国国家安全局的情报活动。还有，印度于1980年颁布的《印度国家安全法》，主要内容只是针对该国政府当时特别关注的“反国家分子、极端主义分子和恐怖主义分子”的活动，规定可以对这些人采取预防性拘留措施以平息骚乱的拘留条例。这些所谓的《国家安全法》，在今天看来多少都有名实不副之嫌。

但是，我们要强调的是，世界各国在更多情况下，则是把其情报和反间谍或只涉及国家安全某些个别方面的机构和法律，冠以与实相符的相应名称。例如，巴西于1964年6月13日颁布的《巴西国家情报法》，就没有冠以“国家安全”之名，而是根据法律的具体内容而冠以具体的名称，因而是一部名实相符的法律。再如英国的《英国官方保密法》，是在形成于1889年的保密法案的基础上，于1911年制定出来的新的保密法，也是世界上第一部完整的保密法律，其中涉及了反间谍问题，但它也没有用“国家安全”之名。美国制定于1917年的《间谍惩治法》（另译为《反间谍法》），名称和内容是完全相符合的，也没在名称上用“国家安全”一词。这部法律，在2006年3月，还被美国政府用来对若干新闻记者和可能提供他们情报的政府消息人士展开一系列行动。美国于1996年通过的《经济间谍法》，就更为名副其实了。这说明，国家安全领域名实相符的法律在世界上是很普遍的。

第二，世界各国冠以“国家安全”之名的机构和法律并非都只限于情报和反间谍领域，有些是超越情报与反间谍领域的，甚至是符合立法时国家安全之实的。

如果认真深入考察，人们就会发现，超越情报与反间谍工作而涉及整个国家安全事务且名含“国家安全”的机构和法律，在世界上也不在少数。美国的国家安全委员会和《国家安全法》，都超越了狭隘的所谓隐蔽战线，而广泛地涉及立法时更为重要的军事国防事务，基本上是与当时的国家安全之实相符合的，起码是与当时的国家安全观即今天所说的传统安全观相符合的国家安全法，因而可以说曾是实副其名的国家安全法。俄罗斯于1992年颁布实施《国家安全法》，在“总则”中，把“国家安全”界定为“维护个人、社会和国家重大利益不受内部和外来威胁的状态”，并且明确国家安全的“基本客体”是“个人的权利和自由；社会的物质和精神财富；国家宪法制度、主权和领土完整”。这样的国家安全法，基本符合当代的国家安全现实，因而可以说是当今世界上的一部实副其名的国家安全法。

第三，其他国家的做法和过去的习惯性做法，对我国现实来说并不一定就是最好的选择，我们不一定非照他国的葫芦画中国的瓢，也不一定非穿先辈的鞋走今天的路。

这是一个已经被古今中外众多事例反复证明过的普遍的真理，并不仅仅是我们谈论当前这个话题时发明创造出来的，但这一真理对于说明当前这个问题却是非常有用的，因为我们不能把他人和古人的做法和说法，作为我们今天如此做如此说的论据。因此，如果在国家安全法的问题上以他国的法律如此作论证，那么是不值得一驳的。

第四，这种名实不副并非对实际工作和国家安全大局没有任何影响。

名不正则言不顺，言不顺则事不成。这话不是因为出自古人而正确，而是因其符合事实而正确，特别是因为被古今中外无数事实证明过和无数实践检验过而正确。对于国家安全事务来说，情况也是这样。

第五，如果能够做到名实相符肯定会比名实不副更有利于方方面面的国家安全工作，有利于整个国家安全。

与国家安全相关的具体机构、具体活动、具体法律，有一个与实相符的准确名称，要比名实不副更有利于国家安全和国家安全工作。如果说在不久前的历史上，人们还需要用“国家安全”一词来替代“情报”及“间谍”这样会给人以强烈刺激的字眼，来掩护相应的间谍活动，那么历史发展到今天，这种掩护基本上已经没有必要了，或者说已经是弊大于利，因而可以也应该改变了。

从实际操作的层面上看，在修订我国现行《国家安全法》时，把名与实的问题考虑进去，做到名实相符，并不是一件十分困难的事情。下面我们就此提出两点建议：一是在修订现行《国家安全法》时，把其名称改为“反间谍法”，二是根据国家安全形势发展和全方位保障我国国家安全的需要，制定一部名副其实的真正的《国家安全法》。本文第二部分和第三部分分别就是这两条建议。

二、“以实责名”：现行《国家安全法》应改称《反间谍法》

如果从名实相符的角度对《国家安全法》修订提出建议，那么第一点就是要根据现行国家安全法的内容和中国法制建设的需要，给其以与实相符的名称。只有在研究现行《国家安全法》基本内容之后，才可能据此提出修订意见，并给修订后的法律以与实相符的名称。

现行《国家安全法》第一章“总则”第二条规定：“国家安全机关是本法规定的国家安全工作的主管机关”；“国家安全机关和公安机关按照国家规定的职权划分，各司其职，密切配合，维护国家安全”。从这条规定可以看出，这部国家安全法不可能涉及国家安全的全部内容，军事、国防、外交等更为重要的国家安全问题不可能被这部法律所涉及，因为这部法律规定的主管机关“国家安全机关”，对军事、国防、外交等是没有管辖权的，即便是加上“公安机关”，也不可能有这样广泛的国家安全管辖权。虽然这部法律明确规定“一切国家机关和武装力量、各政党和各社会团体及各企业事业组织，都有维护国家安全的义务”，但它并没有也不可能对这些机关在维护国家安全方面的具体职责做具体的规定——如果具体地对这些方面都做了规定，那么可能就是一部名副其实的国家安全法了。

再看现行《国家安全法》第一章“总则”第四条，它虽然明确指出“任何组织和个人进行危害中华人民共和国国家安全的行为都必须受到法律追究”，但又具体限定了“本法所称危害国家安全的行为”，因而使得危害国家安全的行为不可能都由这部法律来追究。具体来说，现行“国家安全法”规定的“危害国家安全的行为，是指境外机构、组织、个人实施或者指使、资助他人实施的，或者境内组织、个人与境外机构、组织、个人相勾结实施的下列危害中华人民共和国国家安全的行为：（一）阴谋颠覆政府，分裂国家，推翻社会主义制度的；（二）参加间谍组织或者接受间谍组织及其代理人的任务的；（三）窃取、刺探、收买、非法提供国家秘密的；（四）策动、勾引、收买国家工作人员叛变的；（五）进行危害国家安全的其他破坏活动的”。但是我们知道，危害国家安全的行为并非只有这些方面，这些方面只是危害国家安全行为的一部分。

此外，对于这些危害国家安全的行为，作为“国家安全法”规定的“国家安全工作的主管机关”——国家安全机关即国家安全部及其各级地方部门，按照《国家安全法》的规定，主要行使的也只是对嫌疑人进行侦查、拘留、预审和执行逮捕的职权。这样的职权，基本上可以被包括在反间谍甚至反间谍侦查的范围中。

且不说这些规定不可能包括危害国家安全的全部问题，进一步来说，国家安全问题也不仅仅是对国家安全的危害问题，它还包括对国家安全的保障问题；不仅包括个人与组织对国家安全的威胁与危害问题，还包括他国对本国安全的威胁和危害问题；不仅包括通过非军事非战争手段进行的威胁和危害，而且包括通过军事甚至战争手段特别是他国通过军事甚至战争手段对本国的威胁和危害问题。如此等等，都是这部《国家安全法》所没有包括的。

由此可见，我国现行《国家安全法》的内容与“国家安全”之名是不相符的，根据其内容之“实”，是不应该用“国家安全”之“名”的。反间谍侦查不是国家安全的全部，也承担不起国家安全的全部责任，戴不起“国家安全”这顶要比反间谍侦查范围大得多的大帽子。

那么，与现行《国家安全法》相符的法律名称应该是什么呢？我们应该给现行《国家安全法》戴一顶什么样的帽子呢？

我们认为，如果考虑到这些年专家学者对这部法律的修订建议，把这些建议更准确更专业地纳入这部法律之中，那么据现行《国家安全法》之实而定的名称就应该是“反间谍侦查法”。

但是，众所周知，反间谍不仅仅是一个侦查问题，它还包括机构设置、人员配备、宣传教育等方面的问题，这些方面有些在现行《国家安全法》及专家学者的修订建议中也有所涉及，因此，为了我国今后反间谍工作的顺利有效进行，未来相应的法律所涉内容可比“反间谍侦查”范围广泛一些，法律的名称也可据此定为《反间谍法》。

当然，一部《反间谍法》的出台，还要涉及方方面面的问题，其中不仅有立法技术方面的问题，同时还有国家的大政方针问题，以及中国国家安全现实和国情问题。这样，在进一步讨论现行《国家安全法》的修订时，就可能要超越现行《国家安全法》的内容，而把问题转换为对制定一部《反间谍法》的讨论。在这样的讨论中，这些年法学界专家学者关于现行《国家安全法》修订的研究和建议，就可能远远不够，而必须在此基础上拓宽研究的视野，涉及一些过去可能还没有涉及的问题，甚至进一步提出并讨论与反间谍相应的情报工作立法问题。

如上意见也仅仅是一种建议，究竟能否在《反间谍法》之名下来讨论对现行《国家安全法》内容的修订，这个问题也是可以讨论的。

三、“以名责实”：制定一部真正的国家安全法

对现行《国家安全法》修订要做到名实相符，一方面是要根据现行《国家安全法》之实，给其以相符之名，并据此名把这些年有关国家安全法修订讨论中合理的相关观点吸纳进来；另一方面则是要根据“国家安全”之名，结合当代国家安全现实，给《国家安全法》以与名相符、与实相合的内容。

前面我们已经指出，在立法中做到名实相符比名实不副要有利于法律建设、社会进步和执法实践。因此，对于一部冠以“国家安全”之名的法律来说，其内容应该基本上与当代国家安全现实相一致。

虽然现在要使《国家安全法》做到名实相符需要研究和解决许多立法方面的法律性和技术性问题，但在此之前还需要对当代国家安全现实和国家安全理论进行先期研究，特别是要对基于国家安全历史和现实的发展变化而形成的各种传统的和非传统的安全观提出的各种新国家安全理论进行比较深入系统的研究和了解，然后才可能根据国家安全理论研究成果，特别是国家安全发展变化的现实，制定一部真正的国家安全法。

我们认为，一部名副其实的《国家安全法》无论包括多少方面的内容，下面一些方面都应该包括进去的。

第一，“国家安全”概念的法律界定。任何法律中涉及的概念，其内涵和外延都

应被严格界定，起码外延应被严格界定，这是保证法律得到准确严格实施的一个重要前提。对法律概念的界定虽然有别于相应语词的日常运用及学科定义，但不应该完全脱离相应的日常语义，特别是不应弃相应学科的研究成果于不顾。对于“国家安全”概念来说，国内外的相关研究已经形成丰富的成果，这些研究成果不仅对历史和现实具有高度的概括性，而且对未来还有一定的前瞻性。因此，在一部名副其实的《国家安全法》中，“国家安全”概念不仅应该被明确界定，而且必须使这种界定符合当代的国家安全现实。要做到这一点，就必须关注和重视当前的国家安全研究现状。因此，在立法界定“国家安全”概念时，除考虑法学理论和法律技术之外，还需要考虑“国家安全”一词的日常语义和科学含义，以及国家安全现实。

第二，“危害国家安全罪”及“危害国家安全行为”的法律界定。《国家安全法》既要涉及相关的犯罪与刑罚，也要涉及一般的违法与行政处罚，因而对相应的概念，包括“危害国家安全罪”和“危害国家安全行为”等不仅做出法律界定，而且重要的是这种界定必须与“国家安全”概念界定相一致，是完整全面的，不应该是片面的。我国现行《国家安全法》对此界定就不完整，当然也不可能完整，因为它只是一个部门性法律。但是，一部与名相符的《国家安全法》，必须对相应的罪名和行为做出完整而全面的界定。

第三，军事国防问题。无论是从传统安全观或传统安全理论来看，还是从历史上的国家安全现实来看，军事国防始终是国家安全的重点。虽然非传统安全观更强调经济、文化、科技、信息、生态等方面的安全问题，但无论如何都不可能把军事国防问题排除在国家安全之外，外来的军事威胁和危害在任何时候都是对国家安全的最直接最严重的威胁和危害。即使这样的威胁和危害没有发生，即使这样的威胁和危害在今天不像过去那么突出，一部真正的《国家安全法》也不能把其排除在外。我国现行《国家安全法》在根本没有任何涉及这方面内容的情况下而采用了“国家安全”之名，可以说是最突出的名不副实。改变这种状况的出路，就是把军事国防问题纳入将来制定的名实相副的真正《国家安全法》中。当然，这就必须研究《国家安全法》与《国防法》等军事法律的关系，给它们以恰当的定位和划分。

第四，间谍情报问题。间谍情报问题不是国家安全的全部，但却是国家安全不可分割的方面，因而任何一部真正的国家安全法，都必须涉及这方面的内容。如前所述，我国现行《国家安全法》只涉及反间谍问题，对情报工作没有任何涉及。但是对于一个正常国家来说，情报工作是保障国家安全不可缺少的。为此，我们应该有情报方面的立法，也应该在一部宏观的真正的《国家安全法》中纳入情报工作方面的内容。当然，在涉及这些方面内容时，既要区别于具体的反间谍法和情报法，只作原则性规定，另一方面又必须使两者相互衔接、严格照应。

第五，其他传统的和非传统的国家安全问题。历史发展到今天，国家安全已经成为一个范围很广的综合性问题，其中既包括一些在国家出现时就已经出现的国家安全要素，如领土安全、主权安全、政治安全、军事安全等，也包括一些在国家出现之后的人类历史发展中逐渐形成的国家安全要素，如文化安全、科技安全等，还有一些在最近几十年才出现的国家安全要素，如生态安全、信息安全等，同时还有一些问题是历史上就已经存在但今天才被人们重视和强调的问题，如国民安全、经济安全等。对于这些不同方面的与国家安全相关的问题，都必须加以研究，使其以不同形式、从不同角度、在不同程度上进入新的《国家安全法》中。

以上只是罗列了涉及国家安全的一部分内容，这对于《国家安全法》的立法是远远不够的。因为，在一部真正《国家安全法》的立法过程中，还必须进一步对国家安全现实和国家理论作深入研究，特别是要对国家安全问题做宏观上的全方位研究。同时，还必须借鉴国外在这方面的立法成果。虽然国外许多冠以《国家安全法》之名的法律在今天看来也不是名副其实的真正的国家安全法，但有些可以说基本上是名副其实的。例如，美国 1947 年《国家安全法》，虽然用今天的非传统安全观来看已经难以称得上是一部完整全面的国家安全法，但就当时来看，它基本上可以说是一部名实相符的国家安全法，因为其内容不仅仅是涉及国家安全的某一或某些方面，而是包括了人们当时认识到的国家安全的主要方面，特别是军事国防方面的内容。

美国的这部《国家安全法》一开始就明确写道：“本法旨在促进国家安全。规定了国防部长、国家军事体制、陆军部、海军部和空军部的条款，调整国家军事体制和有关国家安全的政府各部、局的活动。”该法的“政策宣言”部分（第 2 条）指出：“国会制订本法的目的是为美国未来的安全提供一个全面的纲领性文件；确定与国家安全有关的政策和手段的统一体制以及各部、局、政府的职能；设立包括陆军部、海军部（包括海军航空兵和美国海军陆战队）、空军部三个军事部的国防部，并隶属于国防部长的领导、管辖与控制；确立每一个军事部在各部长的领导下成为独立的组织，并在国防部长的领导、管辖和控制下发挥作用；规定上述部门在国防部长的文官控制之下实行统一领导，而不是将这些部门合并；确定统一的体制或明确、直接的战斗方针，国防部长将在研究和设计方面被授予全面的领导权；确定更有效、精干的部门，为各种战斗力量的军事行动制定统一的战略方针，使其结合为更有力的陆、海、空力量，而不是设立一个超越其上的参谋长或参谋总长。”紧接着在第一章中，该法说明为了上述目的而设立“国家安全委员会”，并规定“美国总统主持委员会会议；总统不能出席时，他可指定委员会的一名成员代替其职务”；“委员会的任务是向总统提出有关国家安全的内政、外交和军事政策的综合意见，以便能够使这些军事机构和政府各部门在国家安全事务方面更有效地协调。”

由此可见，这部法律涉及的领域并不仅仅是人们常常说到的美国的情报工作问题，而是广泛涉及“内政、外交和军事政策”，就涉及的行政部门来说也不仅仅是“中央情报局”，甚至不仅仅是外交和军事部门，而是“军事机构和政府各部门”。这样的广泛性，不仅在当时可以称得上是一部真正的国家安全法，而且在今天也还具有示范作用。虽然国家安全现实的发展变化使美国的这部国家安全法在今天已经与“国家安全”之名及美国当前国家安全现实存在着一定的距离，与我国国家安全实际情况也有多方面差距，其具体内容不应成为我国在今天制定《国家安全法》时的限定范围，但其立法时的精神和对国家安全现实的考量，还是具有示范作用并可以为我们所借鉴的。

参考文献

[1] 全国人民代表大会常务委员会. 中华人民共和国国家安全法[Z]. 1993 - 02 - 22.

[2] 中华人民共和国国务院. 中华人民共和国国家安全法实施细则[Z]. 1994 - 05 - 10.

[3] 美利坚合众国参议院和众议院. 美国国家安全法[Z]. 1947 - 07 - 26.

[4] 吴庆荣. 立法质量的实证分析 ——兼谈我国国家安全法的缺陷与完善[EB/OL]. http://www.locallaw.gov.cn/main/xslt/xslt - 01. asp? jiazuo_id = 234,2006 - 04 - 24.

[5] 刘跃进. 保障国家安全的战略需要[N]. 学习时报,2005 - 04 - 18(7).

[6] 刘跃进. 论保障我国国家安全的五项战略性需要[J]. 中国人民公安大学学报,2005(3).

影响我国国家安全的内部因素及对策探讨

（2007 年 6 月）

摘要： 国家安全包括内和外两个方面，是内部安全与外部安全的统一。影响及威胁、危害国家安全的因素也包括内部因素和外部因素两个方面。对于当前中国国家安全来说，“内忧甚于外患”，保障国家安全的重点不在外部而在内部。建设和谐社会和社会主义新农村是解决威胁我国国家安全之“内忧”的根本途径和手段。此外，还需要全方位认识和研究国家安全问题，确立能够统合内外两方面的系统安全观，制定包括内外两方面的真正的国家安全法和完整成文的国家安全战略，设立能够从对内、对外两个方面领导和管理国家安全事务的权威机构，构建能够包容内外两方面的国家安全理论和国家安全学科。

关键词： 国家安全；国内安全；国际安全；系统安全观；国家安全学

一、内与外：国家安全的两个方面

国家安全问题虽然自古就包括国内和国外两个方面，但由于这一问题作为理论被学者关注并进行系统研究源起于国际关系或国际政治领域，因而在相当长的一段时期内，多数学者特别是国际问题研究人员总是把国家安全只看成是国际问题的组成部分，而忽视或轻视了国家安全的国内相关性。近年来，在人们强调全方位认识和研究国家安全问题时，国家安全的国内视角开始被给予特别关注，“从外向内”的转变甚至成为非传统安全观的重要特点之一。

过去，我们曾经在没有指明划分根据的情况下，按照专业领域的普遍认识，在经过一段时间的探索后，最终把国家安全划分为国民安全、国土安全、经济安全、主权安全、政治安全、军事安全、文化安全、科技安全、生态安全、信息安全 10 个方面，并最终称其为国家安全的 10 个构成要素。[1][2]现在我们需要进一步指出的是，这样划分的根据，大致可以说是基于社会结构。同时，我们也越来越认识到，即使在“社会结构”这一划分根据下，还可以有其他的划分，如有人把社会安全做为国家安全的一个具有独立地位的构成要素。[3]有人把国家安全分为“内”和“外”两个方面。在建立国家安全学科的过程中，我们曾对国家安全体系做过全面分析，认为整体国家安全体系可以分为四个方面：一是国家安全本身及其构成要素；二是影响国家安全的因素；三是危害国家安全的因素；四是国家安全保障体系。在这一国家安全体系中，我们可以看到：（1）国家安全本身包括国民安全、国土安全、经济安全等10大要素；（2）影响国家安全的因素被分为自然和人为两个方面，其中人为因素又分为内部因素和外部因素；（3）危害国家安全的因素也分为自然（天灾）和人为（人祸）两个方面，其中人祸被分为“内忧”（内部因素）和“外患”（外部因素）；（4）国家安全保障体系则分为保障机制和保障活动两个方面，其中保障机制既包括以军政机构、情报部门等专职机关为主的硬件，也包括以法规政策、安全战略等为内容的软件，而保障活动则被分为基于硬手段的活动和基于软手段的活动。由于这个体系不是根据国内安全与国际安全的划分而构造的，因而国内安全在其中的位置在某些方面比较明显，在有些方面则不明显，例如在影响国家安全的因素和危害国家安全的因素中，都明显区分了内部因素和外部因素，而在国家安全本身构成要素方面和国家安全保障体系方面，则看不出内部与外部的区分。

但是如果对国家安全本身及其构成要素作更深入的分析，就不难发现，国家安全本身作为一种免于危险的客观状态，是可以分为内部安全和外部安全两个方面的，其中国家的内部安全即狭义的国内安全，就是国家免于内部威胁和危害的客观状态，而国家的外部安全也就是狭义的国际安全，即国家免于外部威胁和危害的客观状态。这里需要强调的是，以往人们在讲到内部安全或国内安全时，好像只有被统治者和反对派的造反、起义、革命、闹事等才是对国家安全的威胁和危害，而没有看到统治者和执政者的非法统治、滥用权力、暴政待民、贪污腐败等，更是对国家安全的威胁和危害，而且是更深层次的威胁和危害，是导致各种内忧外患的根本原因。所谓“苛政猛于虎”和“官逼民反”等，说的正是这个道理。所以，国内安全或内部安全本身所要免除的内部威胁和危害，一个重要方面就是免除统治者和执政者即政府本身对国家安全的威胁和危害。

对于影响国家安全和危害国家安全的因素，我们原来对国家安全体系所做分析中已经较好地说明了内部因素和外部因素在国家安全体系中各自占据的位置，人们从中可以看到，影响和危害国家安全的人为因素都包括“内部因素”和“外部因素”两个方面，这其实就是广义的“国内安全”和“国际安全”所包括的内容。至于国家安全保障体系，也可以从“对内”和“对外”两个方面来分析。

总之，国家安全本身包括外部安全和内部安全两个方面，影响和危害国家安全的因素包括国际和国内两方面因素，保障国家安全也总是从对外和对内两个方面入手的。

二、当前中国：内忧甚于外患

国家安全不仅是内与外两方面的统一，而且国内安全在通常情况下为优先于国际安全。

首先，在“内部安全”和“外部安全”的含义上，国内安全一般来说重于国际安全，因为内部安全是整个国家安全的根据，外部安全是整个国家安全的条件。从整个国家利益的分布上看，虽然在全球化时代，由于国际交往的迅速增多，特别是“地球村”现象初露端倪，使得多数国家的安全利益越来越多地出现在本国领域范围之外，但无论什么时候，国家利益的比重分配永远是国内大于国外，国家安全的重点在国内，内部安全重于外部安全。

其次，从国家安全的维护或保障的角度来看，免除内部因素的威胁和危害，比免除外部因素的威胁和危害更为重要。因为只有免除内部因素对国家安全的威胁和危害，才有可能进一步免除外部因素对国家安全的威胁和危害。只要粗略了解一下 20 世纪 80 年代末 90 年代初发生的东欧剧变及苏联解体，其根本原因并不是这些国家无力免除外部的入侵或颠覆，甚至不是这些国家无力化解西方的“和平演变”，而是这些国家内部出了问题同时又无法通过其他途径免除这些问题，是这些国家本身不惜以损害国家安全甚至是“自我毁灭”为代价来求得“浴火重生”。不可否认，在这一过程中，以西方国家为主的外部力量也起了推波助澜的作用，但这种作用也仅仅是“推波助澜”，而不是“兴风作浪”。因此，对国家安全来说，首要是免除内部的各种威胁与危害，其次才是免除外部的威胁和危害。

由此可以得出第三点结论，即从“影响以及威胁和危害国家安全的因素”来看，内部因素比外部因素对国家安全构成的威胁和危害更大。这一点对当前中国来说更为重要。不可否认，影响、威胁甚至危害当前我国国家安全的因素，有许多来自外部，例如美国因素、日本因素等，但是对我国国家安全造成更多、更广、更严重威胁和危害的因素，则来自国内，这其中既包括日益严重的源于台湾的地方分裂主义，以及十分复杂的各种民族分裂主义，也包括存在于国内政治、经济、社会、文化等领域的贪污腐败、贫富悬殊、下岗失业、干群冲突等问题。

从总体上看，我国现阶段受外敌直接入侵的危险性不大，甚至也不可能被外敌搞乱，因此，外部因素已不构成对我国国家安全最严重的威胁和危害。相反，威胁和危害我国国家安全的最为严重的因素，是现存于国内社会的各种矛盾、对立、冲突和斗争等。如果对改革开放以来国内各种矛盾加以实事求是的分析，那么我们就会发现，随着改革开放的日益深入，许多原来没有或隐藏的对立、冲突和矛盾开始显现出来甚至是突出表现出来；许多原来属局部的问题现在开始向全局性问题转变；许多原来所谓的“人民内部矛盾”现在开始出现了某种程度上的对抗性质。对此，众多研究者已经从不同角度给予了比较深入的分析。有学者在把我国当前的社会矛盾分为“合法形式的社会矛盾”和“非法形式的社会矛盾”的基础上，研究了20世纪90年代中期以来我国社会矛盾的变化态势，通过充分的数据证实，近十多年来，我国社会矛盾呈现出不断增多的发展特点，这一特点不但表现在矛盾程度轻微的合法形式的社会矛盾日趋增多，而且突出表现为社会冲突程度较为严重的非法形式的社会矛盾也在大幅增加，并且在社会矛盾总量中所占比例日趋上升。[4]这“反映出我国社会冲突不但在数量呈增多趋势，而且冲突激烈程度也呈加剧趋势”。[4]由此可以预见，在未来若干年，现存的各种社会矛盾和问题，有可能进一步叠加积累，甚至在某些地方和某些问题上会进一步激化，以某些更激烈的形式爆发出来。

2006年10月，《瞭望》新闻周刊记者在对粤、沪、苏、浙等发达地区进行社会矛盾调查时发现，一些地方的社会矛盾呈现出“无直接利益冲突”的特殊现象：社会冲突的众多参与者与事件本身无关。比如江苏省金坛市曾经发生因集资案纠纷引起冲突，事后调查发现，80%参与围堵的群众没有任何集资款。[5]针对这种“无直接利益冲突”的特殊现象，《瞭望》新闻周刊10月17日发表的一篇文章说：“一些地方负责干部的责任心流失，是引发这种现象的根源，也是解决此类问题的关键。”[5]对于这一评论，郭松民却有不同意见，认为“凡是出现这种现象的地方，都意味着当地的官民关系，或者说政府部分人员和底层民众之间的关系，已经在某种程度上发生了质变——他们之间的关系不再是现在我们只能在‘红色经典’中所看到的那种‘鱼水关系’了，也不是现代政治文明意义上的‘服务’与‘被服务’的关系，甚至也不是机械冰冷的‘管理’与‘被管理’的关系，而是一种带有相互敌视意味的对立关系！”[6]由此，引起了一场关于“无直接利益冲突”的讨论，凤凰卫视还就此作为其“时事辩论会”的一个主题，做了一场节目，在10月24日和25日播出。[7]当有人在网络上留言指责中国百姓素质低，不能当一个“公正的旁观者”时，更多的网民则对此加以反驳，认为旁观者并非完全的利益不相关，而是因为他们的利益曾经受过相似的侵害，或者是在无意识中觉得自己的利益也会受到如此侵害，因而借机发泄自己的不满，表达自己的意见，维护自身的利益。

问题的严重性已经是不言而喻了。“国内安全”重于“国际安全”的观点，已经不仅仅是一个根据哲学的“内外因理论”推导出来的学术结论，而是一个必须给予高度重视的严重甚至严酷的现实。如果对此再熟视无睹、漠然置之，那么它对我国国家安全的威胁就可能变得越来越严重，甚至会变成直接的危害。

三、对策探讨：治标与治本

当前的各种“内患”，影响的不仅仅是我国的社会稳定，而是我国的国家安全。现在，我们需要把这一问题提高到国家安全的高度来认识，从国家安全战略高度来谋划对策，并以国家安全管理的模式来科学地积极应对和处置。

第一，根据近30年改革开放形势的发展，特别是当前国际国内形势的变化，及时调整处理安全与发展、公平与效益等重大关系的战略和策略，适时适度加大对国家安全和社会公平的关注和投入，给已经初步获得发展动力和效益的社会和国民以更安全的保障和更公平的环境。

不可否认，无论在发展还是效益方面，我们与发达国家都还有很大的差距，但对于已经初步发展的中国来说，安全与公平已显示出它的重要性。从建国开始，我国就不断制定出国民经济和社会的发展规划，形成了一种以5年和10年为期的制定发展规划的机制。但是，从建国到现在，我国还从来没有制定过完整成文的国家安全战略。这一点与世界上发达国家特别是美国的情况完全不同。对美国政府来说，其关注的重点始终是安全问题，因而每隔1～2年总统就要向国会呈交一份完整成文的国家安全战略（报告），而且政府对经济和社会发展的干预也主要是战略性、方向性的干预，干预的重点总是与国家安全密切相关，总是从国家安全的角度入手。这就是说，对美国这样的发达国家来说，政府工作的重点不是经济发展，而是国家安全。这是因为发展对其来说早已步入正轨，安全成为影响国民生活和经济社会发展的最为重要的问题。对中国来说，由于建国时的一穷二白，经济基础薄弱，因而在安全具有最低限度保障（“世界大战一时打不起来”）的情况下，发展问题特别是经济发展问题自然而然地成了政府关注的首要问题，“以经济建设为中心”也就成了非常合理的战略取向。但是，当经济和社会发展已经达到一定规模时，特别是当发展逐渐步入自运行状态后，安全问题便凸显出来。安全不仅成为初步富裕起来的国民和国家的越来越迫切的需要，而且也成为进一步发展必不可少的基本保障。在安全范围逐渐扩大、安全内容不断丰富、安全要求日益提高的今天，政府不能再用过去的低标准来衡量自己的国家和国民的安全需要了，而必须在国内国际两个方面给国民和国家以更高的安全保障。在当前的发展阶段上，如果还不能说安全问题已经超出发展问题应该成为中国政府工作的新重心或中心，那么政府起码也应该把发展和安全这两个互相联系又互有区别的战略性问题同时作为工作的重心或中心，而不能再继续只把经济建设作为唯一的重心或中心了。

此外，从国家安全的角度看，特别是从国内安全的角度看，社会公正和正义也已经成为我国政府当前需要加以特别关注的问题。对此，我们可以引用温家宝总理2006年11月13日在中国文联第八次全国代表大会、中国作协第七次全国代表大会上的一段话来说明。在这篇题为《同文学艺术家谈心》的讲话中，温家宝总理说："作为一个人民的文学艺术家，要关心人民疾苦，反映人民生活，并为社会公平正义而奔走呼号。"[8] 接着，他借亚当·斯密的著述指出："亚当·斯密是一位经济学家，他写了著名的《国富论》，这为世人所知，但他还有一部名著《道德情操论》，在这部著作中，他强调社会的公平与正义。他说，如果一个社会的经济发展成果不能真正分流到大众手里，那么它在道义上将是不得人心的，而且是有风险的。因为它注定要威胁社会稳定。毫无疑义，我们必须坚定不移地推进社会主义市场经济体制改革，努力提高经济增长的质量、效率和效益。同时，我们又必须坚定不移地推进社会公平与正义，关心群众的利益，让每个人都享受改革和建设的成果。"[8] 由此可见，社会的公平与正义，对于国家安全特别是国内安全是十分重要的。政府不仅需要关注经济效益，而且还要特别关注社会的公平与正义，这是保障国家安全的一项战略性需要。因此，从关注发展到发展与安全并重，从强调经济中心到重视社会公平与正义，这是事关国家大战略的战略性转变，是进一步保障国民和国家安全的需要，也是进一步促进国民经济稳定、健康、均衡和可持续发展的需要。

第二，采取各种具体有效的措施，积极有效地推进和谐社会和新农村建设，把和谐社会和新农村建设落到实处，切实为人民群众特别是弱势群众解决关系切身利益的各种问题，从根本上缓解国内安全压力。

面对富人掠贫、穷人仇富；上层压下、下层抗上——经济和政治领域日益严重和不断激化的各种矛盾，中共中央提出了建设和谐社会的主张。但是我们必须认识到，在国内日益严重的社会对立中，对国家安全造成最严重威胁和危害的，并不是那些处于弱势的底层群众，不是下层群众在被逼无奈时的上访闹事、为匪做盗、打家劫舍、杀人放火以及"黑社会"横行等表面现象，而是社会机制不健全造成的权力和财富的分配不公，是处于中层特别是上层的贪官污吏对国家权力的不加限制的滥用，以及穷奢极欲的暴富阶层对广大民众和公共财富的横夺暴敛，是由此造成的某种程度上的"社会黑"。缺乏有效制约的权力新贵和丧失道德底线的暴富阶层，已经成为我国社会动荡和断裂的罪魁祸首。因此，要解决现实中存在的社会不和谐以及非常严重的"三农"问题，社会主义新农村建设及社会主义和谐社会建设，就不仅要抓住主要矛盾，而且要抓住矛盾的主要方面，从权力治理和财富治理入手，削峰填谷，既治标，又治本。

从治标方面讲，目前政府需要采取有效措施来解决的问题主要有：（1）坚决打击那些为官不公、为官不廉的政治权贵，特别是那些以权谋私、买官卖官、鱼肉百姓、贪污腐败的党内败类，恢复我国公民在政治生活方面的基本信心和希望。（2）依法惩治那些掠夺致富、为富不仁的暴富集团，特别是要遏制这些人利用黑恶势力及官商勾结等非法手段来侵吞国有资产、危害社会公益、掠取他人利益的行为，对其降低劳保标准、强迫他人劳动、克扣员工工资、漠视工人生命等违法犯罪行为给予坚决打击，切实保障所有公民基本的合法经济活动和日常生活权力。（3）采取有效措施，推进和加强医疗保障制度的建设，解决目前城乡普遍存在的看病难，看病贵、特别是因病致贫的问题，使我国医疗保障制度能够惠及所有公民，其中既包括城市市民，也包括乡村村民。（4）通过各种措施和渠道，解决平民特别是贫民孩子上学难的问题，既要把义务教育落到实处，还要在非义务教育领域给全体公民提供不分贫富的受教育机会，以体现社会主义制度的优越性。5. 强化社会主义新农村建设，从根本上改变我国长期存在的城乡二元结构，使农民无论是在经济地位上还是在政治文化生活上，都能享受与城市市民同等的待遇，而不再是被边缘化的二等甚至是三等四等公民。

在治本方面，需要进一步推进政治体制、经济体制、社会体制、文化体制等方面的改革，建立起与社会主义民主政治、社会主义市场经济、社会主义和谐社会等理想和目标相一致的基本制度体系。这个过程需要解决的问题很多，但关键还是要突破一些根本性的障碍，建立起能够保障人权、相互制约、相互监督、公开透明、依法行政、廉洁自律的政治体制，以及机会均等、公平竞争、富有活力的经济体制和贫富均衡的社会体制。

第三，树立全方位的系统安全观，把国内安全问题作为我国政府新安全观的重要内容。

“冷战”后，为应对日益复杂的安全问题，世界各主要国家都在探索适合自己的新安全观，中国政府也逐渐形成了以“互信、互利、平等、协作”为核心的新安全观。但是我们认为，中国政府提出的这种新安全观，在今天看来是有其局限性的，一方面是它只表达了我国处理国家安全及世界安全事务的理想性立场，而缺乏对世界安全形势的科学研判和客观认知；另一方面是它只涉及国家安全的国际问题，而没有涉及、更没有重视对我国国家安全来说日益重要的国内问题。然而事实的发展已经使我们越来越清楚地认识到，国家安全，特别是我国当前的国家安全问题，已经不仅仅是一个对外的安全问题，而且还包括了更重要的对内安全问题。另外，国家安全也已经超出军事、政治而涉及经济、文化、科技、生态、信息等方面，这就要求我们在认识和处理国家安全问题时，不能再局限于一个军事的视角或政治的视角，也不能只局限有一个外交的或国际的视角，而必须有一个能够对安全问题各方面各种因素给予全面观察和思考的“全视角”“全方位”。为此，我们需要一种能够全视角关照各种安全因素的全方位的安全观——系统的国家安全观。对于“内忧甚于外患”的当代中国来说，确立一种把国内安全置于重要地位的系统安全观，已经不是一个纯理论的问题，而是一个十分迫切的现实需要。

第四，积极推进宏观国家安全立法，制定一部包括国际国内两个方面的国家安全法。

在我国，第一部国家安全法是 1993 年颁布实施的《中华人民共和国国家安全法》。但是，这部法律并不是一部名副其实的国家安全法，事实上只是一部“反间谍侦察法”。它涉及的范围，仅限于反间谍侦察，而没有包括对国家安全来说十分重要的军事国防问题，甚至没有包括隐蔽工作中的情报问题，更没有从整体上涉及国内安全问题。在国内安全事实上已成为我国国家安全重心的今天，对包括国内安全在内的整个国家安全事务进行科学有效的全面管理，已经需要列入政府的议事日程了。在这种情况下，作为一个法治国家，我们必须立法先行，制定一部包括国内安全在内的，既涉及传统的军事安全、政治安全、主权安全、领土安全、经济安全、国民安全等内容，又涉及新生的文化安全、科技安全、信息安全、生态安全等内容的真正的国家安全法。这其实也就是一部人们常说的广义国家安全法、宏观国家安全法。这样一部真正的国家安全法的制定出台，将使我国国家安全各个领域全面步入法治化轨道，为政府进行包括国内安全事务在内的全方位国家安全事务管理，奠定坚实的法律基础，提供可靠的法律保障。

第五，努力完善国家安全战略，在国际安全与国内安全的关系上，把国内安全作为当前和今后相当长一段时期内我国国家安全管理的重点。

如同其是最先制定全面的国家安全法的国家一样，美国也是世界上最早形成完整成文的国家安全战略的国家。对于美国这样一个把军事、政治、经济、文化等触角伸向世界各地的超级大国来说，其安全的重点长期以来并不在国内，而在国外。这一情况，直到“9·11”后，才开始改变。对此，不仅政府意识到了，而且学者们还做了深刻的分析。例如，塞缪尔·亨廷顿（Samuel P. Huntington）就认为，美国的真正危险不是什么外敌，而是自身存在的隐患。美国在没有外敌的情况下，它内部的矛盾如种族问题、认同问题会急剧上升，最后构成美国的国家危机。[9] 对于中国来说，“文革”结束不久，邓小平就做出了“世界大战一时打不起来”和“阶级斗争不是国内主要矛盾”的基本判断，提出要“以经济建设为中心”，一心一意搞建设。这在事实上，就已经不仅把党和政府整体工作的重点放在了国内、放在了发展问题上，而且也把我国国家安全的重点放在了国内，放在了搞好经济建设和增加综合国力上。但是，在改革发展到了今天，经济的中心地位虽然没有改变也不应该改变，发展依然是我国的头等重要任务，然而安全问题却开始日益突出，特别是国内的各种矛盾和问题更是已经成为威胁和危害我国国家安全的重要因素。在这种情况下，我们不仅需要完善国家安全战略，制定出完整成文的系统化的国家安全战略，而且需要在国家安全战略中正确处理国际安全与国内安全问题，把国内安全问题作为当前和今后相当长一段时期内我国国家安全事务管理和工作的重点来谋划。

第六，设立职责包括国内安全事务管理在内的高层国家安全领导机构，从国家安全的高度认识、协调甚至是处理国际安全与国内安全的关系，全面指导和领导我国的国家安全管理事务。

随着国内安全问题日益突出，国内安全管理将会逐渐成为我国国家安全管理的重点所在。在这种情况下，公安系统和国家安全系统都不可避免地要在不同程度上承担起国内安全管理事务，甚至其他一些政府部门也可能要承担起与其相关的国内安全管理事务。但是像整个国家安全管理既需要政府的不同机构各负其责，又需要它们互相协调配合一样，在国内安全事务管理中，也是既需要不同机构各负其责，又需要它们互相协调配合。但是对国家安全这一重大事务来说，政府各部门之间的协调与配合难以完全通过它们的自发行为来实现，而必须有一个更高的机构承担起指导、领导的职责。

随着国家安全形势的变化，特别是国内安全形势的日益严重化和复杂化，已经使设立这样的专门机构成为必要。为此，在 2004 年 9 月 19 日中共十六届四中全会通过的《关于加强党的执政能力建设的决定》中，就提出了“抓紧构建维护国家安全的科学、协调、高效的工作机制”的任务，这其中也必然包括要设立能够全方位领导和指导我国整体国家安全事务管理的专门性权威机构。这一机构的职责，当然不能只限于对国家的涉外安全事务管理工作的领导和指导，而必须同时包括对国内的国家安全事务的领导和指导，甚至还要把领导和指导当前国内安全工作作为重点。在这里需要强调的一点是，当前的国家安全工作已经不仅仅是甚至不主要是强力部门的对威胁和危害国家安全行为的镇压和打击，而是包括了政府各行政管理部门的与国家安全有关的各种日常事务性工作。因此，我们主张用“国家安全事务管理”或“国家安全管理”这样的术语，来指称当前已经变化了的更为复杂和广泛的国家安全工作。

第七，加强国家安全研究中的国内安全研究。

根据国内外专家考证，“国家安全”一词最早是1943年美国专栏作家李普曼提出的。但是我们不能由此认为国家安全问题是在1943年以后才出现的。事实上，有了国家，就有了国家安全问题，也就有了从不同角度和不同程度上对国家安全的认知，后来也就出现了国家安全研究。不过长期以来，国家安全研究没有取得独立地位，没有形成独立的学科，而是寄生在兵法研究、军事研究、战略研究、国际问题研究等领域之中。直到20世纪90年代，我国学界才提出了建立国家安全学和国家安全学科体系的问题，2004年才公开出版了第一本《国家安全学》，也由此才有了对国家安全的全面和系统性独立研究。然而无论是以往寄生于军事研究和国际问题研究中的国家安全研究，还是最近才出现的独立的国家安全研究，都很少把国内安全作为研究的重点。在以往的军事学、战略学中，国家安全问题成了军事与战争问题的附属品，而军事和战争研究所关注的重点又多在对外方面。在以往的国际政治学和国际关系学中，国家安全问题又成了国际问题的附属品，似乎影响以及威胁、危害国家安全只有国际因素，国家安全问题仅仅是一个国际问题。只有在国家安全研究以“国家安全学”的名义取得独立地位后，国家安全问题才可作为国家安全不可分割的组成部分得到科学而合理的对待和研究。但是直到今天，国内关于国家安全研究的主要论著还是集中在国际或对外方面，把国内安全或对内安全问题作为国家安全研究的切入点和重心的论著还不多见，专门研究国内安全问题特别是我国当前的国内安全问题的论著几乎还没有出现。在这种情况下，我们有必要从各个方面提高国内安全研究在整个国家安全研究中的地位，特别是有必要通过政府引导、科研立项、学科建设、专业设置、民间支持等渠道和方式，把国内安全研究在较短的时间内提升到一个较高的水平上。

参考文献

[1]刘跃进. 国家安全学[M]. 北京:中国政法大学出版社,2004.

[2]刘跃进. 试论当代国家安全的10个方面[J]. 国家安全通讯,2001(11).

[3]马维野. 全球化时代的国家安全[M]. 武汉:湖北教育出版社,2003.

[4]胡联合,胡鞍钢,王磊. 影响社会稳定的社会矛盾变化态势的实证分析[J]. 社会科学战线,2006(4).

[5]钟玉明,郭奔胜. 社会矛盾发出新警号,地方干部责任心流失是根源[EB/OL]. http://liaosy.bokee.com/5764265.html.

[6]郭松民. “无直接利益冲突”昭示官民关系的质变[EB/OL]. http://blog.daqi.com/article/55676.html.

[7]2006 年 10 月 24 日时事辩论会."无直接利益冲突"很可怕[EB/OL]. http://itv.phoenixtv.com/play.aspx? id =9775df42 -11a0 -4d15 -ab0f -70a1a7bc3184.

[8]温家宝.同文学艺术家谈心[R/OL]. http://news.xinhuanet.com/politics/2006 -11/28/content -5403392.htm.

[9]王逸舟.国际关系研究的若干问题[J].欧洲,2006(3).

中国政府新安全观的基本内容及其实践与体现

（2010 年 2 月）

摘要：1983 年的政府工作报告，在提请全国人民代表大会“批准成立国家安全部，以加强对国家安全工作的领导”的表述中，首次使用了“国家安全”这一专业表述。此后，“安全”和“国家安全”越来越成为中国政府关注的重点。在世纪交替前后，中国政府开始探索并逐渐形成了“以互信、互利、平等、协作为核心”的新安全观。但是，中国政府的新安全观并没有局限于这种在国际场合提出的事实上的“国际安全观”，而是经过不探索和发展，逐渐形成了一种包括国际国内两方面问题、传统和非传统两方面要素的系统的国家安全观。这种包含了丰富内容的系统安全观，在中国政府各项具体工作中不断得以落实和体现。2009 年政府工作报告对反恐怖、食品安全、财政安全、社保基金安全、中小学生安全、医疗卫生安全、维护社会稳定、军队应对多种安全威胁、保障我国公民和法人在海外的权益等问题的论述，进一步说明了这一点。

关键词：新安全观；安全；国家安全

一、21 世纪前中国政府工作报告中的“安全”与“国家安全”

与 1997 年前的中国共产党历次全国代表大会报告中没有“国家安全”一词不同，此前由政府总理向全国人民代表大会所作的工作报告中，已经多次用过“国家的安全”“我国的安全”“中华人民共和国的安全”“祖国的安全”等语词，特别是在 1983 年后，还多次出现“国家安全”这一更加专业的表述。

1954 年 5 月 23 日，周恩来代表中央人民政府向第一届全国人民代表大会第一次会议所作政府工作报告中，就提到了“我们国家的独立与安全”“我国的安全”。这个报告的一开头就说：“我国伟大的人民革命的根本目的，是在于从帝国主义、封建主义和官僚资本主义的压迫下面，最后也从资本主义的束缚和小生产的限制下面，解放我国的生产力，使我国国民经济能够沿着社会主义的道路而得到有计划的迅速的发展，以便提高人民的物质生活和文化生活的水平，并且巩固我们国家的独立和安全。”后面还说道，“为了保卫我们的国家建设事业不受破坏，还必须加强国防力量。当公开敌视中华人民共和国的国家疯狂地扩张军备并且加紧威胁我国的安全的时候，我们不能不有强大的现代化的国防力量。”

1959 年 4 月 28 日二届全国人大一次会议所作政府工作报告中说：“逃窜缅甸的国民党残匪十年来不断骚扰我国边境，威胁我国安全。”报告还指出：“岸信介政府又积极准备修改日美‘安全条约’，同美国进行新的军事勾结，并且企图用原子武器装备日本军队。这对于亚洲各国的安全，特别是我国的安全，形成了严重的威胁。”“美国在东亚地区的这些侵略活动，严重地威胁到越南民主共和国、朝鲜民主主义人民共和国、中华人民共和国的安全和东亚的和平。”

1964 年 12 月 21 日和 22 日三届全国人大一次会议政府工作报告指出：“人民解放军和民兵，在保卫祖国的安全和社会主义事业、保卫亚洲和世界和平、反对美帝国主义及其走狗的斗争中，发挥了重要的作用。”

1975 年 1 月 13 日四届全国人大一次会议所作政府工作报告中没有出现“安全”一词。

1978 年 2 月 26 日五届全国人大一次会议政府工作报告中，只在“认真搞好安全生产和劳动保护”一句中出现“安全”一词，其他各处都见不到“安全”字样。

在 1983 年 6 月 6 日六届全国人大一次会议政府工作报告中，“安全”一词出现了 6 次，其中集中出现了 3 次的一段表述是：“为了确保国家安全和加强反间谍工作，国务院提请这次大会批准成立国家安全部，以加强对国家安全工作的领导。”值得注意的是，这段话中的 3 处“安全”都是“国家安全”，这是历年政府工作报告中第一次用到“国家安全”这种更为专业的表述，而不是“我国的安全”“祖国的安全”等表述。

1988 年 3 月 25 日第七届全国人民代表大会第一次会议政府工作报告中，共 7 次出现“安全”（其中 2 处为“国家安全”），依次为：“不论是交通运输，还是工业生产和基本建设，都必须执行‘安全第一、预防为主’的方针，高度重视安全生产”；“公安、安全、司法行政部门和广大人民警察，要以身作则，严肃纪律，改进作风，不断提高政治素质和业务素质，廉洁奉公，执法如山，尽心尽力为人民排忧解难”；“必须依照法律，制裁破坏社会主义制度的敌对分子，打击危害国家安全的间谍活动，惩处各种刑事犯罪和经济犯罪，禁止一切扰乱社会秩序的活动”；“希望看到有各方参加的阿富汗联合政府早日成立，看到数百万阿富汗难民能够安全地返回家园，重享和平生活”；“我们支持南非人民反对种族歧视，纳米比亚人民争取民族独立，南部非洲各国人民维护国家安全、反对南非侵略的正义斗争”；“我们赞赏第三世界的各种地区合作组织为维护本地区的安全、促进本地区的发展所作的努力”。

1993 年 3 月 15 日八届全国人大一次会议政府报告中仅在“加强人民武装警察部队和公安、国家安全部门建设，维护国家安全和社会稳定”一句话中 2 次提到“安全”，但都是“国家安全”。

1998 年九届全国人大一次会议上的政府工作报告，“安全”一词共出现了 6 次（其中 2 次是“国家安全”），包含在 6 句话中：（1）“中国人民解放军和武装警察部队在维护国家主权和安全，参加重点工程建设和抢险救灾中，做出了重要贡献”；（2）“防灾、减灾、救灾工作对保障人民生命财产安全发挥了积极作用”；（3）“加强大江大河大湖的治理，搞好防洪工程建设，疏浚中小河流，保证安全度汛”；（4）“要防止变相逃债，保护银行资产安全”；（5）“加强国防和军队建设，是国家安全和现代化建设的重要保证”；（6）“加强人民武装警察部队和公安、国家安全部门的建设”。

二、世纪之交中国政府新安全观的萌发与形成

但是值得注意的是，在此前后，中国政府已经开始思考和探索新的安全思维和新的安全观念。

虽然有人认为，“中国安全观的转变可以上溯至 20 世纪 70 年代末，这一点可以从‘和平与发展是时代的主题’和‘大规模战争是可以避免的’这两个判断上体现出来”，但当时不仅没有“安全”和“安全观”的概念，而且还是用“和平”与“战争”（而不是“安全”与“威胁”）这样的字眼来表达一种基于军事的传统安全观念，因而这就不能说是非传统的新安全观形成的开始。只有当战争的阴影渐远，和平基本成为一种常态时，人们才可能逐渐提出比“和平”更高的要求，即“安全”。这时，人们所要排除的就再不限于大规模流血暴力，即“战争”，而是进一步要求消除比战争威胁要次级的各种各样“威胁”。这样的要求，虽然对于那些较早就处于战争阴影之外的国家和人民来说，特别是对那些处于这种环境中的知识精英和政治精英来说，在“冷战”后期就已经有所意识，因而提出了“综合安全”“合作安全”等新观念，但对于中国人民以及中国的知识分子和政治领袖来说，当前还没有这样的先知先觉。

中国学者和政府能够不囿于“战争与和平”的传统思维，而进一步去思考“威胁与安全”，是在“冷战”结束七八年后的 20 世纪中期以后。这样一种认识的形成，

可以说是受到了当时国际安全形势的重大变化的影响。

1996 年 7 月，钱其琛在东盟地区论坛大会上的讲话，就已显露了新安全观的端倪。根据新华社当年 7 月 23 日来自雅加达的报道，时任国务院副总理兼外长钱其琛，当日在雅加达举行的第三届东盟地区论坛会议上发表讲话说，亚太地区已步入一个持久的和平发展时期。钱其琛认为，亚太地区实现持久的和平与发展主要有四个方面的因素：第一，亚太地区尤其是东亚经济蓬勃发展，各国均将发展经济作为首要任务，维护有利于经济发展的和平环境已成为本地区各国最大的共同利益；第二，区域内经济联系大大加强，国与国之间的相互联系与依存不断加深，为地区安全提供了坚实的经济基础；第三，本地区冷战式的集团对抗和地区冲突不复存在，各国之间的协调与合作日益成为主流；第四，本地区旧有的和新出现的问题基本上控制在一定范围内，对话和谈判已成为处理国家间争端的主要手段。钱其琛表示相信，上述这些因素将长期起作用，亚太地区的和平与稳定是可以长久保持的。他强调，“我们主张，通过对话与协商，增进相互了解和彼此信任；通过扩大和深化经济交往与合作，共同参与和密切合作，促进地区安全，巩固政治安全”。钱其琛说，中国作为亚太的一员，对本地区安全环境高度重视、十分关注，始终致力于发展与各国的对话与合作。中国十几年来经济高速健康发展得益于稳定安宁的地区环境，同时，中国的经济发展和繁荣也为促进本地区稳定与繁荣作出了贡献。发展经济、提高人民生活水平将是中国面临的持久课题，中国将继续积极致力于本地区的和平与发展，履行作为一个大国的责任和义务。中国经济的发展不构成对任何国家的威胁，相反，如果有 12 亿人口的中国陷入贫困和混乱，这将对地区的稳定构成不利的影响。钱其琛还提议，论坛开展军转民方面的对话，并适时开始探讨综合安全方面的合作问题。

由于这篇讲话涉及了“信任”“合作”“地区安全”“综合安全”等术语，同时还明确要通过“军转民”来“探讨综合安全方面的合作问题”，因而可以看作是中国新安全观形成的开端。

正是在这次论坛上，决定由中国和菲律宾 1997 年在北京共同主办建立信任措施会议。这也促使中国进一步探索新的安全观念。

1997 年 3 月，中国政府同菲律宾政府在北京共同举办东盟地区论坛信任措施会议，这是中国首次承办关于安全问题的官方多边国际会议。会议就地区安全环境、安全观念和国防政策等问题交换了意见。中国政府提出考虑到这个地区多样性的特点，维护地区安全应尊重各国主权、和平解决争端和采取综合安全的观念，要通过磋商、对话与合作等和平手段促进地区安全。在这次论坛上，中国政府还使用了“新安全观”的表述。

1997 年 4 月 23 日，国家主席江泽民在俄罗斯联邦国家杜马发表演说中第一次系统地阐述了中国关于维护整个世界安全的新安全观的基本主张，即各国有权根据本国国情，独立自主地选择自己的发展道路，别国无权干涉。各国不分大小、强弱、贫富，都是国际社会平等的成员，任何国家都不应谋求霸权，推行强权政治。以和平方式解决国与国之间的一切分歧和争端，而不诉诸武力或以武力相威胁。在平等的基础上，加强和扩大经济、科技、文化的交流与合作，促进共同发展和繁荣，反对经济贸易中的不平等现象和各种歧视性政策与做法，更不允许动辄对别国进行所谓的经济制裁，并特别强调："双方主张确立新的具有普遍意义的安全观，认为必须摈弃'冷战思维'，反对集团政治，必须以和平方式解决国家之间的分歧或争端，不诉诸武力或以武力相威胁，以对话协商促进建立相互了解和信任，通过双边、多边协调合作寻求和平与安全。"这些内容写入同一天中俄两国元首签署的《关于世界多极化和建立国际新秩序联合声明》之中。

1999 年 3 月 26 日，江泽民在日内瓦裁军谈判会议上发表的《推进裁军进程，维护国际安全》讲话中，第一次明确提出："新安全观的核心，应该是互信、互利、平等、合作。"3 月 27 日，在瑞士工商界人士集会上发表《发展中欧友好合作，推动建立国际新秩序》的演讲时，江泽民再次对新安全观进行了阐释。

1999 年 3 月 26 日，在日内瓦裁军谈判会议上，中国国家主席江泽民发表了《推进裁军进程，维护国际安全》的讲话，更全面地论述了中国关于新安全观的内涵，提出"新安全观的核心，应该是互信、互利、平等、合作。"讲话就此指出："历史告诉我们，以军事联盟为基础、以加强军备为手段的旧安全观，无助于保障国际安全，更不能营造世界的持久和平。这就要求必须建立适应时代需要的新安全观，并积极探索维护和平与安全的新途径。我们认为，新安全观的核心，应该是互信、互利、平等、合作。各国相互尊重主权和领土完整、互不侵犯、互不干涉内政、平等互利、和平共处五项原则以及其他公认的国际关系准则，是维护和平的政治基础。互利合作、共同繁荣，是维护和平的经济保障。建立在平等基础上的对话、协商和谈判，是解决争端、维护和平的正确途径。只有建立新的安全观和公正合理的国际新秩序，才能从根本上促进裁军进程的健康发展，使世界和平与国际安全得到保障。裁军的目的在于增进安全，而安全必须是各国的普遍安全。国家无论大小、贫富、强弱，都有享受安全的平等权利。"这里第一次指出新安全观的核心是"互信、互利、平等、合作"八个字。江泽民 2000 年 9 月 6 日在出席联合国千年首脑会议的发言中和 6 月 15 日在"上海合作组织"成立大会的讲话中，都重申了"建立以互信、互利、平等、合作为核心"的新安全观和国家关系的主张 。

2001 年 7 月 1 日，在纪念中国共产党成立 80 周年大会的讲话中，江泽民对新安全观的表述做了调整，将八个字当中的“合作”改为“协作”，提出“国际社会应该树立以互信、互利、平等、协作为核心的新安全观，努力营造长期稳定、安全可靠的国际和平环境。”有人认为，这是中国新安全观形成的标志，但也有人认为，2002 年 7 月 31 日，中国代表团在斯里巴加湾市向东盟地区论坛外长会议提交的《中国关于新安全观的立场文件》，才是中国新安全观形成的标志，因为这个 2200 余字的文件，全面系统地阐述了中国在新形势下的安全观念和政策主张。我们认为，后一种观点更为合理。

三、中国关于新安全观的立场文件

据中新网 2002 年 8 月 1 日报道，2002 年 7 月 31 日，在斯里巴加湾市举行的东盟地区论坛外长会议期间，中国代表团向大会提交了中方关于新安全观的立场文件，全面系统地阐述了中方在新形势下的安全观念和政策主张。这份《中国关于新安全观的立场文件》，包括引言、背景、政策、实践 4 个部分。

《中国关于新安全观的立场文件》“引言”部分写道：“人类曾经历无数次战争，最近 100 年更是经历两次世界大战和 40 年冷战对峙的磨难。历史证明，武力不能从根本上解决争端与矛盾，以行使武力或以武力相威胁为基础的安全观念和体制难以营造持久和平。人们普遍要求摒弃旧的观念，以新的方式谋求和维护安全。在此形势下，以对话与合作为主要特征的新安全观逐渐成为当今时代的潮流之一。”

《文件》“背景”部分认为：“新安全观实质是超越单方面安全范畴，以互利合作寻求共同安全。新安全观建立在共同利益基础之上，符合人类社会进步的要求。”“背景”部分指出：“冷战结束后，国际关系的缓和、世界经济的发展成为国际形势的基本特征。在新的历史条件下，安全的涵义已演变为一个综合概念，其内容由军事和政治扩展到经济、科技、环境、文化等诸多领域。寻求安全的手段趋向多元化，加强对话与合作成为寻求共同安全的重要途径。‘9·11’事件突出表明，当今世界安全威胁呈现多元化、全球化的趋势，各国在安全上的共同利益增多，相互依存加深。”这一部分还认为：“越来越多的国家希望基于以下原则构筑自身和国际安全：——在《联合国宪章》、和平共处五项原则及其他公认国际关系准则的基础上开展合作，充分发挥联合国的主导作用；——通过谈判和平解决领土、边界争端和其他有争议的问题；——本着互惠互利、共同发展的原则，改革和完善现有国际经济与金融组织，寻求共同繁荣；——除防止外敌入侵、维护领土主权完整等传统安全领域外，重点对打击恐怖主义、跨国犯罪等非传统安全领域予以关注；——根据公正、全面、合理、均衡的原则，在各国普遍参与的基础上，实行有效的裁军和军控，防止大规模杀伤性武器扩散，维护现有国际军控与裁军体系，不搞军备竞赛。”这一部分最后强调：“上述安全意识的形成与发展，是人类文明的进步，也构成了新安全观的基础。”

《文件》“政策”部分说：“中国是新安全观的积极倡导者。1996 年，中国就曾根据时代潮流和亚太地区特点，提出应共同培育一种新型的安全观念，重在通过对话增进信任，通过合作促进安全。近年来，中国领导人在多边、双边场合多次呼吁树立新安全观。新安全观已成为中国对外政策的重要组成部分。”“政策”部分强调：“中国认为，新安全观的核心应是互信、互利、平等、协作。”“互信，是指超越意识形态和社会制度异同，摒弃冷战思维和强权政治心态，互不猜疑，互不敌视。各国应经常就各自安全防务政策以及重大行动展开对话与相互通报。互利，是指顺应全球化时代社会发展的客观要求，互相尊重对方的安全利益，在实现自身安全利益的同时，为对方安全创造条件，实现共同安全。平等，是指国家无论大小强弱，都是国际社会的一员，应相互尊重，平等相待，不干涉别国内政，推动国际关系的民主化。协作，是指以和平谈判的方式解决争端，并就共同关心的安全问题进行广泛深入的合作，消除隐患，防止战争和冲突的发生。”这一部分还说：“中国认为，新安全观的合作模式应是灵活多样的，包括具有较强约束力的多边安全机制、具有论坛性质的多边安全对话、旨在增进信任的双边安全磋商，以及具有学术性质的非官方安全对话等。促进经济利益的融合，也是维护安全的有效手段之一。”“中国认为，世界是丰富多彩的，亚太地区更是如此。兼容并蓄，增进合作，才有利于共同进步和发展。为此，安全合作不仅是指发展模式和观点一致国家之间的合作，也包括发展模式和观点不一致国家之间的合作。”

在最后一部分“实践”中，《文件》强调“中国是新安全观的积极实践者，通过自身经验证明了新安全观的可行性”。接着，“实践”部分通过 5 个方面阐述了中国对如上新安全观的具体实践。第一，“中国积极寻求通过和平谈判解决与邻国的争议问题。中国目前已同绝大多数周边国家解决了陆地边界问题，同越南签署了北部湾划界协定，与东盟就制订‘南海地区行为准则’保持磋商。在未决争议问题上，中国与有关各方就在争议地区保持和平稳定、通过和平手段解决问题达成共识。领土、领海争议已不再是中国与周边国家开展正常合作、发展睦邻关系、共筑地区安全的障碍。”第二，“中国把加强经济交流与合作作为营造周边持久安全的重要途径。中国积极参与各种形式的地区经济合作，与本地区各国共同努力推动形成多渠道、多层次、多形式经济合作新局面。以东亚10+3合作为代表的各种地区经济合作机制的发展，不仅给有关国家带来了现实经济利益，也增进了各参与方的相互交流、信任与合作，进而促进了本地区的安全与稳定。”第三，“中国努力推动地区安全对话合作机制的建设。中方相信，一个对话而非对抗的地区安全框架，是亚太安全的重要保障。为此，中国高度重视并积极参与上海合作组织和东盟地区论坛。”第四，“上海合作组织是对新安全观的成功实践。从1996年‘上海五国’进程启动以来，中、俄、哈、吉、塔五国先后签署《关于在边境地区加强军事领域信任的协定》和《关于在边境地区相互裁减军事力量的协定》，通过友好协商妥善解决了历史遗留的边界问题，并率先提出打击恐怖主义、分裂主义和极端主义的鲜明主张。上海合作组织成立后，六个成员国相继签署《打击恐怖主义、分裂主义和极端主义上海公约》和《上海合作组织成员国关于地区反恐怖机构的协定》，积极参与国际和地区反恐斗争，稳步推进区域经济合作，大力倡导不结盟、不对抗、不针对其他国家和地区的安全合作模式。”第五，“东盟地区论坛在开展建立信任措施、推动预防性外交方面取得了积极进展。论坛通过平等对话促进安全的思路符合新安全观的主张。在‘9·11’事件后的新形势下，论坛更加重视非传统安全领域的问题，开展了实质性的探讨与合作，增强了论坛的活力，促进了互信合作。”

四、十届全国人大期间政府工作报告对新安全观的强调与发展

中国政府提出的新安全观，其核心虽然被概括为“互信、互利、平等、协作”八个字，但全面分析《中国关于新安全观的立场文件》便能够看到，中国新安全观的内容并不限于这八个字及其具体内容，而是包括了对安全威胁、安全内容、安全手段等多方面问题的全面思考。

但是，《中国关于新安全观的立场文件》所涉及的问题，实际上也还不是中国政府新安全观的全部内容。这份在国际场合发布的《中国关于新安全观的立场文件》，涉及的还只是中国政府对国际安全的认识、评估、政策和实践，而没有涉及国内安全问题。我们知道，“冷战”结束前后国际社会开始出现的“安全观转向”，不仅包括了对安全内容或安全构成要素的认识从军事安全、政治安全向经济安全、信息安全、文化安全、生态安全等方面的转变，对安全威胁的认识从传统的军事侵略和战争等因素向非传统的恐怖主义、信息攻击、文化渗透、生物入侵等因素的转变，对安全保障手段的认识从军事攻防、政治对抗、情报保卫到安全合作、综合保障的转变，对安全目标的认识从自身安全、绝对安全到共同安全、集体安全的转变，而且还包括了对安

全重心的认识从对外安全向内部安全的转变。这就是说，人们在继续关注国家的外部安全问题的同时，开始越来越多地关注到国家内部的安全问题。当然，处于“后冷战”这一“和平与发展”新时代的中国政府，不可能不关注和重视国内的安全问题。

事实上，中国政府在持续关注国家的外部安全和整个国际安全形势的同时，也越来越重视国家内部的安全问题，并把国内安全问题放在了越来越重要的地位上。同时，中国政府对国内安全问题的认识，也越来越远离过去“以阶级斗争为纲”的思维方式，越来越重视通过构建“和谐社会”来实践和实现国内安全。此外，无论是对外安全还是内部安全，中国政府的认识都已经超越了单纯的军事政治观点，开始向民生、文化、信息、科技、生态等方向延伸，形成了一种综合性、系统性的国家安全观。非常明显，这样的安全观，对2002年所提以“互信、互利、平等、协作”为核心的新安全观来说，是非常重要的发展。

用通行的术语来说，这就是一种新的“综合安全观”，但如果更科学合理地来表述这种安全观念，应该称之为“系统安全观”。

如前所见，在1998年九届全国人大一次会议上的政府工作报告中，就有“防灾、减灾、救灾工作对保障人民生命财产安全发挥了积极作用”；“加强大江大河大湖的治理，搞好防洪工程建设，疏浚中小河流，保证安全度汛”；“要防止变相逃债，保护银行资产安全”等表述，这种对民生问题关注，反映的正是新安全观念下对“国民安全”的强调。这里虽然还没有明确地把民生问题放在国家安全的范围之中，没有在国家安全论域中谈论民生问题，但却已经出现了重视民生和国民安全的新动向。此后，在政府工作报告和其他文件中，特别是有关构建“和谐社会”的文件中，不仅越来越重视民生和国民安全问题，而且逐渐把其纳入到了国家安全的视野之中。同时，信息安全、生态安全、文化安全、科技安全等非传统安全问题，也逐渐被纳入政府的国家安全视野之中和工作范围之内。

在新世纪的首届全国人民代表大会一次会议上，即2003年3月的十届全国人大一次会议上，国务院总理朱镕基在3月5日的政府工作报告中，13次提到“安全”，其中已经显露出综合安全观的端倪。这份报告中包含13个“安全”的11句话分别是：(1)“在全国先后开展了声势浩大的打击走私、骗税骗汇、制售假冒伪劣商品的专项行动，对文化、旅游、建筑、集贸等市场和安全生产秩序进行专项整治。”(2)“社会治安综合治理的各项措施进一步落实，社会治安状况好转，人民群众安全感增强”。(3)“人民解放军、武装警察部队、预备役部队和民兵在维护国家主权、安全，支持经济建设和抗灾抢险中，作出了重大贡献。”(4)“综合运用经济、法律和必要的行政手段，以纺织行业为突破口，逐步扩大到煤炭、冶金、建材、石化、制糖等行业，关闭了一大批产品质量低劣、浪费资源、污染严重和不具备安全生产条件的企业，淘汰了一大批落后设备、技术和工艺，压缩了部分过剩生产能力。"（5）"深入开展基层安全创建活动。"（6）"重视和加强安全生产，健全安全生产责任制。"（7）"切实维护国家安全。"（8）"重大安全生产事故时有发生"。（9）"加强农产品质量安全体系和农业社会化服务体系建设。"（10）"高度重视安全生产，切实加强监督管理，保护人民生命财产安全。"（11）"加强国防和军队建设，是国家安全和现代化建设的可靠保证。"

在2004年3月5日十届全国人大二次会议政府工作报告中，"安全"一词出现了18次，其中2次是"国家安全"，还有一次是"新安全观"。在此，我们也把包含了这18个"安全"的12句话罗列出来，以便观察：（1）"党中央、国务院把人民群众的身体健康和生命安全放在第一位，及时研究和部署防治非典工作。"（2）"统一内外贸管理体制，调整了食品安全和安全生产监管体制。"（3）"重大安全事故接连出现，给人民群众生命财产造成严重损失，教训极为深刻。"（4）"凡在环保、安全、能耗、技术、质量等方面不符合标准的项目，尚未建设的不准开工，在建的要进行清理，已建的要限期改造。"（5）"大力发展优质、高产、高效、生态、安全农业，提高农产品质量和竞争力。"（6）"加大执法力度，强化生态环境监管，严格控制主要污染物排放，抓紧解决严重威胁人民群众健康安全的环境污染问题。"（7）"加大整顿和规范市场秩序的力度，重点是继续抓好直接关系人民群众身体健康和生命安全的食品、药品等方面的专项整治。"（8）"加强民主法制建设，维护国家安全和社会稳定。"（9）"要以对国家和人民高度负责的精神，切实加强安全工作。强化安全生产监管，加强安全专项整治，落实安全防范措施，健全安全责任制。坚决查处各类安全事故，依法追究有关人员责任，维护法制和纪律的严肃性。"（10）"加强国防和军队现代化建设，是维护国家安全和全面建设小康社会的重要保障。"（11）"单边主义倾向有新的发展，局部冲突不断，国际恐怖主义活动频繁，南北差距拉大，传统和非传统安全问题交织，给各国人民带来严峻挑战。"（12）"要坚持互信、互利、平等、协作的新安全观，反对霸权主义和强权政治，反对一切形式的恐怖主义，继续推动建立公正合理的国际政治经济新秩序。"

在2005年的政府工作报告中，"安全"一词出现了28次之多，其中有4次是"国家安全"，同时还有依次出现过"社会安全""金融安全""人民群众健康安全""生命安全""人民群众的安全感""公共安全""国家安全意识""维护国家安全的机制""地区安全""新安全观"等概念，特别是还强调"将全面加强经济外交和对外文化交流，积极维护我国公民在海外的生命安全和合法权益"。更为值得关注的是，这次报告中有关国家安全意识和国家安全机制的论述，是放在事关国内安全的“社会稳定工作”一段加以论述的。这段话的全文是：“高度重视社会稳定工作。正确处理人民内部矛盾，及时合理地解决群众反映的问题，坚决依法纠正各种损害群众利益的行为。认真实施《信访条例》，加强和改进信访工作。建立健全社会矛盾纠纷调处机制，完善社会稳定的预警体系和应急处理机制，积极预防和妥善处置群体性事件。进一步加强社会治安综合治理，积极推进社会治安防控体系建设。依法严厉打击各种刑事犯罪，特别是危害国家安全犯罪、严重暴力犯罪、黑社会性质组织犯罪、毒品犯罪和多发性侵财犯罪，增强人民群众的安全感。提高保障公共安全和处置突发事件的能力，减少自然灾害、事故灾难等突发事件造成的损失。增强国家安全意识，构建维护国家安全的机制。”这说明，在中国政府的工作中，已经开始把以社会稳定为重点的国内安全问题纳入整体的国家安全工作中了，并且把此作为维护国家安全工作机制中的重要内容。包括国内安全在内的系统安全观，在中国政府的安全思维开始逐渐形成。这可以看作是对2002年《中国关于新安全观的立场文件》所阐述的“新安全观”的重要发展。

2006年的政府工作报告，提到“安全”一词的有4处，其中有3处是“安全生产”，1处是“粮食安全”。正是此后，“粮食安全”成为中国政府越来越关注和重视的非传统安全问题。

2007年的政府工作报告，共出现3次“安全”，分别是“安全饮水”“食品药品安全”和“安全生产”。

五、十一届全国人大以来政府工作报告对新安全观的强调与落实

在2008年，十一届全国人大一次会议上，温家宝所作政府工作报告中，对下一年工作提出建议时，在34句话中共42次讲到“安全”。这34句包括了42个“安全”的话依次是：

（1）五年新增节水灌溉面积666.7万公顷、新增沼气用户1650万户、新建改建农村公路130万公里，解决了9748万农村人口饮水困难和饮水安全问题，建立了重大动物疫病防控体系，防止了高致病性禽流感等疫情蔓延。

（2）土地和矿产资源市场秩序、产品质量和食品药品安全等专项整治取得明显成效，保护知识产权力度加大，严厉打击了制假售假、非法传销、商业欺诈、盗版侵权等违法犯罪活动。

（3）高度重视安全生产工作，健全安全监管体制，落实安全生产责任制，加强

安全生产法制建设。

（4）依法打击各类犯罪活动，有效维护了国家安全和社会稳定。

（5）人民解放军和人民武装警察部队为维护国家主权、安全、领土完整和促进社会和谐稳定作出了重大贡献。

（6）劳动就业、社会保障、教育、医疗卫生、收入分配、住房、产品质量安全、安全生产、社会治安等方面，还有不少问题需要认真加以解决。

（7）粮食安全，关系经济社会发展全局，关系人民群众切身利益，丝毫不能放松粮食生产。

（8）推进农业标准化生产，提高农产品质量安全水平。

（9）今年要再解决3200万农村人口的安全饮水问题，增加500万农村沼气用户，支持建设一批大中型沼气项目。

（10）加快发展高产优质高效生态安全农业，支持农业产业化经营和龙头企业发展。

（11）加快推进农业机械化。加强良种、信息、农产品质量安全和防灾减灾体系建设，搞好动物疫病和植物病虫害防控。

（12）加大节能减排和环境保护力度，做好产品质量安全工作

（13）加强产品质量安全工作。

（14）加快产品质量安全标准制定和修订。

（15）今年要完成7700多项食品、药品和其他消费品安全国家标准的制定修订工作，健全食品、药品和其他消费品安全标准体系；食品、消费品安全性能要求及其检测方法标准，都要采用国际标准。

（16）完善产品质量安全法制保障。

（17）加快制定修订涉及产品质量安全的法规，完善行政执法与刑事司法紧密衔接的机制，加大对违法违规企业的惩处力度。

（18）健全产品质量安全监管体系。

（19）提高涉及人身健康和安全产品的生产许可条件和市场准入门槛。

（20）认真落实产品质量安全责任制。

（21）切实防范和化解金融风险，维护金融稳定和安全。

（22）建立国家基本药物制度和药品供应保障体系，保证群众基本用药和用药安全，控制药品价格上涨。

（23）改革的基本目标是：坚持公共医疗卫生的公益性质，建立基本医疗卫生制度，为群众提供安全、有效、方便、价廉的基本医疗卫生服务。

（24）要采取多种方式充实社会保障基金，强化基金监管，确保基金安全，实现保值增值。

（25）要加强农村住房建设规划和管理，切实解决农村困难群众住房安全问题。

（26）集中整治突出的治安问题和治安混乱地区，依法防范和打击违法犯罪活动，保障人民生命财产安全，确保社会大局稳定。

（27）加强国家安全工作。

（28）强化安全生产工作。

（29）加大源头治理力度，遏制重特大安全事故发生。

（30）巩固和发展煤矿瓦斯治理和整顿关闭两个攻坚战成果，继续开展重点行业领域安全专项整治。

（31）加强对各类安全事故隐患排查和整治工作，健全重大隐患治理、重大危险源监控制度，完善预报、预警、预防和应急救援体系。

（32）依法加强监管，严肃查处安全生产事故。

（33）加大专项治理力度，重点解决环境保护、食品药品安全、安全生产、土地征收征用和房屋拆迁等方面群众反映强烈的问题，坚决纠正损害群众利益的不正之风。

（34）着眼全面履行新世纪新阶段军队历史使命，提高军队应对多种安全威胁、完成多样化军事任务的能力，坚决维护国家主权、安全和领土完整，为全面建设小康社会提供坚强有力的保障。

这次政府工作报告中提到的“安全”，虽然并不都是“国家安全”，但也有些直接就是国家安全，还有更多的是与国家安全具有直接或间接联系的其他安全问题，它们多属于非传统的安全问题，例如“饮水安全”“食品药品安全”“产品质量安全”“粮食安全”“农产品质量安全”“高产优质高效生态安全农业”“消费品安全”“人身健康和安全”“金融稳定和安全”“用药安全”“住房安全”“人民生命财产安全”等，都是这样。至于把“加强国家安全工作”一句，放在“完善社会管理”一段中，说明政府依然把社会稳定这一国内安全问题，看作是国家安全的重中之重。

事实上，通过政府工作报告中提到的已经做了的和准备要做的各项工作，我们可以看到中国政府近年来不仅在不断发展新安全观的过程中强化着新安全观，而且还通过各方面的具体工作来不断落实新安全观包括的各方面具体内容。这一点，在2009年的政府工作报告中，继续得到了体现。

在2009年3月5日十一届全国人大二次会议政府工作报告中，有22个“安全”，依次出现在如下14段话中：

（1）解决4800多万农村人口的饮水安全问题。

（2）加强社会治安防控体系建设，开展反分裂、反恐怖斗争，维护了国家安全和社会稳定。

（3）食品安全事件和安全生产重特大事故接连发生，给人民群众生命财产造成重大损失，教训十分深刻。

（4）全国财政赤字合计9500亿元，占国内生产总值比重在3%以内，虽然当年赤字增加较多，但由于前几年连续减少赤字，发债空间较大，累计国债余额占国内生产总值比重20%左右，这是我国综合国力可以承受的，总体上也是安全的。

（5）加强跨境资本流动监测和管理，维护金融稳定和安全。

（6）再解决6000万人安全饮水问题，

（7）全面提高产品质量和安全生产水平。

（8）今年要在全国开展整顿和规范市场秩序专项行动以及“质量和安全年”活动，各行各业都要加强全员、全过程、全方位质量和安全管理。进一步强化重点行业安全生产监管，坚决遏制重特大安全事故发生。深入开展食品药品安全专项整治，健全并严格执行产品质量安全标准。实行严格的市场准入制度和产品质量追溯制度、召回制度。要让人民群众买得放心、吃得安心、用得舒心。

（9）切实加强社会保障基金监管，保证基金安全。

（10）实施全国中小学校舍安全工程，推进农村中小学标准化建设。要把学校建成最安全、家长最放心的地方。

（11）切实解决看病贵、看病难问题，为人民群众提供安全、有效、方便、价廉的医疗卫生服务。

（12）严密防范、依法严厉打击各类违法犯罪活动，维护国家安全和社会稳定。

（13）人民解放军为维护国家主权、安全和领土完整，支持国家现代化建设，完成急难险重任务，发挥了重要作用。……扎实推进机械化条件下军事训练向信息化条件下军事训练转变，不断提高应对多种安全威胁、完成多样化军事任务的能力。

（14）坚定维护国家的主权、安全和发展利益，保障我国公民和法人在海外的合法权益。

与以前的政府报告一样，通过如上表述，我们可以看到中国新安全观内容的丰富性，看到中国政府对各种非传统安全问题的重视，看到中国政府在各项具体工作中对包括“互信、互利、平等、协作”这一国际安全观在内的，同时又包括以“社会稳定”为重心国内安全观在内的、以“综合安全观”“系统安全观”为特征的新安全观的落实。报告中对于反恐怖、食品安全、财政安全、社保基金安全、中小学生安全、医疗卫生安全、维护社会稳定、军队应对多种安全威胁、保障我国公民和法人在海外的权益等问题的论述，都说明了这一点。

参考文献

[1]中央政府门户网. 历届全国人民代表大会历次会议[DB/OL]. http://www.gov.cn/2008lh/content_899767.htm.

[2]中央政府门户网. 历年国务院政府工作报告(1954年至2009年)[DB/OL]. http://www.gov.cn/test/2006-02/16/content_200719.htm.

[3]江泽民. 推进裁军进程,维护国际安全[A]. 江泽民文选(第3卷)[M]. 北京:人民出版社,2006.

[4]江泽民. 在庆祝中国共产党成立八十周年大会上的讲话(2001年7月1日)[R]. 北京:人民出版社,2001.

[5]中国关于新安全观的立场文件[ED/OL]. http://www.fmprc.gov.cn/chn/wjb/zzjg/gjs/gjzzyhy/1136/1138/t4549.htm

[6]温家宝. 政府工作报告——2008年3月5日在第十一届全国人民代表大会第一次会议上[R]. http://www.gov.cn/2008lh/content_923918.htm.

[7]温家宝. 政府工作报告——2009年3月5日在第十一届全国人民代表大会第二次会议上[R]. http://www.gov.cn/test/2009-03/16/content_1260221.htm.

[8]刘跃进. 2005年国内的国家安全研究[A]//马立斌,刘跃进,张士铨. 中国国家安全概览[M]. 上海:上海三联书店,2008.

中国国家安全顶层设计新思路

（2013 年 12 月）

如果说“设立国家安全委员会”是对原来提出的“完善国家安全体制”的具体落实，“制定和实施国家安全战略”是对原来提出的“完善国家安全战略”的具体要求，那么“推进国家安全法治建设”则是关于中国国家安全新的战略思考。

2013 年 11 月召开的党的十八届三中全会，提出了关于中国国家安全的三个顶层设计新思路：一是“设立国家安全委员会”，二是“制定和实施国家安全战略”，三是“推进国家安全法治建设”。

一

中共十八届三中全会“设立国家安全委员会”的决策，是对 2004 年 9 月十六届四中全会首次提出并在后来多次强调的“构建”或“健全”“国家安全工作机制”及“完善国家安全体制”的落实。

虽说 1992 年十四大、1997 年十五大、2002 年十六大，都曾不同程度地论到了国家安全，但只有 2004 年 9 月十六届四中全会通过的《中共中央关于加强党的执政能力建设的决定》，才第一次比较系统地论述了国家安全问题，并首次提出要“抓紧构建维护国家安全的科学、协调、高效的工作机制”。在 2006 年 10 月十六届六中全会通过的《中共中央关于构建社会主义和谐社会若干重大问题的决定》中，这一提法变成了“健全科学、协调、高效的工作机制”。到 2007 年 10 月，十七大报告把相关提法概括成“健全国家安全体制”八个字。2012 年十八大时，相关内容与“国家安全战略”合为一体，被表述为“完善国家安全战略和工作机制”。十八届三中全会上，习近平总书记从“不能适应”的角度用了“安全工作体制机制”的表述，全会公告则从正面建设角度强调“完善国家安全体制”。至此，“完善国家安全体制”成了一个最新也最准确的表述。

从理论与逻辑关系上看，中共中央决定“设立国家安全委员会”，既是落实“完善国家安全体制”的需要，更是为了进一步“完善国家安全体制”，是今后继续“完善国家安全体制”的重要保障。

因此，“设立国家安全委员会”是“完善国家安全体制”进程中非常重要的一步，未来设立的“国家安全委员会”也将是“国家安全体制”中最重要的组成部分。

但是面向未来，“国家安全委员会”并不是“国家安全体制”的全部内容，国家安全委员会的设立也不是“完善国家安全体制”的结束，而是进一步“完善国家安全体制”的开始，今后还有更多“完善国家安全体制”的任务需要通过“国家安全委员会”这个平台设计和完成。

根据十八届三中全会上习近平总书记的说明，在“对外维护国家主权、安全、发展利益，对内维护政治安全和社会稳定的双重压力”下，在“各种可以预见和难以预见的风险因素明显增多”的情况下，国家安全委员会重要而迫切的任务，是“统筹国家安全工作”，“加强对国家安全工作的集中统一领导”，特别是“制定和实施国家安全战略，推进国家安全法治建设，制定国家安全工作方针政策，研究解决国家安全工作中的重大问题”。

在国家安全委员会将要面对的上述多方面任务中，被习近平总书记作为“国家安全委员会主要职责”首先提出的有两个，一是“制定和实施国家安全战略”，二是“推进国家安全法治建设”。这就出现了“设立国家安全委员会”之外的另两个顶层设计新思路。

二

国家大战略包括两个重要方面，一是国家发展战略，二是国家安全战略。

从 1953 年开始，我国就公开制定并实施国民经济五年计划。后来，根据计划经济向市场经济的转变，“计划”变成了“规划”，但也从经济扩展到了社会方面。如果说以前的“五年计划”是国家发展战略的主要内容的话，那么后来的“五年规划”事实上就是我国的国家发展战略。

但是与此不同，虽然不能说新中国从来就没有国家安全战略，因为在新中国成立后中共中央、中央政府、中央军委等党政军机关出台的文件中，在党和国家领导人的报告、讲话、批示、指示中，存在着不同形式的国家安全战略认知和谋划，但是迄今为止，我国还没有出现过任何公开的、成文的、全面的国家安全战略文本。

因此，在当前变得日益复杂严峻的国家安全形势下，中国应当像世界上主要大国一样，制定和实施自己的国家安全战略。

对此，学界在 20 世纪 90 年代就有过议论，2004 年的《中共中央关于加强党的执政能力建设的决定》中也首次明确提出要“完善国家安全战略”。此后，2006 年的《中共中央关于构建社会主义和谐社会若干重大问题的决定》、2007 年的十七大报告、2012 年的十八大报告、2013 年的十八届三中全会公报，一直都有“完善国家安全战略”的要求。但令人遗憾的是，“完善国家安全战略”的要求虽然提出已近 10 年，全面完整的中国国家安全战略文本至今还未出台。

也许正因如此，习近平总书记在十八届三中全会上说明国家安全委员会主要职责时，把“制定和实施国家安全战略”放在了最前面。对此，有两层寓意：第一，国家安全委员会设立后，将立即把制定和实施国家安全战略摆上日程，直接领导或指导国家安全战略的制定和实施。第二，把多年来的“完善国家安全战略”提法，具体化为“制定国家安全战略”，意味着出台全面完整的国家安全战略文本是“完善国家安全战略”重要指标，国家安全战略文本将会在国家安全委员会设立后迅速拟定出台。

三

如果说“设立国家安全委员会”是对原来提出的“完善国家安全体制”的具体落实，“制定和实施国家安全战略”是对原来提出的“完善国家安全战略”的具体要求，那么“推进国家安全法治建设”则是关于中国国家安全的全新战略思考，是中共中央文件中的全新内容。

目前，我国虽有一部 1993 年出台实施的《国家安全法》，同时也初步形成了一个包括《宪法》《刑法》《保密法》《国防法》等在内的国家安全法律体系，但从当代国家安全现实来说，这离习近平总书记提出的“国家安全法治”还相差甚远，因而“推进国家安全法治建设”就成了未来国家安全委员会的第二项主要职责。这也是十八届三中全会对中国国家安全的第三个战略性顶层设计思路。

首先，当前的《中华人民共和国国家安全法》，是一部名不副实的法律，其名虽有“国家安全”一词，其实不过是隐蔽战线反间谍侦查方面的很不成熟的法律。因此，根据当代中国国家安全现实、国家安全理论研究成果、社会主义法制体系建设要求，制定一部名副其实的国家安全法，就成为“推进国家安全法治建设”必须首先完成的一项重要任务。

其次，在各种非传统安全问题日益进入国家安全领域的当今时代，不仅未来名副其实的《中华人民共和国国家安全法》需要全面反映当代国家安全的丰富内容和复杂关系，而且还需要通过军事、政治、经济、文化、科技、信息、生态、情报等领域的国家安全立法来完善整个国家安全法律体系。当今中国是否需要以及需要什么样的国家军事安全法、国家经济安全法、国家信息安全法、国家情报法、国家反间谍法，等等，都是在“推进国家安全法治建设”过程中需要认真思考、探索和完成的。

再次，与其他领域一样，国家安全领域仅仅“有法可依”还远远达不到“国家安全法治”的要求。要实现“国家安全法治”，还要做到“有法必依”“执法必严”“违法必究”。从当前中国整个法治建设现状来看，如果说其他领域都远远没达到这一要求，那么国家安全领域要达到这一要求就更加困难了。

因此，“推进国家安全法治建设”的顶层思路虽然已在中央文件中形成，但要真正“推进国家安全法治建设”，特别是最终实现国家安全法治，可能还有相当长的路需要法学界、国家安全学界、国家安全政界携手合作，共同跋涉。这更需要在新设立的国家安全委员会领导下逐步实现。

中国官方非传统安全观的历史演进与逻辑构成

（2014 年 3 月）

摘要：中国官方从 20 世纪 90 年代后期开始，逐渐关注和重视各种非传统安全问题，先是以“新安全观”的名义，在国际场合提出一种非传统的国际安全观，后又以“传统安全威胁与非传统安全威胁相互交织”的提法，在中国国家安全实践中表达了一种非传统的安全威胁观，最终在 2002 年形成了比较完整的非传统安全观。此后，中国的非传统安全观不断发展和丰富，在理论内在逻辑上既有对安全构成要素的非传统认知，又有对安全影响因素和安全威胁因素的非传统认知，还有对安全保障问题的非传统认知，而且在这些方面又都包括了国际安全与国家安全两个领域以及国家安全中的对外安全与对内安全两个方面，因而成为一种比较全面系统的非传统安全观。2013 年中共十八届三中全会围绕“设立国家安全委员会”展开的国家安全论述，再次从安全构成要素、安全影响因素和威胁因素，特别是安全保障机制等方面，进一步彰显了中国这种既包容非传统安全问题又包容传统安全问题的综合性非传统安全观，其中最重要的是习近平总书记提出的“推进国家安全法治建设”，开创了一条国家安全保障顶层设计的新思路，在法治尚不健全的中国具有强烈的非传统安全保障色彩。

关键词：中国国家安全；安全构成；新安全观；非传统安全观；国家安全委员会

在中国官方开始公开以“国家安全”名义讨论安全和国家安全问题时，西方的安全研究和中国的国家安全理论都随着时代的发展而开始发生深刻变化，其中最重要的一点是非传统安全问题引起了学者们的关注，他们不仅把非传统安全问题作为安全研究的重要对象，而且开始从非传统的视角研究传统安全问题，最终形成了一种思维方式有别于传统安全观、思维内容涵盖传统安全问题与非传统安全问题两个方面的非传统安全观。这样的非传统安全观，不仅从“冷战”后期逐渐成为西方“安全研究”的主导思维方式，而且从 20 世纪末开始逐渐成为中国“国家安全理论”的主导思维方式。在世界各国学者从非传统视角研究传统安全问题和非传统安全问题，发表大量学术成果的同时，越来越多的政府组织和非政府组织也开始从非传统的视角审视和对待各种传统安全问题与非传统安全问题，形成了各种官方的和非官方的非传统安全观。中国官方的非传统安全观，正是在这个背景下逐渐形成、发展和丰富起来的。

一、中国官方长期秉持的传统安全观

中国官方在公开文件中最早使用“国家安全”这一术语是1983年。六届全国人大一次会议政府工作报告中说：“为了确保国家安全和加强反间谍工作，国务院提请这次大会批准成立国家安全部，以加强对国家安全工作的领导。”[①] 这是中国执政党和中央政府首次使用“国家安全”一词。但是非常明显，这里的“国家安全”，表达的是一个非常传统的安全问题，即隐蔽战线的间谍与反间谍、情报与反情报的问题。

不可否认，从中华人民共和国成立到1983年以及此后的若干年内，中共中央和中央政府也经常讲到当前人们所说的一些非传统的安全问题，例如安全生产、交通安全、人民生命财产安全、抗击自然灾害等，但在当时，无论官方还是民间，都没有把这些不同方面的安全问题与国家安全联系起来，没有把它们作为国家安全论域中的非传统安全问题。例如，1988年七届全国人大一次会议上的政府工作报告，共7次出现“安全”一词，但其中的“安全第一”“安全生产”等都只局限于交通运输和工业生产，与国家安全毫无关联。与此相反，讲“公安、安全、司法行政部门”时，讲“打击危害国家安全的间谍活动”时，以及在国际部分表示希望看到“数百万阿富汗难民能够安全地返回家园”，表示支持“南部非洲各国人民维护国家安全、反对南非侵略的正义斗争”，表示赞赏“第三世界的各种地区合作组织为维护本地区的安全、促进本地区的发展所作的努力”[②] 等，都是传统的国家安全问题或传统的国际安全问题。在这里，国家安全问题与非国家安全的安全问题，泾渭分明，互不相关。

1992年，中共十四大首次在大会报告中用了“国家安全”术语，并4次出现“安全”一词，但这些论述都集中在传统安全色彩非常强的“军队建设”部分。虽然中共中央从这次党代会开始公开讨论“国家安全”这一长期处于秘密状态的“高阶政治”问题，但依旧把军事和政治作为国家安全的主要内容，无形中也就把国家安全等同于军事安全问题和政治安全问题。

---

① 政府工作报告——1983年6月6日在第六届全国人民代表大会第一次会议上. 新华网，http://news.xinhuanet.com/ziliao/2004-10/19/content_2108881.htm.

② 李鹏. 政府工作报告——1988年3月25日在第七届全国人民代表大会第一次会议上. 新华网，http://news.xinhuanet.com/ziliao/2004-10/19/content_2108881.htm.

虽然有人认为，“中国安全观的转变可以上溯至20世纪70年代末，这一点可以从‘和平与发展是时代的主题’和‘大规模战争是可以避免的’这两个判断上体现出来”,① 但当时不仅没有“安全”和“安全观”的概念，而且还是用“和平”与“战争”（而不是“安全”与“威胁”）这样的字眼来表达一种基于军事的传统安全观念，因而这还不能说是非传统的新安全观形成的开始。只有当战争的阴影渐远，和平基本成为一种常态时，人们才可能逐渐提出比“和平”更高的要求，即“安全”。这时，人们所要排除的不再限于大规模流血暴力冲突，即“战争”，而是进一步要求消除比战争威胁要次级的各种各样“威胁”。这样的要求，虽然对于那些较早就处于战争阴影之外的国家和人民来说，特别是对那些处于这种环境中的知识精英和政治精英来说，在“冷战”后期就已经有所意识，因而提出了“综合安全”“共同安全观”“合作安全”② 等新观念，但对于中国人民以及中国的知识分子和政治领袖来说，当时并没有也不可能有这样的先知先觉。

中国学者和中国执政党及政府能够不囿于“战争与和平”的传统思维和传统安全观，而进一步去思考“威胁与安全”，是在“冷战”结束七八年后的20世纪90年代中后期。

二、从传统安全观向非传统安全观的过渡

20世纪90年代后期到21世纪初，中国官方开始逐渐由传统安全认知向非传统安全认识过渡，最终在2002年初步形成了不同以往的非传统安全观。这一过渡最早出现在中国对外安全领域和对国际安全的认识上，其后才逐渐延伸到国内安全领域及对中国国家安全的整体认识上。

1996年7月，钱其琛在东盟地区论坛大会上的讲话，第一次显露了中国政府新安全观的端倪。钱其琛在讲话中说，我们主张通过对话与协商，增进相互了解和彼此信任；通过扩大和深化经济交往与合作，共同参与和密切合作，促进地区安全，巩固政治安全。他还说，中国作为亚太的一员，对本地区安全环境高度重视、十分关注，始终致力于发展与各国的对话与合作。中国经济的发展不构成对任何国家的威胁，相反，如果有12亿人口的中国陷入贫困和混乱，这将对地区的稳定构成不利的影响。钱其琛提议东盟地区论坛开展军转民方面的对话，并适时开始探讨综合安全方面的合

① 刘国新．中国新安全观的形成及实践[J]．思想理论教育导刊,2006(1):63－69.
② 刘跃进．国家安全学[M]．北京:中国政法大学出版社,2004:298～299.

作问题。[1] 正是由于涉及“信任”“合作”“地区安全”和“综合安全”等术语，同时还明确要通过“军转民”来“探讨综合安全方面的合作问题”，因而可以看作是中国开始在对外安全和国际安全领域探索一种不同以往的新安全观。

但是，中国政府这时还没有真正形成比较系统的新安全观，甚至还没有提到“安全观”和“新安全观”这样的术语。

1997 年 3 月，中国政府与菲律宾政府在北京共同举办东盟地区论坛信任措施会议，各方就地区安全环境、安全观念和国防政策等问题交换意见，中国政府为此提出维护地区安全应尊重各国主权、和平解决争端和采取综合安全，要通过磋商、对话与合作等和平手段促进地区安全，并首次使用了“新安全观”[2] 的表述。同年 4 月 23 日，时任国家主席的江泽民在俄罗斯联邦国家杜马发表演说时，第一次系统地阐述了中国关于维护整个世界安全的新安全观的基本主张，强调“双方主张确立新的具有普遍意义的安全观，认为必须摈弃‘冷战思维’，反对集团政治，必须以和平方式解决国家之间的分歧或争端，不诉诸武力或以武力相威胁，以对话协商促进建立相互了解和信任，通过双边、多边协调合作寻求和平与安全”。这些内容写入了同一天中俄两国元首签署的《中俄关于世界多极化和建立国际新秩序的联合声明》之中。[3]

与中国政府在国际上倡导新安全观，但还未形成完整的非传统安全观相适应，1997 年 9 月召开的中共十五大也反映出中国官方已经开始从传统安全认知向非传统安全认知的转变，但还没有真正实现这种转变。在中共十五大报告中 6 次提到“安全”，其中 3 处是“国家安全”，而且还首次提到与传统安全认知具有重要区别的“国家经济安全”，表明一种非传统的安全认知已经出现，但是，这一报告依然把“安全”和“国家安全”放在“军事”部分集中讨论，因而也只能说是非传统安全认

---

① 钱其琛在东盟地区论坛会议上发表讲话[N]. 人民日报,1996－05－15.

② “新安全观”一词,其实是中国官方关于“非传统安全观”的一个阶段性表述,在 2002 年中共十六大报告和 2004 年中共十六届四中全会的决定中,既有“新安全观”的提法,也有“传统安全威胁和非传统安全威胁的因素”的提法,但在 2007 年中共十七大报告和 2012 年中共十八大报告及中共十八届三中全会文件中,都再没有出现“新安全观”或类似于“新安全××”的字样,而只有“传统安全威胁和非传统安全威胁”的提法,这说明官方不再倾向于“新安全观”和“新安全××”(即“新的安全观”和“新的安全××”)的提法,而倾向于“非传统安全××”(即“非传统的安全××”,包括明确提到“非传统的安全威胁”,也包括没有明确提到但可以加以概括的“非传统的安全观”)的表述。“非传统安全观”以及相应的“传统安全观”,在其高级形态和科学完整的意义上,是指“非传统的安全观”和“传统的安全观”,而不是“非传统安全(问题)安全观”和“传统安全(问题)安全观”。在逻辑上,“非传统安全观”与“传统安全观”是一对矛盾概念,但“非传统安全观”并不是只关注和研究非传统安全问题的观念和理论,而是以非传统的安全思维来全面认识和研究非传统安全问题及传统安全问题的观念和理论,它对传统安全观是一种扬弃,对传统安全问题是在更高层次上的容纳。对于这方面的概念分析,参见刘跃进. 不成立的“非传统安全”一词[J]. 华北电力大学学报(社会科学版),2014(1):83－89.

③ 中俄关于世界多极化和建立国际新秩序的联合声明[EB/OL]. 新华网,http://news.xinhuanet.com/ziliao/2002－09/30/content_581524.htm,1997－04－23.

识已经出现，非传统安全观开始萌生，但并没有形成比较完整的非传统安全观。

即便江泽民1999年3月在日内瓦裁军谈判会议上第一次提出“新安全观的核心”“应该是互信、互利、平等、合作”,[①] 2001年7月把“合作”改为“协作”并强调“国际社会应该树立以互信、互利、平等、协作为核心的新安全观”，这种被反复强调的“新安全观”依然不是完整的安全观，而只是一种对外安全观和国际安全观。

由于本文论及非传统安全问题时，对相关概念作了区别使用（见表1），笔者根据表1内容，按照从下到上、从左到右的顺序对这些概念进行解释。

表1　安全问题相关概念

<table>
<tr><td rowspan="2">非传统安全问题</td><td rowspan="2">非传统安全构成要素</td><td rowspan="2">非传统安全威胁因素</td><td rowspan="2">非传统安全保障手段/措施</td><td>低级非传统安全观</td><td rowspan="2">非传统安全观</td></tr>
<tr><td>高级非传统安全观</td></tr>
<tr><td>传统安全问题</td><td>传统安全构成要素</td><td>传统安全威胁因素</td><td>传统安全保障手段/措施</td><td colspan="2">传统安全观</td></tr>
<tr><td rowspan="2">时间 结构</td><td>安全构成</td><td>安全威胁</td><td>安全保障</td><td colspan="2" rowspan="2">安全观念</td></tr>
<tr><td colspan="3">安全问题（狭义）：只包括客观安全问题</td></tr>
<tr><td colspan="6">安全问题（广义）：包括客观安全问题与主观安全问题</td></tr>
</table>

（1）“安全问题”是一个包容性最大的概念。“（广义）安全问题”在逻辑结构上既包括客观存在的各种安全现实问题，也包括主观领域的各种安全观念问题；在历史进程上既包括各种传统安全问题，也包括各种非传统安全问题。“（狭义）安全问题”与“安全观念问题”相区别，专指客观存在的各种安全问题，如安全构成问题、安全威胁问题、安全保障问题等。（2）从结构上对“安全问题”进行划分，它包括安全构成、安全威胁、安全保障、安全观念这样四个方面。（3）“安全构成”可衍生出“安全构成要素”概念，同时从传统与非传统的角度可划分为“传统安全构成”与“非传统安全构成”、“传统安全构成要素”与“非传统安全构成要素”两对概念。（4）“安全威胁”可衍生出“安全威胁因素”概念，同时包括“安全威胁手段”“安全威胁方式”等概念，而这些概念又都可以从传统与非传统角度划分为不同的矛盾概念，如中共中央在十六大之后多次使用的“传统安全威胁因素”与“非传统安全威胁因素”，及“传统安全威胁”与“非传统安全威胁”这样一些具有矛盾关系的概念。（5）“安全保障”包括“安全保障措施”“安全保障手段”“安全保障战略”等概念，其中的每一个概念也都可从传统与非传统的角度划分成不同的矛盾概念，如“传统安全保障”与“非传统安全保障”、“传统安全保障手段”与“非传统安全保

① 人民网，http://www.people.com.cn/item/ldhd/Jiangzm/1999[1999-03-26]/jianghua/jh0005.html.

障手段”、“传统安全保障战略”与“非传统安全保障战略”等。(6)“安全观念”则包括交错复杂的“安全观”“安全思维”“安全认识”“安全认知”等概念，其中的每个概念照样可以从传统与非传统的角度进行划分，从而形成“传统安全观”与“非传统安全观”、“传统安全思维”与“非传统安全思维”、“传统安全认知”与“非传统安全认知”等成对概念；同时还可从国际与国家、对外与对内的角度把其分为国际安全观与国家安全观、对外安全观与对内安全观。（7）无论是“传统安全观”，还是“非传统安全观”，都不是一个统一的学派，也不是一种统一的思维观念，而只是对两类在不同历史阶段出现的不同思想和观点的统称。“传统安全观”是对过去那些以不同方式强调军事安全手段以及政权安全、领土安全、主权安全等安全目标的思想观念的统称。“非传统安全观”则是对“冷战”后期开始出现的各种强调非军事安全手段以及人的安全、生态安全、环境安全等安全目标的思想观念的统称。但是，“非传统安全观”有两种情形，一是只强调各种非军事手段和人的安全、生态安全、环境安全等非传统安全目标，而完全否定或基本忽略军事手段及政权安全、政治安全、领土安全、主权安全等安全目标；二是既关注和强调各种非传统安全要素、非传统安全威胁、非传统安全保障，又关注和强调各种传统安全要素、传统安全威胁、传统安全保障。前一种非传统安全观是片面的非传统安全观，是一种低级形态的非传统安全观，也是不科学不合理的安全观，而后一种非传统安全观是全面的非传统安全观，是一种高级形态的非传统安全观，也是科学合理的安全观。

三、中国官方非传统安全观的最终形成

以2002年7月中国政府在国际场合发布的《中国关于新安全观的立场文件》和2002年11月中共十六大报告明确提出“传统安全威胁和非传统安全威胁的因素相互交织”为标志，中国官方最终形成了一种比较系统的非传统安全观。

2002年7月31日，在东盟地区论坛外长会议上，中国代表团发表了《中国关于新安全观的立场文件》，全面系统地阐述了中国在新形势下的安全观念和政策主张，表达了中国对外安全观与国际安全观的最完整形态。这份《中国关于新安全观的立场文件》，包括引言、背景、政策、实践4个部分。“引言”部分通过总结历史经验教训，指出以对话与合作为主要特征的新安全观逐渐成为当今时代的潮流之一。“背景”部分在分析冷战后国际形势发展变化后指出，安全的含义已演变为一个综合概念，其内容由军事和政治扩展到经济、科技、环境、文化等诸多领域；寻求安全的手段趋向多元化，加强对话与合作成为寻求共同安全的重要途径；当今世界安全威胁呈

现多元化、全球化的趋势，各国在安全上的共同利益增多，相互依存加深。“政策”部分在回顾中国政府提出并不断强调新安全观的历程后指出，“新安全观的核心应是互信、互利、平等、协作”，并着重从各国安全及国际安全的维护与保障方面，对这一核心做了详细阐述。最后的“实践”部分，从5个方面阐述了中国对如上新安全观的具体实践，从而证明新安全观具有可行性。①

虽然《中国关于新安全观的立场文件》阐述的依然是国际安全和国家对外安全问题，但却系统论述了安全领域从军事、政治向经济、科技、环境、文化等领域的扩展，安全威胁日益多元化、全球化的趋势，安全实现需要寻求多元化手段，特别需要通过加强对话与合作来寻求共同安全，因而可以说，这是中国政府提出的一种比较系统的非传统国际安全观和非传统对外安全观。

2002年11月，中共十六大报告不仅在国际安全和国家对外安全的角度继续强调“新安全观”，而且从中国国家安全出发更系统地讨论了整个国家安全问题，其中既涉及外部安全，也涉及内部安全；既涉及安全构成要素，也涉及安全威胁因素和安全保障措施，因而形成了一种全面的非传统安全观。

中共十六大报告提到“国家安全”一词的数量虽然与上次党代会报告一样，只有3次，但“安全”一词的使用频率却从上次党代会报告中的6次上升到14次，并且第一次在全国党代会上论述了以“互信、互利、平等、协作”为核心的“新安全观”，同时在安全构成方面，超越了军事国防，再次提到“国家经济安全”，强调“在扩大对外开放中，要十分注意维护国家经济安全”；在安全威胁方面，超越了传统威胁因素，注意到了非传统威胁因素，强调“传统安全威胁和非传统安全威胁的因素相互交织，恐怖主义危害上升”；在安全保障方面，既强调“加强国家安全工作，警惕国际国内敌对势力的渗透、颠覆和分裂活动”，“建立巩固的国防是我国现代化建设的战略任务，是维护国家安全统一和全面建设小康社会的重要保障”，又强调“关系国民经济命脉和国家安全的大型国有企业、基础设施和重要自然资源等，由中央政府代表国家履行出资人职责”，强调“安全上应相互信任，共同维护，树立互信、互利、平等和协作的新安全观，通过对话和合作解决争端，而不应诉诸武力或以武力相威胁”。②

---

① 中国关于新安全观的立场文件(2002年7月31日)[EB/OL]. 外交部网站,http://www.fmprc.gov.cn/mfa_chn/ziliao_611306/tytj_611312/t4549.shtm.

② 江泽民. 全面建设小康社会,开创中国特色社会主义事业新局面——在中国共产党第十六次全国代表大会上的报告(2002年11月8日)[EB/OL]. 新华网,http://news.xinhuanet.com/newscenter/2002-11/17/content_632239.htm.

此后，中国官方在历年发布的各种公开文件中，继续强调并不断丰富和深化着2002年形成的非传统安全观，并使其在安全构成要素、安全影响因素与威胁因素以及安全保障体系等安全理论的三方面逻辑构成中不断得以丰富和完善。

四、非传统的安全构成观

人们都知道，对非传统安全问题的重视和强调，促进了非传统安全观的形成和发展，但是人们很少注意到，一旦不再单独论述和强调传统安全问题，而是与非传统安全问题结合起来讲传统安全问题，那么这种对传统安全问题的论述所体现出来的也就不再是传统安全观，而是非传统安全观。因此，在2002年形成非传统安全观后，中国官方虽然依然讲到许多传统安全问题，但这绝不说明它既有非传统安全观，又有传统安全观，恰恰说明中国官方秉持的是一种比较完善的非传统安全观，即把传统安全问题与非传统安全问题综合考虑的非传统安全观。这就是说，传统安全观是一种仅仅关注和强调传统安全问题的安全观，而非传统安全观则可能是综合考虑传统安全问题与非传统安全问题的安全观。中国官方2002年之后的安全观，就是这样一种把传统安全问题与非传统安全问题综合起来统一思谋的非传统安全观。因此，在前三部分从"史"的经度梳理中国官方非传统安全观历史形成的基础上，本文后三部分再根据十年前在中国首部《国家安全学》中确立且十多年来不断得以充实发展的国家安全学理论框架和研究方法，[①] 从"论"的纬度对中国官方非传统安全观的逻辑构成进行理论分析。这里先分析这种非传统安全观对安全构成要素的非传统认知。

虽然2002年《中国关于新安全观的立场文件》和中共十六大报告既涉及了传统安全构成要素，也涉及非传统安全构成要素，但明确把传统安全要素与非传统安全要素放在一起综合论述的，则是2004年中共十六届四中全会通过的《中共中央关于加强党的执政能力建设的决定》(简称《能力决定》)。这一决定不仅依次提及"公共安全""人民生命财产安全""政治安全""经济安全""文化安全""信息安全"和"国防安全"7个不同类型和不同层级上的安全构成要素，而且集中强调"确保国家的政治安全、经济安全、文化安全和信息安全"。[②] 这里的政治安全和国防安全，无疑是传统安全观一直非常重视的传统安全构成要素。与此不同，经济安全虽然只有当代非传统安全观才给予特别重视和强调，但它本身却是传统安全构成要素。与此相

---

① 刘跃进．国家安全学[M]．北京：中国政法大学出版社，2004.

② 中共中央关于加强党的执政能力建设的决定(2004年9月19日中国共产党第十六届中央委员会第四次全体会议通过)[EB/OL]．人民网，http://www.people.com.cn/GB/40531/40746/2994977.html.

似，公共安全、人民安全以及作为人民安全直接构成要素和国家安全次级构成要素的人民生命安全、人民财产安全，也都是非传统安全观才特别重视和强调的传统安全要素。只有文化安全和信息安全，才是非传统安全要素，是非传统安全观才可能给予重视和强调的非传统安全要素。《能力决定》对这些不同安全要素的阐述或强调，表明中共中央非传统安全观在安全要素认知上有了进一步的拓展和深化。首先，中共中央在此明确把文化安全和信息安全这样的非传统安全构成要素纳入了自己的安全视野。其次，明确强调了经济安全、社会安全、人民安全这样一些只有当代非传统安全观才给予特别重视和强调的传统安全构成要素。再次，对传统安全要素与非传统安全要素给予统一的综合考虑和系统思考，而不是只讲非传统安全要素而舍弃传统安全要素。

此后，从 2006 年《中共中央关于构建社会主义和谐社会若干重大问题的决定》(简称《和谐决定》)，到 2007 年中共十七大报告和 2012 年中共十八大报告，再到 2013 年中共十八届三中全会文件，中共中央论及的国家安全构成要素在不断扩展和丰富，除政治安全、经济安全、文化安全和信息安全这 4 个基本的一级构成要素外，还涉及国民安全、军事安全、社会安全和资源安全等其他的国家安全一级构成要素以及粮食安全、能源安全等更加复杂多样的国家安全次级构成要素。例如，中共十八大《报告》不仅比历次代表大会《报告》更多地论到“安全”和“国家安全”，而且涉及安全的领域进一步扩大，依次包括食品安全、药品安全、信息安全、粮食安全、公共安全、企业安全、人民生命安全、人民财产安全、生态安全、能源安全、生存安全、发展安全、海洋安全、太空安全、网络空间安全、国际安全、军事安全、资源安全和网络安全等，① 从而显示出一种综合考虑传统安全要素和非传统安全要素的非传统安全观。②

五、非传统的安全威胁观

不仅当前的安全构成包括了传统要素和非传统要素两个方面，而且当前影响和威胁国家安全的也是传统因素与非传统因素兼而有之，相互交织。在 2002 年中共十六

---

① 这里关于中共十八大报告中涉及的“安全”领域，多数是在报告中直接表述为“××安全”，如“信息安全”“粮食安全”“生态安全”“网络安全”“国际安全”等；也有的是在某个复合概念中包含的“××安全”，例如在“食品药品安全”中包含了“食品安全”和“药品安全”两个方面，在“海洋、太空、网络空间安全”中包含了“海洋安全”“太空安全”和“网络空间安全”三个方面；还有的虽然没有“安全”一词而实际上表达了某个方面的安全问题，如对医疗的多处论述，在“基本医疗保险制度”“推进医疗保障”等话语中，事实上包含了“医疗安全”，对此本文不再一一列举。

② 刘跃进．中共十八大《报告》关于“安全”及“国家安全”的论述[A]．林宏宇．2012 年中国国家安全概览[M]．北京：时事出版社，2013.

大报告明确指出“传统安全威胁和非传统安全威胁的因素相互交织”之后，中国官方文件在不断强调传统安全威胁因素与非传统安全威胁因素相互交织的同时，也不断拓展与深化着对安全影响因素和威胁因素的认知。

2004 年的《能力决定》，在强调“传统安全威胁和非传统安全威胁的因素相交织的新情况”时，在要求“坚决防范和打击各种敌对势力的渗透、颠覆和分裂活动，有效防范和应对来自国际经济领域的各种风险”时，就把影响和威胁国家安全的因素具体化到了“渗透”“颠覆”“分裂”及“国际经济领域的各种风险”等方面。2006 年的《和谐决定》，通过“有效应对各种传统安全威胁和非传统安威胁，严厉打击境内外敌对势力的渗透、颠覆、破坏活动”这样的表述，证明在兼顾传统与非传统两方面安全威胁因素的同时，当时更重视“渗透”“颠覆”和“破坏”这些传统的安全威胁因素。

然而随着时间推移，特别是各种非传统安全影响因素和威胁因素的扩展，中国官方越来越多地讲到一些非传统安全影响因素和威胁因素。及至 2012 年中共十八大《报告》，在拓展安全构成要素的同时，也拓展了对安全影响因素和安全威胁因素的认知。在分析过去五年工作中的不足和遇到的困难时，报告指出了影响或威胁国家安全特别是社会安全的各种因素，如“社会矛盾明显增多，教育、就业、社会保障、医疗、住房、生态环境、食品药品安全、安全生产、社会治安、执法司法等关系群众切身利益的问题较多，部分群众生活比较困难”。在讲到“人民生命财产安全”时，强调“依法防范和惩治违法犯罪活动”，这事实上指出了违法犯罪活动对人民生命财产安全的威胁。在有关“全面促进资源节约”问题上，涉及的能源、水和土地的消耗问题，其实就是影响国家资源安全及其包括的能源安全的重要因素。在“自然生态系统和环境保护”上提到的荒漠化、石漠化、水土流失、环境污染等，则是威胁和危害国家环境安全和生态安全的重要因素。论及两岸军事安全时的“台海局势”，则是影响中国国家安全的重大因素。在谈国际形势时所说“世界仍然很不安宁”，“国际金融危机影响深远，世界经济增长不稳定不确定因素增多”，“全球发展不平衡加剧”及“霸权主义、强权政治和新干涉主义有所上升，局部动荡频繁发生”等，[①] 涉及的问题既有传统安全威胁因素，也有更多的非传统安全威胁因素。这说明，中央的非传统安全认知和观念不仅体现在国家安全问题上，也体现在国际安全问题上。

---

① 胡锦涛. 高举中国特色社会主义伟大旗帜　为夺取全面建设小康社会新胜利而奋斗——在中国共产党第十七次全国代表大会上的报告(2007 年 10 月 15 日)[EB/OL]. 新华网, http://news. xinhuanet. com/newscenter/2007 -10/24/content_6938568. htm.

对影响和威胁国家安全的各种传统和非传统因素的认知，还存在于中共中央和中央政府关于其他不同问题的文件中，例如关于“三农”问题和粮食安全的文件中。由于篇幅限制，对此不再深入讨论。

六、非传统的安全保障观

在外敌军事入侵和内部军事动乱的可能性和威胁都明显降低，而各种社会矛盾和冲突日趋严重的当今中国，保障国家安全的军事斗争准备虽然时刻都不能放松，但执政者更加重视和强调的则是加强和创新社会管理或社会治理，用以保障和维护国内的社会和谐稳定。这种在安全保障认知上由传统向非传统转变，同样是中国官方非传统安全观的重要逻辑构成。

首先，世纪之交针对国际安全和对外安全，提出和倡导以“互信、互利、平等、协作”为核心的“新安全观”，标志着中国官方非传统安全保障观的初步形成。

2002 年，中国政府发布《中国关于新安全观的立场文件》和中共十六大报告对新安全观的阐述，是中国官方非传统安全观形成的标志，同时也是中国官方非传统安全保障观初步形成的标志。但是，由于以“互信、互利、平等、协作”为核心的新安全观，主要是一种国际安全观和对外安全观，其在安全保障方面对互信、互利、平等、协作等途径、手段和措施的强调，只是国家对外安全方面的一些理想化保障设计，不仅缺乏对内安全的措施，而且缺乏对具有现实可行性措施的强调，[①] 因而还难以说是非传统安全保障观的最终形成。

其次，“完善国家安全战略”和“健全国家安全机制”的提出，以及党代会报告把国家安全问题置于“社会管理”题下论述，反映出中央对国家安全保障着力点认识的重大变化，标志着中国官方非传统安全保障观的最终形成。

中华人民共和国成立后相当长的历史时期内，中国官方总是把国家安全问题与军队国防建设联系起来论述。1992 年中共十四大报告首次在党代会报告中提到“国家安全”一词时，也是在“军队建设”部分。1997 年的十五大报告，3 处涉及“国家安全”的一段论述，同样在“军队建设”部分。但是到 2002 年时，中共十六大报告对国家安全的论述，第一次没有集中在军事国防部分，而是分散在报告的不同相关部分，其中最多最新的论述则放在了“国际形势和对外工作”部分。到了 2004 年，《能力决定》在中共历史上第一次对国家安全问题进行比较系统的论述，指出：“针

① 刘跃进．论保障我国国家安全的五项战略性需要[J]．中国人民公安大学学报，2005(3)：71.

对传统安全威胁和非传统安全威胁的因素相互交织的新情况，增强国家安全意识，完善国家安全战略，抓紧构建维护国家安全的科学、协调、高效的工作机制。坚决防范和打击各种敌对势力的渗透、颠覆和分裂活动，有效防范和应对来自国际经济领域的各种风险，确保国家的政治安全、经济安全、文化安全和信息安全。”① 这段论述虽然依旧被置于外交与国际问题部分，但却兼顾了内外两个大局及传统与非传统两个方面；虽然涉及安全构成要素、安全威胁因素，但重点却是安全保障问题，其中既有传统色彩比较浓厚的“增加国家安全意识”及“坚决防范和打击各种敌对势力的渗透、颠覆和分裂活动”，也有非传统色彩非常明显的“完善国家安全战略，抓紧构建维护国家安全的科学、协调、高效的工作机制”及“有效防范和应对来自国际经济领域的各种风险”。

2006年的《和谐决定》是在“完善社会管理”题下，主要从国家安全保障方面，重复了《能力决定》中的内容，要求“增强国家安全意识，完善国家安全战略，健全科学、协调、高效的工作机制，有效应对各种传统安全威胁和非传统安全威胁，严厉打击境内外敌对势力的渗透、颠覆、破坏活动”。② 这不仅强化了《能力决定》中已经形成的非传统安全保障观，而且由于把国家安全保障置于社会管理之下，进一步发展了上述非传统的国家安全保障观。

2007年中共十七大报告对国家安全的集中论述，第一次既没放在军事国防部分，也没放在外交国际部分，并且没有再提那个局限于国际安全的“新安全观”，而是放在“社会建设”部分的“完善社会管理，维护社会安定团结”题下，再次要求“完善国家安全战略，健全国家安全体制，高度警惕和坚决防范各种分裂、渗透、颠覆活动，切实维护国家安全”。③ 这可以看作是中国官方非传统安全保障观的进一步明确和完善。

此后，中共十八大报告和中共十八届三中全会相关文件，对国家安全的集中论述都放在“社会管理”或“社会治理”部分。

最后，在非传统安全保障观的萌生、形成和演进的过程中，中国官方不断提出各

---

① 中共中央关于加强党的执政能力建设的决定(2004年9月19日中国共产党第十六届中央委员会第四次全体会议通过[EB/OL]. 人民网, http://www.people.com.cn/GB/40531/40746/2994977.html.

② 中共中央关于构建社会主义和谐社会若干重大问题的决定(2006年10月11日中国共产党第十六届中央委员会第六次全体会议通过[EB/OL]. 新华网, http://news.xinhuanet.com/politics/2006-10/18/content_5218639.htm.

③ 胡锦涛. 高举中国特色社会主义伟大旗帜，为夺取全面建设小康社会新胜利而奋斗——在中国共产党第十七次全国代表大会上的报告(2007年10月15日)[EB/OL]. 新华网, http://news.xinhuanet.com/newscenter/2007-10/24/content_6938568_7.htm.

种传统和非传统的安全保障措施和手段，不断强调这些传统和非传统安全保障措施和手段的重要性和意义，从而使非传统安全保障观得以不断丰富和发展。

中共十八届三中全会通过的《中共中央关于全面深化改革若干重大问题的决定》，在“创新社会治理体制”题下集中讨论国家安全时，讲到的“全面推进平安中国建设，维护国家安全”；“完善统一权威的食品药品安全监管机构”，“保障食品药品安全”；“坚持积极利用、科学发展、依法管理、确保安全的方针”，“确保国家网络和信息安全”；“设立国家安全委员会，完善国家安全体制和国家安全战略，确保国家安全”，涉及了许多传统的和非传统的安全保障措施。此外，这一决定还先后讲到“国有资本投资运营要服务于国家战略目标，更多投向关系国家安全、国民经济命脉的重要行业和关键领域，重点提供公共服务、发展重要前瞻性战略性产业、保护生态环境、支持科技进步、保障国家安全”；“加强金融基础设施建设，保障金融市场安全高效运行和整体稳定”；“企业投资项目，除关系国家安全和生态安全、涉及全国重大生产力布局、战略性资源开发和重大公共利益等项目外，一律由企业依法依规自主决策，政府不再审批”；“适度加强中央事权和支出责任，国防、外交、国家安全、关系全国统一市场规则和管理等作为中央事权”；“提高文化开放水平”，“切实维护国家文化安全”；“依据不同方向安全需求和作战任务改革部队编成”。[①] 如此等等，进一步涉及多方面的传统安全保障和非传统安全保障，体现了非传统安全保障观综合包容传统安全保障和非传统安全保障两个方面的特点。

在习近平总书记《关于〈中共中央关于全面深化改革若干重大问题的决定〉的说明》中，关于“我们的安全工作体制机制还不能适应维护国家安全的需要，需要搭建一个强有力的平台统筹国家安全工作”的论述，关于“设立国家安全委员会，加强对国家安全工作的集中统一领导，已是当务之急”的论述，关于“国家安全委员会主要职责是制定和实施国家安全战略，推进国家安全法治建设，制定国家安全工作方针政策，研究解决国家安全工作中的重大问题”[②] 的论述，既有传统安全保障的成分，更有非传统安全保障的成分。例如，在中国这样的一个法治还不甚健全的国家，“推进国家安全法治建设”包含的“国家安全法治化”治理观念和安全新政，就具有强烈的非传统安全保障特点。

---

① 中共中央关于全面深化改革若干重大问题的决定[M]. 北京：人民出版社，2013.

② 习近平. 关于《中共中央关于全面深化改革若干重大问题的决定》的说明[EB/OL]. 新华网，http://news. xinhuanet. com/politics/2013-11/15/c_118164294. htm.

第五编

书评、书序与其他

全方位研究国家安全

——《国家安全学刊》发刊词

（2002 年 1 月）

一

国家安全是一个标志国家处于没有危险的客观状态的概念，也就是指国家既没有外部的威胁和侵害又没有内部的混乱和失序的客观状态。为了实现安全，在客观上最大限度地达到安全状态，国家便采取了包括政治和军事、经济和文化、内政和外交等各种手段和行动，这就产生了既不同于国家安全又以实现国家安全为目的的国家安全活动。为了使国家安全活动更有效，更有力地保障国家安全，国家便建立了包括军队、警察、法庭、监狱、情报、反谍、保密、保卫、外交等专门机关，这就是国家安全机构。为了使包括国家安全机构的日常工作在内的各种国家安全活动更有效，国家还逐渐建立和不断完善着各种有关国家安全的规章制度、法律法规、组织纪律，这就形成了包括各种国家安全机构这样的硬件又包括各种法规体制这样的软件的国家安全保障体系。同时，国家安全还与社会生活的其他方面，如经济、贸易、文化、科技、教育、体育等方面和部门有着各种各样的密切联系，与其他各种社会因素，如种族、民族、宗教、邪教、传统、有组织犯罪、各种形式的恐怖主义等问题密切相关，甚至与地缘关系、生态环境、气候变化、天地灾异等自然因素具有各种各样复杂的关系。这就使国家安全成了一个复杂的社会系统。

不仅如此。国家安全以及与此相关的国家安全活动、国家安全机构、国家安全保障体系等，其本身的内容在历史的发展过程中也是不断发展，日益丰富的。就国家安全本身来说，当它随着国家的产生而出现的时候，就已经包括了国民安全、国土安全、经济安全、主权安全、政治安全、军事安全等方面的内容，而在后来的历史发展的不同阶段上，又陆续衍生出了文化安全、科技安全、生态安全、信息安全等内容，从而使当代国家安全在最基本的层次上已经包括了国民安全、国土安全、经济安全、主权安全、政治安全、军事安全、文化安全、科技安全、生态安全、信息安全这样

10 大方面的内容。就国家安全活动来说，它不仅包括军队、警察、法庭、监狱、情报、反谍、保密、保卫、外交等专门机构所从事的专门的国家安全工作或国家安全活动，而且还涉及经济贸易、文化体育、新闻传播、科学技术等企业事业机关的许多方面的工作。因此，无论就国家安全来说，还是就国家安全活动来说，都已经成为一个非常复杂的社会系统或社会系统工程。

正是由于当代国家安全和国家安全活动都是包括多方面内容、涉及多方面问题、具有多方面关联的复杂系统，因而仅仅研究其中的某一方面，如仅仅研究军事安全，或者仅仅研究政治安全，或者仅仅研究军事斗争在维护国家安全中的作用，或者仅仅研究间谍情报斗争在维护国家安全中的作用，或者仅仅研究外交外事活动在维护国家安全中的作用，都不可能全面认识国家安全和国家安全活动。同样，我们如果仅仅是从政治学的角度，或者仅仅是从军事学的角度，或者仅仅是从外交学的角度，或者仅仅是从间谍情报学的角度，来研究国家安全和国家安全活动，那么对国家安全和国家安全活动的认识也是不够的，也必然是片面的。

二

国家安全、国家安全活动、国家安全机构、国家安全保障体系以及与国家安全相关的社会问题和自然因素等在客观上的多方面性、多层次性、多关联性，决定了我们必须从各个角度全方位地研究国家安全和国家安全活动，研究国家安全和国家安全活动涉及的各个方面、各个层次、各种关系。

从学科相似性上看，国家安全学科类似于环境科学，是一门需要利用各方面已有的科学成果以解决特定问题的综合性科学。它本身虽然是新兴的学科，但却必须利用各种旧有学科的成果，如法学、政治学、军事学、外交学、国际关系学等方面的研究成果，甚至需要利用经济学、文化学、民族学、宗教学等方面的研究成果。至于像公共关系学、信息学、生态学、科学学等新兴学科的研究成果，对于国家安全学的研究更具有十分重要的意义，是在国家安全学研究中必须关注和运用的。从另一个方面来说，对于国家安全和国家安全活动，我们既可以从政治学的角度研究，也可以从军事学的角度研究，还可以从外交学的角度研究，更可以从国家关系学的角度研究，甚至可以从经济学、文化学、生态学等其他许多学科的角度出发进行研究。当然，我们不仅仅是可以从不同学科、不同角度研究国家安全问题，而且每一个学科、每一个角度的研究，都有其不可替代的特殊意义和作用。因而进一步来看，国家安全问题不仅“可以”从不同学科和不同角度去研究，而且“必须”从不同学科和不同角度去研究。只有这样，才能全面地、科学地、准确地认识和把握各种复杂的国家安全问题。

这，就是《国家安全学刊》的任务和宗旨——全方位研究国家安全。

三

全方位研究国家安全，就不仅仅要涉及我们已经提到的方面，而且还要涉及其他许多我们能够想到甚至现在还想不到的方面。

国家安全和国家安全活动都是随着国家的产生而产生的，因而具有悠久的历史。“以古为镜，可以知兴替。”这一从古到今的历史，是《国家安全学刊》必须研究的对象。国家安全和国家安全活动发展到了今天，都已经形成了非常丰富的内容，涉及社会生活的方方面面，这些内容和方面更是《国家安全学刊》必须研究的对象。国家安全和国家安全活动作为客观存在和客观运动过程，必然有自己的本质、规律，这正是《国家安全学刊》需要探讨和寻找的。国家安全和国家安全活动作为社会生活的重要方面，早已引起了古今中外各色人物的重视，被政坛首脑、军事统帅、学者专家从不同的立场和角度论述研究过，其中的是非得失也正是《国家安全学刊》要给予发掘介绍和论述评说的。当今世界和中国的安全问题，是一个离我们最近、与我们关系最密切的课题，它当然是《国家安全学刊》关注的重点。

当然，除此之外，我们还可以从其他更多的方面、更多的角度来研究国家安全和国家安全活动。无论是什么方面、什么角度，只要与国家安全有关，我们都需要进行专门的深入研究；无论是从什么角度入手，研究的是什么方面的问题，只要有利于科学、全面、准确地认识国家安全和国家安全活动，这样的文章都是《国家安全学刊》所欢迎的。

四

全方位研究国家安全，需要各个方面的专家学者共同努力。研究队伍的全方位，是研究工作全方位的保证，而只有研究工作的全方位，才能使研究成果达到全方位，也才能使《国家安全学刊》提出的“全方位研究国家安全”的目的得以实现。因此，我们希望各个学科的专家学者和研究人员，如国际关系、法学、政治学、经济学、文化学等方面，甚至某些自然科学学科方面的专家学者和研究人员，都能从自己学科与国家安全及国家安全活动相关的角度来关注和研究国家安全问题，给《国家安全学刊》提供一批具有新角度、新视野、新观点的新文章。

令我们感到鼓舞的是，通过中国学术期刊网检索发现，许多不同学科的研究人员，已经开始从自己专业的特有视角关注和研究国家安全问题，已经发表了一系列研究论著。然而让我们遗憾的是，以往没有一本专业刊物专门发表国家安全研究文章，从而使有关论文只能散见于不同刊物之中。但是，我们对明天抱有希望，因为明天有了国家安全研究专业刊物——《国家安全学刊》。

《国家安全学刊》希望读者关注，渴望专家赐稿！

一部次年就再版的国家安全学术著作

——读《国家的选择与安全》有感

(2007 年 9 月)

学术专著能够再版，在这个年头是不多见的，如果仅仅一年就被再版，那就更不容易了。子杉所著《国家的选择与安全——全球化进程中国家安全观的演变与重构》，2004 年 1 月由上海三联书店初版后，很快又在 2005 年 2 月再版，这本身已经很说明问题了。

认识子杉，可谓是“先读其文，后识其人”。不过，“先读其文”读的并不是这部署名“子杉”的学术专著，而是其用本名“任卫东”给我们编辑部的来稿。由于质量不错，来稿很快在《国际关系学院学报》2004 年第 6 期刊出。不久又读到其《国家安全观的演变与重构》一文，觉得有些新意，便在 2005 年第 4 期《国际关系学院学报》上作为“学术信息”予以摘介。后来见到其人，得到签名送我的第 1 版《国家的选择与安全》。由于多年来关注国家安全理论研究，此后与他交换过一些看法，也提出为其大作写个书评，但他说三联书店很快就要再版，再版时还会有些修订和补充，希望书评的事以后再说。现在，读到了此书的新版，借机把想说的话说一说。

由于编辑的职业缘故，读书看报时对语言文字有些敏感，看到文理不通（特别是英式中文）的稿件或出版物，就如同吃到没有淘净或霉变的米饭，顿时会“郁闷”起来，好心情也会变得恶劣。然而，能够在未见其人先读其文时，就把其文章主动介绍给其他读者，这样的作品肯定不存在有如上述的阅读障碍，而只会使人感到愉悦。无论是先期来稿和发表在他处的论文，还是后来出版的《国家的选择与安全》一书，都首先是能够让读者产生阅读愉悦的“好读”之文。当然，这并不是说给读者造成阅读痛苦的论著都不好——黑格尔的“逻辑学”和康德的“三大批判”我都是非常痛苦地硬着头皮读的，但如果能够既有思想性，又有可读性，就难能可贵了。《国家的选择与安全》给我的感觉正是这样。

文之好读本来只是读者的一种感觉，说出理由常常会言不尽意甚至词不达意，但我还是思考了一下《国家的选择与安全》对我来说好读的原因：一是出版差错率低，读时没有被磕着碰着；二是行文通顺流畅，读起来心情很好；三是所写中文说的是中国话，具有中国本土文化特色；四是内容为国家安全问题，属本人长期关注的学术课题；五是在某些方面与鄙人所见略同，有他乡遇故知的感觉；六是体系和观点都有新意，对本人启发不小。

从古到今，国家安全都是一个非常现实的问题，全球化时代的国家安全更是一个迫切需要作出理论诠释的现实问题。长期以来，关注现实中各种具体的国家安全问题者并不少见，无论是百姓们街谈巷议，还是将帅们运筹帷幄，抑或政客们权谋策划，特别是国际关系研究者的理论探索，都在不同程度上应对着现实的国家安全问题。"冷战"结束后，国家安全研究在中国更是逐渐成为一个热点，相应的论著也有一些问世。但是，如果仔细阅读就会发现，其中具有理论深度的好书并不太多，多的是材料罗列类、情感发泄类、外著编译类、鹦鹉学舌类，甚至剽窃抄袭类。即便是我们能够从西方的国际关系理论和国际政治理论中发掘出一些具有不同理论深度的国家安全理论——《国家的选择与安全》在这方面下了不少工夫，这是其理论性的表现之一，这些理论也多是"半截子的国家安全理论"，即只研究了国际关系中的国家安全问题，而对国内事务中的国家安全问题研究得非常不够。从今天已经逐渐明朗化的事实来看，国家安全本身既包括外部安全也包括内部安全，影响国家安全的既有外部因素也有内部因素，是内外两方面的统一，甚至可以说内部问题还更为重要些，所占比重还要更大些。对此，《国家的选择与安全》在第五章"传统与非传统国家安全观的变化及选择"中，专门用一节讨论了人们对"国家安全因素"的关注"从外到内"的变化。读过相应段落后，我们就会发现，这里不仅总结了安全观"从外到内"转变的事实，而且对影响国家安全的内部因素给予了特别的重视和集中的讨论。学术著作有所新见固然难能可贵，但能够对旧观点作出新论证值得赞赏。关注国家安全的内部问题并非本书独创，但就对影响国家安全的内部因素作出比较深刻和系统的理论分析来说，本书则要独占鳌头。这样，《国家的选择与安全》便不再是只从国际政治视角分析的"半截子国家安全理论"，而是同时从国际国内两方面进行研究的"全方位国家安全理论"。这一点既体现在第五章第三节对"国内因素"的集中理论分析上，同时也体现在其他章节分析其他国家安全问题时，特别是体现在最后一章讨论中国崛起问题时。正是由于在关注、借鉴、研究和吸纳他人已有"提法"和"观点"时，能够根据客观的安全现实对相关问题给予更充分的分析和论证，从而使他人的"提法"变成了"观点"，他人的"观点"被提升为"理论"。这样的例子，当然不局限于对国家安全内部因素的研究上。

本书虽然根据副题的定位，用大量的篇幅讨论了以往及如今各种传统的和非传统的安全观，但更重要的则是根据全球化时代的国家安全现实，以“重构”新安全观和安全理论为己任，在分析各种传统和非传统安全观的基础上，在研究国家实力的历史变迁特别是中国崛起等重大问题过程中，提出了一些与时俱进的新思路、新想法、新观点。所以，它不仅是一部针对国家安全观的演变来分析旧理论的批判性学术著作，而且还是一部根据对旧理论分析批判而探索新理论的建设性学术著作，并且由于这种探索是建立在对全球化时代的国家安全现实，特别是中国的国家安全现实的分析基础上的，因而更是一部对现实安全问题作出不同程度理论概括和回答的具有现实针对性的理论著作，并且由此形成了一种分析全球化进程中国家安全问题的全新理论框架。

理论性是科学性的前提，但并不必然导致科学性。如果放在严格的“科学”标准下，现在的“社会科学”，十之八九并不具备“科学”资格，当属“并不科学的社会科学”。国家安全研究的情况大致也是这样。这种不科学的表现是多方面的，原因也是多方面的，但其中一个最基本也是最重要的表现，则是连最基本的概念也没有在相应的学科共同体中得到普遍认可的定义和解释；一个最基本也是最重要的原因，则是相关研究人员缺乏定义和分析概念所必须的也是最起码的逻辑训练和逻辑能力。《国家的选择与安全》并不是一部已经完全达到科学标准的著作——这样的著作至今在多数社会科学领域还没有出现，已经出现的基本都存在于经济学领域。但比较而言，本书由于能够重视基本概念的逻辑定义和分析，因而具备了许多专著现在还没有的较高程度的科学性。从第一章到最后一章，本书用到的基本概念不少于几十个，对此，作者都非常谨慎地从科学的必要性上给予了合乎逻辑要求的定义和分析。我们知道，“安全”是国家安全研究中的一个基本概念，如果要想使自己的研究具有科学性，就必须逻辑地定义和分析“安全”概念。但遗憾的是，国内多数研究者或者是由于自觉不自觉地顺从于西方中心主义和英文中心主义，甚至臣服于西方的文化霸权和语言霸权，或者是由于缺乏基本的逻辑素养和训练，无力在作为科学概念引进以英文为工作语言的社会科学理论时，对其作合乎逻辑的科学分析，只能照搬移植，结果在定义“安全”概念时，由于不清楚概念与语词是有严格区别的，于是完全接受了英文“SECURITY”的词典学解释，把“安全”解释甚至定义为同时具有客观性和主观性。对此，本人早就提出过不同意见，指出安全本身只具有客观性而不具有主观性。虽然这种意见至今没有引起相关研究人员的足够重视，但《国家的选择与安全》对“安全”概念的定义与本人的观点相同，认为“安全是客观的，不存在主观性，也不可能在具备客观性的同时又具备主观性”。我当然为在居于少数地位时有人能够注意到本人意见并持相同观点而高兴，但我高兴的根本原因则是有人能够从基本的逻辑要求出发来定义国家安全理论中的基本概念，从而使基于逻辑分析的科学精神开始进入国家安全研究领域。当然，逻辑分析和科学精神在《国家的选择与安全》中的体现并不局限于对“安全”概念的定义和分析。读者如果能够认真阅读和思考一下本书对国家安全理论其他基本概念的定义，必定还会有所发现，有所启发，也必然会认可这种做法在提升社会科学的科学性方面的重要意义。

就像不可能把《国家的选择与安全》对国家安全理论其他基本概念的定义都拷贝出来介绍给大家一样，我们也不可能把这部好书的所有优点一一详细道出。但一个人如果对国家安全问题有所关注和研究，那么读一下此书是非常必要的，起码是绝对不会后悔的。如果为避广告之嫌而不向更多的读者介绍这部好书，我会感到遗憾。这正是我早先主动向作者提出要写一篇书评、向更多人推荐本书的重要原因。

《国家的选择与安全》新版对旧版作了修订和补充，特别是最后一章做了大量的补充，但并不能因此说它是一部完美之作。仅就科学性而言，本书也仅仅是在基本概念定义的逻辑性上有所表现，在科学理论所要求的实证性上并没有太大突破，而这一点恰恰是包括国家安全学在内的所有社会科学都需要进一步努力去做的。这样的要求对作者是过于苛刻了，因为我知道这是本人一生都不可能达到的目标，也是吾辈中多数人终其一生也难以达到的目标。所谓“己所不欲，勿施于人”，连自己都做不到的事情，为什么还要苛求于人呢？这实在是因为太希望我们从事的社会科学研究，特别是国家安全研究，能够早日步入科学轨道。知其不可为而为之，这样一种费力不讨好的事情谁人会做呢？我也许没有能力去做这样的尝试，但比我年轻的任先生，比任先生更年轻的下一代甚至下几代的中国人，一定会有人来成就这番事业的。愿就此与任先生共勉，也愿就此与其他有志于国家安全理论研究及其科学化的同仁及后起共勉。最后还想提一下，作为本书雏形的博士论文，曾被评为中国人民大学年度优秀博士论文，本书出版后又被评为上海三联书店年度最佳原创图书。这在一定程度上说明，本人在最初读到本书时的感觉是准确的，本人主动提出写一篇书评向更多读者介绍本书也是正确的。

国家安全研究要论从史出

——读韦祖松先生《北宋国家安全问题研究》

(2007 年 11 月)

一

“以史为镜，可以知兴替。”

我们的先祖虽然没有在汉语词汇中留下“国家安全”这个名词，但他们却以具有中国传统文化和汉语特色的诸多术语论说和实践着不同形式的国家安全事务。像“家国天下”，像“居安思危”，像“富国强兵”、像“上智为间”等，这些在韦祖松先生所著《帝国生存环境的诠释——北宋国家安全问题研究》一书中提到的概念，都体现着中华先祖各具特色的国家安全智慧，代表着中国古代不同形式的国家安全学术思想。总结和研究中国古代丰富的国家安全智慧和实践，对于中华民族的重新崛起，对于保障和平崛起之中华民族的安全，具有重要的现实意义。

因此，韦祖松先生攻读历史学博士时写成的学位论文《北宋国家安全问题研究》，现以《帝国生存环境的诠释——北宋国家安全问题研究》一名正式出版，应该说是一件利己利人利国利民的大好事。

据说在博士论文开题时，对这一选题，争议颇多；答辩时，异议更多；要出版了，也还有不同意见。这说明，历史研究一旦与“国家安全”这个人们还不习惯的“时髦”话语挂钩，就会在一定范围内引起不适。这是任何创新几乎都会遇到的正常现象。好在韦祖松先生有那么一股执着劲，经过反复斟酌和刻苦钻研，还是在导师的支持下，最终完成了这一具有开创性的课题。由于迄今未曾与韦先生谋面，对其高矮胖瘦一概不知，只是在京穗两地的一些电话交谈中，对他的工作和学习情况略知一二；拜读惠寄的博士论文及增补的书稿后，对其研究的课题也有了更深入的了解，因而尽管对其选题、答辩和成书过程中为何咬住“国家安全”锲而不舍，并不完全清楚，但我推测，其中重要的一点，可能是中国传统文化中“学以致用”“经史致用”的情怀在作者身上发生了难以抗拒的作用。当然，这一选题不只是对作者从事的职业有所帮助，而且也支持了国家安全学科建设和国家安全理论研究，开创了历史学研究的一个新领域，同时还在一定程度上为当代中国国家安全事务管理提供了一面可以比照的历史之镜，有利于执政当局思考和处理当前的中国国家安全事务。

本人不是史学专业出身，但也深知历史研究对人文社会科学的极端重要性。众所周知，自然科学之所以成为科学，实验方法的运用起着至关重要的作用。但是在人文社会科学领域，由于伦理和人道方面的重重困难，加上研究对象的复杂多变和不宜控制，实验方法的运用受到极大限制。无法借助于实验的社会科学工作者，只能借助于历史。历史研究对社会科学的意义，犹如实验观察对自然科学的意义。社会科学要成为真正的科学，社会科学家就需要把历史当作前人无意中为我们做好的实验，像自然科学家重视实验数据那样重视历史资料，像自然科学家记录和整理实验数据那样认真搜集和梳理历史资料，像自然科学家使用实验数据那样充分而谨慎地使用历史资料，最终像自然科学家把任何一种理论和一个观点都建立在充足的实验数据基础上那样，把社会科学领域的任何一种理论和观点也都建立在充分的历史资料的基础之上。这就是“论从史出”的社会科学研究的方法论原则，也是“论以史立”的社会科学评价标准。

正是基于这一粗浅的认识，在国际关系学院内部资料《国家安全学刊》2002 年创办时，本人曾在“发刊词”中写道：“国家安全和国家安全活动都是随着国家的产生而产生的，因而具有悠久的历史”；“这一从古到今的历史，是《国家安全学刊》必须研究的对象”；“国家安全和国家安全活动作为社会生活的重要方面，早已引起了古今中外各色人物的重视，被政坛首脑、军事统帅、学者专家从不同的立场和角度论述研究过，其中的是非得失也正是《国家安全学刊》要给予发掘介绍和论述评说的。”在 2004 年版《国家安全学》中，本人明确提出在国家安全研究中要运用“古今中外归纳概括法”；“既要研究当代国家安全的新兴问题，也要研究国家安全史上的各种问题”，要“从大量的历史和现实材料中概括总结”具有普遍性和规律性的东西。

十分高兴的是，韦祖松先生在这部以博士论文为基础修订扩充而成的专著中，不仅肯定了“古今中外归纳概括法”对国家安全研究的意义，而且通过对北宋国家安全问题的具体研究，开了国家安全史研究的先河，为我们树立了一个从历史中归纳概括国家安全理论的典范，为国家安全学科建设做了一件实实在在的重要工作。

二

国家安全学科建设中的历史研究，其内容包括两个方面，一是国家安全活动史的研究，二是国家安全学术史的研究。我在这里之所以用“学术”一语，而不是“思想”一词，是因为中国古代的国家安全思想，既有理论性和思想性的“学”，也有应用性的“术”，而且“术”似乎还要多于“学”。通过韦祖松贡献给大家的这本书，我们也会发现在北宋国家安全思想中，“术”思要多于“学”思。韦祖松的著作，研究的主要是国家安全活动史，但同时也大量涉及国家安全学术史，对这两方面在中国古代的一般情况作了轮廓性描述，对这两方面在北宋一朝的具体情况给予了此前还没有过的充分讨论，提出了一些值得人们沉思的，也值得国家安全理论研究借鉴的观点。

本书第一章“关于中国古代国家安全的几个问题”，就是在引用和借鉴当代中国史学界和国家安全学界的研究成果的基础上，特别是在对相关史料进行梳理的基础上，分“中国古代国家安全的表现形态”“研究中国古代国家安全要分清的几个概念”“中国古代国家安全的内涵”“中国古代国家安全的特点”这样几节，概述了整个中国古代国家安全活动和中国古代国家安全学术。这一概述虽然粗略，但却意义重大，因为它突破了在国际关系学界长期占主导地位的一种观点，即国际关系、国家利益、国家安全等，是从近代欧洲民族国家出现之后才出现的社会现象。这正是历史研究对理论研究重要作用的一个具体体现。

这一理论上的突破，在第二章到最后第七章对北宋一朝国家安全现状和国家安全思想的具体论述中，得到了进一步的深化和证实。第二章“国家安全面临空前挑战的时代——以北宋为个案研究中国古代国家安全的理由”，其下两节题为“严峻的历史现实”和“思想意识之折射”，分别论述的就是国家安全现实和国家安全思想，只不过这里的现实被限制在国家安全环境的范围内，这里的思想是在这一严峻的具体安全环境中形成的强烈“忧患”意识，以及“华夷”观念的变化、“中国”意识的凸现。接着，作者比较详细地从“领土安全”和“军事安全”两个方面分析了“北宋国家安全的外部威胁”（第四章），从“政治安全”和“经济安全”两个方面分析了“北宋国家安全的内部威胁”（第五章）。与这两章主要论述北宋“国家安全活动史”不同，第七章和第八章都既有“思想史”的内容，又有“活动史”的内容。第六章“北宋时期国家安全战略思想及其实践”，虽然总量不大，但却包括了五节内容，分别从五个方面归纳概括出北宋王朝实际奉行的安全战略思想及其在这些战略思想支配下的安全实践活动。作者归纳概括出来的这五方面的战略思想及其实践分别是："建立和维护大一统格局：实现国家安全利益的关键""完善和强化中央集权：实施国家安全战略的根本保证""守内虚外：维护国家安全的基本战略""开展地缘外交：优化周边安全环境""完善羁縻制度：靖边安邦，维护国家统一"。最后一章，作者又从"富国强兵，增强综合国力"；"强边固防，御敌于国门之外"；"用间反间，强化保障国家安全的隐蔽行动"三个方面，论述了"北宋时期国家安全建设思想及其实践"。

国家安全学科建设中的历史研究，其意义也表现在两个方面，一是对作为整个国家安全学科体系中基础学科的"国家安全学"特别是"国家安全理论"，具有重要的"实验支持"作用，二是国家安全活动史和国家安全学术史研究本身，就是整个国家安全学科体系中的分支学科。这部《北宋国家安全问题研究》，既从北宋一朝的断代史角度为国家安全学特别是国家安全理论提供了某种"实验保障"和"数据支持"，同时又是国家安全史学方面的开创性力作，在某种程度上甚至可以说开了中国国家安全学术史研究的先河。

韦先生这一著作还有另一个重要意义，就是极大冲击了国际关系研究和国家安全研究方面的"西方中心主义"，为中国古代已经产生具有自身特色的国际关系和国家安全问题提供了具体的历史佐证，使人们进一步认识到，在国际关系和国家安全研究中，没有必要沉醉于"威斯特伐利亚情结"，不应把民族国家在近代西方的出现作为国际关系和国家安全的历史起点，更不必臣服于"西方中心主义"特别是"欧洲中心主义"而"言必称希腊"。

事实上，国际关系和国家安全并不像有些人认为的那样是从欧洲近代才出现的社会现象，国际关系及国家安全实践更不是近代西方列强的专利。在中国学界盲目崇洋占有优势的今天，我们没有必要像胡适等近代中国先进知识分子那样过分强调"全盘西化"，倒是应该多提一提"尊史读经"。对于长期依附于西方国家关系理论，并且由西文资料和美式英语占尽话语权的国家安全研究来说，从中华文明5000年历史和典籍中归纳概括具有中国特色的国家安全理论和治术，在理论中增加一些非西方和非英语的学术词汇，在实践中多运用一些东方的古典智慧，应当是有意义的。一种具有更广泛解释力和更普遍适用性的国家安全理论（包括国际关系理论），仅仅从"威斯特伐利亚和约"开始的欧洲经验和实践中是不可能得出的，而必须建立在既包括非欧洲地区的国家历史和现实，也包括从古希腊开始的欧洲古代史在内的整个人类国家史的基础之上。对此，近年来在国际关系研究和国家安全研究领域异军突起的哥本哈根学派，已经从更广阔的世界史范围内做过阐述，也从理论上进行了不同以往的论证，但由于工作语言的局限，其对在整个人类史中具有重要地位的中国史依然论述得很不充分。

在这种情况下，特别需要像韦祖松先生这样一些把汉语作为第一工作语言，从事中国历史、国家安全、国际问题等方面研究工作的中国学者，主动承担起历史性责任，积极从事中国历史与国家安全、中国历史与国际关系等方面的跨学科研究，从而一方面推动国家安全和国际关系研究摆脱“西方中心主义”，步入更加科学和人性的轨道，另一方面开创中国历史研究的新思路，拓展中国历史研究的新领域，取得一些像沈从文先生《中国古代服饰研究》，像李约瑟博士《中国科学技术史》那样的专门史方面的成就。

真希望在不太久的将来，会有《中国国家安全史》和《中国国家安全学术史》这样的著作问世。当然，这就需要大量如同《北宋国家安全问题研究》的国家安全断代史研究作为学术准备了。或许，《北宋国家安全问题研究》就是各种国家安全断代史著作即将面世的一次预演，一个序曲吧。

三

说了半天，总是集中在选题及具体内容的意义方面，而对《北宋国家安全问题研究》中更具体的历史叙述，却评论不多。这其实是受本人历史学养的局限，不敢“关公面前要大刀”，有意藏拙了。然而，对于韦祖松先生在本书中提出的一个观点，从本人不多的历史知识来看，也是可以肯定的，即：大宋帝国“外患甚于内忧”。

这里之所以特别提到这一点，是因为联想到当代中国的安全现实，本人觉得与宋朝的情况刚好相反，是“内忧甚于外患”，而且造成各种“内忧”的根本原因，并不是处于弱势的底层群众在被逼无奈时的上访闹事、为匪做盗、打家劫舍、杀人放火以及“黑社会”横行等表面现象，而是社会机制不健全造成的权力和财富的分配不公，是处于中层特别是上层的贪官污吏对国家权力不加限制的滥用，以及穷奢极欲的暴富阶层对广大民众和公共财富的横夺暴敛，是由此造成的某种程度上的“社会黑”。缺乏有效制约的权力新贵和丧失道德底线的暴富阶层，已经成为社会动荡和断裂的罪魁祸首，成为威胁和危害社会主义中国国家安全的最严重的内部因素。

因此可以说，当前中国国家安全实践的重点，应该放在解决各种内患问题上，其中重要的一点，就是要根据国际国内形势的变化，及时调整处理安全与发展、公平与效益等重大关系的战略和策略，从关注发展转变为发展与安全并重，从强调经济中心转变为更重社会公平与正义，适时适度加大对国家安全和社会公平的关注和投入，给已经初步获得发展动力和效益的社会和国民以更安全的保障和更公平的环境。为此，必须采取各种具体有效的措施，抓住矛盾的主要方面，从权力治理和财富治理入手，削峰填谷，既治标，又治本，从根本上缓解国内安全压力。就治标来说，一要坚决打击那些为官不公、为官不廉的政治权贵，特别是那些以权谋私、买官卖官、鱼肉百姓、贪污腐败的党内败类，恢复国民在政治生活方面的基本信心和希望；二要依法惩治那些掠夺致富、为富不仁的暴富集团，特别是要遏制这些人利用黑恶势力及官商勾结等非法手段来侵吞国有资产、危害社会公益、掠取他人利益的行为，切实保障所有公民合法的经济活动和日常生活权利；三要采取有效措施，推进和加强医疗保障制度的建设，解决城乡普遍存在的看病难，看病贵，特别是因病致贫的问题，使医疗保障制度能够惠及所有国民，其中既包括城市市民，也包括乡村村民；四要通过各种措施和渠道，解决平民特别是贫民孩子上学难的问题，既要把义务教育落到实处，还要在非义务教育领域给全体公民提供不分贫富的受教育机会；五要强化社会主义新农村建设，从根本上改变我国长期存在的城乡二元结构，使农民无论是在经济地位上还是在政治文化生活上，都能够享受与城市市民同等的待遇，而不再是被边缘化的二等甚至是三等四等公民。在治本方面，则需要进一步推进政治体制、经济体制、社会体制、文化体制等方面的改革，建立起与社会主义民主政治、社会主义市场经济、社会主义和谐社会等理想和目标相一致的基本制度体系，其中最关键的一点，则是要突破一些根本性的障碍，建立起能够保障人权、相互制约、相互监督、公开透明、依法行政、廉洁自律的政治体制，以及机会均等、公平竞争、富有活力的经济体制和贫富均衡的社会体制。

由此可以看出，国家安全虽然从古就有，并且与今天也有割不断的承继关系，但今天国家安全现实和思想，都已远远不同于古代。例如，中国古代思想家和政治家都意识到了“民”对于国家长治久安的重要性，甚至提出了“民贵君轻”的“民本”观点，但古代“以民为本”的设想，与当今世界民主思想及民主制度，存在着本质上的区别。专制统治者虽然也强调“重民”“贵民”，但其所强调的只能是“民”作为“工具”的重要性，而不是“民”作为“目的”的重要性。在他们的思想中，“民”只不过是比他们征战时使用的车马枪炮更重要的战争工具而已，比他们征收时征得的钱财牲畜更重要的私有财产而已。因此，今天的国家治理和国家安全管理，不能满足于“以民为本”民本思想，而必须追求“以民为主”的民主思想。

再如，在中外历史上，都积累了大量可资利用的国家安全理论和治术，但同时不可否认的是，这些思想和治术大多都停留经验知识的层次上，是对经验教训的经验性总结，而不是对历史资料的科学性归纳，因而与今天严格意义上的科学也有本质的区别。这些经验虽然可能是正确的，也可能是有效的，但它的正确性并不像科学那样经过严密的论证，它的有效性也不像科学那样具有高度的必然性。为此，今天研究国家安全时，就需要尽量运用更多更有效的科学方法，如系统思维方法、历史归纳方法、实证分析方法、概念定义方法、数学量化方法等，从而把相关的概念、观点、理论建立在科学的基础上，而不是经验的基础上。在国家安全问题日益复杂和多变的今天，系统思维方法对于国家安全理论研究和事务管理，都具有非常重要的方法论意义，因而我们曾提出要确立“系统安全观”想法。我们当然知道，诸如此类的科学方法在国家安全研究领域的普遍运用，还有很长的路要走，但现在提出这样的要求应该是合适的。

不难看出，我们在此所强调的，是科学与民主在国家安全研究中的统一，亦即当代科学精神和当代人文精神的统一。早在五四新文化运动时，中国一些先进的思想家和学者就在吸纳西方先进文化的基础上，提出了民主与科学的口号，并试图以民主和科学为指导进行理论研究和社会改造。后来，面对外敌入侵对国家安全和民族生存日益严重的威胁和危害，救亡压倒了启蒙，民主与科学的理念在中国社会及学术研究中的贯彻普及受到严重干扰，甚至一度出现中断和倒退现象，以至于专制和蒙昧在当代中国社会及其知识阶层中还不时沉渣泛起。然而更为可怕的，并不是专制与蒙昧的结合，而是专制与科学的结合。当法西斯德国和日本被现代科学武装起来后，它们带给人类和它们自己的，都不是安全与幸福，只是更为可怕的灾难。由于国家安全不仅事关国家的生死存亡，而且事关每个国民的身家性命，因而在这一领域就更需要强调科学与人性的结合，强调民主思想和民主建设的极端重要性。时代需要的是人性的国家安全，不是反人性的国家安全，而能够有效保障人性原则得到贯彻执行的，只有民主制度。这正是中国共产党和中国政府提出建设社会主义民主政治的重要意义之一。没有民主理想的科学技术，带给国家和国民的可能是灾难和不幸，而非安全和幸福；相反，没有先进科技支撑的民主理念，必然软弱无力，也不可能给国家和国民带来稳定而持久的安全和幸福。国家安全研究的根本目的，就是要为我们的时代和我们的国家提供一种民主与科学高度统一的安全理论，并最终为我们的国家安全和国民安康服务。由于这样的安全理论在人文性上强调民主理念，在科学性上强调系统方法，因而可以称作“民主的系统安全观”。

十四大以来中共中央关于国家安全的论述与决定

（2010 年 4 月）

摘要：1992 年以来，在党的十四大到党的十七大报告中，中共中央对国家安全的认识不断拓展和深化，从国际扩展到国内，从传统安全领域扩展到了非传统安全领域。在倡导以“互信、互利、平等、协作”为核心的“国际安全观”的同时，越来越重视以“公平、正义、法治、民主”为核心内容的“国内安全观”，并决定“针对传统安全威胁和非传统安全威胁的因素相互交织的新情况，增强国家安全意识，完善国家安全战略”，“抓紧构建”和“健全”“维护国家安全的科学、协调、高效的工作机制”，从而形成了一种统领国际与国内两个大局、兼顾传统与非传统两个方面的全面系统的新安全观。

关键词：国家安全；中国共产党；非传统安全领域；国家安全战略

一、党的十四大报告中的传统安全观念

1992 年，在十四大会议上，中国共产党首次在其全国代表大会报告中使用“国家安全”一词，同时还多处使用“安全”一词。党的十四大报告第二部分“九十年代改革和建设的主要任务”中的第十方面任务“加强军队建设”，对“安全”和“国家安全”作了集中论述：“必须始终不渝地坚持党对军队的绝对领导，必须按照邓小平同志关于新时期军队建设的思想，走有中国特色的精兵之路……要继续加强人民武装警察部队和公安、安全等部门的建设，更加有力地维护国家安全和社会稳定。”

在这一段表述中，“安全”一词出现了 4 次，其中一次是“国家安全”。这也是“安全”和“国家安全”在整个报告中出现的次数。中共中央虽然由此开始以公开文本讨论“国家安全”这一长期处于秘密状态的“高阶政治”问题，但依然把军事和政治作为国家安全的主要内容，甚至无形中把“国家安全”等同于军事安全问题和政治安全问题。用今天的视角来看，这其实体现了一种传统的安全观。此后不久，中共中央不仅更多地公开论述“国家安全”，而且开始把一些非传统安全问题纳入自己

的安全视野中，而不像过去那样只是在军队建设、国际形势、对外关系等部分才论及“国家安全”。

二、非传统安全问题在党的十五大报告中的初现

与党的十四大报告只是在有关“军队建设”中提到“安全”和“国家安全”不同，党的十五大报告中六次提到“安全”（包括三处“国家安全”）时，则是分散在报告的不同部分，且有一些方面涉及非传统安全问题。

党的十五大报告第一处提到“国家安全”是在第二部分“过去五年的工作”中，具体是在论述军队建设成就时指出：“在保卫国家安全、维护祖国统一和参加国家经济建设、完成抢险救灾等任务中，人民军队作出了重要贡献。”接着，在第七部分中的“文化建设”后，又用一段文字论述军队建设，其中两处出现“国家安全”一词。这段原文中的两处“国家安全”是：“在讲了经济、政治和文化任务之后，这里要专门讲一讲国防和军队建设。加强国防和军队建设，是国家安全和现代化建设的基本保证……继续加强中国人民武装警察部队和公安、国家安全等部门的建设。”值得注意的是，这是继十四大后，在党的全国代表大会报告中第二次提到国家安全部门，而且与党的十四大报告笼统说“安全”部门不同，这里更准确地表述成了“国家安全”部门。

报告中另外三处提到“安全”的地方是：在第五部分“经济体制改革和经济发展战略”的第七个方面“努力提高对外开放水平”中，要求“正确处理对外开放同独立自主、自力更生的关系，维护国家经济安全”；在第六部分“政治体制改革和民主法制建设”的第五个方面“维护安定团结”中，讲到“搞好社会治安，是关系人民群众生命财产安全和改革、发展、稳定的大事”；在第九部分“国际形势和对外政策”中，报告指出：“扩大军事集团、加强军事同盟，无助于维护和平、保障安全。”

由此可见，党的十五大报告虽然仍把“安全”和“国家安全”问题主要放在“军事”中进行论述，但已经开始超越军事和政治，进入经济和社会领域。报告论及的“国家经济安全”“人民生命财产安全”“国际”“安全”等，都是一些非传统的安全领域。这说明，“冷战”结束后世界范围内的安全观变化，已经开始影响到中国共产党；中国共产党也开始更新自己的国家安全观念，开始关注经济安全、国民安全等非传统安全问题。

事实上，党的十五大报告不仅使用了“国家经济安全”和“人民群众生命财产安全”这样的术语，而且对相关的非传统安全问题也提出了相应的观点和对策。报

告一方面要求“更好地利用国内国外两个市场、两种资源”；另一方面要求“完善和实施涉外经济贸易的法律法规”，“正确处理对外开放同独立自主、自力更生的关系，维护国家经济安全”。非常明显，中国共产党已经认识到，在经济全球化时代，经济开放必然带来相应的风险。而这些经济风险将不仅仅影响个别企业，还可能损害整个国家经济体系和国家经济安全。在这种情况下，通过完善立法来化解经济风险，维护国家经济安全，对整个国家安全来说就成为一项非常重要的非传统的安全战略和任务。当然，在报告中体现的这种非传统安全意识只是初步的，还没有明确化、系统化。

其实，当时的中国社会，包括学术界，都还没有形成明确系统的非传统安全观念和理论。虽然中国政府从1996年就已经开始对“新安全观”进行探索，但并没有形成系统的理论。1999年3月，江泽民同志在日内瓦裁军谈判会议上第一次明确提出：“新安全观的核心，应该是互信、互利、平等、合作”。2001年7月1日，在纪念中国共产党成立80周年大会上的讲话中把“合作”改为“协作”，提出“国际社会应该树立以互信、互利、平等、协作为核心的新安全观”。这意味着中国政府开始自觉地确立一种新的安全观。2002年7月31日，在斯里巴加湾市召开的东盟地区论坛外长会议上，中国代表团发表了《中国关于新安全观的立场文件》，全面系统地阐述了中国在新形势下的安全观念和政策主张，这标志中国政府更为系统的新安全观的正式形成。2002年11月，这种新安全观便出现在党的十六大报告中。

三、党的十六大报告综合“传统”与“非传统”的新安全观

党的十六大报告虽然只有三处提到“国家安全”，但有11处提到“安全”一词。这是首次在党的全国代表大会上论述以“互信、互利、平等、协作”为核心的“新安全观”。同时，在论及“安全构成”时，超越了军事国防，再次强调“国家经济安全”问题；在论及“安全威胁”时，超越了“传统”安全威胁，注意到“非传统”的安全威胁，并且强调传统安全威胁与非传统安全威胁的相互交织。

具体来说，在总结“过去五年的工作和十三年的基本经验”时，报告认为：“我们从容应对一系列关系我国主权和安全的国际突发事件”，“始终把国家的主权和安全放在第一位”；在论述“经济建设和经济体制改革”时，报告强调：“关系国民经济命脉和国家安全的大型国有企业、基础设施和重要自然资源等，由中央政府代表国家履行出资人职责”，特别是“在扩大对外开放中，要十分注意维护国家经济安全”；在讲到“政治建设和政治体制改革”时，报告要求：“加强国家安全工作，警惕国际

国内敌对势力的渗透、颠覆和分裂活动”；在“国防和军队建设”部分，报告指出：“建立巩固的国防是我国现代化建设的战略任务，是维护国家安全统一和全面建设小康社会的重要保障”；更重要的是，在论述“国际形势和对外工作”时，报告认为：“影响和平与发展的不确定因素在增加”，“传统安全威胁和非传统安全威胁的因素相互交织，恐怖主义危害上升”，强调“安全上应相互信任，共同维护，树立互信、互利、平等和协作的新安全观，通过对话和合作解决争端，而不应诉诸武力或以武力相威胁”。

党的十六大报告已经明确扬弃了把安全问题局限于军事和政治的传统安全观，形成了一种既包括传统的军事安全、政治安全，又包括非传统的经济安全、应对恐怖主义威胁等在内的综合安全观，以及强调“互信、互利、平等、协作”的国际安全观。

四、《能力决定》对国家安全的集中论述

2004 年召开的党的十六届四中全会通过了一个决定，对国家安全问题做了前所未有的、更集中更全面的论述。这就是《中共中央关于加强党的执政能力建设的决定》（本文简称《能力决定》）。

出台于 2004 年 9 月的《能力决定》，共 16 次提到“安全”一词，其中四次是“国家安全”，同时还依次出现了“公共安全”“人民生命财产安全”“新安全观”“传统安全威胁”“非传统安全威胁”“国家安全意识”“国家安全战略”、国家安全“工作机制”“政治安全”“经济安全”“文化安全”“信息安全”“国防安全”等术语，而这些术语中的“公共安全”“国家安全意识”“国家安全战略”、国家安全“工作机制”“文化安全”“信息安全”等，都是在以前党的全国代表大会报告中没有出现过的。

《能力决定》中最值得关注的是第八部分“坚持独立自主的和平外交政策，不断提高应对国际局势和处理国际事务的能力”对国家安全前所未有的集中论述：“始终把国家主权和安全放在第一位，坚决维护国家安全。针对传统安全威胁和非传统安全威胁的因素相互交织的新情况，增强国家安全意识，完善国家安全战略，抓紧构建维护国家安全的科学、协调、高效的工作机制。坚决防范和打击各种敌对势力的渗透、颠覆和分裂活动，有效防范和应对来自国际经济领域的各种风险，确保国家的政治安全、经济安全、文化安全和信息安全。”

对国家安全的这段集中论述，不仅在党的文件中前所未有，而且至今仍是对国家安全问题最集中最完善的论述。它揭示了当前我国在“安全威胁”“安全内容”和

“安全保障”三个层次上存在的问题和应采取的战略措施。

第一，通过“传统安全威胁和非传统安全威胁的因素相互交织”，以及“坚决防范和打击各种敌对势力的渗透、颠覆和分裂活动，有效防范和应对来自国际经济领域的各种风险”的表述，具体说明了当前所面临的“安全威胁”既有传统因素，也有非传统因素。

第二，通过“确保国家的政治安全、经济安全、文化安全和信息安全”这样的表述，具体说明了当前的“安全内容”既包括“政治安全”“经济安全”（以及《能力决定》后面提到的“国防安全”）等传统安全要素，也包括“文化安全”“信息安全”等非传统安全要素。

第三，通过“增强国家安全意识，完善国家安全战略，抓紧构建维护国家安全的科学、协调、高效的工作机制”，“坚决防范和打击各种敌对势力的渗透、颠覆和分裂活动，有效防范和应对来自国际经济领域的各种风险”的表述，具体说明了我国在“安全保障”方面需要做好哪些方面的工作，其中既包括“增强国家安全意识”“完善国家安全战略”“抓紧构建维护国家安全的科学、协调、高效的工作机制”这三个战略性措施，也包括“坚决防范和打击各种敌对势力的渗透、颠覆和分裂活动”和“有效防范和应对来自国际经济领域的各种风险”这两项具体工作。

五、《和谐决定》对《能力决定》安全论述的完善

《能力决定》中有关国家安全的系统论述，同样出现在2006年10月11日党的十六届六中全会通过的《中共中央关于构建社会主义和谐社会若干重大问题的决定》（本文简称《和谐决定》）中。

《和谐决定》的这段集中系统论述是：“加强国家安全工作和国防建设，保障国家稳定安全……坚定不移地捍卫国家安全统一和领土完整。”

虽然在国家安全的总体思路上，《和谐决定》与《能力决定》并无太大区别，但个别表述的变化还是值得深入研究。例如，《能力决定》提出的“抓紧构建维护国家安全的科学、协调、高效的工作机制”，在《和谐决定》中变成了“健全科学、协调、高效的工作机制”，而这种由“抓紧构建”到“健全”的表述变化，已经暗示原来需要“抓紧构建”的国家安全工作机制，当时已经形成和存在，接下来的任务是如何“健全”的问题。这其实是对《能力决定》相关表述的完善。

从词频统计看，与《能力决定》中16次提到“安全”（包括四处“国家安全”）相比，《和谐决定》24次出现“安全”，其中五次是“国家安全”。除上述一段表述

中的四个“国家安全”外，另一处表述是：“敌对势力的渗透破坏活动危及国家安全和社会稳定。”

在关于构建和谐社会的决定中，如此多方面地系统地论述国家安全问题，表明中共中央对“社会和谐”与“国家安全”的相关性有着深刻的认识，也表明非传统的安全观念和思维已经在中国共产党人的思想中深深扎下了根。

六、国家安全集中于“民生”部分的十七大报告

2004 年《能力决定》和 2006 年《和谐决定》对国家安全的集中论述，在 2007 年 10 月的党的十七大报告中，被分解在不同部分作了分别阐述。在这一题为《高举中国特色社会主义伟大旗帜　为夺取全面建设小康社会新胜利而奋斗》的报告中，“国家安全”一词出现的次数，由党的十五大和十六大报告中的 3 次、《能力决定》中的 4 次，上升到 5 次，与《和谐决定》中出现的次数持平；“安全”一词出现的次数，也由十五大报告的 6 次、十六大报告的 14 次、《能力决定》的 16 次，上升到 23 次，比《和谐决定》中的 24 次只少了 1 次。

党的十七大报告与以往的一个重要区别是，既没有把国家安全的整体论述放在军队国防建设部分，也没有将其放在国际关系和对外政策部分，而是放在了第八部分“加快推进以改善民生为重点的社会建设”的第六个方面“完善社会管理，维护社会安定团结”中，具体内容是：“完善国家安全战略，健全国家安全体制，高度警惕和坚决防范各种分裂、渗透、颠覆活动，切实维护国家安全。”这一变化，说明中共中央已经认识到，对当前的中国来说，国家安全的重点不在外部，也不是军事问题，而是我国内部存在的各种社会问题，以及如何有效化解这些社会问题。

此外，在第九部分“开创国防和军队现代化建设新局面”中，也提到了“国家安全”，指出“必须站在国家安全和发展战略全局的高度，统筹经济建设和国防建设，在全面建设小康社会进程中实现富国和强军的统一”；“加强人民武装警察部队建设，更好履行维护国家安全和社会稳定、保障人民安居乐业的职责使命。”同时，在继续强调“传统安全威胁和非传统安全威胁相互交织”情况下，报告还广泛地论及了“国家粮食安全”“农产品质量安全”“食品药品安全”“人民生命财产安全”以及经济、金融、生产、发展等方面的安全问题。这一情况表明，中共中央既把军事问题作为当代国家安全的重要内容不断予以强调，又已经充分认识到各种非传统安全问题在整个国家安全系统中的重要地位，已经决定通过各方面的具体工作来解决这些问题，以保障整个国家安全。

七、把“三农”问题与国家安全挂钩的《农村决定》

讨论“中共中央关于国家安全的决定”，除要关注 2004 年的《能力决定》和 2006 年《和谐决定》外，还需关注 2008 年《中共中央关于推进农村改革发展若干重大问题的决定》（本文简称《农村决定》）。

这份 2008 年 10 月 12 日由党的十七届三中全会通过的关于农村改革的决定，事实上也是一份有关“粮食安全”的决定。《农村决定》关于“国家粮食安全”的论述，特别是关于粮食安全对国家安全的重要性的认识，与近年来中国学术界在非传统安全领域中对粮食安全问题的研究和关注具有很高的一致性。

过去，中共中央关于农业、农村、农民问题的各种决议和决定，很少与“国家安全”挂钩，也很少出现“安全”二字，但在这一《农村决定》中，“安全”一词却出现了 19 次之多，其中“粮食安全”就出现了 7 次，“国家粮食安全”出现了 5 次，还出现了 1 次“国家安全”。

《农村决定》关于国家安全的论述，是与农业发展特别是粮食问题相联系的，具体表述是：“必须巩固和加强农业基础地位……为推动经济发展、促进社会和谐、维护国家安全奠定坚实基础。”

在其他两处论述了国家粮食安全面临的严重挑战之后，《农村决定》集中提出了确保粮食安全的对策，指出要“确保国家粮食安全。粮食安全任何时候都不能放松，必须常抓不懈。加快构建供给稳定、储备充足、调控有力、运转高效的粮食安全保障体系。把发展粮食生产放在现代农业建设的首位，稳定播种面积，优化品种结构，提高单产水平，不断增强综合生产能力。各地区都要明确和落实粮食发展目标，强化扶持政策，落实储备任务，分担国家粮食安全责任”。

同时，《农村决定》还论述了农村的金融安全、生产安全、医疗安全、饮水安全、农产品质量安全、外资并购境内涉农企业安全审查机制等问题，因而完全可以被看作是中共中央有关“三农”与非传统安全问题的决定。

总之，党的十四大以来，中共中央对国家安全的认识一直在不断拓展和深化，从重国际转变为重国内，由传统安全领域扩展到了非传统安全领域，并决定“针对传统安全威胁和非传统安全威胁的因素相互交织的新情况，增强国家安全意识，完善国家安全战略”，“抓紧构建”和“健全”“维护国家安全的科学、协调、高效的工作机制”，而且努力把这些重大的国家安全决策落实到包括“执政党能力建设”“和谐社会构建”“农村改革发展”等在内的各项具体工作中。这说明，中国共产党并非只重视和倡导以“互信、互利、平等、协作”为核心的“国际安全观”，而是越来越重视和倡导一种以“公平、正义、法治、民主”为核心内容的“国内安全观”。这才是一种统领国际与国内两个大局、兼顾传统与非传统两个方面的全面系统的新安全观。这样的认识和决策，对于在全球化时代日益复杂化和多样化的安全形势下，有效保障我国国家安全，具有重要的战略意义和指导作用。

参考文献

[1]中国共产党历次全国代表大会数据库[DB/OL]. http://cpc. people. com. cn/GB/64162/64168/index. html.

[2]加快改革开放和现代化建设步伐　夺取有中国特色社会主义事业的更大胜利——在中国共产党第十四次全国代表大会上的报告[M]. 北京:人民出版社,1992.

[3]高举邓小平理论伟大旗帜　把建设有中国特色社会主义事业全面推向二十一世纪——在中国共产党第十五次全国代表大会上的报告[M]. 北京:人民出版社,1997.

[4]全面建设小康社会　开创中国特色社会主义事业新局面——在中国共产党第十六次全国代表大会上的报告[M]. 北京:人民出版社,2002.

[5]中共中央关于加强党的执政能力建设的决定[M]. 北京:人民出版社,2004.

[6]中共中央关于构建社会主义和谐社会若干重大问题的决定[M]. 北京:人民出版社,2006.

[7]高举中国特色社会主义伟大旗帜　为夺取全面建设小康社会新胜利而奋斗——在中国共产党第十七次全国代表大会上的报告[M]. 北京:人民出版社,2007.

[8]中共中央关于推进农村改革发展若干重大问题的决定[M]. 北京:人民出版社,2008.

[9]刘国新. 中国新安全观的形成及实践[J]. 思想理论教育导刊,2006(1):63－69.

[10]赵晓春. 2008年中国国家安全概览[M]. 北京:时事出版社,2009.

国家安全学科建设的里程碑

——读李文良教授的《国家安全管理学》

（2013 年 4 月）

十多年前查阅教育部高校本科专业目录和硕博士专业目录，没能见到“国家安全”四字；十多年后的今天再查阅这两个目录，依然见不到“国家安全”四字，更不用说“国家安全管理”一词了。不仅如此，作为国家标准的“学科分类与代码表”、作为全国各级各类图书馆文献分类标准的“中图分类法”，也都没有“国家安全”及“国家安全管理”的字样。由此可见，虽然十多年来我们一直在呼吁要建立国家安全学科与专业，并在国际关系学院开设了国家安全学课程，公开出版了国家安全学教材，取得了一系列科研成果，力图通过这些具体的教学科研工作来推进国家安全学科建设和专业设置，但现实的进程却非常缓慢。为此，当我前些年得知李文良教授在公共管理系开设了国家安全管理学课程，并着手写一部国家安全管理学教材时，便觉得这是一个对国家安全学科建设具有重要意义的举措。

前年，承蒙接任公管系主任的李文良教授和前任系主任杨建英教授好意，我来到公共管理系任教，从而有更多时间与文良教授讨论国家安全学科建设问题。去年初冬开始，我们几乎每晚都要一同到学校对门的中央党校南院散步。在这个被国关学生称为“小颐和园”的好去处，月光与星辰、落叶与寒霜、枯草与残雪、蛙声与新绿，还有那令人厌恶的雾霾，既见证了我们对各自少年时代乡村生活的追记与感慨，又伴随着我们对国家安全问题的追寻和探讨。虽知百无一用是书生，但在我们的闲谈中，还是免不了书生意气，就共同关心的国家安全学科建设问题，特别是他的国家安全管理学教材的撰著进程和一些具体问题，发表各自的想法。

现在，文良教授这部酝酿多年的《国家安全管理学》终于脱稿，即将由吉林大学出版社出版，我得近水楼台之便，先睹为快，并承其美意，在书前写几句感想。

俗语说“干啥吆喝啥”。从本人长期从事的国家安全教学科研工作的角度看，文良教授的《国家安全管理学》填补了我国哲学社会科学学科建设的一项空白，是国家安全学科建设中的一座新的里程碑。

早在20世纪90年代，国际关系学院就开始探讨国家安全专业设置和学科建设问题，时任院长桑松森研究员为此倾注了极大的热情，付出了极大的心血，推动了一系列内部专业教材的编写和使用，其中包括2002年内部印行的《国家安全学基础》。新世纪伊始，在北京市教委的立项支持下，我们开始编写能够公开出版的国家安全学教材，最终在2004年5月由中国政法大学出版社出版了我国第一部国内外公开发行的《国家安全学》。如今将近10年过去了，其间国际关系学院虽然还推出了其他一些国家安全方面的教学科研成果，但却少有对学科建设具有重大意义的专业教材，也缺乏具有更强现实性和可操作性的学术成果。《国家安全管理学概论》的出版弥补了这方面的缺陷，将成为国家安全学科建设的里程碑之作。

同时，《国家安全管理学》还是国家安全学理论的“落地”之作。

三年前与中国人民大学公共管理学院王宏伟先生在一次学术讨论会前初次相识时，他曾直言不讳地就当前国家安全理论研究提出中肯意见，认为国家安全学理论需要“落地”，也就是要从理论概括和理论分析落实到国家安全管理上。近几年在第十、第十一届中国国家安全论坛上，全国政协副主席李金华先生、国家安全政策委员会会长巴忠倓将军、国际关系学院党委书记刘慧教授，以及其他一些与会专家学者，多次谈到国家安全管理、国家安全教育等问题，第十届论坛更是把主题确定为“社会管理创新与国家安全”，从而更说明国家安全研究需要落实到国家安全管理上，而实际的国家安全管理工作则需要国家安全管理科学的支撑，这就要求在高等教育中引入国家安全管理学课程甚至是国家安全管理学专业。文良教授致力国家安全管理学教学与科研的意义，也在于此。

还有非常重要的一点是，国家安全管理学作为国家安全学与管理学之间的一门新兴交叉学科，对管理科学的发展和应用也具有重要意义，《国家安全管理学》因而也是管理学科建设中的一座新的里程碑。本人虽然对管理学的具体理论知之不多，但也明白它是一门实用性极强的应用学科，其重要作用就是应用于可以管理的社会生活的各个领域，包括国家安全领域。管理学科引进我国后发展是比较快的，但却一直没有很好地运用到国家安全领域，现今摆在读者面前的这部《国家安全管理学》则完成了这个任务。

不可否认，过去曾有冠名“国家安全管理”的书籍和课程出现过，本人也看过其具体内容，但觉得很不到位，其中最突出的问题是缺乏完整系统的国家安全学科理论的支撑，因而虽然在名称上用了“国家安全管理”的字样，而内容只是国家安全某个方面的管理问题，或者仅仅涉及军事国防管理，或者仅仅涉及国家情报管理。这样的国家安全管理学并不是完整意义上的国家安全管理学。此外，这些国家安全管理论著，普遍缺乏管理科学的理论支撑，从中看不到现代管理科学已经确立起来的一些普遍性原理。文良教授撰著国家安全管理学教材，有其得天独厚的优越条件。一方面，攻读博士学位时，他所修专业是管理学，后来又一直从事管理学的教学与研究，因而具有良好的管理学专业素养；另一方面，来到国际关系学院任教后，特别是担任公共管理系主任后，他又特别关注并深入研究了国家安全学基本理论，开设了国家安全管理学课程，参加了《中国国家安全年度概览》的编写，主编了《2011 年中国国家安全概览》，因而具备在学术领域统揽国家安全全局的素养，这正是写好一部真正的国家安全管理学的重要前提。这些有利条件，使他这部《国家安全管理学》建构了一个系统的国家安全管理学框架，提出了一些国家安全管理的特殊性理论，在学科体系和基本内容上有不同程度的创新，具有很强的专业性、学术性、实用性。在此，完全不需要我来复述其中的内容和观点，大家读完全书定会了然。

《国家安全管理学》的出版既然是一个里程碑，那它就绝不是一个终点，而只会是一个新的起点。国家安全管理学具有很强的现实性和实用性，本书将来不仅可以作为高校的法律、公安、外交、军事、情报等专业相应课程的专业教材或参考书，而且还可以作为我国军事、外交、公安、国安等行政机关的在职培训教材，从而切实服务于我国的国家安全事务。在这个过程中，包括文良教授在内的使用本教材或开设相关课程的教学科研人员，必然会有更多的新认识、新想法、新思路、新观点，也必然会把这些新材料不断补充到教学中，并在适当的时候补充到本书新版或其他版本的教材中，从而推动国家安全管理学科不断完善和成熟。

我相信，《国家安全管理学》的出版，将会形成某种示范效应，带动更多的国家安全类专业教材的编写、出版和使用，由此对国家安全学科建设和高校中国家安全专业的设置起到切实的推动作用。就此而言，我们需要感谢文良教授，感谢他以一己之力，完成了这样一项艰巨而富有多方面意义的学术工作。

附录

附录 I

国家安危　匹夫有责

——评《国家安全学》

张　卫

摘要：刘跃进先生主编的《国家安全学》，是我国这方面研究的第一本填补空白的教材性专著。该书具有全面系统的丰富内容、与时俱进的思想观点、逻辑严密的论证话语，有助于提高国人的国家安危、匹夫有责的觉悟。该书的出版使用，可以促进我国维护国家安全事业的发展。

关键词：国家安全学；教材专著；内容评价

刘跃进先生主编的《国家安全学》于 2004 年 5 月出版了，这不仅是国内“国家安全学”研究方面第一本填补空白的教材性专著，更主要的是该书把悠悠万事、唯此为大的国家安全问题全面地理出了头绪，使国人可以总体上了解国家安全的真正意义。刘先生和他的编写组成员可谓是十年磨一剑，终成善果，可喜可贺。

刘跃进先生是北方人，但像敝同乡先贤苏州昆山的顾炎武一样，学问渊博，且以天下事为己任。顾炎武有名言：“天下兴亡，匹夫有责。”鄙人读了这本 45 万字的《国家安全学》后，不仅有一种集国家安全学问之大成的收获感，更产生一种国家安危、匹夫有责的责任感。这些感觉，来源于《国家安全学》一书中的全面系统的丰富内容、与时俱进的思想观点、逻辑严密的论证话语。

一、全面系统的内容

古人曾云：“风声雨声读书声，声声入耳；家事国事天下事，事事关心。”作为普遍受过教育的现代国民，岂非更应如此。但是，国家天下事有哪些？如何才能保持安全？长期以来众说纷纭，学者为文或囿于见识，或限于篇幅，往往各照一隅，鲜观大道。而《国家安全学》一书要作为“学”，就像作者在主编后记中说的：“就必须具有一定的理论系统性。‘国家安全学’就是要统合原有不同学科涉及的国家安全的方面，利用原有不同学科已经取得的与国家安全有关的研究成果，全方位系统性地研究国家安全问题。”

这不是作者自言自语的大话，该书除了对核心对象的国家安全的基本内容作了透彻研究外，还全面研究了影响国家安全的因素、危害国家安全的因素和国家安全保障这三个与国家安全本身密切相关的方面。如对国家安全的内容，该书指出：“从国家安全产生过程来看，国家最初形成时就已经存在的国家安全‘源生内容’包括国民安全、经济安全、领土安全、主权安全、政治安全、军事安全等。后来，在社会历史发展的过程中，又陆续出现了文化安全、科技安全、生态安全、信息安全以及包括在政治安全中的意识形态安全等国家安全的‘派生内容’。”

这是迄今为止，我们所能看到的比较完整而又科学的概括。

该书中对这些国家安全内容的具体阐述既新颖独到，又辩证有理。如在“国民安全”这一章中说道：“在历史上人们并没有给予国民安全以高度重视，没有明确提出过国民安全问题，甚至在今天许多研究国家安全构成要素的论著中，在大讲政治安全、军事安全、领土安全、经济安全等时，常常忽略了国民安全这一最重要最核心的国家安全构成要素。”“现代文明国家一方面要重视国民的安全和利益，把国民的安全和利益作为国家安全的根本目的来看待，切实维护国民的安全和利益，另一方面又要强调国家的安全和利益高于国民个体的安全和利益，要求国民树立为国家安全和利益献身的精神。”

从《国家安全学》中对国民安全、经济安全、领土安全、主权安全、政治安全、军事安全、文化安全、科技安全、生态安全、信息安全等内容的充分论述中，可以使国人体会到，国家安全不再是虚无缥缈的，而是与自己密切相关的；国家安全的问题并非仅是“肉食者谋之”，而是人人都可以并且也应该有所思考和作为的。

二、与时俱进的思想

我国学术界现在对教材的编写特别是社会科学教材的编写，非议很多。主要是指许多教材缺乏思考和思想，东抄抄西抄抄，天下文章一大抄的最大体现就是这些教材的抄袭，特别是观点上的抄袭，造成了千人一面，了无生机。而《国家安全学》作为教材，就较少这方面的瑕疵。有人或许会说，这可能是我国这方面还没有现成教材、抄无可抄的原因。但人们去细读该书，确实会发现主编和许多编者从中展现出来的是一种实事求是、与时俱进的学风；而非人云亦云、没有自己是非的心态。

《国家安全学》阐述的文化安全、科技安全、信息安全以及民族问题、宗教问题和恐怖主义等对国家安全的影响，有的虽然是古已有之，但于今为烈；有的则是冷战结束后的全球化、信息化浪潮带来的产物。针对这些新的变化，该书的编者们，以与时俱进的敏锐的思维触角，突破了传统国家安全观的视野樊篱，把这些涉及影响国家安全的方方面面的非传统因素的来龙去脉，一一清晰地呈现在人们的眼前。应该说，这是难能可贵的。

更可贵的是，编写者们在讨论这些有关国家安全的新事物、新问题的应对之策时，所体现出的实事求是、勇于探索的精神和形成的振聋发聩卓尔不群的思想。书中在谈到保障国家文化安全时，有力地批评了“国粹主义”，指出：“文化的先进性是保障国家文化安全的关键”，强调：“维护国家文化安全并不是维护传统文化和现存文化的纯洁性，也不是拒绝外来文化的影响和渗透，而是保障和促进传统和现存的民族文化沿着先进性的方向发展。拒绝接受外来文化，拒绝原有文化的更新改造，不仅在过去没有成为维护文化安全的有效手段，而且在今天更不可能真正维护国家文化安全。”

确实，现在世界各国都有一些人在保卫自己国家文化安全时，持国粹主义、宗教激进主义态度，拼死守住其文化中的落后性，结果反而导致并加速了自己国家文化的不安全。阿富汗的奥马尔强调伊斯兰的纯洁性，摧毁巴米扬大佛等一切非伊斯兰的文化，结果瞬间垮台，可非前车之辙乎？

三、逻辑严密的论证维

新思想家严复说过：“一名之立，旬月踌躇。”担心的就是名不正言不顺。《国家安全学》对名词概念的定义和梳理非常认真仔细，如对国家、利益、安全等许多重要的基本概念，不惜笔墨，常常花几百上千字，考察其词源、演变和各种词义，并与英文对应词汇比较，不仅搞清了一系列概念的内涵与外延，还发现了在一些概念的表达上“现代汉语是更准确的话语体系”。国人从中除了可以增进知识外，还可以增加民族自豪感和自尊心。

孔子曰：“言之无文，行而不远。”文不仅指要有文采，还要求文章表达准确、逻辑严密，如此才能传之久远。刘跃进先生曾是哲学专业的研究生，长期从事哲学逻辑学的教学与研究，所以在他主编的《国家安全学》一书中，这方面的特色自然也很鲜明。我们仅举一例，在“国家安全战略”这一章中，对战略、国家战略、全国战略、对国战略、国立战略、大战略、国家大战略等的涵义、分类和相互之间的关系，不仅都有清晰的文字表述，更有图形表示。这样严密而又生动的逻辑论证，对人们理解和制定国家安全战略，从而更好地理性地维护国家安全无疑是有其积极作用的。

《国家安全学》一书对辩证逻辑也运用自如，如就中国自身的安全问题说：“没有发展就没有安全，不发展是最大的不安全。”就国际社会的安全问题则说：“各国在追求自己的安全和利益时，必须考虑到其他国家的安全和利益……各国都必须放弃只想获得而不想做出相应付出这一追求绝对安全的奢望……最终在不同国家之间实现‘双赢’，甚至在全球范围内实现‘共赢’。”

四、白璧也有的微瑕

《国家安全学》作者除主编刘跃进先生外，还有多达20余人的编写人员，人多虽然力量大，人多自然也嘴杂。我们从该书总体的质量来看，应该说参编者的学术造诣都是有相当水准的，但个别地方的参差不齐或一时疏忽自然也是免不了的。笔者觉得该书的不足主要有如下三方面：一是该书某些方面的论述还有缺陷。由于本书涉及的面比较广泛，所谓成也萧何败也萧何，内容全面是好事，但要讲清楚讲透彻就很难。如第十九章的“国家安全保障体系”中应该有人民防线、民间组织等作用的内容。在现代国家中，政府、企业市场、非政府组织以至公民个人各自都有其不可替代的作用，在保障国家安全上同样如此。二是书中有些内容略有重复，有些事例还被反复提及，如北约对南联盟的干预等。谚语说，好话不说两篇，重复了反复了总是不太好的。三是个别地方有错误和别字，如第277页说美国“还有国家安全局、国家侦察局、专业情报局等专业情报局”。两个专业情报局，肯定不通。第154页中的“拟或”应该写作“抑或”。当然这只是个别地方，与现在社会上许多心态浮躁、无错不成书的粗制滥作相比，本书在文字校对上可以说绝对是出乎其类、拔乎其萃的。

尽管《国家安全学》存在一些这样那样的不足，但肯定是瑕不掩瑜的。所以，北京市教委把它作为高等教育精品教材建设项目资助是很有见识的，中国政法大学出版社把它作为北京市高等教育精品教材出版肯定是有社会效益的。可惜的是，在我们12亿人口的大国，这样的能“为万世开太平”的书籍只印了5000册，实在太少了些。鄙人在此呼吁和盼望：“国家安全学”的讨论研究在我国能够更加兴旺发达、丰富完善；“国家安全学”的教材书籍在我国能够更多地被出版介绍、学习使用。这个呼吁和盼望，也算是鄙人面对国家安危而尽的一点“匹夫之责”吧！

参考文献

[1]刘跃进．国家安全学[M]．北京：中国政法大学出版社，2004.

附录Ⅱ

刘跃进国家安全文章索引①

[1]为国家安全立言——“国家安全学”构想[J]. 首都国家安全,1998(02).(此文由《国家安全通讯》编辑部改名为“建立‘国家安全学’初探”在该刊1999年第1期转载)

[2]建立“国家安全学”初探[J]. 国家安全通讯,1999(01).

[3]超越过去,认清现状,开创未来——谈谈为什么要建立国家安全学及国家安全学科体系[J]. 首都国家安全,1999(02).

[4]文化就是社会化——广义“文化”概念的逻辑批判[J]. 北方论丛,1999(03).

[5]当前国际形势下的国家安全问题[J]. 北京教育学院学报,1999(04).

[6]制定国家安全战略势在必行[J]. 国家安全通讯,2000(01).

[7]国家科学技术安全浅议[J]. 国家安全通讯,2000(03).

[8]从哲学层次上研究安全[J]. 国际关系学院学报,2000(03).

[9]国民安全与国家安全[J]. 国家安全通讯,2000(09).

[10]“安全”及其相关概念[J]. 江南社会学院学报,2000(03).

[11]科学技术与国家安全[J]. 华北电力大学学报(社会科学版),2000(04).

[12]国家首脑与国家安全[J]. 国家安全通讯,2000(11).

[13]系统安全观及其三层次[J]. 国际关系学院学报,2001(02).

[14]论国家安全的基本含义及其产生和发展[J]. 华北电力大学学报(社会科学版),2001(04).

[15]试论当代国家安全的十个方面[J]. 国家安全通讯,2001(11).

[16]国家安全观的分类问题[J]. 江南社会学院学报,2001(04).

[17]文化的先进性是国家文化安全的关键[J]. 铁道警官高等专科学校学报,2002(01).

[18]中国共产党在民主革命时期的侦察保卫工作(上)[J]. 江苏公安专科学校学报,2002(04).

[19]全方位研究国家安全[J]. 中共中央党校学报,2002(03).

[20]试论文化与国家安全的关系[J]. 国家安全通讯,2002(10).

[21]中国共产党在民主革命时期的侦察保卫工作(下)[J]. 江苏公安专科学校学报,2002(6).

[22]试论国家安全学的对象、任务和学科性质[J]. 山西师大学报(社会科学版),2003(02).

---

① 本索引中期刊文章所标数字为发表年份与期次，文集正文每篇文章标题下的年月为该文的定稿日期或发表日期。

[23]“三个代表”与国家安全[J].新视野,2003(06).

[24]解析国家文化安全的基本内容[J].北方论丛,2004(05).

[25]试析危害国家安全的因素[J].山西师大学报(社会科学版),2004(04).

[26]认识“国家利益”需要理清的几个关系[J].社会科学战线,2005(01).

[27]反恐怖需要新思维[J].国际关系学院学报,2005(01).

[28]关注自然因素对国家安全的影响——在传统安全观与非传统安全观之外[J].新视野,2005(01).

[29]当前安全观的三个盲点[J].中央社会主义学院学报,2005(03).

[30]论保障我国国家安全的五项战略性需要[J].中国人民公安大学学报(社会科学版),2005(03).

[31]国内关于安全是否具有主观性的分歧和争论[J].江南社会学院学报,2006(02).

[32]国家安全法的名与实——关于修订我国《国家安全法》的一点建议[J].苏州市职业大学学报,2006(03).

[33]影响我国国家安全的内部因素及对策探讨[J].江南社会学院学报,2007(02).

[34]一部次年就再版的国家安全学术著作——读《国家的选择与安全》有感[J].江南社会学院学报,2007(03).

[35]国家安全研究要论从史出——读韦祖松先生《北宋国家安全问题研究》[J].国际关系学院学报,2007(06).

[36]为国家安全立名——国家安全研究中概念问题的逻辑批判[J].苏州教育学院学报,2008(01).

[37]奥运安保与国家安全[J].江南社会学院学报,2008(02).

[38]国家安全学科建设中的“非传统安全思维”[J].江南社会学院学报,2009,11(01).

[39]《关于推进农村改革发展若干重大问题的决定》对“安全”的论述[J].国际关系学院学报,2009(03).

[40]“国家社会科学基金项目年度课题指南”中“安全”项目的增长[J].国际关系学院学报,2009(03).

[41]国家安全学科建设中的创新[J].江苏警官学院学报,2009,24(06).

[42]中国政府新安全观的基本内容及其实践与体现[A].刘跃进.2009年中国国家安全概览,时事出版社,2010.

[43]国家安全学科建设的探索历程[J].铁道警官高等专科学校学报,2010,20(01).

[44]十四大以来中共中央关于国家安全的论述与决定[J].中央社会主义学院学报,2010(02).

[45]国家安全学是国家安全科学与国家安全哲学的统一[J].国际关系学院学报,2010(05).

[46]以公平正义促进国内社会和谐稳定[A].杨建英.2010年中国国家安全概览,时事出版社,2011.

[47]论公平正义对国家安全的影响[J].新远见,2011(04).

[48]当代国家安全系统中的国家文化安全问题[J].文化艺术研究,2011,4(02).

[49]恐怖主义概念的定义困境及法律规定的合理程序[A].(台湾中央警察大学)第七届恐怖主义研究学术研讨会论文,2011年10月.

[50]国家安全体系中的语言文字问题[J].语言教学与研究,2011(06).

[51]国家安全体系中的社会安全问题[J].中央社会主义学院学报,2012(02).

[52]论“恐怖主义”概念的法学定义与法律定义[J].新远见,2012(02).

[53]国家安全中的“国家”概念[J].国际论坛,2013,15(01).

[54]外战的危险与内政的考验——2012年中国国家安全十大事件回读[J].财经文摘,2013(02).

[55]当代国家安全理论视角下的中国古代国家安全思想[J].中国人民公安大学学报(社会科学版),2013,29(03).

[56]中国国家安全顶层设计新思路[N].学习时报,2013-12-16(007).

[57]不成立的“非传统安全”一词[J].华北电力大学学报(社会科学版),2014(01).

[58]“国家安全战略文本”推出为时不远[J].武汉宣传,2014(02).

[59]中国官方非传统安全观的历史演进与逻辑构成[J].国际安全研究,2014,32(02).

[60]“总体国家安全观”提出之背后深意[N].法制日报,2014-04-21(004).

[61]“总体国家安全观”呼唤国家安全立法提速[N].法制日报,2014-05-07(004).

[62]信息安全、网络安全、国家安全之间的概念关系与构成关系[J].保密科学技术,2014(05).

[63]大安全时代的总体国家安全观[N].北京日报,2014-05-19(017).

[64]专家解析亚洲安全观提出背景及深刻内涵[N].法制日报,2014-05-22(004).

[65]为国家安全立心(发表时编辑改题名为《总体国家安全观:民心基础与理论溯源》)[J].人民论坛,2014(16).

[66]论总体国家安全观的五个“总体”[J].人民论坛·学术前沿,2014(11).

[67]总体国家安全观思想渊源与国家安全学理论研究[讲座].首都师范大学北一区文科楼509教室,2014年6月10日下午.

[68]大安全时代的总体国家安全观[J].当代社科视野,2014(06).

[69]保护蓝色国土亟需出台海洋安全法[N].法制日报,2014-06-16(004).

[70]反间谍法草案中的“名”与“实”[J].凤凰周刊,2014(30).

[71]非传统的总体国家安全观[J].国际安全研究,2014,32(06).

[72]总体国家安全观的丰富内容和实践意义[J].解放军理论学习,2014(11).

[73]总体国家安全观视野下的传统国家安全问题[J].当代世界与社会主义,2014(06).

[74]“总体国家安全观”解读(专访,记者李敏)[J].领导文萃,2014(24).

[75]保密工作应坚持“以人民安全为宗旨”[J].保密工作,2015(01).

[76]从“领土安全”到“国土安全”[J].国防参考,2015(03-04).

[77]新《国家安全法》应以民为本 [J].凤凰周刊,2015(4).

[78]文化安全的三种思维方式与政策导向[J].国际安全研究,2015,33(03).

[79]国家安全工作从高处立,向广处行(求是网访谈,与李文良、杨建英)[DB/OL].求是网, http://www.qstheory.cn/zhuanqu/qsft/2015-07/07/c_1115842358.htm,201507.

[80]新国家安全法传递的三个新信号[J].紫光阁,2015(08).

[81]新时期总体国家安全观指导下的中国国家安全战略目标及措施[J].江南社会学院学报, 2015,17(04).

[82]人民安全是总体国家安全观的第一要义[DB/OL].人民网, http://npc.people.com.cn/n1/2016/0414/c403576-28275778.html,2016-04-14.

[83]我国国家安全战略展现新布局[N].人民日报,201 6-08-23(007)(王啸为第二作者).

[84]我国军事安全的概念、内容及面临的挑战[J].江南社会学院学报,2016,18(03).

[85]中国国家安全大布局(专访,记者李敏)[J].领导文萃,2016(18).

[86]政治安全的内容及在国家安全体系中的地位[J].国际安全研究,2016,34(06).

[87]全面保障国家安全[J].珠江论丛,2016(04).

[88]习近平国家安全工作座谈会上讲话的新亮点[DB/OL].求是网, http://www.qstheory.cn/international/2017-03/16/c_1120639954.htm,2017-03-16.

[89]对公务员进行国家安全教育应制度化[N].学习时报,2017-05-24(007).

[90]国家安全战略及其完善[J].新视野,2017(04).

[91]《国家情报法》使情报工作有法可依[J].国防参考,2017(13).

[92]全面认识国家安全(专访,记者李敏)[J].领导文萃,2017(22).

[93]国域安全观:国家安全新思维[N].中国社会科学报,2017-07-12(007)(刘思偲为第二作者).

[94]融发展与安全为一体的国家大战略[N].解放军报,2017-08-19(005)(荣顶为第二作者).

[95]把“以人民安全为宗旨”落实到国家安全各个领域[J].人民论坛,2017(29).

[96]以总体国家安全观构建国家安全总体布局[J].人民论坛,2017(34).

[97]构建中国特色国家安全学学科体系的基本思路[J].中国信息安全,2017(12).

[98]总体信息安全观下的国家信息安全保障[J].新疆警察学院学报,2018,38(01)(刘思偲为第二作者).

[99]确立总体信息安全观,全面保障国家信息安全——中国经济报道网总裁张海亮专访国际关系学院公共管理系教授刘跃进[DB/OL].中国经济报道网, http://www.cernnet.com/shichang/12247.html,2018-02-12.

[100]全面贯彻落实总体国家安全观——专访国家安全学创始人、国际关系学院教授刘跃进(专

访,记者杨晨)[J]. 祖国,2018(09).

[101]总体安全为人民——学习习近平总书记关于总体国家安全观的重要论述[J]. 紫光阁,2018(07).

[102]在总体国家安全观指导下健全国家安全体系[J]. 行政论坛,2018,25(04)(宋希艳为第二作者).

[103]当前形势下大力加强全民国家安全教育的新思路(专访,记者李敏)[J]. 领导文萃,2018(14).

[104]总体国家安全观指导下的总体国家安全教育[J]. 河南警察学院学报,2019,28(01).

[105]学习领会习近平总书记关于国家安全的重要论述 坚持总体国家安全观[J]. 宁夏林业,2019(01).

[106]对国家安全学学科门类合理化定位的思考[J]. 情报杂志,2019,38(02).

[107]国家安全学学科建设的历程与新思考[J]. 北京教育(高教),2019(04).

[108]加快国家安全学理论研究与学科建设[N]. 中国社会科学报,2019-07-09(001).

[109]“安全化”还是“安全议程化”[J]. 山西师大学报(社会科学版),2019,46(05).

[110]情报与国家情报概念辨析[Z]. “第六届华山情报论坛”会议论文(概要),2019 年 11 月 2 日.

[111]总体国家安全观与总体国家安全法[Z]. “新时代中国国家安全法治的新发展”学术研讨会会议论文,2019 年 11 月 29 日.

[112]国家安全学论域中信息安全解析[J]. 情报杂志,2020,39(5)(白冬为第二作者).